개정2판

상권분석론

이 상 윤 저

도서출판 두남

개정2판 머리말

그간 발간된 상권분석 관련 서적들을 보면 창업이나 프랜차이즈 관련 간단한 내용의 실무서밖에 없어 대학이나 대학원, 일반 유통 관련 기업, 부동산 관련 실무자를 위한 체계적인 종합서 발간 필요성이 증대되었다. 상권과 입지 전반에 대하여 다루어진 것이 아니라 상권입지 일부 분야를 부분적으로 다룸으로써 총론적인 접근성이 부족하여, 강의하면서 항상 미흡함을 느껴왔었다. 이러한 필요에 따라 이번에 상권분석에 대한 광의의 학문적 접근을 위하여 상권과 입지이론과 실무분야 등을 통합하고 시스템적 접근을 시도해 보고자 학계와 업계의 교육현장에서 강의한 내용을 새롭게 편집하여 대학교재와 관련 업계 실무자들 교육 및 업무 지침서용으로 적합하도록 2009년에 처음으로 본서를 발간하였다. 본서 초판 발간과 관련 나름대로 상권분석 전반을 다룸으로써 유통 관련 학과 기본서가 되고자 하였으나 막상 출간하고 보니 처음 의욕과는 달리 여러 가지 미흡한 부분이 있었다.

독자들의 많은 질책과 조언을 통해 꾸준히 보완하여 나가다가 8년 만에 개정판을 출간하게 되었다. 전국의 여러 대학의 교수님께서 수업 교과서로 채용해 주시는 사랑에 힘입어 또 6년여 만에 개정2판을 출판하게 되었다. 본서는 총 3부 12장으로 구성되었고 장별 3절로 편성하여 체계를 갖추었다.

이 책자가 발간되기까지 여러 가지 어려운 출판 환경 속에서 신경을 써준 도서출판 두남의 전두표 사장님과 이승구 상무님, 임직원 여러분에게 지면을 통해 감사의 말씀을 전한다. 아무쪼록 본서가 우리나라 유통학 학문 발전에 조그마한 보탬이 된다면 필자에게는 큰 보람이 되겠다.

2024. 7.
세계평화를 기원하며
해항 이상윤 씀

차 례

PART Ⅰ 상권출점 타당성 분석(PLAN)

Chapter 1 상권전략

Chapter 2 소매집적과 상업입지

Chapter 3 상권 결정요인

Chapter 4 상권계량분석

Chapter 5 상권설정과 예상 매출추정

PART Ⅱ 상권출점 전략관리(DO)

Chapter 6 상권출점 전략

Chapter 7 상세권과 입지선정

Chapter 8 입지선정방법

Chapter 9 상권입지와 풍수지리

Chapter 10 글로벌 출점전략

PART Ⅲ 상권 경쟁 성과평가(CHECK)

Chapter 11 경쟁점 조사와 상권입지진단

Chapter 12 상권 경쟁 점포운영진단

■ 표 · 그림 차례

표 차례

그림 차례

PART I

상권출점 타당성 분석 (PLAN)

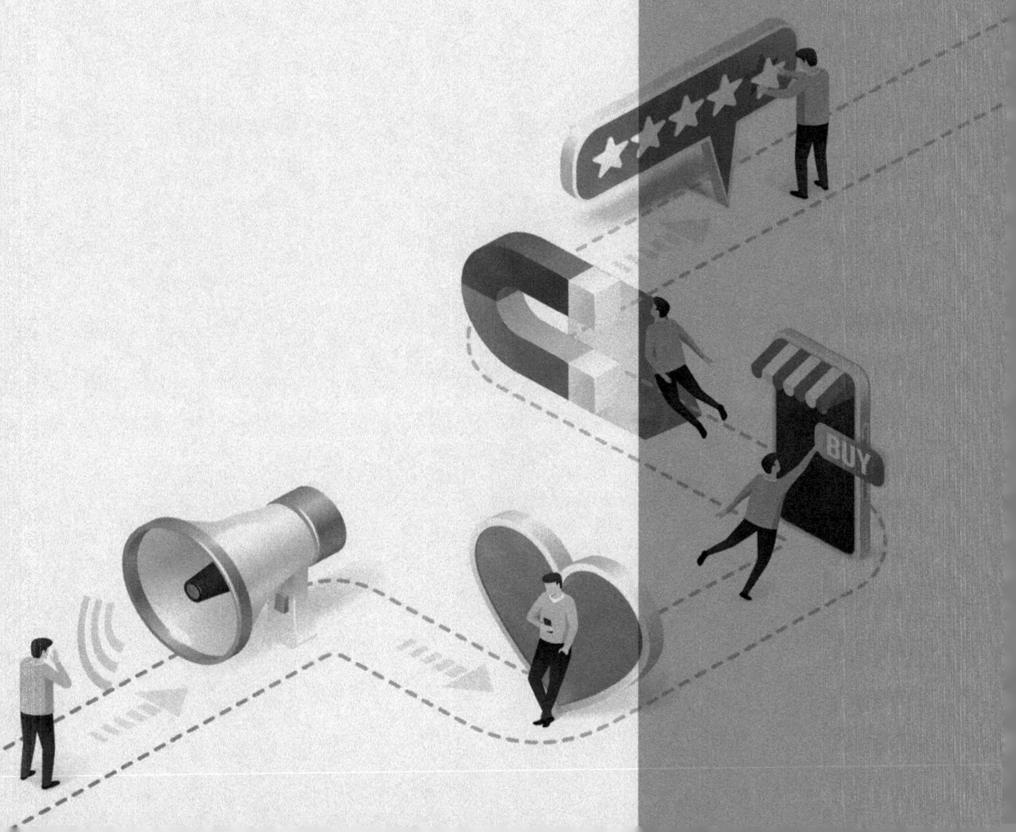

Chapter 1

상권전략

제 1 절 | 상권 개념

1. 상권 개념

상권이란 소매업이 판매를 대상으로 설정한 일정 지역 및 이 지역 내 고객이 존재하는 시간적, 공간적 범위를 상권이라 할 수 있다. 상권이란 용어 의미가 명확하게 구분되지 않고 여러 가지 의미로 사용되고 있는 것이 일반적인 경향이다. 상권이란 용어는 경제적으로는 소매시장 공간적 범위로서 시장 지역, 시장영역이라는 개념으로 이해되고 있고 유통업 관점에서는 특히 소매업에서는 판매권을 상권으로 하며 소매점포 또는 그 집적이 고객을 흡인하는 지역으로 본다. 이는 어떤 특정 점포가 거리나 소요시간 등에 따른 해당 범위 내 사람들을 자점포 고객으로 만들 수 있는 대상 지역, 즉 소비자 구매력에 의해 지지를 받는 어떤 특정 상업시설에 있어 그 지지의 대상이자 잠재적 구매자인 소비자들이 존재하는 '주변 지역 넓이'를 말한다. 따라서 그 크기는 제반 입지조건이나 교통의 편리성은 물론 해당 상업시설에서 다루는 상품 종류나 구색, 가격, 배송 및 인지도(brand loyalty), 기타 서비스 등에 의해서도 크게 좌우된다.

2. 상권과 상세권(商勢圈)

상세권이란 하나의 점포 세력이 미치게 되는 범위가 상권이라면 한 상권과 상권이 모여 점포들이 대다수 형성되는 지역 전체를 상세권(商勢圈)이라 부른다. 상세권은 크게 나누어

① 점포별 상세권
개개 점포가 갖는 상권

② 지역별 상세권

상점가 및 집단 점포를 대상으로 하는 상권

③ 총체적 상세권

여러 개 상점가와 집단 점포 군이 입지해 있는 지역 전체를 대상으로 하는 상권 등으로 분류할 수 있다.

즉, 위 용어에 충실히 따르자면 명동 상세권, 압구정 상세권, 강남 상세권 등이 좀 더 정확한 표현이라 할 수 있겠으나 상권과 상세권을 혼동하여 사용하고 있는 것이 현실이다.

3. 상권 조정 필요성

상권은 소매점포 또는 그 집적의 흡인력인데 소매시설 상태와 그 경영 행동이 상권을 추정하게 되고 한편으로는 소비자의 구매 행동에 있어서 소비자 속성과 구매환경인 소매시설의 상태와 그 행동을 포함하여 상권에 영향을 미친다.

상점가 진단 요령상 상권은 해당 상점가 고객흡인력이 미치는 범위로서 그 수요의 일정 비율이 상시 해당 상점가에서 쇼핑으로서 실현되는 영역이다. 현실적으로는 매출액에 이바지하는 고객이 분포된 지역이 된다. 상권 예측을 하기 위한 잠재 수요 추정을 위해서 소매업 상권을 추정할 필요가 있다. 하나의 기업 상권을 신중히 검토하게 되면 판매대상이 되는 고객을 깊이 이해함으로써 세분된 시장을 파악하여 상품품목 구성이나 판매촉진 등 경영정책 조합을 결정하기 쉽게 된다. 도심 및 상점가로서 일반적 상권을 검토함으로써 입지 계획상 매우 귀중한 자료 구입이 가능하다.

4. 상권과 구매권

어느 입지에 소재하는 어떤 특징을 갖춘 소매점과 그 집단고객 지역분포를 검토하는 것은 결국 소비자가 어느 상점가 어느 점포를 선택하느냐와 같은 내용이 된다. 고객 소비 행동이나 구매 행동은 모두 같은 것이 아니며 소비자 소득수준, 사회적 신분, 성, 나이, 결혼 상태, 직업 등 차이와 여가나 성격 차이에 따라 소비 행동이나 구매 행동이 달라진다. 따라서 어느 지역에 거주하는 소비자의 유사상품 구매에서도 어느 상점가에 있는 어느 점포를 선택하느냐에 따라 그 차이가 발생한다. 주거지 부근 지역에서 근무하는 사람과 원거리를 통근하는 사람 간 구매처 차이가 발생한다. 원거리 통근자는 통근지역이나 환승역 근처에서 구매하는 기회가 증가한다. 그러므로 소매업으로서는 상권을 검토하는 경우에 대상이 되는 소비자 구매 행동 가운데 구매권에 대해서 검토할 필요가 있다. 대도시 경우에는 동종 상품을 큰 차이 없는 구매 노력으로 구매할 수 있는 소매점이 복수로 존재한다는 사실을 고려하지 않으면 안 된다.

5. 상권 단계별 구분

상권은 국경선의 행정구역 경계선과 같이 단순히 선을 지도상에 나타내는 것이 아니라는 것을 이해할 수 있다. 이와 같은 내용으로 인해 상권을 단계별로 구분하는 방법이 나타났다. 상권을 단계별로 구분하는 방법으로 소매업 매출액을 기준으로 하는 경우와 소비자 유출 경향을 기준으로 하는 경우가 있다. 소매업 매출액을 기준으로 할 때도 업체별 기준 설정에 따라 방법은 다양하나 1차, 2차, 3차 상권 3단계로 구분되어 있다. 점포 전체 매출액 75%를 점하는 지역을 1차 상권, 15%를 2차 상권, 나머지는 3차 상권으로 구분하거나 업체에 따라서 상권 단계를 60-65%, 30%, 5-10% 순으로 나눈다. 상권을 구분하는 것은 대개 표준적 가설에 의하며 미국에서는 편의상 다음 3가지로 구분한다.

〈표 1-1〉 상권 구분(Ⅰ)

구 분	내 용	비 고
1차 상권 (Primary Trading Area)	총매출 75%를 점유하는 지역 또는 고객 내점 빈도가 주 2회인 지역	도보 10분 1.5km 이내
2차 상권 (Secondary Trading Area)	총매출 15%를 점유하는 지역 또는 고객 내점 빈도가 주 1회인 지역	도보 20분 4km 이내
3차 상권 (Fringe Trading Area)	fringe란 '언저리'로서 2차 상권 외측 범위에서 가끔 내점하는 고객 범위	

상권분류는 앞서와 같이 제1 상권, 제2 상권, 제3 상권 등으로 구분하는 것 외에도 1, 2차 상권을 합쳐 다시 세부적으로 각 점포에 맞게 구분하여 사용할 수도 있다. 소비자 유출 경향을 기준으로 하는 방법으로 상권 구분은 1차 상권은 해당 지역 소비 수요를 30% 이상 흡인할 수 있는 지역, 2차 상권은 10% 이상을 흡인할 수 있는 지역, 3차 상권은 소비 수요 5% 이상을 흡인할 수 있는 지역을 말한다. 3차 상권 경우에 상권설정을 10% 이상 흡인지역을 모두 대상 상권으로 하여 검토하는 때도 많다. 어떠한 방법을 취하더라도 1차, 2차, 3차 등 구분 방법에는 절대적인 기준은 없고 검토자 자의적 구분에 의한 것이 일반적이다. 그러나 상권을 단계별로 구분하는 것은 충분한 의미가 있다. 특히 광고 등 판매촉진 전략을 수립하는 경우에는 상권을 나누어 대응하는 것이 매우 효과적이다. 또한, 경영전략도 역시 상권 단계별 속성을 충분히 파악하여 대응하여야 한다.

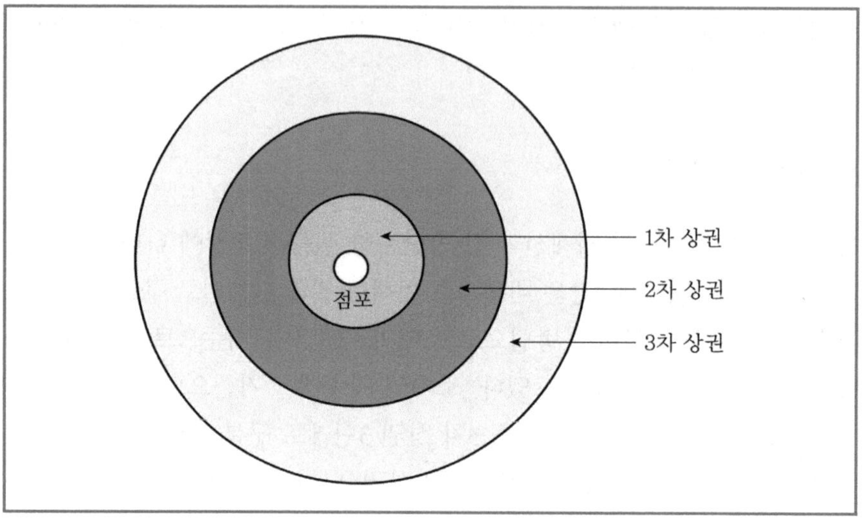

〈그림 1-1〉 상권 구분(Ⅱ)

6. 점포 유형과 상권

점포를 고객창출형, 근린점 고객 의존형, 통행량 의존형으로 분류할 수 있다.

1) 고객창출형

고객창출형 점포는 대형점이나 전문점으로 고객이 구매하고자 할 경우나 그 소매점에서 구매하는 경우 그 점포에서 사고자 하는 의도를 갖고 내점하게 된다. 내점한 경우 상품을 꼭 구입하는 것보다는 관심 있는 상품을 보는 것으로 끝나는 경우가 있을지라도 결국 그 고객은 그 소매점에 의해 흡인된 고객이다. 따라서 이러한 유형 점포는 대규모 점포나 전문점과 같이 원거리로부터 자체 흡인력으로 고객을 유인시키는 형태가 많다.

2) 근린점 고객 의존형

근린점 고객 의존형은 근린 고객을 창출하여 판매하는 집약점포 형태로 단독으로 입점하는 경우보다 지역 범위가 확대되어 판매할 수 있다. 이런 종류 점포는 그 소매점에 구매하려는 의도 즉 단순 쇼핑으로 내점하는 것만이 아닌 경우가 많다.

3) 통행량 의존형

통행량 의존형은 상업시설 이외 핵심 흡인시설인 역과 같은 교통시설, 행정시설, 병원, 학교, 관광시설 등에 의해 흡인되는 소비자 흐름을 대상으로 하여 구매하는 것이다. 이 경우에 당연히 그 점포에서 구매하는 것이 본래 목적은 아니다. 이러한 구매행태는 다목적 성향을 나타내고 있다는 점이다. 고객창출형 대형점에서는 1회 구매과정에서 많은 품목을 구매하는 경향이 있는데 이는 1회 외출에서 다목적 구매나 레저를 통하여 소비자가 구매에 따른 구매비용을 감소시키고자 하는 의도가 크다. 소비자 구매비용, 즉 교통비, 시간, 육체적 피로, 심리적 피로 대부분을 구매한 많은 상품에 나눔이 가능하므로 한 품목당 구매비용은 매우 낮다. 따라서 고객창출형 점포가 많이 존재하고 타 종류 도시시설도 존재하는 상위 소매 중심지가 더욱 광범위한 지역으로부터 고객을 흡인하는 것이 가능하다.

제 2 절 | 상권전략

1. 상권분석 중요성

상권분석이 중요한 이유는 신규 점포 해당 상권 내 진입과 기존점포 분석을 위해서 중요하다. 구체적으로 살펴보면 다음과 같다.

1) 향후 유통업체에 대한 미래 예측

현재와 같이 고객 생활방식 변화가 크고 시장이 유동적이며 새로운 온라인 업태 등장 외국계 소매업이 진출하는 시대에는 해당 업태가 향후 어떻게 변화할 것이며 또 어떻게 변화해야만 하느냐는 예측이 가능하다.

2) 해당 업태 비전(Vision) 설정

장래 유통 업태상에서도 자사가 나아가야 할 방향성, 포지셔닝전략 등 소위 유통업태 비전을 확실히 세울 수 있다. 이 비전이 투명하지 않으면 모든 장기 계획들은 자연스럽게 결정되지 않는다.

3) 판매 예측

잠재 수요량을 추정하는 데 상권을 설정할 필요가 있다.

4) 판매촉진

판매 대상 지역을 파악하여 상권 내 고객을 알게 됨으로써 가장 적절하게 시장 세분화를 할 수 있을 뿐만 아니라 상품구성 및 판매촉진 등 경쟁점과 차별화를 꾀할 수 있다.

2. 입지와 상권

도시를 단위로 하여 관찰하면 도시에는 계층 관계가 형성된다. 보다 상위 도시는 그 도시와 함께 주변보다 하위 도시로부터 고객을 흡인한다. 그러나 상위 도시 전체 입지가 그와 같은 광범위한 상권을 갖는 것은 아니다. 도시 내부 소매중심지에 있는 상점가는 다양성으로 인해서 근린 주거자를 대상으로 편의품을 판매하는 상권이 좁은 몇 개 소규모 점으로 구성된 소매 중심지도 많이 존재하고 있다. 그러나 보다 상위 기능을 갖춘 점포 수가 많은 업종 점포이거나 고급 전문점 혹은 대규모 점포가 자리 잡는 소매 중심지 경우 점포 수는 적었지만 상권은 매우 넓게 된다. 이와 같은 소매 중심지의 배치와 규모에 따른 상권 계층 관계에 대한 이론은 인력 법칙을 원용하고 있다. 예를 들어 중심지에 일직선으로 나란히 있는 경우 중심지는 세 종류 형태로 나타나게 된다.A와 B가 상위 상권 C와 D가 중위 상권, E, F, G, H가 저위 중심지 상권이라고 하고 위치가 A, E, C, F, G,

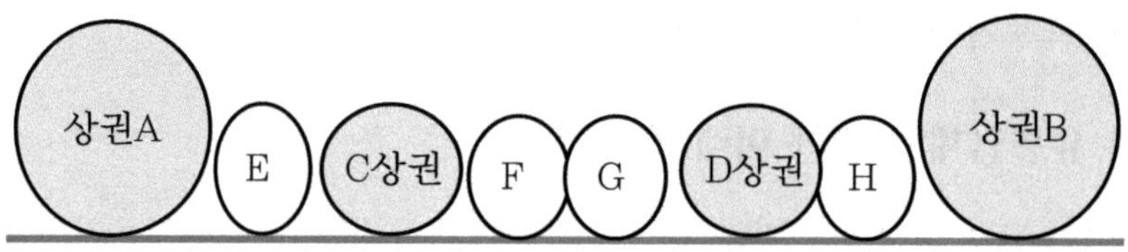

1) A, B 상권 영향력이 큰 상권 형태

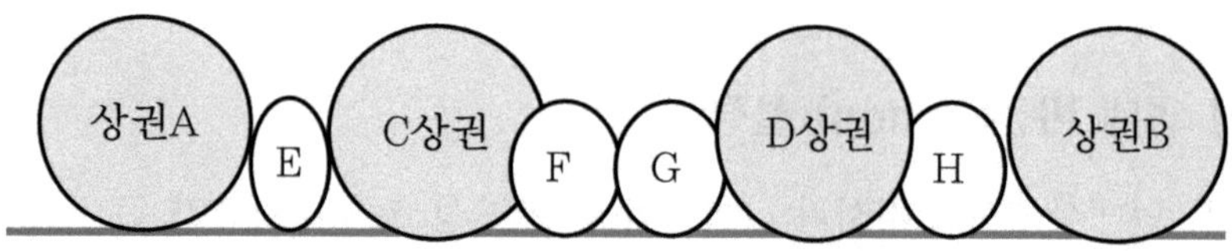

2) 중간상권인 C, D 상권이 활성화된 상태

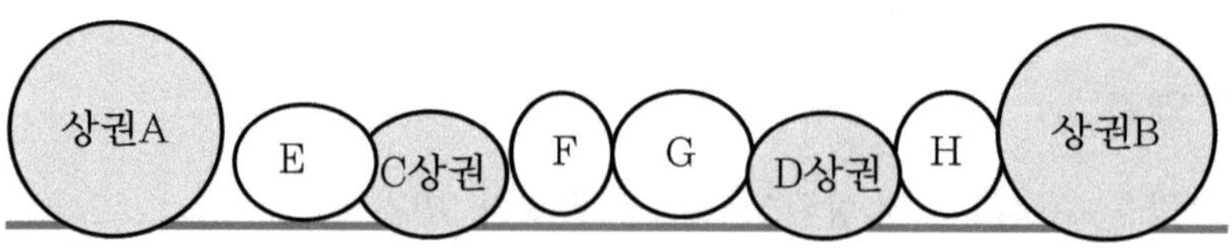

3) 하위상권인 E, F, G, H 상권이 활성화된 상태

〈그림 1-2〉 상권별 영향력과 크기

D, H, B 상권 순으로 수평적으로 놓여 있다고 가정하면 A와 B 상위 선상에서 각각 중위 상권과 하위상권이 위치하게 되는데 이들 각 상권 활동 규모와 역량에 따라 각 상권에 미치는 영향이 달라진다. 예를 들어 A와 B 상권이 매우 강하다면 나머지 상권 영향력은 미미한 양극 형태를 가질 것이고 중위 상권인 C와 D가 비교적 강하다면 2개 상위 상권 내에서 2개 중위 상권이 나타날 수가 있다. 또한, 하위상권들이 활발할 때는 A, B 2개 상위 상권 내 6개 상권이 영향력을 규모별로 각각 나타낼 수 있다. 즉 상권 중심지 활동과 규모에 따라 그 영향력은 일치하게 된다.

3. 업종 형태와 상권

상권 크기를 결정하는 요인으로 소비자가 느끼는 구매 거리에 대한 태도, 어느 정도까지 원거리 쇼핑을 하는가의 문제와 소매업 경영관점에서 성립조건이 되는 어느 범위까지 고객이 내점하여야 그 점포가 유지되고 경영목표가 달성될 수 있는가 하는 점이다. 소비재를 크게 편의품, 선매품, 전문품으로 분류할 수 있는데 편의품은 구매빈도가 높고 소비자가 구매비용을 가장 적게 들이는 상품이다. 예를 들어 주부가 일주일에 3~4회 생선식품류 구매를 하며 자택에서 500m 이내에 도보로 10분 이내 거리를 이용하는 것이 일반적이다. 생선 식품을 포함해서 식료품 및 일용잡화와 같은 일용 생활필수품 경우에 보다 구매 거리가 짧고 편리한 장소에서 구매하려고 한다. 이와 같은 소비자 행동을 대상으로 하여서 주택에 근접된 입지로서 소규모의 편의품점은 소규모의 상권을 갖게 된다. 이것과 대조적인 상품으로 의류, 신변품 등 선매품으로서 패션성이 강하고 품목이 풍부한 상품으로 사전에 소비자는 상품에 대한 정보를 비교 검토하여 구매하는 유형 상품을 말한다. 구매빈도는 편의품보다 매우 적은 편이다. 이처럼 선매품 경우 소비자는 구매비용을 지출하면서도 원거리까지 가게 되고 또한 그것은 하나의 레저적 요소가 있으며 구매 즐거움이 있게 된다. 선매품을 구매하는 소매점포는 보다 상위 소매 중심지나 상점가에 자리 잡아 넓은 범위 상권을 갖게 된다. 전문품은 소비자가 어느 특정 브랜드, 어느 소매점포에 판매하는 특별한 상품, 타 점포와는 대체되지 않는 전문적 상품이다. 따라서 그것을 구매하는 소비자는 상당한 구매 노력을 기울여 구매하는 경향이 있다. 그러므로 전문품을 판매하는 소매점은 그 수가 많지 않고 밀도는 낮으며 넓은 상권을 갖게 된다. 상권을 검토하는 경우 식료품은 편의품, 의류는 선매품으로 단순하게 분류하는 것은 바람직하지 않다. 식료품 많은 부분은 확실히 편의품으로서 성격을 갖고 있으나 선물용 상품은 선매품인 것도 있다. 특별한 내객이나 집회를 위해 식자재를 구매하는 경우에 구매 행동은 선매품적 성격을 갖게 된다. 빵, 가공식품 등에서 유명한 전문품으로서 성격을 갖고 넓은 상권을 대상으로 판매되는 가공제품도 있다. 의류품에서도 선매품 성격을 갖는 것이 많으나 내의, 양말, 실내화, 샌들 등은 편의품의 성격을 갖는 것도 있다. 또한, 동일 업종에서도 점포 규모나 품목구성 등에 따라서 좁은 상권을 갖는 점포에서부터 광역적인 상권을 갖는 점포에까지 그 폭이 다양하다. 10평 점포와 5백 평 점포의 같은 상품을 취급하는 점포를 비교하면 쉽게 이해가 된다. 백화점이나 할인점 등 대규모 종합형 점포 경우에는 대규모 상권을 전제로 한 것이다. 상품구성 폭과 깊이를 크게 하고 다목적 구매와 비교구매를 가능하게 하는 것도 대규모 상권을 갖는 요인의 하나가 되며 패션성이 높은 의류, 신변 잡화 매장이나 기타 고급품 매장 또는 특별한 이벤트를 통한 고객 창출형 매장도 그 한 요인이 된다.

4. 경영전략과 상권확대

소비자가 점포를 선택하는 경우에는 여러 가지 요인이 영향으로 작용한다. 소비자에게 있어서 소매점포 입지 편의성은 중요한 것이다. 그러나 그 비중은 높지만, 소비자 점포선택 요인의 전부는 아니다. 단지 여러 요인 중에서 하나에 불과하다. 또한, 그 중요성도 소비자 개인 상황에 따라서도 달라진다. 소비자 점포선택에 대응하는 소매업 경영자는 경영전략 수단으로 입지 이외에 품목구성, 규격, 가격, 판매방법, 광고 등 판매촉진, 부대 서비스, 점포 건축, 내부시설 등 제 수단에 대해서 깊은 검토를 하게 된다. 이러한 경영전략으

〈표 1-2〉 상품에 따른 상권 범위

구 분	정 의	특 징	상권 범위
편의품	일상 필수품	• 가정용품 • 주 고객 : 주부 • 통행 길목에 위치 • 신속한 구매 결정 • 낮은 가격수준 • 낮은 이윤율 • 낮은 임대료/지가	도보 5~10분 정도 반경 700m 이내 (장애물이 있는 경우 조정)
선매품	고객이 상품 가격, 스타일, 품질 등 여러 상점과 비교하여 구매	• 높은 가격수준 및 이윤율 • 적은 구매횟수 • 고객 취미 중요 • 표준화 곤란 (가구, 의상, 보석류 등)	교통수단 및 접근성이 중요 승용차로 1시간권 이내
전문품	전문성을 필요로 하는 상품	• 가격수준 높고 고객 구매 노력이 많다. • 브랜드 중요 • 구매빈도가 낮고 이윤율이 높다 (고급자동차, 골프용품, 고급향수, 고급시계)	도심권이 유리 도시 전체가 상권

로는 어느 정도 상권확대가 가능하나 규모를 능가하는 경우에는 상권확대에는 한계가 있다. 이러한 한계 가능성은 다음과 같은 상황에 해당한다. 첫째, 자연적 조건, 도로, 교통 등 물리적인 면에서 상권을 확대할 수 없는 때도 있으며 또한 보행고객을 전제로 할 때는 보행 거리에 의한 한계가 있다. 둘째, 경영전략 변경에 의한 흡인력 증대라는 플러스 요인과 구매 증대에 따른 구매비용 증가라는 부정적인 요인이 비교된다. 셋째로 경쟁점 동향과 관계이다. 특히 상권이 중복된 타 소매 중심지에 있는 경쟁점 동향이 문제가 된다. 이 같은 경우는 자점 경영전략 변경만으로는 상권확대에 대한 예측은 어렵다.

5. 상권전략 유형

〈표 1-3〉 상권전략 유형

상권전략 유형	업태	취급상품	전략 내용
초대형 상권전략	• 특수 전문점 • 특수업종 집적대 • 하이퍼마켓	• 고급 수입품 • 모드(MODE)상품, 특수디자인 상품	초광역권 내 계간성 및 연간성 수요를 대상으로 하는 초대형점 유형 전략
대형 상권전략	• 도심형 백화점 • 본격적 전문점 • 할인점	• 고급 유행성 상품 • 고급 음식 등	10~20km 권 내 월간성 수요를 대상으로 하는 대형점 유형 전략
준대형 상권전략	• 준 도심형 백화점 • 종합상품점(GMS)	• 고급 유행성 상품 • 고급 음식 등	6~10km 권 내 주간성 및 월간성 수요를 대상으로 하는 중대형점 유형 전략
중형 상권전략	• 대형점 • 대형전문점 • 주니어 백화점 • 일반전문점	• 문화 및 잡화품 • 가정 잡화품 • 대중 유행품	5~6km 권 내 주간성 수요를 대상으로 하는 중형점 유형 전략
준중형 상권전략	• 복합점 • 슈퍼스토어	• 문화 및 잡화품 • 가정 잡화 • 대중 유행품	2~4km 권 내 일상성 및 주간성 수요를 대상으로 하는 중형점 유형 전략
소형 상권전략	• 슈퍼마켓 • 전통시장 • 각종 소형전문점 • 식당 등	• 식료품 • 서비스 계열 • 일용잡화 • 실용 음료, 경음식 • 베이커리	1~2km(편의권) 내 일상성 수요를 대상으로 하는 소형점 유형 전략
초소형 상권전략	• 편의점, 일반잡화점, 소형전문점, • 미니슈퍼, 구멍가게	• 식료품 • 일용잡화 • 서비스품 • 필수품 등	500m~1km 권 내 일상성 수요를 대상으로 하는 소형점 유형 전략

제 3 절 | 상권유형별 분류와 특징

상권은 특성도 다르고 변화도 각기 다르다. 당연히 상권분석은 필수적이다. 개개 상권을 분석하는 데에만 몇 년이 걸릴지 모른다. 그러나 범위를 넓혀보면 특징이 비슷한 상권들로 묶어서 볼 수 있다. 즉 도심권, 역세권, 대학가, 아파트단지, 주택지 상권 등 5가지로 분류해 볼 수 있다. 좀 더 세분해서 대형 사무실 밀집 지역 등을 포함할 수도 있다. 또한, 특수한 경우로 거점형(쇼핑센터 등)과 특화형(공구상가 등 전문상가)이 있다. 하지만 대형 사무실 밀집 지역은 대체로 저녁 이후에는 장사가 되지 않으며 휴무일은 거의 영업이 되지 않아 권장할 만한 곳은 아니다. 물론 초보자가 아닌 노하우가 있는 경험자라면 도전해볼 만한 곳이긴 하다. 어쨌든 상권 유형을 근린형, 지구 중심형, 지역 중심형, 광역 중심형으로 구분할 수도 있다. 그러나 이 분류는 이론적이기는 하되 실제 적용에서는 실익이 별로 없다.

1. 도심권

각 도시에는 중심부가 있는데 바로 그곳에 있는 상권을 가리킨다. 서울 경우 종로와 명동 일대를 도심으로 볼 수 있다. 도심에는 유동인구가 많다. 일례로 서울은 대형백화점, 대형 쇼핑센터, 남대문시장, 동대문시장, 대형 서점, 각종 사무실 등 수도권 인구를 유입할 수 있는 시설이 집중되어 있어서 입지만 한다면 목 중의 목이 되는 곳이다. 종로 경우, 종각부터 종로 3가까지가 목이며 종로 1가, 4~6가 등은 상권이 떨어진다. 이곳은 버스정류장 주위 일부만을 목이라 볼 수 있다. 이러한 도심권은 임대료나 권리금이 매우 높아 초보자들은 입지하기가 쉽지 않은 곳이다.

2. 역세권

거의 모든 지역 중에서 상권이 활발히 형성되어 있는 곳이 바로 역세권이다. 하지만 전철역 입구라고 해서 모두 상권이 좋은 것은 아니다. 대다수는 전철역 입구만 영업이 잘 된다. 왜냐하면, 전철역을 이용하는 상주인구 자체가 적거나 근처에 유동인구를 모을 수 있는 대형백화점, 쇼핑센터, 대학교, 입시학원 등이 없어서 상권이 제대로 형성되지 못하고 있기 때문이다. 하지만 번성하는 상권을 보면 대학이나 백화점, 입시학원을 끼고 있고 그 지역 핵 구실을 하는 중심지이다. 이러한 지역은 당연히 임대료나 권리금이 많다. 특히 이와 같은 역세권은 상권마다 특성이 다르다. 예를 들어 신촌, 신림, 강남역, 잠실 신천 상권 등은 오락·유흥업이 주도하는 상권이지만 성신여대, 목동, 창동, 문정동 상권 등은 여성 의류 할인매장과 관련업이 잘 되는 상권이다. 또한, 오락·유흥업으로 성격이 비슷한 강남역이나 잠실 신천 상권, 신촌 상권, 신림 상권 등도 그 고객층이나 소비성향은 판이하게 차이가 난다. 역세권 상권분석은 유동인구 특성 파악이 우선이다. 또한, 업종분포도를 살펴보면 그 상권에서 호황인 업종을 알 수 있다. 음식업이나 판매업은 그 상권에 같은 업종이 50~60% 정도 분포되어 있을 때 영업이 오히려 잘 된다. 30% 안팎에 불과하면 음식업이나 판매업이 안 되는 상권이므로 피하는 것이 좋다. 반면 서비스업은 같은 업종이 적을수록 좋다. 역세권 유명상권은 점포 수가 대부분 200~800개로서 상권마다 독특한 특징이 있어 업종 분포를 보면 호·불황인 업종을 알 수 있다. 그러나 주택지에서는 그 상권만의 독특한 특징이 없고 모든 업종이 골고루 분포되어 있어 호·불황 업종을 알 수 없다. 단 상권이 좋고 나쁨은 알 수 있다.

3. 대학가

대학가는 젊음과 활기가 넘치는 곳으로서 다른 상권보다는 비교적 건전한 편이다. 특히 다른 지역과는 음주문화 격이 달라서 마음 편히 장사할 수 있다. 하지만 대학가에도 어려움은 많다. 총학생 수, 기숙사 완비 여부, 지방 학생 구성비, 학교 앞 교통망 상태와 대형 시설이 있는지에 따라 상권이 양극으로 뚜렷이 갈리기 때문이다. 대부분 대학가(중앙대, 숭실대, 경기대, 경희대, 고려대, 숙명여대 등)는 상권이 매우 미약하여 발전 가능성이 없다. 교통망이 확충되기도 어려워 보인다. 특히 여대 앞은 여성에게 맞는 일부 품목 이외에는 어려움이 많다. 여기서 신촌이나 이대 입구, 성신여대 앞, 신림사거리, 대학로(성대 앞), 홍대입구역 등은 역세권으로 분류하므로 논외로 한다. 상권을 파악할 때 좀 더 유의할 점은 지역 특성을 대강 알고 들어가서는 절대 안 된다. 권리금이 터무니없이 싼 곳은 장사 목이 아닌 곳이 많다. '교환'이란 현찰매매가 잘 이루어지지 않는 땅이나 주택, 업소, 기타 각종 부동산끼리 서로 바꾸는 것을 말한다. 그런데 여기에는 많은 문제점이 있다. 교환업소는 아무리 시설이나 장소가 그럴듯해도 대부분 영업이 안 되는 곳이라는 점을 명심해야 한다. 이러한 업소는 유명상권 안에도 셀 수 없이 많다. 특히 건대역 입구는 교환이 많은 동네이다. 잘 되는 곳 옆에 안 되는 곳이 있는 법이다. 즉 건대역 상권은 역 입구는 매우 좋지만 약간만 올라가면 현저히 상권이 죽는 곳이다.

4. 아파트단지 상권

1) 최소한 500세대 이상은 되어야 한다

상가 입구가 대로변 쪽에 있어야 좋고 500세대 정도가 되면 자체 내에서 상권을 유지할 수 있다. 하지만 500세대 정도에서는 부동산, 세탁소, 미용실, 약국, 슈퍼마켓, 잡화점, 음악, 미술학원 정도밖에 되지 않는다. 만약 전문점을 하고 싶다면 최소 2,000세대 이상인 곳에서 해야 한다.

2) 주택지 안 아파트나 공터가 있는 곳은 피하라

주택지 안 아파트는 대부분 재개발이나 재건축으로 생긴 것이다. 이 경우 처음에는 기존 점포들보다 깨끗하기 때문에 아파트 상가가 활성화된다. 하지만 영업이 잘 되기 시작하면 주택들이 상가주택으로 전환되면서 상권이 분할된다. 손님들은 당연히 좀 더 크고 전문화된 곳으로 가게 마련이다. 단지내상가는 대부분 10~15평 정도 소규모가 주류를 이루고 있어 업종도 제한되며 상가주택에 있는 큰 점포와의 경쟁에서 이겨내기가 힘들다.

3) 1,000세대 이상이면 정문과 후문 중 지대 높낮이나 대중교통수단에 따라 상권이 달라진다

단지가 크면 정문과 후문 이용률이 확연히 구별된다. 처음 상가가 분양되었을 때 대개 정문 쪽 상가 분양가가 높은 경우가 많고 영업도 잘될 것이라는 기대심리에 편승해 임대가도 높은 편이다. 그런데 종종 후문 쪽이 더 잘되는 경우가 있다. 이때는 후문 지대가 정문 쪽보다 낮은 곳에 있을 때이거나 대중교통수단이 후문 쪽에 집중되어 있어 유동인구가 몰리기 때문이다. 정문과 후문 지대가 비슷할 때는 어느 쪽이 나은지는 노점상이 어느 쪽에 있는가를 보면 된다. 노점상은 수시로 옮겨 다니면서 잘 되는 그곳에서 장사하므로 이들이 있는 곳이 곧 목이라고 보면 틀림없다. 하지만 노점상이 아예 영구적으로 자리를 잡고 간이 칸막이나 이동식 점포를 맞추어 수십 개가 줄을 이어 있으면 포기하는 것이 낫다. 노점상의 모든 업종이 자리하고 있으므로 단지 내 상가는 하루가 다르게 쇠락하게 된다.

4) 중소형 아파트단지에서 하라

대형 아파트에 주거하는 연령층은 50대 이후가 많다. 당연히 자녀들도 20대 이후가 대부분이다. 그런데 50대 이후 소비성향은 생필품 이외에는 모두 외부에서 해결하는 층으로서 시내 백화점이나 전문상가에 가서 쇼핑 재미를 느끼고 싶어하는 경향이 강하다. 게다가

20대는 아예 기대를 걸지 않는 것이 좋다. 따라서 이곳에서는 기술 위주 업종과 생필품 정도밖에 장사가 되지 않는다. 소형 아파트(23평 이하)에는 주로 신혼 초인 20대 후반에서 30대가 거주하고 있고 일부는 저소득층에 속한다. 이들은 대부분 직장생활을 하고 있어 직장 위주 생활방식을 보여 먹고 입는 것을 직장과 가까운 곳에서 해결한다. 아파트는 거주 공간일 뿐이다. 그러니 역시 취급할 품목은 기술 위주 업종과 생필품 정도에 불과하지만, 유아복이나 아동복만큼은 잘 된다.

반면 중소형 아파트(23평 이상~33평 이하) 주거연령은 30~40대로서 자녀들도 대부분 초중고생이 많다. 당연히 생필품 이외에도 학원, 분식점, 문구점 등 다양한 업종이 잘 된다.

5) 세대수보다 상가가 많으면 피하라

세대수보다 상가가 너무 많은 예도 있다. 아파트 1가구당 상가를 6㎡까지 지을 수 있지만 정말 이대로 짓는다면 품목이 중복되어 서로 망하는 경우가 있다. 2,000세대 이상이면 단지 내에 상가건물이 몇 개 있기 마련인데 되도록 위치가 좋은 출입구 쪽 점포를 택해야 실패하지 않는다. 안쪽에 있는 상가라면 신중하여야 한다.

6) 신도시 등 대규모 아파트단지는 중심상권과 인접한 곳을 택하라

대규모 아파트단지 주변에는 대형 판매시설이 경쟁적으로 들어서고 있다. 대형 업체들은 호화로운 매장과 할인판매 등으로 손님을 끌어들이므로 소형 매장은 경쟁상대가 되지 않는다. 이곳 거주자들은 거의 대형 판매시설에서 구매를 하므로 대규모 아파트단지 내 상가들 대부분이 살아남기 어렵다. 생필품과 기술을 밑천으로 하는 업종만이 명맥을 유지할 수 있다. 따라서 대규모 단지에서는 세대수를 파악하는 것이 아무런 의미가 없다. 굳이 이곳 아파트 상가에서 사업을 하려면 중심상권 대형 판매시설 바로 옆에서 하는 것이 좋다.

5. 주택지 상권

주택지 상권은 가장 쉽게 접하고 이용할 수 있는 상가이다. 대부분은 적은 자본으로 사업을 시작한다. 그만큼 시작하기가 쉽다. 쉽게 만날 수 있는 상가이기 때문에 '나도 웬만큼은 이 상권에 대해 알고 있다.'라고 착각하기도 쉽다. 하지만 막상 접해보면 그렇지 않다. 어느 지역 상권보다 파악하기 어려운 것이 바로 주택지 상권이다. 그렇다면 그 이유는 무엇일까? 그것은 그 상권만의 특성이나 색깔이 없기 때문이다. 유동인구가 많지 않기 때문에 오직 거주하는 세대수와 소득수준, 주요 연령층 정도가 상권 파악 잣대가 될 뿐이다. 따라서 주민들이 주로 어느 길로 이동하는가에 따라 상권이 좋고 나쁨이 결정된다고 해도 과

언이 아니다. 덧붙여 지형 · 지세가 영향을 미치고 있다. 이처럼 주택지 상권은 그 특성과 상권 발전성 여부를 파악하기가 모호한 경우가 많다. 하지만 방법이 전혀 없는 것은 아니다. 우선 상권이 번성할 수 있을지 알아내기 위해서는 그 상권 내에 있는 점포 수를 기준으로 파악해보면 된다. 지역에 따라 약간 차이는 있지만 대개 대로변, 버스정류장, 전통시장 입구 등에 상권이 크고 작게 형성되어 있다. 이때 어떤 지역에서는 버스정류장 부근에 점포가 제일 많고 또 어떤 지역에서는 전통시장 입구 상권이 제일 클 수도 있다. 당연히 번성하고 있는 점포 수가 많은 상권에 들어가야 한다.

1) 주택지 상권은 점포 수에 따라 힘이 달라진다.

점포 수가 70~80개 이상이면 번성하는 중심상권이다. 이 정도면 보통 사방 60~ 70m가 상가로 이어져 있는 중심상권이다. 보통 주택지에는 10평 이상 되는 큰 점포가 많지 않다. 또한, 점포 전면길이가 5m 이상 되는 곳도 별로 없다. 점포 수가 70~80개인 상권은 번성하고 있는 상권이므로 임대가와 권리금이 다른 주택지 상권에 비해 비싸다. 점포 수가 40~50개인 상권이면 번성할 가능성이 있다. 신도시 역세권처럼 이러한 주택지 상권은 A급지와 B, C급지 간 차이가 심하다. A급지는 그 상권 목이라서 영업이 잘 되지만 B, C급지는 상권 규모 자체가 작으므로 영업이 썩 잘되지 않는 답보상태이다. 이곳 A급지는 점포가 70~80개 있는 상권의 B급지 수준이다. 점포 수가 20~30개인 상권이면 장래가 불투명하다. 주택지에는 이런 상권이 많다. 주부 상대나 어린 학생들을 상대로 필수품을 판매하는 점포가 대부분이다.

2) 주택형태를 보고도 상권을 파악할 수 있다.

단독주택이 대다수인 곳은 좋은 상권이 아니다. 세대수가 적고 주거연령과 소득수준이 높은 경우가 많은 고소득층 거주지역 주택형태이다. 단독주택, 다세대, 다가구가 혼합된 곳은 비교적 좋은 상권이다. 세대수가 많고 주거연령도 중·장년과 초·중고생이 많다. 소득수준은 중산층과 저소득층이 주류를 이루며 대부분 재래주택 형태이다. 다세대, 다가구가 대부분인 곳은 좋은 상권은 아니다. 세대수는 많으나 주거연령이 비교적 젊고 아이들도 어리다. 중산층이 주류를 이루며 시 외곽 신흥지역 쪽에 많이 보이는 주택형태이다. 단독, 다세대, 다가구, 연립, 아파트가 섞여 있는 곳은 주택지 상권으로는 가장 좋다. 세대수가 매우 많고 주거연령, 소득수준이 비교적 다양하다. 재개발된 지역에서 보이는 형태로서 상권 규모가 비교적 크게 형성된다.

Chapter 2

소매집적과 상업입지

제 1 절 | 상점가 유형

1. 소매 중심지 정의

소매점포는 소비자 거주지역에 대응해서 광범위하게 분포되어 있으나 그 분포 내용은 각 입지에 따라 제각기 다른 모습을 갖고 있다. 대도시의 번화가처럼 다양한 업종·업태 소매점포가 대단위로 모여 있어 집적도가 매우 높은 지역으로부터 작은 점포가 단독으로 존재하는 농촌 지역까지 다양한 형태로 존재하고 있다. 소매 중심지란 어느 일정 지역에 다양한 업종·업태 소매점포가 모여 있으므로 소매업 집적이 형성되어, 그 주변 소비자가 상품을 구매하기 위해 모여드는 장소를 말한다. 상점가 혹은 상업지라고도 하나 도매업과의 구별이 불명확해 '소매상업 집적'이라고도 한다.

1) 광의 소매 중심지

상점가는 내부에 독립 중소 소매점에서부터 대형점인 백화점, 할인점과 중·대형슈퍼마켓, 지하상가, 대형전문점, 시장, 상점가(도로상의 전문점 집합 상점가) 등 소매형태가 포함된 곳이다.

2) 협의 소매 중심지(Ⅰ)

협의 소매 중심지를 구분하면 저절로 생겨나 형성된 「전통시장」이나 「도로변 상점가」와 계획적으로 조성되어 통일적으로 운영되고 있는 「쇼핑센터」로 구분되는데 이러한 것을 협의 소매 중심지라고 한다.

3) 협의 소매 중심지(Ⅱ)

협의 소매 중심지는 명확한 조직체로 구성된 집단으로써 상점가이다. 임의 단체인 경우도 있으며 협동조합이나 상점가 진흥조합 등 법인인 경우도 있다. 소위 공동사업 주체가 되는 것은 이 의미에서 소매 중심지이며 구역도 구성원도 명확하게 된다. 이 경우 복수 소매 중심지가 있는 경우 상점가 연합회 조직도 소매 중심지로 분류한다. 예를 들면 가락동 농수산물 시장 경우 농수산물 시장 안에 「ㅇㅇ청과」, 「ㅇㅇ수산」 등 소매점포 집합군으로 나뉘어 구성되어 있다. 이렇게 각개 조직체가 집단으로 모여 커다란 소매 중심지를 구성하는 것을 말한다.

4) 협의 소매 중심지(Ⅲ)

소매 중심지 대 백화점 또는 소매 중심지 대 할인점이나 슈퍼마켓 등으로 「소매 중심지」를 중·소 소매업자 집단으로써 대형점포와 대비하는 경우이다.

2. 소매 중심지 의의

소매 중심지는 다음 3가지 측면을 종합적으로 검토한다.

1) 소매 중심지는 소매점포가 집단을 이루고 있으며 소매업 경영 장소이다.

개개 소매점포로서 경영내용은 그 점포가 소재하는 상점가가 어떠한 형태 소매 중심이냐가 매우 큰 영향이 되기 때문에 개개 소매업자에 있어서 「소매 중심지」는 매우 중요한 환경 요인이 된다. 또 한편으로 소매 중심지가 어떠한 형태로 발전하느냐는 소매 중심지 전체 환경에 대응해서 개개 소매업자가 어떠한 경영을 하느냐에 따라 달라진다. 예를 들면 독립 소형점포가 모여 집단을 이룬 상업 집적 경우에도 구성원들이 어떠한 콘셉트 아래 경영을 하느냐에 따라 소매 중심지가 발전하기도 하고 쇠퇴하기도 하는 것을 말한다.

2) 소매 중심지는 소비자에 있어서 단순히 필요한 물건을 구매하는 「쇼핑 중심지」일 뿐만 아니라 필요한 정보 획득을 포함하는 「생활 중심지」이기도 하다.

소매 중심지를 구성하는 시설은 상품만 판매하는 점포뿐만 아니라 서비스 업종인 은행이나 증권 회사 같은 금융기관, 병원, 극장 등의 오락 시설과 우체국, 공원 등 공익 시설 등과 함께 생활 중심 기능을 수행하게 된다.

3) 소매 중심지는 도시 제반 시설 구성요소이다.

도시 발전 또는 쇠퇴와 그에 따른 도시 제반 기능, 도시 제반 시설 변동이 소매 중심지에 영향을 준다. 또한, 서울 동대문시장처럼 재래식 시장 재개발 사업으로 소매 중심지가 변모하여 도시에 어느 정도 영향을 주기도 한다. 따라서 도시 개조나 재개발을 계획하는 경우에 소매업 경영 장소로서 소비자 쇼핑 장소로서 생활 지역적 중심지로서 소매 중심지에 대해 충분한 배려를 하여야 할 필요가 있다.

3. 소매 중심지 단층과 유형

소매점포 집적에는 소수 점포가 근접되어 존재하고 있는 것에서부터 대규모 점포나 고급 전문점을 포함한 다수 점포가 집적된 것 등 매우 다양하다. 거주지 주변에 산재해 있는 소형점포부터 도심지 중심지에 백화점을 중심으로 형성된 소매 중심지처럼 다양한 모습 점포 집적(集積)이 있다. 이처럼 점포 집적 다양성이 성립되는 것은 다음처럼 두 가지 측면에서 그 원인을 찾아볼 수가 있다.

1) 소비자가 어느 중심지까지 쇼핑하러 가느냐 하는 「소비자 공간적(지역적) 구매 행동」이다.

그것은 구매하는 상품 종류에 따라서 다르다. 편의품과 선매품, 전문품 등에 따른 상품 구매 변동, 저가·중가·고가 가격, 상품 특수성 및 전문성 및 소비자 거리에 대한 태도(교통 기관 형태, 필요한 시간 및 비용) 등 원인으로 발생한다.

2) 소매업 점포가 손익상 존재할 수 있느냐의 문제이다.

점포가 여러 위치에 분산하여서 존재할 수 있느냐 없느냐는 각각 업종, 형태, 규모에 따라 다르다. 인구가 1,000명 정도인 APT 단지 상가에서 영업이 가능한 소형점포도 있으며 인구가 10만 이상이 되는 도시 및 지역 중심부에서만 존립이 가능한 할인점이 있고 도시 및 지역 중심부에서만 존립이 가능한 대형백화점 같은 대형점포나 고가 보석을 파는 전문점 등이 있다. 이처럼 점포는 소비자 공간적 쇼핑 행동과 소매점포 성립조건이라는 요인에 의해서 소매 중심지 단층 체계가 성립된다. 보다 상위 「소매 중심지」에 있어서는 같은 단층에 속하는 소매 중심지 수는 적어지며 한편으로는 상위 점포 수는 증가하고 평균 규모가 커지고 어느 정도 이상이 되는 대형점이나 같은 콘셉트 아래 형성된 상업 집적만이 존재하게 된다. 또한, 업종 수도 증가하여 편의품만이 있는 하위 소매 중심지에 대해서 상위 소매 중심지에는 선매품 소매점포의 비중이 증대하게 된다. 소비자 쇼핑 거리도 상위 중심지 쪽이 원거리가 되므로 결국 상위 소매 중심지는 넓은 상권을 갖게 된다. 지역적 도시에 존재하는 최상위 소매 중심지에는 그 도시만이 아닌 주변의 소도시로부터도 쇼핑을 오는 매우 넓은 범위 상권을 갖게 된다. 예를 들면 서울특별시 경우, 소위 명동이라고 불리는 소매 중심지 내에는 여러 개의 대형백화점과 대규모 시장 및 전문 상점가로 구성되어 있다. 이 소매 중심지에서 쇼핑하는 사람들은 소매 중심지 주변에 거주하는 소비자뿐만 아니라 서울특별시 전 지역에 거주하는 소비자들이 대체로 많이 이용한다. 이 소매 중심지는 비단 서울특별시 소비자뿐만 아니라 안양, 부천, 분당과 같은 서울특별시 주변 소비자들도 많이 이용하며 남대문시장 경우 지방 상인들뿐만 아니라 중국이나 동남아 상인들까지도 이용하는 때도 있다. 이처럼 도시 최상위 소매 중심지는 광범위한 지역에 넓은 상권을 갖는다. 또한, 이러한 대도시 내부에는 최상위 소매 중심지뿐만 아니라 '청량리, 영등포' 같은 부도심에서 주택가 인근 소규모 상점가까지 각종 단층 소매 중심지가 존재하는 것 이외에도 전문적인 소매 중심지가 존재한다. 용산 전자상가나 을지로 조명 자재 상가, 을지로 건자재 상가 등은 그 대표적인 예이다. 사실 우리나라 경우 다양한 환경조건 가운데 역사적으로 형성된 구체적인 소매 중심지인 상점가를 단층 구분하여 유형화하는 것은 곤란하다. 미국 경우에는 광대한 평원에 인구가 균등하게 분포되어 있으므로 대규모 소매 중심지인 쇼핑센터를 근린형(Neighbor Type), 지역형(Community Type), 광역형(Regional Type)으로 분류하는 것이 전통적으로 가능하듯이 소매업 중심지의 분포 유형이 규칙성을 나타낸다. 그러나 우리나라 경우에 지세가 복잡하고 인구밀도 차이가 (서울과 경기지역에 전 국민 절반이 거주) 크게 되어 미국처럼 소매 중심지의 규칙적 분포를 지도상에 나타내기 어렵다. 또한, 우리나라 경우 지역별로 독특한 관습이나 풍습 등도 매우 다양하므로 미국처럼 단순히 단층적인 유형으로 구분하는 것은 곤란하다.

제 2 절 | 상권 지역성과 입지조건

1. 최종수요와 지역시장

오늘날 국민총지출 절반을 지출하는 것이 개인소비이며 그것은 가정에서의 지출이다. 시장을 움직이고 있는 것은 국민총지출인데 그 지출 반은 가정 개인소비이다. 개인소비지출 비중이 높아지고 사람들이 어떠한 생활양식을 선택하고 생활 안에서 어떤 즐거움과 기쁨과 안전을 확보하는가 하는 것이 도시를 만들어내고 있다. 그 전제로서 집(주거) 확보, 거주 정착화 지향 진행 가운데 사람들의 지역과 연계가 개인소비지출 증가와 함께 강화된다. 즉 오늘날 국민총지출 가운데서 큰 비중을 차지하는 개인소비지출이 시장에서 큰 수요를 만들어낸다. 시장에서의 최종수요가 개인소비지출과 이어지는 기회는 소비자의 일상생활 가운데에 창출되는 것이며 선택되는 것이다. 그리고 소비자 일상생활 행동과 이어지는 많은 개인소비 지출은 소비자가 행동할 수 있는 범위 지역적 넓이 가운데서 사용되는 것이다. 원래 최종소비 수요는 개인적인 기호가 높은 것이며 일상적인 생활 행동 가운데서 자유롭게 선택된다. 이 자유롭게 선택할 수 있는 환경 가운데서 최종수요는 개인소비 지출을 얻어 「시장」을 만들어내는 것이다. 어디에서 무엇을 사고 어디에서 어떻게 사용하는가? 그리고 어디에서 어떤 생활양식을 선택하는가 그 기본적 기초가 되는 것은 생활지역과 연계이며 지역에서 구해지는 최종수요는 개인소비 지출이 뒷받침하는 것이다. 소비 지출이란 개인 일상적 생활 행동에 수반하여 생기는 것이며 생활 행동과 그 양식은 사람들이 매일 살아가고 있는 생활공간을 형성한다. 그 생활공간은 구체적으로 지역 위에 그려지는 것이며 오늘날 경제를 지탱해 나가는 개인소비지출은 소비자가 생활 행동을 하는 지역과 밀접하게 결부된 것이다. 이렇게 지역이라는 기반 위에서 사람은 행동하고 경제 환경을 만들어내는 것이다.

2. 소매업 도시(지역)별 격차

1) 도시 기능

도시는 그 주변에 넓은 지역 중심에 있으며 인간 생활 여러 가지 측면과 연결되어 있다. 도시에는 역, 항구, 공항, 대학, 공장, 관청, 병원, 은행, 극장 등 각종 기관 및 도시시설이 존재하고 있으며 도시 내부 및 주변 지역에 대해서 입법, 행정, 사법, 생산, 금융, 교육, 교양, 오락, 종교, 의료, 교통, 정보전달 등 기능 중심으로서 역할을 담당하고 있다. 상업과 유통에 관해서도 마찬가지로 도매업이나 소매업을 위한 사무소나 점포가 물류를 위한 제반 시설 및 금융, 보험, 정보 유통 기능을 담당하며 어떤 시설은 광범위하게 어떤 것은 한정된 지역에서 영업하고 있다. 이러한 도시 각 기능은 상호 밀접한 관계가 있으며 상호 보완이 되지 않은 단독 존재는 어렵다.

2) 기능 특성에 따른 도시 구분

대도시에 있어서 이와 같은 기능은 대부분이 전부 행해지고 있으나 어느 정도로 각 기능이 조합되느냐는 각 도시 자연적, 역사적, 사회적 조건에 따라 다르다. 소규모 도시에 있어서 대개 기능이 평균적으로 존재하는 때도 있으며 특정 기능이 큰 비중을 차지하는 때도 있다. 예를 들면 청주시 경우 '교육도시', 태백시는 '광업도시', 부산광역시는 '항구도시', 경주시는 '관광도시', 대전광역시는 '행정도시' 등으로 불리는 것은 그 도시가 가진 여러 기능 가운데서 특정 기능이 큰 비중을 차지하기 때문이다.

3) 단층별에 의한 도시 분류

어떤 형태 지역인 경우에도 도시가 지역 중심이 되며 인구가 집적하고 있는 장소가 되므로 인해 도시 내외 인구에 소비재를 공급하는 소매업은 꼭 필요한 존재가 된다. 그러나 도시 기반에 따른 업무 변동이 발생하거나 더구나 소규모 도시 등도 도시 성장에 영향을 받아서 소매업 동향에 중요한 조건으로 작용한다. 예를 들면 광업도시 경우 폐광에 따른 도시 쇠퇴나 'OO시'처럼 도전체 인구는 감소하더라도 정부종합청사 이전처럼 행정기관과 관련된 사무소 집적으로 인한 인구 증가, '분당'처럼 대규모 뉴타운의 인구 증가 등으로 전철 역사를 중심으로 한 상업 집적 확대 등이 좋은 예이다. 또한, 타 도시와의 지리적 관계에서도 같은 규모 인구 수준 도시 간에서도 지리적으로 고립된 경우에 대도시에 근접된 도시에 비해서 많은 기능을 갖추고 있는 경우가 많다. 또한, 접근하고 있는 도시 간에 각 기능을 분담하고 있는 예도 있다. 이처럼 타 도시와 어떠한 관계가 있는 도시냐가 도시 소매업을 검토하는 경우 중요한 의미가 있게 된다. 여기에서 상위 도시와 하위 도시라는 단층이 구분되게 된다. 서울특별시는 전국 중심도시이고 부산광역시나 대구광역시는 지역 중심도시이고, 또는 아산시나 공주시는 지방 거점 도시 등과 같이 중심적 도시를 분류하기도 한다.

4) 소매업 지역별 격차

도시별 소매업 여러 가지 지표, 즉 점포 수, 판매액, 종사자 수, 매장면적 등을 비교함으로써 도시별 격차를 검토할 수 있다. 이와 같은 소매 판매액 도시별 격차는 다음과 같은 두 가지 요인에 의해서 결정된다.

(1) 소비구매력 지역적 집적 차이며 무엇보다도 기본적인 것은 인구이다.
인구와 소득수준에 의해서 그 도시 소득 총액이 결정됨으로 결국 소비성향이 소비지출 총액을 결정하며 자가 생산 비율, 서비스 구매 비율에 따라서 소매업 이외 지출이 결정된다.

(2) 각 도시에서 발생하는 소매업에 대한 소비지출액이 어느 도시 소매점포와 연결되느냐 하는 것이다.
도시 내에서 발생하는 소매업에 대한 소비지출액 전체가 그 도시 내의 소매점에서 구매하지 않고 타 도시에서 구매하는 예가 적지 않다. 즉 소비지출액 유출과 유입이 발생하게 된다. 소비구매력이 도시 간에 유출, 유입이 현상으로 나타나는 최대 이유는 다른 도시보다 상위 소매 중심지가 있으므로 그 도시로부터 유출이 된다. 양 도시 간 중복되는 가능성도 크나 다른 도시에 보다 상위 전문점이 존재하거나 다른 도시에 통근, 통학하기 때문에 다른 도시 관청, 병원 극장 등 도시시설을 이용함에 따라 부수적으로 쇼핑을 하는 등의 이유도 있다. 또한, 통근으로 인한 도시 간 이동에 따라서 통근자가 통근 장소 주변이나 전철 환승역 주변에서 쇼핑하는 경향도 크고 또한 통근자 가족도 거주 도시에서 근무하는 자에 비해서 타 도시로 나가는 경향이 크다.

5) 소매업 중심성

어떤 도시는 타 도시로 유출이 크고 어떤 도시는 다른 도시로부터 유입이 크게 되는데 다른 도시로부터 구매력을 흡수하는 정도를 「중심성」이라고 한다. 도시 소매업 중심성을 구하는 방법에는 여러 가지가 있으나 일반적으로 다음과 같은 방법을 주로 활용한다.

(1) 인구 1인당 판매액을 비교하는 것이다. 소득수준 등 여러 가지 여건이 같다고 가정하고 인구 1인당 소매 판매액이 큰 쪽이 다른 도시로부터 흡입하게 되며 작은 도시는 타 도시로 유출하게 된다.

(2) 소비 지출 관계 조사자료-소비 실태 조사, 가계 조사 등-로부터 1인당 또는 1세대 당 소매업에 대한 소비지출액을 추정해서 각 도시에서 발생하는 소매업에 대한 소비지출액을 산정해서 그것과 실제 소매 판매액과 비교한다. 그리고 1인당 소매업에 대한 소비지출액과 인구 1인당 소매 판매액을 사용하여 각 도시의 소매 판매액이 인구 몇 명분 판매에 상당하는 가를 산출하여 그것을 각 도시 상업인구(소매업 인구, 추정 구매 인구)로 하여 그것과 행정 인구와 대비에 따라 표현하는 방법도 있다.

(3) 대도시 경우에는 도시 내부 기능이 나누어져 있으므로 행정상 도시 전체로 보면 중심성 수취가 그다지 높게 나타나지 않는 경향도 있으나 사례별로 보면 대도시 특정 지역에 중심성이 매우 높은 지역과 낮은 지역이 있는 것은 대조적으로 볼 수 있다. 따라서 도시 간 소매업 격차는 도시 내 소매업 집적지역을 대상으로 하여 고려한다.

3. 도시 소매집적 형태

소매집적이란 대형 및 중, 소형 동종 및 이종 소매업종과 동종 및 이종 소매업체가 상호 공동 목표하에 서로 관련성을 가지고 한 장소에 모인 집단 소매 시스템을 의미한다. 일반적으로 도시지역에서 소매상업 집적형태는 다음과 같다.

1) 인구형 집적

대규모 아파트단지 신설이나 생활환경 변화로 해당 지역 인구가 증가함에 따라 다양한 소매상이 집적하여 편의품이나 선매품 그리고 전문품을 판매하는 형태이다. (예 전철 역사 앞에 상업 집적시설, 즉 상업지구).

2) 중심부형 집적

여러 개 단위지구를 포괄하는 도심지역에서 광역상권을 지향하는 소매점이 대형점과 전문점을 중심으로 집적하는 형태이다. (예 서울 명동지역 상업 집적)

3) 상권 침하형 집적

주변에 있는 다른 지역이 번성함으로 인하여 상권이 내려앉고 있는 지역에서 소매망을 개설하는 경우에 상권세력이 약화하여 성장이 둔화한다. (예 신흥도시 인근 전통시장, 재래 상가)

4) 주택지형 집적

주민들은 거리상 인접성과 이용 편리성 때문에 가까운 집적지로 향하게 되므로 여기서는 주로 편의품과 선매품을 중심으로 소매점이 집적한다. (예 아파트단지나 주택지 주변 소형 상점가)

4. 도시 내부 소매산업 변화

대도시 내부에서는 소매산업이 도시 구조와 주거 지역에 의해 입지를 변경하는데 그 이유는 다음과 같은 요인에 의해서이다.

1) 거주형태 변화

변화 요인은 도시 성장이나 혹은 핵가족화에 따른 세대 규모 축소, 또는 근린생활 변화,

도심 사회적 분화 등 요인이다. 소매구조 변화 요인은 교외 아파트 지역으로 이동하여 교외 상업 집적을 선호하고 소규모 편의 시설 선호 및 이에 따른 도심 내부 쇠퇴와 전문화 형태 변화 그리고 기존 상점가 전문화 등 변신이다.

2) 소득증가와 생활방식

변화 요인은 소득증가와 이에 따른 레저 추구 등 생활방식 변화이며 소매구조 변화는 대도시 지역 모든 장소에서 소매공간 대형화, 전문화 선호, 도심 쇼핑 선호, 주말과 오락 연결형 쇼핑, 그리고 관광과 전문쇼핑 선호 등 변화이다.

3) 유동성

변화 요인은 유동성 확대이며 소매구조 변화는 전문화 진행, 점포 규모확대, 즉 점포 대형화·전문화이며 특히 세대별 자동차 보유 대수 증가로 원거리 대형점포에서의 쇼핑을 선호하게 했다.

4) 기술

변화 요인은 기술적인 면에서 자동화 확산이며 소비구조 변화이다. 이것은 점포와 소매기업 체인 대형화, 신규 투자 장려 그리고 노동력 단순 작업화 진행 등이다.

이러한 변화에 따라 이들이 지역적으로 집중화나 집단화하는 것은 입지조건이 좋은 도심지역이나 교외 지역으로 소매집적을 형성함으로써 매장면적 증대 효과를 가져와 원스톱 쇼핑 서비스 상품을 통한 고객 구매 흡인력, 즉 집체적 편의성을 증대시키기 때문이다. 구체적으로 설명하면 이는 특정 입지를 중심으로 형성되는 소매집적은 공간적 인접성과 양립성을 가진다는 뜻이다.

제 3 절 | 소매집적과 상업입지

1. 소매집적 기능

소매점이 집적 기능을 수행하기 위해서는 그 지역사회와 호흡하는 커뮤니티 기능을 수행해야 한다. 커뮤니티 기능이란 그 지역주민이 그 지역에 자리 잡은 소매집적 시설에 대해 요구하는 여러 가지 지역 편의 기능이다.

소매집적 주요 기능

① 셀프서비스나 원스톱쇼핑을 가능하게 하는 편의적 기능
② 지역 번화가에 많은 사람이 모여 오락성과 인간적 친밀감을 교환하는 인간적 기능
③ 그 지역 발전과 자연환경을 충실히 보호 보존하려는 기능
④ 그 지역 중심 특성을 표현하는 것으로 유명 백화점, 유명 토산품점, 유명 음식점 및 유명 서비스점 등 상징적 기능

2. 소매집적 분류

소매집적 현상은 일반적으로 자연 발생적인 것과 사후 통합적인 것 그리고 계획적인 것 세 가지로 분류한다.

1) 자연 발생적 소매집적

교통과 도로를 중심으로 오랜 세월 동안 자연적으로 소매상이 모여들어 집적된 경우이다. 이처럼 자연 발생적으로 형성된 소매집적은 점포 규모도 영세하고 집적 통합성이 미약하다. 지방 소도시 지역 일반시장과 대도시 주택가나 변두리 전통시장과 소위 골목 시장이 이에 속한다. 이곳 고객흡인력은 아직 높은 곳도 있으나 가격파괴 대형점인 신 업태 등장으로 성장세가 점점 둔화하고 있다.

2) 사후 통합적 소매집적

이 같은 유형은 집객력을 높이기 위해 사후에 상점가 활성화나 재개발 계획에 의해 조정 통합된 소매집적 형태이다. 대표적인 아케이드형 상점가로써 동대문시장이나 청계천시장 등이 이에 속한다. 이는 저마다 다른 사업방침을 가진 자연 발생적 소매집적에다 「아케

이드」라는 공동 우산을 씌워 점포 간 입체감을 부여함으로써 고객흡인력을 높이려는 것이다.

3) 계획적 소매집적

이런 유형은 소매집적 자체를 하나 단위로 하여 업종구성, 점포 배치, 혹은 점포별 면적 배분 등을 통합적 관점에 사전 계획을 수립하여 개발하며 영업을 개시한 다음 전체적으로 통제하는 소매집적형으로서 서울 동대문시장에 개관한 '밀레오레' 같은 소매집적이 대표적이라 할 수 있다. 이들 소매집적은 공동광고나 공동행사 등 공동판매사업을 수행하는데 역 앞 지하상가나 지구형 쇼핑센터 등도 이 같은 유형에 속한다. 계획적 소매집적을 몇 가지 형태로 세분화하여 구분하면 다음과 같다.

(1) 중·소 소매점들이 상업협동조합이나 공동출자회사를 설립하여 설비를 공동으로 소유하고 공동영업하는 경우
(2) 대형점이 소매집적을 위해 자체 개발하여 스스로 핵점포로 출점함으로써 여러 소형점을 유치하는 경우
(3) 전문부동산회사가 개발, 소유하고 임대 소매상을 유치하거나 분양하는 경우
(4) 지방자치 단체나 공공기관이 개발, 소유하며 임대 소매점을 유치한 경우
(5) 일본 경우처럼 공공단체와 민간업체와 공동으로 개발하고 소유하며 임대점을 유치하는 경우 등이다.

3. 상업입지 분류

상업입지 형태를 분류하는 방법은 여러 가지가 있으나 근린형, 지구형, 지역형, 광역형, 거점형, 특화형 6가지로 분류하고 근린형은 다시 분산과 집결형으로 세분한다.

1) 근린형

이것은 분산적 근린형과 집결적 근린형으로 구분된다.

(1) 분산적 근린형 상업입지

분산적 근린형 상업입지는 ① 점포 자체가 상점가 내에 분산된 의미와 ② 상업 중심지로서 결합성이 적고 작은 블록으로 분산된 의미 2가지 뜻이 있다. 상품밀도가 낮은 편이며 활기 있는 상업지 분위기를 가지지 않는다. 상권 규모가 적어서 지지 인구도 적은 것이 보통이며 내점 수단도 도보가 압도적으로 많고 객층은 근린 주부를 중심으로 아동, 노인, 때

로는 학생들로 구성된다. 통행량도 적으며 주변에 대형점이 출점하게 되면 큰 타격을 입는 상권 형태다. 그러나 저녁 시간 통행량이 많은 지역은 생식품 중심 상품구성이 많으므로 주변에 중형급 슈퍼마켓이 진출하더라도 신선도를 중심으로 하면 충분한 경쟁력을 가질 수 있다. 소상권을 경영기반으로 두어 편의적 서비스를 제공한다. 점포는 주택에 접근되어 분산되어 있다.

(2) 집결형 근린형 상업입지

근린형 상업입지라도 집결형 경우는 점포 수는 일정 수준 이상이며 상점가로서 어느 정도 체제를 갖춤으로써 상권은 비교적 분산형에 비해 넓은 편이며 내점객 수도 많고 자동차 이용고객도 일정 수준을 유지한다. 업종별로는 편의품이 많으나 20개 이상 점포 집결로 통합성과 통일성을 유지하게 되면 부근 대형점이 진출하더라도 경쟁력을 가질 수 있다. 주거인구 집적이 커서 편의품 중심 상점가가 집결되어 형성되어 있으며 편의품 비교선택이 잘 된다. 1차 상권 생식품은 집객력이 높고 타 업종에도 파급 효과가 있다.

2) 지구형

지구형 또는 지구 중심형 상업입지는 도시 주변 지역 중심부에 형성된 상점가 형태이며 상권 범위는 2~5km까지 영향권에 있다. 인구가 5만에서 10만 규모 지역이면 타 지구로부터 유출과 유입 두 가지 측면을 고려할 수 있다. 만약 그 도시로부터 자동차로 한 시간 이내에 그 도시보다 큰 도시가 없는 경우에는 그 도시 행정 인구 1.5~1.8배 상업인구를 확보하는 것이 가능하여 유리한 조건을 형성하나 주변에 대규모 경합 도시가 있는 경우에 유출 문제가 발생하여 지구 중심형 상점가 경우 주변 대도시 영향에 의해 그 추세가 결정된다. 경합 도시가 있는 경우에 선매품 유출을 피할 수 없으나 그 유출을 가능한 적게 하려고 선매품을 취급하는 점포 경쟁력을 강화하지 않으면 안 된다. 그러나 지구 전체 선매품을 지구 내에서 흡수한다는 것은 어렵다. 또한, 저효율 경영에 빠지기 쉬우므로 현재 유출률을 무리가 없는 정도에서 억제할 수 있는 대책을 수립하는 것이 바람직하다. 반대로 주변부로부터 유입지역에서는 더욱 그 흡수를 강화하기 위해 편의품보다도 선매품을 충실하게 갖추어 편의품은 유입지역에서 구매한다 해도 선매품은 그 유입도시에서 구매할 수 있는 성격을 갖도록 중심 상점가 경쟁력을 강화하는 것이 필요하다. 주변부로부터 유입되는 고객 욕구를 만족하게 하도록 쇼핑만이 아닌 문화시설 등 종합적인 생활제안 시설을 갖출 필요가 있다.

3) 지역 중심형

주로 지방 소도시 중심부에 형성되는 상점가이다. 도시 중심 블록으로 형성되는 커뮤니티형 상점가이다. 지구적 상권을 형성하여 실용적 준 선매품 및 가족형 음식점이 합쳐진 제2차 상권을 형성한다. 생활 전체 기능은 대부분 충족된다.

4) 광역중심형

인구 20만~30만 도시 중심지로서 주변으로부터 흡수율이 높고 행정 인구 1.5~2배 상업인구를 영향권에 두는 지역을 말한다. 상업지로서 매력적인 입지지만 반면 대형점 출점도 많으며 경쟁도 치열하다. 이와 같은 지역에서는 주차장이 부족하든가 교통체증 등 접근 어려움이 나타나는데 상권 발전을 위해서 도시 계획과 같은 도시 재조정 필요성이 대두된다. 도청소재지 중심상업지, 대도시 도심 및 부도심 상업지에 형성된다. 광역 범주 내에 중소 도시를 포함하는 상권으로 하며 유입률 10% 이상 도시 대상으로 질과 양 모든 면에서 대규모 상업 집적을 형성한다. 대도시 간에 상권경계를 형성한다. 중도시, 지방 도시 중심에 지역상권을 갖는 상업지 형태이다. 지역주민 다양한 욕구 및 지역 산업 욕구에 대응한다. 지역성을 유지하고 지역주민이 애착을 두고 있다. 제3차 상권을 형성한다.

5) 거점형

복수 대량 교통 기관 거점으로 형성된 상업지 또는 하나의 상업시설로서 상업 기능을 충족하는 독립형 쇼핑센터, 지하상가, 역 빌딩 상점가를 말한다.

6) 특화형

객층 특성에 맞추어서 소수 업종이 결집하여 특화된 상점가를 말한다.
전기용품 거리, 서점가, 시장가, 가구거리, 공구상가 등이다.

점포 종류와 입지

① 집심성 점포
이 유형에 속하는 다음 점포는 배후지 중심지(CBD)에 입지하여야 한다. (도매점, 백화점, 고급음식점, 요리점, 보석점, 귀금속점, 미술품점, 피복점, 의류점, 장식품점, 화장품점, 시계점, 약국, 대형서점, 영화관, 극장 등)

② 집재성 점포
동 업종 점포가 서로 한곳에 모여서 입지하여야 하는 유형 점포이다. (은행, 보험회사,

상사 사무실, 관공서, 서점, 기계점, 가구점, 전기부품점 등)

③ 산재성 점포
동 업종 점포가 입지하는 상권 크기는 한정되어 있으므로 서로 분산입지 하여야 하며 한 곳에 집재 하면 서로 불리하다. (잡화점, 어물점, 과자점, 조미료점, 양화점, 주방용품점, 이발소, 공중목욕탕, 세탁소, 기타 일용품 점포 등 소매점)

④ 국부적 집중성 점포
동 업종 점포끼리 국부적 중심지에 입지하여야 하는 점포이다. (농기구점, 석재점, 철공소, 비료상점, 종묘점, 어구점, 기계기구점 등)

4. 상업입지 형태와 기능

1) 상업입지 형태 Ⅰ

광역중심형	도청소재지 중심상업지와 신도시 및 부도심 상업지, 광역권 내 중심도시를 중심으로 상권구성(고객 도시유입률 10% 이상) 하고 대규모 상업 집적을 형성, 대도시 간 상권 경제 형성 예 대형점 20,000㎡ 이상 백화점, 쇼핑센터
거점형	복수 대량 교통망을 거점으로 형성된 상업지, 그리고 하나의 상업시설로서 상업 기능 충족 예 독립형 쇼핑센터, 지하상가, 역세권 상점가, 백화점 및 대형점 등
특화형	특수 고객층에 대응하여 소수 상점이 결집하여 특화된 상점가 예 전기용품가, 서점가, 관광가, 음식가, 가구가, 공구가, 공장가, 업무가, 오락유흥가, 문화·영화가, 도매상가 등

2) 상업입지 형태 Ⅱ

형 태		상업 특징
근린형	분산형	소상권을 경영기반으로 두어 편의 서비스 제공. 점포는 주택에 근접되어 분산 예 300㎡ 전후
	집결형	상주 인구집적이 커서 편의품 중심으로 상가가 집결되어 있으며 편의품 비교·선택(품종, 가격, 선도) 용이 1차 상권 신선식품에 대한 집객력이 높고 다른 업종에도 파급 용이 예 1,000~1,500㎡ 슈퍼마켓
지구 중심형		지방 소도시 중심부에 형성되는 상점가(소매 중심지) 시 행정 등 중심 블록으로 형성되는 커뮤니티형 상점가

형 태	상업 특징
	지구 중심 상권을 형성하여 실용적 준 선매품 및 가족형 식당이 합쳐진 제2차 상권 형성 생활 전체 기능 충족 예 3,000㎡ 전후
지역 중심형	중도시 및 지방 도시 중심에 지역상권을 갖는 상업지로 대형점, 지역주민 다양한 요구 및 지역산업 욕구에 대응. 지역성을 유지하고 지역주민 생활에 밀착하여 제3 상권을 형성 예 7,000㎡ 전후 쇼핑센터

3) 상업입지 기능

상업지 특성		분산적 근린형	집결적 근린형	지구중심형	광역중심형
입지 특성	상권인구	• 반경 500~700m • 인구 1만 명 정도	• 반경 1,000~1,500m • 인구 2만~3만 명 이하	• 반경 2,000~5,000m • 인구 6만~10만 명 이하	• 반경 10km 이상 • 인구 30만 명
	이용수단	• 도보 90%	• 도보 70~90% • 승용차 10%	• 도보 50% • 교통 기관 15% • 자가용 20% • 기타 15%	• 교통 기관과 승용차 80% 이상
	객층	• 근린 주부, 어린이, 인근 노인 • 지역고객 95% • 고정고객 80%	• 30대 중심 행동적 주부, 맞벌이 주부, • 지역고객 90% • 고정고객 80%	• 뉴 패밀리, 학생, 직장여성, 샐러리맨 • 고정고객 70%	• 하이틴, 청소년, 관광객, 청장년 • 상류 주부층 • 도시, 직장여성, 상류 샐러리맨, 상류계층 등 • 유동고객 65% • 지역고객 5% • 고정고객 30%
	통행량	• 평일 3천 명 이하	• 평일 5천~8천 명 • 오후 4~6시 피크, 일요일은 점차 증가	• 평일 1만 명 이상 • 일요일 급증	• 평일 2만 명 이상 • 일요일 가족 중심 급증

4) 상업입지 기능 Ⅱ

상업지 특성		분산적 근린형	집결적 근린형	지구중심형	광역중심형
구매특성	구매습관 동기	• 매일 1·2일 간격 • 가깝고 편리 • 친근감	• 주 2~3회 • 가깝고 편리 • 친근감 • 값싸고 선도 좋음	• 주 1회 • 월 2~4회 • 품질 좋고, 상품 풍부, 신용 있고, 원스톱쇼핑 가능	• 월 1~2회 • 1년에 수회 • 전문점 많고 • 신용 있고 • 성실하며 • 쇼핑 즐김
	욕구 분류	• 생활조건 욕구	• 생활 합리화 욕구	• 습관적 욕구, 지역적 욕구, 문화적·정보 욕구	• 사회적 욕망 • 개성·탁월 • 신기·유행 • 문화·정보 • 중심적 욕구
	구매상품	• 실용품 • 상용품	• 실용품 • 상용품 • 보급품	• 준 고급품 • 준 유행품	• 전문품 • 고급품 • 고액품 • 유행품 • 선물용품
상업지 상업	상업형태	• 스토어 • 생업적 상점 • 분산적 상점 • 소규모성	• 시장, 잡화점포 편의품점 (20개 이상) • 중형 슈퍼마켓	• 지구형 쇼핑센터 • 체인스토어 • 선매품, 편의품 • 음식점 • 혼합상가 복수화	• 백화점, 대형점 • 유명 전문상가 • 패션가 • 문화품가 • 음식가, 오락가
	업종구성	• 전문품점 20% • 선매품점 30% • 음식 서비스점 30% • 기타 20%	• 전문품점 40% • 선매품점 20% • 음식 서비스점 30% • 기타 10%	• 전문품점 40% • 선매품점 20% • 음식 서비스점 30% • 기타 10%	• 전문품점 60% • 선매품점 10% • 음식점 30%

5) 상업입지 기능 Ⅲ

상업적 특성		분산적 근린형	집결적 근린형	지구중심형	광역중심형
상업지의 상업	상업형태	• 가게 • 생업적 상점 • 분산적 상점 • 소규모성	• 시장, 잡화점포 편의품점(20개 이상) • 중형 슈퍼마켓	• 지구형 쇼핑센터 • 체인스토어 • 선매품, 편의품 • 음식점 • 혼합상가 복수화	• 백화점 • 대형점 • 유명전문상가 • 패션가 • 문화품가 • 음식가 • 오락가
	상가형태	• 상점이 개별점으로 분산	• 도로에 길게 형성. T자형	• 형태가 교차하여 상가 형성	• 입체적인 넓은 공간

상업적 특성	분산적 근린형	집결적 근린형	지구중심형	광역중심형
상업 분위기	• 점포의 고객 친근감, 대화 쉬운 분위기	• 상품구매 시 인간적 유대감 발휘	• 다양한 변화, 자유롭고 개방적인 커뮤니티성	• 자극적이고 풍요로움, 마음을 들뜨게 하는 해방감
시설	• 가로등 • 보도설치	• 가로등, 아치, 공동화장실, 안내판, 방송	• 칼라보드 • 주차장 • 공동간판 • 휴게소, 가로수 • 안내소 • 아케이드	• 광장 • 물 • 공동간판 • 휴게소 • 아케이드
이벤트	• 어린이 중심 야간시장	• 주부 중심 아침 시장, 산지 직판 등	• 뉴 패밀리 중심 참가형 이벤트	• 젊은이 중심 화제성 이벤트

5. 상업지 입지 평가

1) 상업지 입지 평가요인

(1) 배후지 및 고객 질과 양

상업활동 매출액은 배후지 인구, 면적, 소득수준, 고객 양, 기타 고객 구매력에 따라 영향을 받는다.

(2) 고객 교통수단 상태

(3) 영업 종류 및 경쟁 상태

(4) 당해 지역 경영자들 창의와 자력

상업지역 경영자들 풍부한 창의력과 자력에 따라 상업활동에 대한 수익성이 좌우되고 다시 대상 지역 번영에도 영향을 미친다. 또한, 수익성 차이는 대상 지역 부동산 가격에도 영향을 미친다.

(5) 번영 정도 및 성쇠 상태

① 해당 상업지역 번화가(성숙도)

② 상가 성장의 외형적 흐름

③ 소매점포 기업화 등

④ 점포 건설 용지 등

⑤ 입지경쟁 특징

⑥ 토지이용에 대한 공법상 규제 정도가 중요한 판단 방향이 된다.

2) 상업지 평가 개별적 요인

(1) 고저·각 획지·기타 접면 가로와 관계

상업지는 가로보다 높으면 고객의 접근성을 나쁘게 하므로 마이너스 요인이 되는 것이 보통이다. 특히 각 획지 가치는 교통량이 많고 노폭이 알맞게 크고 점포가 특출할수록 유리하고 그 유용성은 고객 통행패턴 등 개별성 특성이 많이 작용한다.

(2) 전면 가로 계통·구조 등 상태 및 그 위치 관계

(3) 고객 통행패턴 및 적합성

(4) 번화가에의 접근성(거리 등)

(5) 인접 부동산 등 주위 상점·부동산 등 상태

Chapter 3

상권 결정요인

제 1 절 | 일본 개별 업종·업태별 상권

1. 생필품 판매시설 상권

업종·업태점	상권거리	상권인구	비고
생선전문점	~500m	3,000명	• 도보, 자전거 10분 이내
과일전문점	~500m	3,000명	• 도보, 자전거 10분 이내
약 국	500m~1km	1만 명 이상	• 도보 15분, 자전거 10분 이내
미니슈퍼 (150평 이내)	500m~1km	1,500세대 (4,500명)	• 점포매장표준은 1,000세대 100평 단위
CVS(도시형)	~500m	1,000세대 (3,000명)	• 반경 500m 이내에 5점 이상 출점 과당경쟁
Drug store	~3km	2만 명 이상	• 표준매장 150평 주차장 완비

2. 소매업소 표준 구성

■ 인구 10만 기준 일반도시

규 모	매장면적	점포 수	시장점유율
대 형 점	2,000~3,000평	1~2점	15~20%
슈퍼마켓	200~300평	10~15점	30~35%
개인상점	10평 전후	600점 전후	50% 전후

■ 신흥주택 개발지 : 가구 수 2,000세대 정도 단지

규 모	매장면적	점포 수	시장점유율
대 형 점	-	-	15~20%(대형점에 유출)
슈퍼마켓	200평 전후	1개	50% 전후
개인상점	10평 전후	10~20개	30~35%

■ 매장 규모별 상권 범위

1,000㎡ 이하(슈퍼마켓)	• 도시권 : 700~800m	• 교 외 : 1,500m
5,000㎡ 이하(하이퍼마켓)	• 2~3㎞	• 시간 거리 10분 이내
5,000㎡ 이상(GMS)	• 4~5㎞	• 시간 거리 20분 이내

■ 내점 범위 및 빈도

범 위	이용수단	거 리	내점 빈도
대 형 점	자동차 이용객	4~5㎞	주 1회
슈퍼마켓	자전거 이용객	800m~1,000m	주 2~3회
	도보 이용객	~500m	

3. 기호품 판매점 상권

업종·업태점	상권거리	상권인구	비고
안경점·시가지형·교외형	2㎞ 5~10㎞	2만 명 10만 명	• 교통 편리함 중요
구두점·교외형	5~10㎞	5만~10만 명	• 생활도로 인접 • 통행 승용차 1일 1만 대 이상
완구점·교외형	5~10㎞	5만~10만 명	• 생활도로 인접 • '토이저러스' 영향으로 대형화
서점·시가지형·교외형	1~2㎞ 3~5㎞	3만 명 5만~10만 명	• 생활도로 인접 대원칙
신사복점·교외형	10~15㎞	20만 명	• 간선도로에 연결되는 생활도로 인접
스포츠양품점·교외·종합점	10~15㎞	20만~30만 명	• 주요 간선도로 인접 • 자동차 30분 이내 • 표준매장 300~400평

업종·업태점	상권거리	상권인구	비고
GMS·시가지형· 교외형	10km 10~15km	7만~10만 명 10만~15만 명	• 주차장 필요(1,000대 이상) • 생활도로 쪽 양호
Discount Store· 종합형	10km	20만 명	• 간선도로 인접 • 넓은 주차장 조건
Home Center	~5km	3만~5만 명	• 주차장 넓을 것(100대 이상)
백화점	50~80km	30만 명	• 입지, 규모, 지명도 등에 의해 크게 다름

4. 서비스업 상권

업종·업태점	상권거리	상권인구	비고
골프연습장·교외형	10km	10만 명 이상	• 용도지역 설치제한 주의
건강Land	30km	30만 명 이상	• 자동차 1시간 이내
어뮤즈먼트·시가지형· 교외형	1~2km 1~5km	3만~5만 명	• 젊은 층이 모이기 쉬운 곳 (10대 후반 20대 초반)
노래방·시가지형·교외형	1km 1~3km	1만 명 3만 명	• 적정규모 15~18실(어떤 경우에도)
코인 세차장	3~4km	1만 명 (3만 명)	• 자동차 10~15분 • 적정규모 250평 이상
미용실(주택지)	1~1.5km	2,000~5,000명	• 도보 20분 이내 75%
렌탈비디오·시가지형· 교외형	500m~1km ~5km	2.5만~4만 명 3만~5만 명	• 적정 매장 30~50평 • 적정 매장 80~120평

5. 음식점 상권

업종·업태점	상권거리	상권인구	비고
중화요리점·시가지형	~500m	5,000~1만 명	• 내점객은 도보객 대부분
일식 레스토랑·시가지형· 교외형	~500m 3~5km	5,000~1만 명 3~5만 명	• 입지, 메뉴, 평판에 따라 다름
패스트푸드·시가지형· 교외형	~2km ~5km	2~3만 명 3~5만 명	• 점포앞 통행객층 중 젊은 층이 많은 곳
패밀리레스토랑· 지역밀착형·전문점형	~2km ~3km	4만 명 5만 명	• 점포까지 내점 소요시간 10분 이내
커피숍·시가지형	300~500m	5,000명	• 주간인구가 많은 점에 유의

6. 공동점포 상권

<table>
<tr><th colspan="2"></th><th colspan="2">근린형</th><th colspan="2">지역형</th><th colspan="2">광역형</th><th colspan="2">초광역형</th></tr>
<tr><td colspan="2">개 요</td><td colspan="2">도보권을 중심으로 중형슈퍼를 핵으로 한 일용품을 취급하는 중·소형점</td><td colspan="2">하이퍼마켓·Variety Store를 중심으로 한 실용품 중심 중형점·시형 공동점포</td><td colspan="4">• 백화점·종합대형점 대형점을 핵으로 해서 여러 가지 서비스 기능과 레저·스포츠 시설 등을 가지 대형 쇼핑센터
• 고품질, 고가격, 하이패션의 전문점 빌딩·식음 빌딩 등
• Resort Type 레저중심 시설
• 대형점 병설형 공동점포</td></tr>
<tr><td rowspan="2">규모</td><td>연면적(㎡)</td><td colspan="2">1,000~5,000</td><td colspan="2">8,000~12,000</td><td colspan="2">15,000~30,000</td><td colspan="2">50,000 이상</td></tr>
<tr><td>주차대수</td><td colspan="2">50~100</td><td colspan="2">100~300</td><td colspan="2">-</td><td colspan="2">-</td></tr>
<tr><td rowspan="2">점포수</td><td>핵점포수</td><td colspan="2">1</td><td colspan="2">1~2</td><td colspan="2">1~2</td><td colspan="2">2~3 이상</td></tr>
<tr><td>전 문 점</td><td colspan="2">10~15</td><td colspan="2">15~20</td><td colspan="2">30~40</td><td colspan="2">-</td></tr>
<tr><td rowspan="3">부대시설</td><td>서비스시설</td><td colspan="2">○</td><td colspan="2">○○</td><td colspan="2">○○○</td><td colspan="2">○○○○○</td></tr>
<tr><td>스포츠시설</td><td colspan="2">-</td><td colspan="2">-</td><td colspan="2">○</td><td colspan="2">○○○○</td></tr>
<tr><td>문화시설</td><td colspan="2">-</td><td colspan="2">○</td><td colspan="2">○○</td><td colspan="2">○○</td></tr>
<tr><td rowspan="3">상권</td><td>1차상권</td><td>5분</td><td>5km</td><td>15분</td><td>10km</td><td>30분</td><td>20km</td><td>30분</td><td>20km</td></tr>
<tr><td>2차상권</td><td>10분</td><td>10km</td><td>30분</td><td>20km</td><td>60분</td><td>50km</td><td>60분</td><td>50km</td></tr>
<tr><td>상권인구(인)</td><td colspan="2">3,000~20,000</td><td colspan="2">30,000~50,000</td><td colspan="2">70,000~100,000</td><td colspan="2">200,000 이상</td></tr>
</table>

출처 : (일본) 중소기업사업단편, 「공동점포에 의한 복합화 상업시설 대응」.

제 2 절 | 한국 개별 업종·업태별 상권

같은 위치 점포라도 업종에 따라서 상권 범위가 달라진다. 보통 소비 활동은 도시의 구조에 따라서 거주지 부근, 부도심, 도심 등으로 구분할 수 있는데 식품이나 일용잡화는 거의 거주지 부근에서 구매하고 전문품 경우에는 부도심 등 도심 의존도가 높다. 이처럼 업종과 품목에 따라서 사람들 이동 거리가 다른 것은 소비자들 소비패턴이 다르다는 것을 의미한다. 물론 업종에 따른 상권 범위는 어떠한 제약조건이 없을 때 가능한 최대 상권 범위

일 뿐 실제로는 각종 요인에 의해 좁아진다.

1. 판매업

생선가게, 채소 가게, 과일가게, 약국, 미니슈퍼 등 주택지나 아파트단지 내에서 흔히 볼 수 있는 생활필수품은 1차 상권의 범위가 500m 이내이다. 물론 이러한 생활필수품도 점차 대형백화점이나 대형 할인점에 잠식당하고 있기는 하지만 여전히 지역밀착형 사업 대표주자이다. 안경점이나 구두점, 완구점, 서점, 스포츠용품점 등 선매품이나 고가품은 보통 상권 범위가 넓어서 1~2km 거리에서도 고객이 많다. 선매품이란 소비자가 여러 점포를 다니며 가격, 품질, 형태 따위를 비교하고 선택하는 상품으로서 편의품보다 비교적 가격이 비싸고 구매빈도가 낮다. 소비자 기호가 구매 결정에 큰 요소로 작용한다.

2. 음식업

중국음식점, 일반한식점(소규모), 각종 분식점 등 노하우가 특별히 필요 없는 일반음식점은 상권 범위가 보통 500m 이내이다. 하지만 패스트푸드점(대형), 전문한식점, 대형일식 횟집, 전문분식점 등 노하우가 필요한 전문음식점은 상권이 넓어서 1차 상권 범위가 1~2km나 된다. 같은 위치에 있는 점포라도 취급하는 품목에 따라 상권 범위가 달라진다.

3. 서비스업

세탁소, 구두수선점 등 서비스업은 500m 이내이며 노래방이나 미용실 등은 1~2km까지로 1차 상권 범위가 넓다. 당연히 골프연습장이나 건강 관련업은 더욱 범위가 넓다. 상권 범위가 넓은 업종이나 품목이 꼭 영업이 더 잘 되는 것은 아니라는 점이다. 상권 범위가 넓다는 것은 그만큼 멀리에서 손님이 와야만 영업을 유지할 수 있다는 뜻이 포함되어 있다. 다시 말하면 고객 이용층이 적고 이용률이 낮은 업종이라는 뜻이기도 하다.

제 3 절 | 상권 결정 기타 물리적 요인

동일 업종을 영위해도 사업장 규모 크기, 시설 고급화 정도에 따라 상권 크기는 다양하게 변할 수 있다. 대체로 사업장 규모가 클수록 또 시설이 고급일수록 상권은 넓어지며 반대로 시설 규모가 작을수록 또 시설이 고급화하지 않을수록 상권 범위는 좁아진다. 또한, 사업 업종 및 시설조건이 같다 하더라도 경영자 경영방침, 마케팅전략, 점포인지도 등에 따라 상권은 확대, 축소되기도 한다. 상권을 결정하는 요인에는 다음과 같은 물리적인 요소가 영향을 미친다.

1. 자연 지형물

산, 하천, 철도, 도로 등은 상권을 나누는 대표적인 요소이다. 대개 상권 형태는 지형 · 지세에 의해 이루어진다. 지형 · 지세 등 지리적인 조건 중에는 하천, 도로, 둑 등이 있다. 이들은 상권을 나누는 구실을 하므로 자세히 분석해야 한다. 4차선 이상 도로는 상권을 나누지만 만약 바로 앞에 건널목 등이 있다면 상권을 연계하기도 한다. 또한, 언덕배기 등 경사진 곳은 상권 형성이 어려운 지형이며 도시 계획 등으로 인해 높고 낮은 곳 없이 편평하게 밀어버린 외곽지역이나 신도시 등은 상권 번성이 어렵다. 이런 곳은 사통팔달로 시원하게 뚫려버려서 사람들 통행 역시 한곳으로 몰리지 않게 되어 제대로 된 상권 형성이 어렵다. 번성하는 상권 지리적 조건을 갖춘 곳은 바로 높고 낮은 지대의 낮은 곳이다. 이런 곳은 비가 오면 물길이 한쪽(낮은 쪽)으로 몰리듯이 사람들 역시 낮은 곳으로 몰린다. 당연히 이곳은 또한 교통망 확충이 잘 되어있으며 그 지역 각종 편의 시설 예를 들어 시장이나 극장, 예식장, 은행 등이 집중되어 있다. 이와 같은 원리가 적용되는 것에는 보도 양쪽에 상권이 형성되어 있으면 조금이라도 보도가 낮은 곳이 좋다. 보도가 높은 곳이나 보도보다 조금이라도 높은 곳에 점포가 있으면 접근성에서 불리하다.

2. 대형시설물

학교, 관공서, 운동장 등 대형시설물 존재 여부에 따라 상권이 달라진다.

어떤 상권이든지 상권이 번성하는 곳은 그 지역 중심지이다. 그 지역 중심지에는 또한 각종 편의 시설이 집중되어 있다. 양자가 서로 밀고 당기면서 커가는 것이다. 은행, 쇼핑센터, 대형의류점 등이 있는 곳은 대부분 좋은 상권이다. 하지만 학교나 운동장 시설 등은 상권을 나눈다. 당연히 이러한 것이 있는 곳은 좋지 않다.

3. 도로상태

도로망 연계상태, 노폭, 중앙분리대, 신호등, 건널목, 접도 조건, 지하철 연계상태에 따라 상권이 달라진다. 상권은 교통망 등 변화 때문에 번성하기도 하고 쇠퇴기에 빠지기도 한다. 특히 지하철과의 연계 여부는 상권 성쇠와 밀접한 관계가 있다.

4. 중심방향

도심, 역 등 사람들이 모여드는 방향이 어느 쪽이냐에 따라 상권 범위도 달리 형성된다. 중심방향 쪽으로는 밀도가 높고 깊은 상권이 형성되며, 중심방향의 반대쪽으로는 밀도가 낮고 넓은 상권을 형성한다. 도심권과 역세권 및 대학가상권은 유동인구 특성이 그대로 반영되어 상권이 형성되어 있다. 다시 말하면 그 상권에 유입되고 있는 유동인구 연령층, 남녀구성비, 소비행태 등에 의해 상권마다 특징이 나타난다. 따라서 이곳 상권분석은 그다지 어렵지 않다. 실제 상권분석이 어려운 경우는 아파트단지와 주택지 상권이다. 이곳은 그야말로 일일이 그 지역마다 상권분석을 해야 한다. 그 지역 거주인구 소득수준, 인구수 및 세대수, 교육 정도, 주거 형태, 소비행태, 연령층, 남녀구성비 등에 의해서 상권 발달이 각기 다르기 때문이다.

Chapter 4

상권계량분석

제 1 절 | 상권측정 제 이론

1. 베버(A. Weber) 최소비용 이론

공업입지는 생산과 판매에 있어 최소운송비가 드는 지점에서 이루어진다는 최소비용이론을 주장하였다. 수송비는 원료와 제품 무게와 수송되는 거리에 의해 결정된다는 원칙을 적용하여 이론을 전개하였다.

2. 뢰쉬(A. Losch) 최대수요 이론

뢰쉬는 베버 입지론이 너무 생산비에만 치우쳐 있음을 지적하여 이의를 제기하였다. 비용 최소화 원리에 입각한 베버 입지론은 기업이 궁극적으로 꾀하는 이윤 극대화 원칙과 배치되므로 모순이라 지적하였다. 따라서 이윤 극대화를 위해 공장입지는 시장확대 가능성이 가장 풍부한 곳에 이루어져야 한다고 하였다.

3. 상점분포 이론

고전적인 상점분포 이론은 다른 조건이 같으면 비내구재인 상품(일용품) 단위가격이 비쌀수록, 소비단위가 많을수록, 저장비용이 많이 들수록 구매주기는 단축되며 구매빈도는 높아진다고 하였다. 즉, 근린상가에서는 구매빈도가 높은 상품, 저장비용이 높은 신선도를 요구하는 식품을 취급하는 상점이 많아질 것이고 지역 상가는 구매빈도가 낮고 저장하기 쉬운 준내구재를 취급하는 상점이 많아질 것이다. 장기균형조건에서는 구매빈도가 높은 상품을 취급하는 점포 밀도는 높아지며 점포 고정비용이 많이 들수록 점포 밀도는 낮아진다. 즉, 백화점과 같이 고정비용이 높은 점포는 구매빈도가 낮은 상품을 취급하게 된다. 철물점이나 가구점 등은 높은 고정비용과 낮은 구매빈도로 인하여 점포 밀도는 낮아지게 된다. 고전적 상점 입지 단점은 소비자들이 한번 구매 통행으로 여러 가지 물건을 구매한다는 현실적인 면을 간과하고 있는 것이며 이러한 교통비 절감 행동은 현대적 쇼핑센터나 상점군 출현을 설명하는 주된 요소이다. 이러한 소매센터들은 가격경쟁뿐만 아니라 소비자들에게 가장 유리한 상점 혼재를 제공함으로써 서로 경쟁하게 된다.

4. 중심지 집락지수 모델

니시무라 교수는 '아폴로니우스 원' 원리에 따라 중심지 지수에서 세력권(지역) 설정 모델을 들고 있다. 만약 중심집락 주변 지역 인구가 균등하게 분포하고 교통조건도 모든 방향에 대해 균등하다고 가정한다면 세력권은 원 넓이를 갖고 그 원 면적은 중심지 지수에 비례한다.

5. 중력모형

두 중심지 사이에 위치하는 소비자에 대하여 상권이 미치는 영향력 크기는 그 두 중심 크기(상점가 크기, 대체로 상점 수)에 비례하여 배분된다고 볼 수 있다. 이 점에 착안하여 두 중심지 사이 상업지역 구분을 최초로 시도하여 체계화시킨 사람이 레일리이다. A 도시와 B 도시 간 크기(인구)가 같다면 두 도시 간 상권경계는 중간지점이 될 것이고 A 도시가 B 도시보다 2배 크다면 상권경계가 되는 분기점은 B 도시보다 A 도시 쪽으로부터 1.4배 정도 더 떨어진 곳이 된다. 도시 A와 도시 B 사이에 작은 마을 C가 있다고 가정할 경우 C 마을에 사는 소비자들의 A, B 도시에서 구매지향비율은 A, B 도시 인구의 비에 비례하고 A, B까지 거리 제곱에 반비례한다.

6. 넬슨(Nelson) 소매입지 이론

1) 현재 지역 후보 적합 지점

입지하려고 하는 지역 상권을 결정하고 인구, 소득, 소비지출내용 등을 조사하여 그 지역에서 개점하는 것이 어느 정도로 소매입지로써 적당한가를 판단하여야 한다.

2) 잠재적 발전성

입지는 될 수 있으면 인구나 매출이 증대하고 있는 상업지역 내이어야 한다.

3) 고객 중간유인

상업지역에 가는 도중 고객을 중간에 유인하기 위하여 그들 주거지와 전에 다니던 장소 중간에 점포를 개점하는 것이 유리하다.

4) 상거래 지역에 대한 적합 지점

자발적 판매, 공유적 판매, 충동적 판매를 고려하여 현실적으로 그 점포가 충분한 고객을 확보할 수 있는가를 판단하여야 한다.

5) 집중 흡인력

떨어져서 독립적으로 존재하는 것보다 동종 점포가 서로 집중된 것이 업종에 따라 유익한 경우가 많다. 동류 점포나 보조적 점포 간에 적용된다.

6) 양립성

구매객 유동을 방해하지 않고 고객이 충분히 이동할 수 있도록 배려하여야 한다. 양립성이란 서로 다른 인접 점포가 고객을 주고받는 현상을 의미한다. 넬슨은 특히 이 원칙을 강조하고 있다.

7) 경합성 최소화

상업용지는 경합이 가장 적은 장소를 택하여야 한다.

8) 용지 경제학

투자하는 자본에 대해 생산성과 장래 성장을 가장 확실하게 보장해주는 용지를 택한다.

7. 입지효과 시간 법칙

좋은 상업입지는 투자한 자본과 노력에 대하여 충분히 이익을 주지만 이러한 이익은 개점과 더불어 즉각적으로 나타나는 것은 아니고 충분한 시간적 여유를 가진 장기적인 것이라는 원칙이다. 이를 특히 후버 상업입지 시간 법칙이라고 한다.

제 2 절 상권측정 방법

1. 서베이법(The Survey Technique)

전형적으로는 그 지역에 거주하는 세대나 지역에 소재하는 점포를 대표하는 표본을 추출하고 표본으로 삼은 개인 또는 점포에 대하여 면접해 상권을 추정하는 방법이다. 이와 같은 면접 조사는 주로 각 회답자에 의해 구매되는 상품의 성격이나 애용자 내점 빈도 혹은 각 회답자 주택 소재와 쇼핑하러 나가는 지역과 거리적, 시간적 관계 따위를 명백히 밝히기 위해 디자인된다. 조사한 결과를 지도상에 작성함으로써 상권이 그려지며 그로부터 상권 성격과 범위가 추론된다. 서베이법 결정적 요점은 어떻게 표본을 선택하며 면접 조사를 저항 없이 실시하느냐에 있다. 면접 조사는 표본으로 삼은 회답자 집에서 행한다든가(개별 방문) 혹은 사람들이 잘 모이는 역전(노상 면접)이라든가, 대표가 될 만한 점포에 오는 손님에 대하여 행한다(점포조사). 조사법은 조사하는 상황에 따라 여러 가지가 있다. 이들 상권 특성 법칙은 첫째, 주어진 쇼핑 에어리어를 애용하는 소비자 비율은 그 쇼핑 에어리어로부터 거리에 의해 변화한다. 둘째, 다른 쇼핑 에어리어를 애용하는 소비자 비율은 각 쇼핑 에어리어에 의해 제공되는 상품 넓이와 깊이에 의해 변화한다. 셋째, 소비자가 갖가지 쇼핑 에어리어로 나서는 거리는 상품 구입이 다른 타입에 따라 바뀐다. 넷째, 주어진 쇼핑 에어리어 인력은 경쟁하는 쇼핑 에어리어 원근에 의해 영향을 받는다.

일본에서는 주부가 쇼핑하는 지역적인 행동 범위에 관해 다음과 같은 조사 결과를 내놓고 있다(일본 컨비니언스 개발회의 조사).

- 5분 이내(400m) : 63.6%
- 10분 이내(800m) : 29.2%
- 15분 이내(1,200m) : 6.7%
- 15분 이상 : 0.7%

이것은 가장 가까운 소매 상품에 대한 조사자료인데, 상권 형성은 시장이 지닌 여러 조건에 따라 다양한 패턴이 만들어진다. 상권을 일반화하는 데 있어서 교통 편리함, 지형상 특징, 인구밀도, 경쟁 상점 위치, 거주지 소득 상황, 지역이 갖는 전통성 따위는 지역 간에 차이가 있으므로 단일 서베이를 어느 지역에 실시하여 그 결과를 가지고 경험적으로 상권이 지닌 일반성 즉 보편성을 규정하는 데는 무리가 있다. 서베이법은 어느 특정 지역에 관한 상권 상황을 파악하려 할 때 매우 유효한 방법이다. 다만 대규모로 실시할 때는 대단히 많은 조사비용이 든다. 상권 측정방법으로서 서베이법에서는 갖가지로 연구가 시행되고 있다. 지도 위를 1㎢ 단위로 하여 표본을 취하여 지표상의 특성을 추계하는 방법도 있다. 그러나 시장으로서의 지역 구분이 복잡하게 중첩된 현상에서는 이 방법은 그리 쉽게 실시할 수 없는 어려운 점도 있다. 점두에서 고객 개별 매출액을 체크하고 이에 고객 주간 입점 고객 수를 곱하여 매출액을 추정하며 지역별 상업통계(소매 매출액)로부터 점포 시장점유율을 추정하고 다시 내점 고객을 추적 조사를 함으로써 점포 이용객의 거주 범위를 추정하며 이용객 거주 범위로부터 잠재구매력을 추정하여 상권 크기를 추정하는 방법도 있다. 일반적으로 서베이법에는 다음과 같은 것이 있다.

1) 방문 조사법

호별 방문에 의한 면접 조사 또는 유치 조사법이다.

2) 가두 면접법

역·터미널 따위 교통 요소에서 무작위(몇 사람에 한 사람 비율, 시간마다 몇 사람 따위)로 대상을 선택하여 왕래자 유입, 유출 및 왕래빈도, 쇼핑 목적, 이용점포 조사와 그 선택 이유 따위를 조사하고 그 결과를 지도상에 작도해 간다.

3) 우송법

미리 지도상에다 상권을 설정하고 그 지도상 조사 대상을 무작위로 추출하여 주소에 맞추어서 조사표를 우송해서 회수하는 방법이다.

4) 추적 조사법

터미널 또는 역 승강객을 무작위로 선택해서 그 쇼핑 행동을 관찰하여 이용 교통 기관과 점포 또는 상점가 이용도를 체크하며 가능하면 가두 면접을 하여 거주지와 구매 행동권을 체크한다.

5) 고객카드 분석법

고객카드를 지역별로 정리 분석하여 사는 상품, 상점 이용도, 고객 소재를 지도상에 작성하는 방법이다.

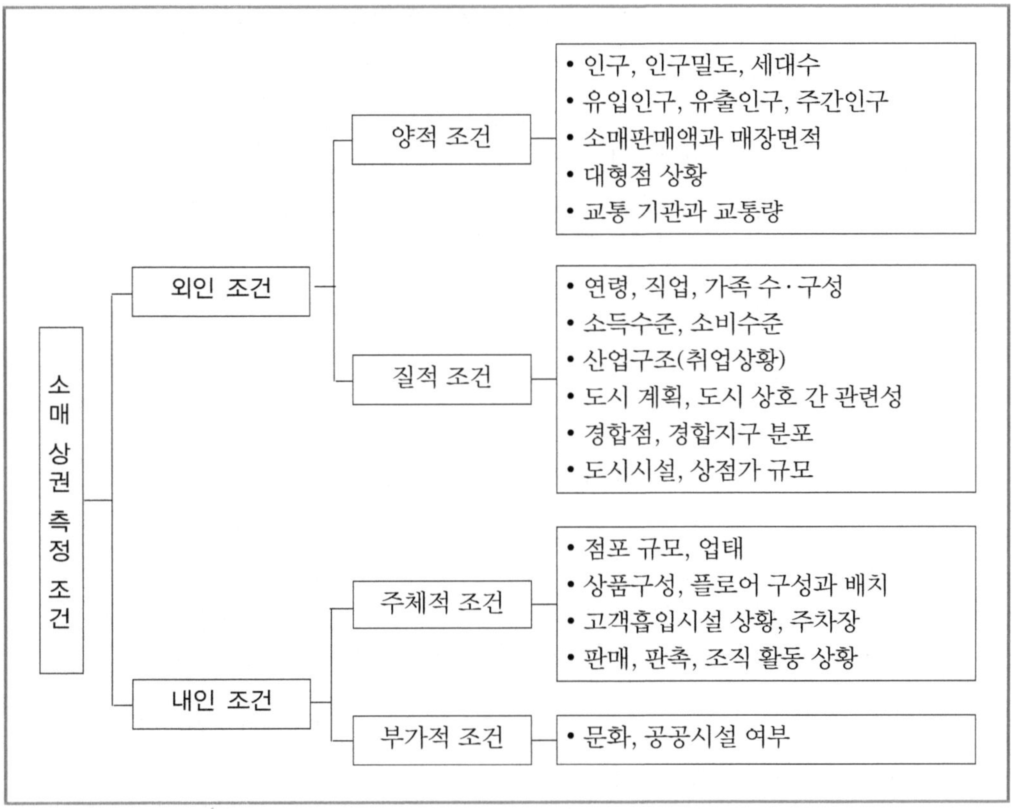

〈그림 4-1〉 소매상권 측정 조건

서베이법에서는 구체적으로 소비자 행동과 점포 또는 중심지 흡인력을 파악할 수가 있는데 상권 특성과 그 보편성을 포착하기 위해서 대단히 많은 조사비를 들여야 한다는 것을 각오해야 한다. 그러나 서베이법은 어떤 특정한 상권 형성과 그 성립 구조를 파악하는 경우에는 매우 유효한 방법이며 실제적이다. 서베이법에 대하여 기존 여러 통계를 사용해서 상권을 측정하는 방법도 있다. 그렇지만 기존 통계가 갖추어져 있지 않으면 할 수 없다. 모든 데이터가 과거라는 점에서 변화가 심하거나 새로운 조건이 더해지거나 하면 추계가 불확실해진다. 그렇다고 실태를 정태적으로 포착하기 위해서는 통계적 분석법을 무시할 수만은 없다.

〈표 4-1〉 상권분석 조건

구 분	조 건	구성내용
외부조건	양 조건	인구, 인구밀도, 세대수, 유입인구, 유출인구, 주간인구, 소매판매액, 매장면적, 대형점 상황, 교통량 등
	질 조건	연령, 직업, 세대 구성원, 소득수준, 소비수준, 산업구조, 도시 계획, 도시시설, 상점가 규모 등
내부조건	주체 조건	점포 규모, 업종, 상품구성, 매장구성, 배치, 고객흡입시설, 주차장, 판촉활동
	부가 조건	문화, 공공시설 여부

〈표 4-2〉 상권분석 유형

유 형	정 의	방 법
현지조사법 (The Survey Technique)	그 지역에 사는 세대와 소재하는 상점을 대표하는 표본을 추출하여 면접해서 상권 크기 측정	① 방문조사법 ② 가두면접법 ③ 우송법 ④ 추적 조사법 ⑤ 고객카드 분석법
통계적 분석법 (The Statistical Technique)	지역 통계를 분석해서 시장 지역성을 포착하고 그 지역성을 기초로 상권의 추계를 분석하는 방법	지역 경제, 사회, 문화, 인문, 자연 등 생활과 쇼핑 관계를 통계적으로 분석
수학적 분석법 (The Mathematical Technique)	경험적 연구를 수학적으로 이론화	• 허프 확률모델 • 레일리 법칙 등

2. 통계적 분석법(The Statistical Technique)

통계적 분석법은 기존 통계를 분석하여 시장 지역성을 포착하고 그 지역성에 따라 상권 특성을 추계하는 방법이다. 소매상권에서 보면 〈그림 4-1〉과 같다. 이 경우 데이터가 되는 통계자료는 도·특별시별 통계 또는 시·구·동·군·면·리별 통계가 사용된다. 상권성립은 도시 또는 도시에 있어서 상업 집적지를 중심으로 하여 도·특별시별 통계, 상업 집적지를 포함한 시·구·동·군·면·리별 통계에 의해 상권 성립 조건과 그 특성을 유추하게 된다. 〈그림 4-1〉은 소매상권을 측정하기 위한 여러 조건을 정리한 것으로 통계자료에서 얻어진 여러 조건에 의하여 소매상권 판단과 결정 조건을 유추하게 된다. 통계적 분석법은 종래 시장조사에 있어서 지역 조사법과 같은 것이라고 할 수 있다. 다만 종래 지역 조사에 있어서 통계적 분석법은 경제력 측정이라고 하는 단일한 목적 지향에 그치고 있었다. 즉 그 지역이 시장성을 구매력과 구매액 동향으로서만 포착했었다. 그것은 시장 지역성을 양적으로만 포착한 것으로 모두 과거 실적을 기준으로 하여 유추한 것이다. 상권 측정법으로서 통계적 분석법은 인간 소비 행동 광범위한 관련 요인을 포함해서 인간행동과 상권성립 관계를 통계적 자료로부터 유추할 수 있다. 그것은 자연조건과 지역성 관련, 역사적 전통에 따른 지역 특성 상태, 기질, 풍습에서 볼 수 있는 생활관습 특성, 문화적 자질에 있어서 지역성, 생활 가치관에 있어서 생활체계의 특성 등이다. 물품 사용법, 선택법, 그리고 기호성 특성 따위가 인구와 교통, 경제 관계 통계자료에 부가되어 통합되고 분석될 수 있다.

특히 광역적으로 상권을 포착하려고 할 때 과학의 모든 분야에서 지역성을 포착하여 구체적 시장(market place)으로서 상권을 측정해야만 될 것이다. 오늘날 인간 생활 행동 복잡화, 다양성은 단순한 상권측정만으로는 포착하기 어렵게 되어 가고 있다. 서베이법이든 통계적 분석법이든 그 유추법을 바꾸는 것은 경험법칙인데 경험적 연구로부터 끌어내는 일반적 결론을 수식화하려고 하는 시도가 많이 행해지고 있다. 거기에 수학적 기법(The Mathematical Technique)이 개발된 것이다.

3. 수학적 기법(The Mathematical Technique)

1) 규범적 모형

많은 연구자가 특정 지역시장에서 가장 많은 고객을 끌어들일 수 있는 이상적 점포입지를 결정하기 위한 규범 모형을 개발하였으며 초기 상권분석모형은 규범적 모형이 주류를 이루었다. 많은 규범적 모형 중에 중심지 이론과 소매 중력 법칙 이론이 대표적인 모형이다. 이 분야는 경험적 연구에 근거한 결론을 수식화하고 일반화하는 데서 발전하였다. 이 분야에서 이룩된 연구는 주로 '소매 인력파(引力派)'라고 일컫는 것이다. 이들 가운데서 주목할 만한 인물은 도시 간 소비자 쇼핑 행동에 관련한 많은 경험적 관찰을 수식화함으로써 크게 공헌한 W. J. 레일리이다.

(1) 중심지 이론

중심지 이론은 한 지역 내 생활 거주지 입지 및 수적인 분포, 마을 간 거리 관계와 같은 공간구조를 중심지 개념 때문에 설명하려는 이론이다. 중심지 이론에 의하면 한 도시중심지 기능 수행 정도는 일반적으로 그 도시 인구 규모에 비례하며 중심도시를 둘러싼 배후상권 규모도 도시의 규모에 비례하여 커진다. 여기서 중심지는 배후지역에 대해 다양한 상품과 서비스를 제공하고 교환 편의를 도모해 주는 장소를 말하며 일반적으로 모든 도시는 중심지 기능을 수행한다. 중심지 기능이란 도시 여러 기능 중 도소매, 교통, 행정, 기타 서비스업 등 3차 산업 기능을 말한다.

중심지 이론은 다음과 같은 기본 가정을 토대로 정립되었다.

① 지표 공간은 균질적 표면으로 되어있고 한 지역 내 교통수단은 오직 하나이며 운송비는 거리에 비례한다.
② 인구는 공간상에 균일하게 분포되어 있고 주민 구매력과 소비행태는 같다.
③ 인간은 합리적 사고에 따라 의사결정을 하며 최소비용과 최대 이익을 추구하는 경제인이다.

중심지 이론은 공간환경과 인간 행위에 대한 위와 같은 가정들을 토대로 이상적 중심지 입지와 분포 유형을 전개하였다.

(2) 크리스탈러(Christaller) 중심지모형

중심지 이론 창시자는 크리스탈러(Christaller)로 그의 중심지 이론은 그 후 한 지역 내에서 마을 간 공간구조를 연구하는데 기초이론을 제공하였다. 크리스탈러(Christaller) 중심지 이론에 의하면 상업 중심지로부터 중심 기능을 받을 수 있는 가장 이상적 배후상권 모양은 정육각형이며 정육각형 형상을 가진 배후상권은 중심지 기능 최대 도달거리와 최소수요 충족 거리가 일치하는 공간구조이다. 중심지 이론에서 제시된 상업 중심지 이상적 입지와 이들 간 분포 관계를 이해하기 위해 중심지 기능의 최대 도달거리, 최소수요 충족 거리, 육각형 형태의 배후지 모양, 중심지 계층 등 중요개념을 이해할 필요가 있다. 중심지 기능 최대 도달거리란 중심지가 수행하는 상업적 기능이 배후지에 제공될 수 있는 최대 한계 거리를 말한다. 즉 배후지에 거주하는 소비자가 상품을 구매하기 위해 중심지까지 움직이는 최대거리를 의미한다. 중심지 기능 최대 도달거리는 중심지에서 제공되는 상품 가격과 소비자가 그것을 구매하는데 드는 교통비에 의해 결정된다. 중심지에서 제공되는 상품의 가격이 매우 저렴하면 중심지 기능의 최대 도달거리가 증가하지만, 원거리에 거주하는 소비자가 부담해야 할 교통비도 함께 증가하므로 중심지 기능 최대 도달거리가 무제한 확대되지는 않는다. 소비자는 상품 가격에 거리비용을 합한 총구매 비용이 소비자 기대수준을 초과하면 그 중심지에서의 상품구매를 포기할 것이다. 따라서 중심지로부터 일정 거리 내에 거주하는 소비자들만 중심지 기능을 이용하게 되는데 이 한계점을 중심지 기능 최대 도달거리라 한다. 한편 상업 중심지 계속된 존립을 위해 최소한의 정상이윤이 확보되어야 하며, 이를 위해 일정 지역 범위 내의 소비자들로부터 최소한 수요가 발생하여야 한다. 상업 중심지 정상이윤 확보에 필요한 최소한 수요를 발생시키는 상권 범위를 최소수요 충족 거리라고 한다. 결국, 최소수요 충족 거리는 상업 중심지 존립에 필요한 최소한의 고객이 확보된 배후지의 범위를 말한다. 〈그림 4-2〉는 중심지 이론 기본개념인 최대 도달거리와 최소수요 충족 거리를 보여준다. 크리스탈러(Christaller)는 상업 중심지 최대 도달거리가 최소수요 충족 거리보다 커야 상업시설이 입지할 수 있다고 주장했다. 만약 중심지가 한 지역 내에서 단 하나 존재한다면 가장 이상적 배후상권 형상은 원형일 것이며 원형은 최소수요 충족 거리와 최대 도달거리를 모두 만족하게 하는 배후지 형상이 된다. 중심지 상권 규모가 최소수요 충족 거리보다 크면 중심지의 상업시설은 초과이윤을 얻게 되는데 상업 중심지의 최대 도달거리에서 최소한 수요를 충족시키는 거리를 뺀 부분이 초과이윤을 실현하게 하는 배후지 공간이 될 것이다. 그러나 한 지역 내 초과이윤이 발생하는 배후상권 지역이 존재하고 규모 면에서 이윤실현을 위한 최소한의 수요를 만족한다면 새로운 상업 중심지가 추가로 지역 공간상에 입지함으로써 초과이윤 지역을 잠식할 것이다. 이 경우 동일 상권 범위 내에서 중심지역 간 고객 확보를 위한 시장경쟁이 발생하게 된다. 이때 중심지로부터 형성된 원형 배후지역들이 서로 외접하게 되어 어떠한 중심지로부터도 상업 서비스를 받지 못하는 공간이 남게 되거나 혹은 이 지역을 확보하기 위해 중심지 간에 배후지 확보를 위한 경쟁이 발생하여 배후지가 부분적으로 중첩되는 매우 불안정한 상권이 형성될 것이다.

〈표 4-3〉 서울시 상업지역계층 공간적 유형

계층	중심상권	입지패턴	상업 중심지
1차 계층	서울 및 전국중심 상업지역	밀집핵형 및 선형	중구, 종로를 포함한 도심 중심도로 관통 상가 지역
2차 계층	지역 중심 상업지역	밀집핵형	영등포지역, 신촌지역, 청량리지역
3차 계층	지역 중심 상업지역	국지형	화곡지구, 신길지구, 봉천지구, 천호 잠실지구, 남영동지구, 이태원지구, 마장동지구, 삼선교지구, 미아지구, 수유지구
4차 계층	근린주거중심 상업지역	분산형	전통시장이 있거나 슈퍼체인 분포 밀도가 높은 상업지역
5차 계층	편의상품 취급중심 상업지역	균점 산재형	기타 일반거주지역

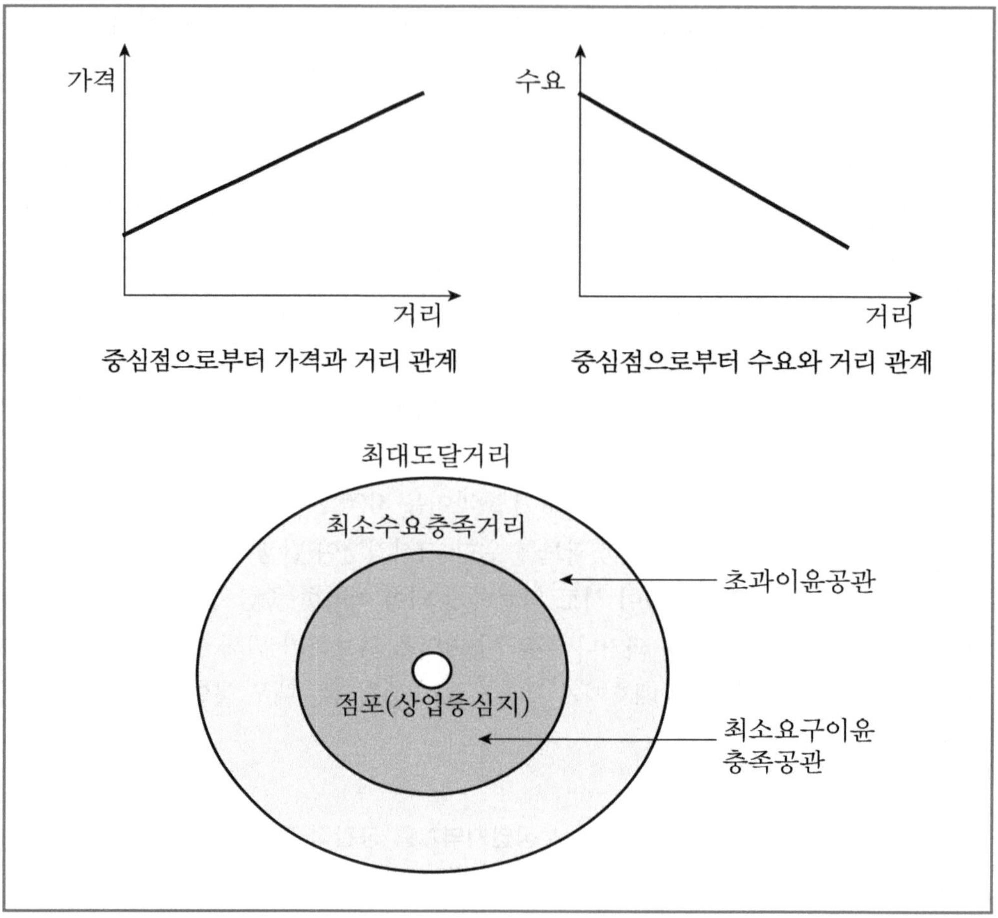

〈그림 4-2〉 중심지 이론 기본 개념

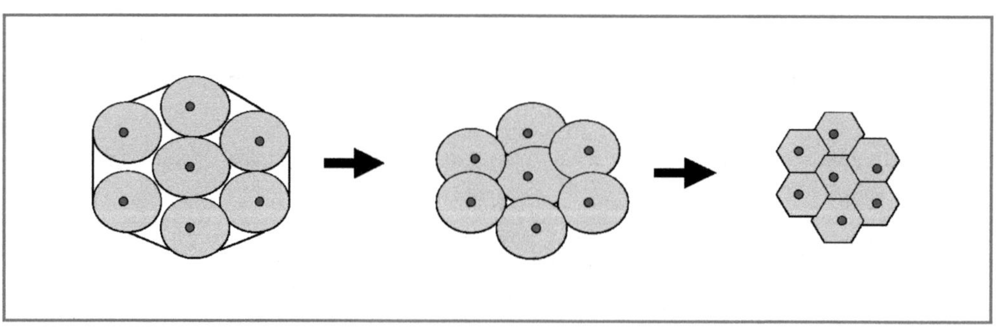

〈그림 4-3〉 중심지 이상적 배후상권 모양 : 정육각형

따라서 크리스탈러(Christaller)의 중심지 이론에 의하면 한 지역 내 거주자들이 모든 산업 중심지로부터 중심 기능(최저 구매가격으로 상품을 구매하는 것)을 받을 수 있고 상업 중심지 간에 안정적인 시장균형을 얻을 수 있는 이상적인 상권모형은 원형 대신 정육각형 형상을 가질 때이다. 중심지 이론에 의하면 한 지역 내 여러 상업 중심지들이 있다면 각 상업 중심지가 그 지역 거주자들을 만족하게 할 수 있는 이상적인 배후상권 모양은 정육각형이며 정육각형 상권 모양에서는 최대 도달거리와 최소수요 충족 거리가 일치한다. 그러나 많은 학자가 실제 분석한 결과 현실적 상황은 더 복잡한 구조로 되어있으며 균일 평면, 균일 교통구조, 균일 주민소득 및 분포 등 비현실적 가정들을 전제로 하고 있으며 인구밀도 차이도 고려하지 않고 있는 한계점이 나타났다. 일반적으로 인구밀도가 낮은 지역은 상업 지역 범위가 확대되고 인구밀도가 높은 지역은 상업 범위가 축소되는 경향이 있다. 따라서 상권 범위를 분석하기 위해서는 이러한 여러 변수를 반영하여 분석되어야 실제와 유사한 결과를 얻을 수 있다.

(3) 레일리 중력모델(Reilly model)

소매인력을 나타내는 이론으로써 A 도시와 B 도시 간보다 작은 C 지역 소비자가 A와 B 지역 중에서 어느 지역으로 출역 구매를 하는가를 측정하는 조사기법이다. 레일리 법칙은 다음과 같다.

$$\left(\frac{Ba}{Bb}\right) = \left(\frac{Pa}{Pb}\right)^{N} \times \left(\frac{Db}{Da}\right)^{n}$$

B_a : A 도시 C 지역에서 흡인하는 소매매출액
B_b : B 도시 C 지역에서 흡인하는 소매매출액
P_a : A 도시 인구
P_b : B 도시 인구
D_a : A 도시와 C 지역 거리
D_b : B 도시와 C 지역 거리
N = 상수 통상 2(1.5-2.5)

실례를 들어 설명하면 다음과 같다.

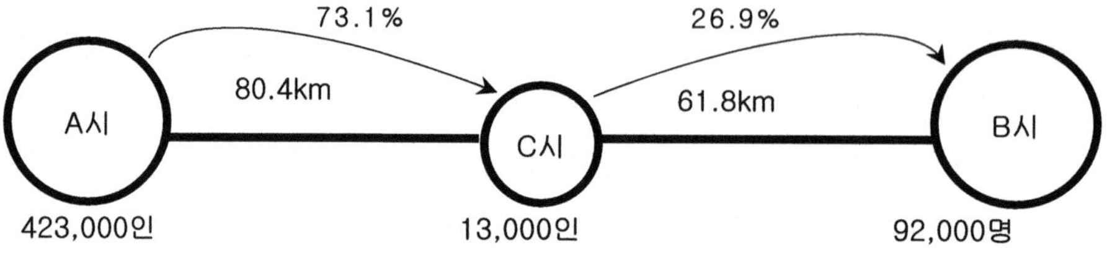

$$\left(\frac{Ba}{Bb}\right) = \frac{42.3}{9.2} \times \left(\frac{61.8}{80.4}\right)^2 = \frac{25.0}{9.2} = \frac{2.7}{1}$$

$$\text{또는} \left(\frac{Ba}{Bb}\right) = \left(\frac{Pa}{Pb}\right)^N \times \left(\frac{Db}{Da}\right)^n = \frac{\left(\frac{42.3}{80.4}\right)^2}{\left(\frac{9.2}{61.8}\right)^2} = \frac{6.544}{2.409} = \frac{2.7}{1} = \frac{73.1\%}{26.9\%}$$

즉, B 도시로 출향구매는 A 도시로 출향구매에 비하여 $\frac{1}{2.7}$ 이 된다.

소매중력의 원칙은 계산이 쉽고 실증연구 결과가 이를 지지하고 있다는 점에서 유용하게 활용될 수 있다. 다른 자료를 이용할 수 없거나 다른 자료를 입수하는데 드는 비용이 너무 크면 이 법칙을 이용하여 손쉽게 상권을 결정할 수 있으므로 경영자는 이 기법과 다른 분석 도구를 함께 사용하여 최적 상권을 결정할 수 있다. 그러나 위 공식은 한계점을 가지고 있는데 이는 위 공식은 인구와 거리라는 2가지 변수만을 사용하였다는 점이다. 따라서 실제 조사와 비교하여 일치하지 않는 경향이 있고 다양한 도시 간 영향요인 예를 들어 수송경로, 커뮤니케이션 경로, 접근성 등을 반영하지 못하는 한계를 지니고 있다.

(4) 컨버스 법칙

① 컨버스 제1법칙

컨버스 법칙은 분기점 공식이라고도 불리며 A와 B 도시를 연결하는 직선상에서 A와 B 도시의 상권을 구분 짓는 분기점을 찾는 공식이다.

컨버스 법칙은 다음과 같다.

$$D_a = \frac{D_{ab}}{1+\sqrt{\frac{P_b}{P_a}}} \quad \text{또는} \quad D_b = \frac{D_{ab}}{1+\sqrt{\frac{P_a}{P_b}}}$$

D_a : A 도시로부터 상권분기점까지 거리
D_b : B 도시로부터 상권분기점까지 거리
D_{ab} : A 도시와 B 도시 간 거리
P_a : A 도시 인구
P_b : B 도시 인구

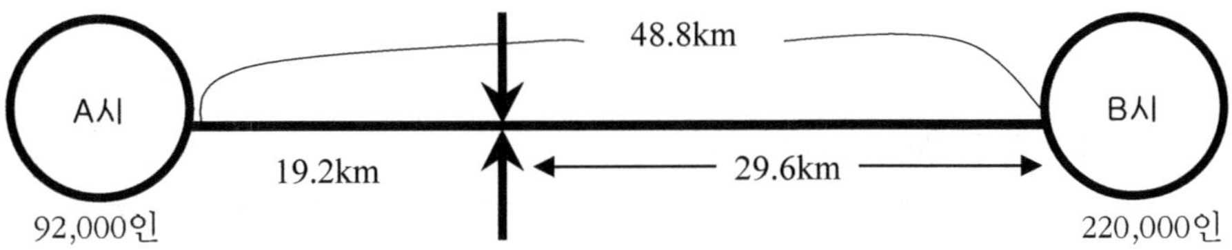

$$\text{Db} = \frac{48.8km}{1+\sqrt{\frac{9.2}{22}}} = 29.6\text{km}$$

위 공식에서는 2개 경합 도시에 대하여 일직 선상에 놓인 지역 어느 지점까지 상권 영향이 미치는가에 대한 경합 경계지점을 나타내는 공식이다. 그러나 전체 상품이 일괄적으로 적용되지 않기 때문에 선매품과 전문품에 관한 별도 적용방식이 컨버스 제2법칙이다.

② 컨버스 제2법칙

컨버스는 소비자가 소매점포에서 지출하는 금액 가운데 선매품에 대해서 소비자가 거주하는 도시에 잔류하는 부분과 경쟁 도시에 흡수하는 부분에 대하여 다음과 같이 공식을 발표하였다.

공식은 다음과 같다.

$$\frac{Ba}{Bb} = \left(\frac{Pa}{Hb}\right) \times \left(\frac{4}{d}\right)^2 \text{ 또는 } \text{Bb} = \frac{1}{\left(\frac{Pa}{Hb}\right)\times\left(\frac{4}{d}\right)^2+1}$$

Ba : 외부 도시 A로 유출되는 중소도시 B 시 유출량
Bb : 중소도시 B에 잔류하는 부분
Pa : 도시 A 인구
Hb : 도시 B 인구
d : A, B 도시 간 거리
4 : 관성인자로 4마일 적용 평균치

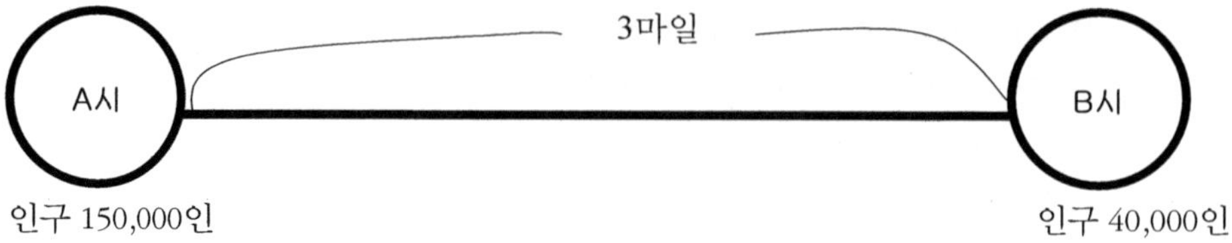

$$Bb= \frac{1}{\left(\frac{Pa}{Hb}\right)\times\left(\frac{4}{d}\right)^2+1} = \frac{1}{\left(\frac{150,000}{40,000}\right)\times\left(\frac{4}{3}\right)^2+1} = 0.096(9.6\%)$$

즉, 중소도시 B 시 잔유량은 9.6%이다.

그러나 이러한 컨버스의 법칙도 현실적인 적용이 가능하기에는 다양한 영향변수들을 반영시키지 못하는 한계점을 가지고 있다. 예를 들어 지형이라든가 자연 장애물 그리고 문화 차이 등이 존재하는 경우에는 적용하기가 쉽지가 않다.

(5) C.S.T(Consumer Spotting Technique)

C.S.T 기법은 William Apple Baum 이 개발한 방법으로 쉽고 실제적으로도 가장 많이 이용되고 있는 방법이다. 이 방법은 해당 점포에 오는 고객들을 대상으로 인터뷰(또는 설문조사)를 통해 그들 거주지를 파악하여 그 위치를 지도상에 점으로 나타내고 그 분포를 살펴봄으로써 상권 범위와 경계를 파악하는 방법이다. 이 기법을 이용하면 상권 내 고객 흡인율도 실제로 파악할 수 있는 장점이 있으며 고객 흡인율 분석을 통하여 1차 상권, 2차 상권, 주변 상권으로 나타낼 수 있다. 이 기법을 이용하면 자연조건에 의한 상권 단절 현상을 정확히 파악할 수 있으며 경쟁 관계에 의한 상권 형태를 시각적으로 나타내준다는 점에서 이해하기 쉽고 편리한 상권측정 방법으로 여겨지고 있다.

공식은 다음과 같다.

$$Da(X) = \frac{Dab}{1+\sqrt{\frac{Mb}{Ma}}} \quad \text{또는} \quad Db(Y) = \frac{Dab}{1+\sqrt{\frac{Ma}{Mb}}}$$

$Da(X)$: A 시로부터 자동차(혹은 버스 도보 가능) 주행거리
$Db(Y)$: B 시로부터 자동차 주행거리
Ma : A 시 소매업 매장면적
Mb : B 시 소매업 매장면적
Dab : A 시 B 시 간 자동차 탑승시간

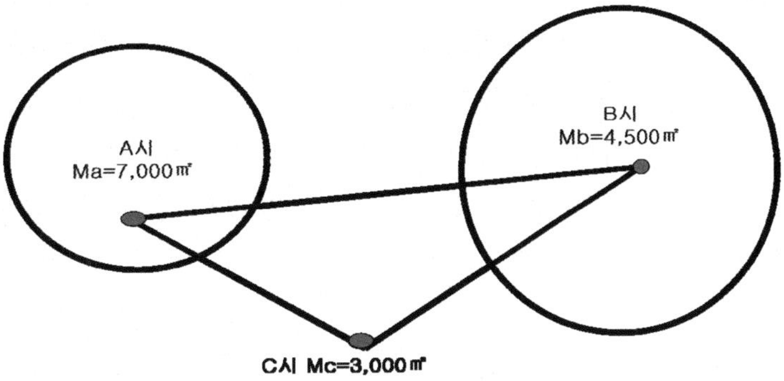

	A 시와 B 시 간 주행시간	A 시와 C 시 간 주행시간
도 보	60분	70분
버 스	20분	25분
지하철	10분	15분

도보로 검토 시

① A 시에서 B 시로의 분기점 거리

$$\text{Da} = \frac{60\text{분}}{1+\sqrt{\dfrac{4,500\text{㎡}}{7,000\text{㎡}}}} = 33.3\text{분}$$

도보를 시속으로 환산 시 시속을 보통 4km를 기준으로 한다. 따라서

$$\text{Da} = 2,220\text{m}$$

② A 시에서 C 시로의 분기점 거리

$$\text{Da} = \frac{70\text{분}}{1+\sqrt{\dfrac{3,500\text{㎡}}{7,000\text{㎡}}}} = 42.3\text{분(도보)} = 2,820\text{m}$$

탑승 도구를 대중교통수단과 승용차로 구분하여 상관관계를 발견하고 유사점을 찾아 가중 평균치를 적용하면 현실적으로 손쉬운 분기점을 도출할 수 있다.

(6) 유추법

새로운 점포가 위치할 지역에 대한 판매예측에 많이 활용되는 방법의 하나가 유추법이다. 이 유추법은 자사 신규 점포와 특성이 비슷한 유사 점포를 선정하여 그 점포 상권 범위를 추정한 결과를 자사 점포 신규입지에서의 매출액(상권 규모)을 측정하는데 이용하는 방법이다. 유추법에 따른 상권 규모 측정은 CST (customer spotting map) 기법을 이용하여 이루어진다. CST 기법은 자사 점포를 이용하는 고객들 거주지를 지도상에 표시한 후 자사 점포를 중심으로 서로 다른 거리 동심원을 그림으로써 자사 점포 상권 규모를 시각적으로 파악하는 방법이다.

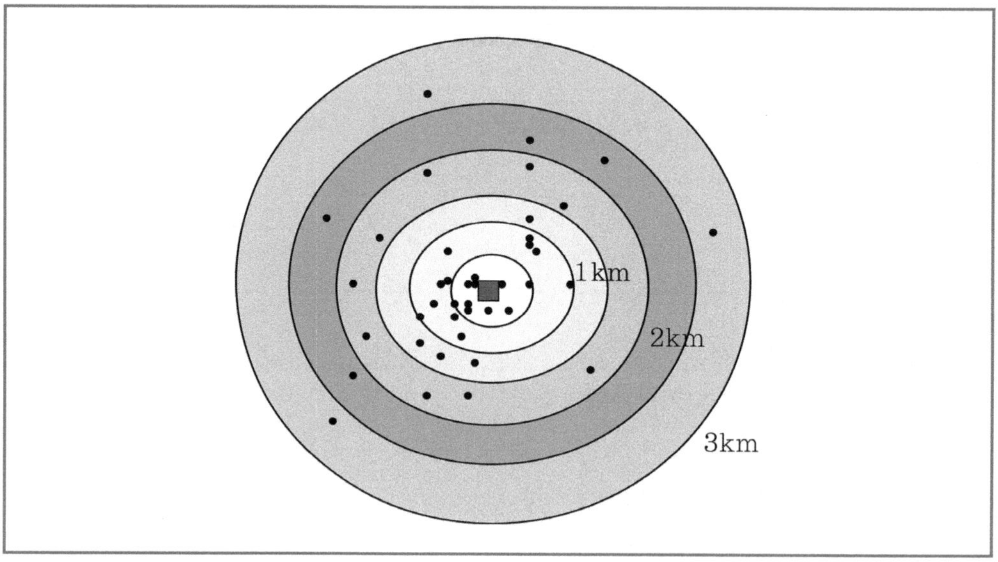

〈그림 4-4〉 CST(customer spotting map) 예

① 유추법 활용도

CST map은 유통업자에게 다음과 같은 중요한 정보를 제공하기 때문에 소매정책 수립에 유용하다.

㉠ 상권 규모 파악

점포는 CST map을 이용하여 1차 상권, 2차 상권 및 한계상권을 결정할 수 있다. 유통업자들은 규모가 다른 동심원을 그려가면서 각 원이 차지하는 고객 비율을 계산할 수 있다.

㉡ 고객특성 파악

상권 규모가 파악되면 그 상권 내 고객들의 인구 통계적 및 사회경제적 특성을 분석할 수 있다. 이러한 분석결과는 점포 머천다이징과 가격정책 수립에 이용될 수 있다.

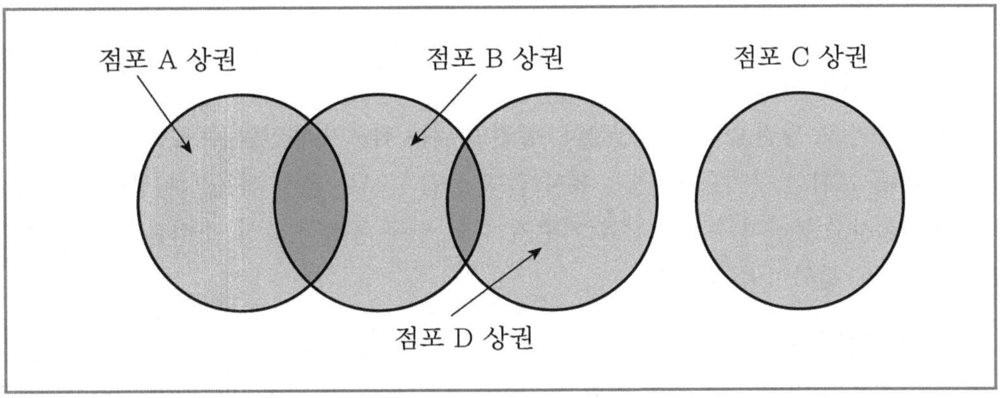

〈그림 4-5〉 상권 내 경쟁구조

㉢ 광고 및 판촉전략 활용

점포 상권 내 주민들에게 노출되지 않은 매체나 도달 범위가 너무 넓은 매체를 이용하는 것은 비효과적이다. 예를 들어 인근 주민들을 상대로 하는 작은 편의점이 구독 범위가 넓은 신문에 광고하는 것은 비용 낭비일 뿐이다. 또한, 점포가 판매촉진을 계획할 때 CST map을 통해 이미 파악된 고객 자료를 이용하여 구매 가능성이 큰 표적고객들만을 상대로 판매촉진수단을 제공할 수 있다.

㉣ 경쟁도 파악

유통업자는 CST map을 통해 점포 간 경쟁 정도를 파악할 수 있다. 예를 들어 〈그림 4-5〉는 상권 내 4개 점포 간의 경쟁 관계를 보여준다. 점포 A와 B 상권 및 점포 B와 D 상권은 서로 중복되고 있다. 두 점포와 중복이 클수록 경쟁이 증가할 것이다. 따라서 점포 B는 같은 고객을 상대로 점포 A와 D와 경쟁해야 하는 불리한 상황에 직면한다. 반면 점포 C는 상권을 독점하고 있다는 점에서 경쟁우위에 있다.

㉤ 점포 확장계획 활용

유통업자가 기존점포 근처에 신규 점포를 개점하려고 한다면 신규 점포가 기존점포 고객을 어느 정도 잠식할 것인지를 고려해야 하는데 CST map은 이러한 분석을 가능하게 한다. 유추법은 신규 점포에 대한 상권분석뿐만 아니라 기존점포 상권분석에도 적용될 수 있다는 점에서 상권분석에 자주 활용한다는 분석기법이다.

② 유추법 분석절차

㉠ 비교 대상 점포 선정

자사 점포와 점포특성, 고객 쇼핑패턴, 고객 사회경제적 및 인구 통계적 특성에서 유사한 기존점포를 선정한다.

㉡ 상권 범위 설정

기존 유사 점포 상권 범위를 결정한다. 상권 범위는 점포가 유인할 수 있는 점포 전체 고객 75-80%를 포함한 구역을 말한다. 유사 점포 상권 규모는 유사 점포를 이용하는 소비자 면접이나 실사를 통하여 수집된 자료(거주지 주소, 인구 통계적 특성, 소비관습 등)를 토대로 CST map을 통하여 추정된다.

㉢ 매출액 분석

전체 상권을 단위 거리에 따라 소규모 지역으로 나누고 각 지역 내에서 유사 점포가 벌어들이는 매출액을 그 지역 내 인구수로 나누어 그 지역에서 1인당 매출액을 구한다.

㉣ 매출액 추정

자사 점포가 입지하려는 지역 상권 크기 및 특성이 유사 점포 상권과 같다고 가정하고 예정상권 입지 내 각 지역 인구수에다 지역별 1인당 매출액을 곱하여 각 지역에서의 신규 점포 예상 매출액을 구한다. 신규 점포 예상 총매출액은 각 지역에서의 예상 매출액을 합하여 얻어진다. 구해진 예측치는 신규 점포가 위치할 상권 입지특성 및 경쟁수준을 고려하여 조정된다.

③ 유추법 분석사례

〈표 4-4〉는 유추법을 이용하여 신규 점포 매출액을 예측한 예이다. 유사 점포 시장침투자료(A)를 보면 유사 점포 이용고객 38%가 반경 0.5km 내에 살고 있으며, 이들 고객으로부터 실현된 주간매출액은 1천9백2십만 원이다. 이 지역에 사는 거주자 수는 4천8백 명이므로 일 인당 주간매출액은 4천 원이다. 이와 유사한 방법으로 동심원상에서 반경이 다른 지역들 일 인당 주간매출액이 계산될 수 있다. 예에서 보면 유사 점포고객 92%는 반경 4km 내에서 유인되며 나머지 8%는 점포 상권 밖에 거주하는 잠정고객임을 알 수 있다. 자료 (A)에서 구해진 유사 점포 일 인당 매출액에 관한 자료는 신규 점포 매출액을 측정하는데 매우 중요하다. 신규 점포 예상 매출액 계산 시 신규 점포는 유사 점포 매출 패턴과 유사한 것으로 가정된다. 이러한 가정은 유사 점포가 신규 점포와 특성상 매우 유사함을 전제로 한다. 만약 신규 점포가 유사 점포와 비슷하지 않다면 그들 상권구조가 비슷할 것이라는 가정이 적용될 수 없으므로 분석자는 유사 점포 선택을 신중히 해야 할 것이다. 신규 점포 예상 매출액에 대한 계산과정은 〈표 4-4〉 하단(B)에 나타나 있다. 첫째, 신규 점포가 입지할 지역 지도위 유사 점포 경우와 같이 반경이 다른 동심원을 그린다. 둘째, 동심원을 구성하는 각 지역에 거주하는 주민들 수는 2차자료를 통해 조사된다. 셋째, 각 지역내 인

구 수를 그 지역에서 유사 점포 1인당 매출액에 곱함으로써 각 지역 예상 매출액을 계산한다. 〈표 4-4〉 (B)를 보면 신규 점포 반경 0.5㎞ 내에 4천2백 명 주민이 살고 있다. 이 지역에서 유사 점포 1인당 주간매출액은 1천6백80만 원이다. 따라서 신규 점포 이 지역에서 주간 예상 매출액은 1천6백80만 원이다. 같은 방법으로 다른 지역 주간 예상 매출액을 계산할 수 있다.

〈표 4-4〉 유추법에 따른 상권모형추정 예

A. 유사 점포(analog store) 시장침투 자료

반경(km)	고객 %	누적고객 흡인력	주간매출액(천원)	인구수	1인당 매출액
0-0.5	38	38	19,200	4,800	4,000
0.5-1.0	24	62	12,126	7,100	1,700
1.0-1.5	14	76	7,073	11,000	640
1.5-2.0	6	82	3,031	14,200	210
2.0-2.5	4	86	2,021	16,800	120
2.5-3.0	3	89	1,516	14,400	110
3.0-3.5	3	91	1,010	12,200	80
3.5-4.0	1	92	505	9,400	50

B. 신규 점포 예상 매출액

반경(km)	인구수	1인당 매출액	지역별 추정 매출액(천원)
0-0.5	4,200	4,000	16,800
0.5-1.0	7,600	1,700	12,900
1.0-1.5	14,200	640	9,080
1.5-2.0	20,800	210	4,368
2.0-2.5	22,600	120	2,712
2.5-3.0	21,100	110	2,321
3.0-3.5	16,000	80	1,280
3.5-4.0	12,600	50	630
총주간매출액			50,119
조정된 주간매출액			55,119

신규 점포 주간 총 예상 매출액 5천11만9천 원은 각 지역 예상 매출액을 합한 값이다. 그러나 이 추정값은 유동 고객과 반경 4km 밖 거주자들에 의해 발생할 매출액을 고려하지 않은 값이다. 분석자 지식과 유사 점포의 과거 경험을 고려하여 총 예상 매출액에다 이들 고객으로부터 예상되는 잠재매출액 5백만 원을 추가하여 수정된 총 예상 매출액인 5천5백11만9천 원이 구해진다. 유추법은 실제 소비자 쇼핑패턴을 반영하며 적용하기 쉽다는 이점이 있다. 이 방법은 조사자 계량적 경험과 주관적 판단을 함께 필요로 한다. 유사 점포 선정 및 유사 점포와 신규 점포 간 매출액 차이를 추정매출액에 반영하는 과정에 조사자 상당한 판단에 요구된다. 분석자는 하나 이상 유사 점포를 매출액 추정에 이용함으로써 이러한 문제점을 극복할 수 있다. 즉, 각 유사 점포로부터 얻어진 자료를 토대로 신규 점포 예상 매출액을 추정한 다음 추정된 매출액들 평균값을 신규 점포 예상 매출액으로 할 수 있을 것이다.

2) 확률적 모형

확률적 모형은 목표상권 내에서 구매하는 소비자 공간이용 패턴을 실증분석하는 데 이용된다. 즉, 확률적 모형은 해당 상권 내 경쟁 점포들에 대한 소비자 지출 패턴이나 소비자 쇼핑 여행패턴을 반영함으로써 특정 점포 매출액과 상권 규모를 보다 정확하게 예측할 수 있게 한다. 확률적 모형 출발점은 한 상권 내에서 특정 점포가 끌어들일 수 있는 소비자 점유율은 점포까지 방문 거리에 반비례하고 해당 점포 매력도에 비례한다는 가정이다. 이러한 가정은 레일리(Reilly) 소매중력 법칙과 유사하다. 레일리 법칙이 확률적 모형 효시라고 할 수 있지만, 레일리 법칙과 달리 확률적 모형은 상권 크기를 결정하는 데 있어 소비자 행동을 고려하고 있다. 즉, 확률적 모형은 소비자가 상권 내 여러 점포 중에서 한 점포를 선택하는 데 있어 점포까지 거리 또는 접근 가능성과 그 점포 매력도를 비교 평가하는 과정을 모형에 반영하며, 이들 간 관계를 실증분석을 통해 확인할 수 있도록 한다. 또한, 확률적 모형은 관찰 가능한 개인 소비자 점포선택 행동에 이론적 기반을 두고 있으므로 점포에 대한 마케팅전략 수립에 더욱 유용한 정보를 제공한다. 확률적 점포선택 모델에는 여러 가지가 있는 데 소비자 점포선택이 결정적이 아니라 확률적인 현상으로 보고 있는 점이 공통적이다. 즉, 점포에 대한 애호도가 높은 고객이라 하더라도 항상 한 점포만을 이용하는 것은 아니고 경쟁 점포 마케팅전략에 영향을 받아 다른 점포를 방문하기도 한다는 사실을 모형에 반영하고 있다. 이러한 현상에 근거하여 고객 점포선택행위 연구자들은 주어진 상권 내에 고객이 고려하고 있는 점포 대안들이 주어졌을 때 특정 점포가 선택될 확률을 예측할 수 있는 모델을 개발하고자 하였다. 확률적 점포선택 모델에서는 특정 점포 효용 또는 매력도가 다른 경쟁 점포보다 높을수록 그 점포가 선택될 확률이 높다고 가정한다.

(1) Luce 모델

확률적 점포선택 모델은 수리심리학에서 널리 알려진 Luce 선택 공리(choice axiom)에 이론적 근거를 두고 개발되었다. Luce 모델은 다음과 같은 기본적 구조로 되어있다.

$$Pij = \frac{Uij}{\sum_{j=1}^{n} Uij}$$

Pij : 소비자 i가 점포 j를 선택할 확률
Uij : 소비자 i에게 있어서 점포 j 효용(매력도)
$\sum_{j=1}^{n} Uij$: 소비자가 고려하는 총점포수

요약하면 어떤 소비자가 점포 j를 선택할 확률은 그가 고려하는 점포 대안들 개별효용 총합에 대한 점포 j 효용 비율에 따라 결정된다. 예를 들면 어떤 소비자가 3개 점포를 고려하고 있고 그 소비자가 가지는 점포 A, B, C 효용이 각각 8, 6, 5라고 할 때 점포 A를 선택할 확률은

$$\frac{8}{(8+6+5)} = 0.42$$

가 된다.

확률적 모형은 소비자의 특정 점포에 대한 쇼핑 애호 패턴은 소비자가 그 점포에 대해 갖는 상대적 효용에 달려 있다고 주장한다. 특정 점포에 대한 인식된 효용이 크면 클수록 소비자가 그 점포를 애호할 가능성은 보다 커진다. 그러므로 소비자 쇼핑패턴을 예측하기 위해서는 먼저 소비자들이 상권 내에 각 점포를 어떻게 평가하는지를 이해하여야 한다. 잠재고객 한 점포에 대한 효용은 주로 해당 점포 위치와 매력도에 달려 있다. 따라서 소매점포에 대한 소비자 효용함수는 일반적으로 다음과 같이 나타낼 수 있다.

$$Uij = Aj^{a} Dij^{b}$$

여기서 Uij는 소비자 i 점포 j에 대한 효용이며 Aj는 점포 j 매력도를 말하고 Dij는 소비자 i에서 점포 j까지 거리를 말한다. 그리고 a와 b는 각각 점포 매력도와 점포까지 거리에 대한 소비자 민감도를 반영하는 모수이다.

점포까지 거리가 멀어지면 멀어질수록 그 점포에 대한 효용은 감소하기 때문에 모수 b

는 (-)값을 가지게 된다. 효용과 거리 간 (-)관계를 거리 증가에 따른 효용 감소 효과라 부르며 모수 b는 거리가 점포에 대한 효용에 미치는 영향력 정도를 반영한다. 그러나 효용에 대한 거리 효과(-)는 점포 이미지, 상품 폭, 상품 구색, 점포 크기, 상품 가격, 서비스 질 등에 의해 결정되는 점포 매력도를 향상함으로써 보상될 수 있다. 즉, 소비자들이 특정 점포에 대해 전체적 평가를 하는 데 있어 고려되는 해당 점포까지 거리와 해당 점포 매력도 간에는 상충관계가 존재한다. 모수 a와 b값은 특정 점포를 평가하는 데 있어서 소비자가 점포 매력도와 거리에 부여하는 상대적인 중요성을 부여하는 것으로 해석된다. 절댓값이 b가 a와 비교하여 매우 큰 경우는 소비자가 점포를 선택하는 데 있어 전적으로 거리를 중심으로 각 점포를 평가하고 점포 매력도에는 별 관심이 없음을 의미한다. 이 경우 소비자는 가장 가까이에 있는 점포에서 상품을 구매할 것이다. 레일리 법칙은 위에서 설명된 Uij에 대한 등식 특별 경우이다. 레일리 법칙에서 a, b 값은 각각 1.0과 -2.0으로 고정되어 있다. 그러므로 상권을 정의하는 데 있어서 레일리 법칙 등 규범적 방법과 확률적 모형 간 차이가 있다. 확률적 모형에서는 소비자 효용함수를 결정하는 데 실제 소비자 점포선택 행동을 이용하지만 규범적 모형에서는 a, b값이 사전에 결정된다는 점이다. 확률적 모형에서는 분석자가 a, b값을 사전에 선택하는 것이 아니라, 관측한 소비자 구매패턴을 가장 잘 적합시킬 수 있는 효용함수 모수(즉 a와 b)를 찾는다. 그러나 확률적 모형에서 모수인 a, b값을 추정하기 위해서는 연구지역 거주 소비자들 상권 내 각 점포로부터 쇼핑 여행 패턴에 관한 정보가 수집되어야 한다.

(2) 허프(David L. Huff) 확률모델

미국 L.A 캘리포니아 대학 경제학자 데비드 허프 박사는 도시 단위가 되어있는 소매상권론에서 상점가, 시장, 백화점 그리고 슈퍼마켓 등 소매상업 집결을 단위로 하여 자신의 법칙 모델을 전개하였다. 또 대상 적용 상품도 선매품뿐만이 아니라 개별적으로 여러 상품에 대하여도 나타난다는 특색을 발견하였다. 따라서 앞선 모델들 상권 범위 산출에서 사용한 인구, 거리항목에 상업 집적 소매면적을 추가하여 상업지 간 상권 흡인력 강약, 구매 동향 비율 계산을 확률모델 이론으로 발전시킨 것이다. 허프모델을 통해서 다음과 같은 내용도 파악할 수 있다.

① 어떤 상업지역에서 각 상업 집적지역으로 쇼핑출향 비율
② 그 상권 내 현재 소비자 인구 및 세대수, 장래 인구 및 세대수
③ 신규 진출 시 신규점으로 고객 쇼핑출향 비율
④ 신규 진출 후 현재 상업 집적(생필품, 기호품) 영향도 지수
⑤ 신규 출점 시 적정 매장면적 검토

⑥ 경영면에서 매장효율 산출 등

허프모델 공식은 일반적으로 난해하므로 여러 가지 수정공식이 나왔는데 고객이 어느 상업지에서 물건을 사는 확률은 상업집결 매장면적 크기(규모)에 비례하며 거기에 도착하는 거리 자승에 반비례한다는 공식으로 수정·확정하였다. 바꾸어 말하면 고객이 상품을 사러 갈 때는 주변에 있는 많은 상점가나 슈퍼마켓 중에서 큰 상점가나 슈퍼마켓이 몰려있는 방향으로 가기 쉽다. 또한, 상업지는 가까우면 가까울수록 갈 확률이 높으며 멀면 멀수록 갈 확률은 낮아진다는 것이다. 허프 구매 동향비율을 나타내는 수식과 수정공식은 다음과 같다.

$$Pij = \frac{\dfrac{Sj}{Tij\lambda}}{\displaystyle\sum_{j=1}^{n} \frac{Sj}{Tij\lambda}} \quad \text{<cf>} \quad Eij = Pij \times Ci$$

Pij : i지점 소비자가 j상점가로 갈 확률(구매 동향비율)
Sj : j상점가 매장면적
Tij : i지점 소비자가 j상점가로 가는 소요시간
λ : 시간 거리 저항계수 파라미터
소비자가 사는 지역에서 상점가 사이에 건널목, 하천, 폭넓은 도로횡단, 급한 고갯길, 위험지대 등 상품을 구매하러 가는데 마이너스 요소가 되는 저항요인, 즉 소비자가 목적으로 하는 상점가에 이르기까지 길목에서 브레이크가 될 요인을 브레이크 변수로써 곱하여 구매 동향비율 정확성을 높이는 역할을 한다.
n : 경쟁상업 집적수
Eij : 소비자 구매 동향 기대 수
Ci : i지역 인구

• 수정 허프 모델

$$Pij = \frac{\dfrac{Sj}{(Dij)^2}}{\displaystyle\sum_{j=1}^{n} \frac{Sj}{(Dij)^2}}$$

계산 예 수정 허프 모델 사용

Y 아파트 단지 주변에 이미 진출한 어느 상점가 X 지역 상권 내에 A 백화점이 진출하였을 경우 Y 아파트 고객이 A 백화점에 내점하는 고객 수는 아래와 같다.

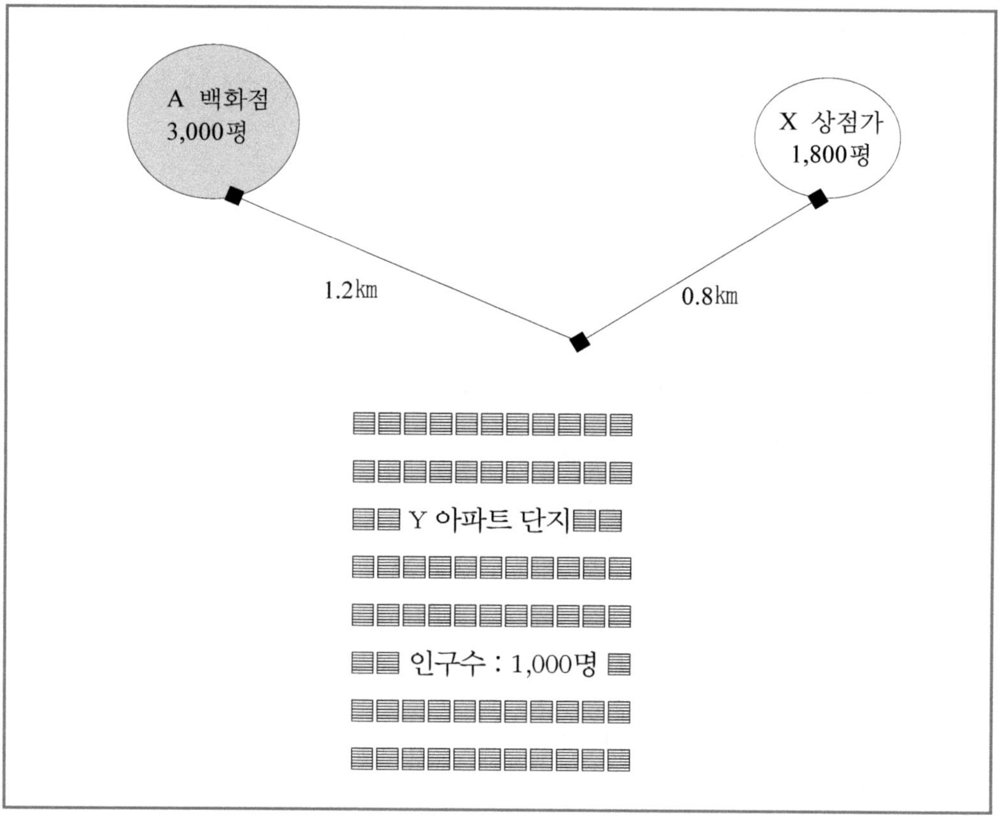

〈그림 4-6〉 수정 허프 모델 계산 사례

① A 백화점 Pij 적용 사례

$$Pij = \frac{\frac{3,000}{1.2^2}}{\frac{1,800}{0.8^2} + \frac{3,000}{1.2^2}}$$

$$= \frac{2,083}{4,896}$$

$$= 0.425$$

$\Rightarrow$ 42.5% $\Rightarrow$ 425명

◎ X 상점가 Pij = 575명

Huff 모형은 다음과 같은 두 가지 가정에 기초하고 있다. 첫째, 소비자 특정 점포에 대한 효용(매력도)은 점포 크기와 점포까지 거리(시간)에 좌우된다. 즉, 소비자 점포에 대한 효용은 점포 매장면적이 클수록 증가하고, 점포까지 거리가 멀수록 감소한다고 보았다. 둘째, 루스(luce) 모형에 따라 특정 점포에 대한 선택 확률은 상권 내에서 소비자가 방문을 고려하는 점포 대안들 효용(매력도) 총합에 대한 해당 점포 효용(매력도) 비율로 표시된다.

② 3점포 간 Huff 모델 적용

〈표 4-5〉 점포별 거리와 면장 면적

점포	거리(km)	크기(㎡)
A	4	50,000
B	6	70,000
C	3	40,000

Huff 모델 한 예로서 한 소비자가 상권 내 세 점포 중 하나에서 상품을 구매할 수 있다고 가정하면 세 점포 크기와 그 소비자 집으로부터 점포까지 거리는 〈표 4-5〉와 같다. 만약 소비자가 부여하는 a, b 값이 a = 1.0, b = −2.0이라면 그 소비자 세 점포에 대한 효용은 다음과 같다.

$$\text{점포 A 효용} = \frac{50,000}{4^2} = 3,125$$

$$\text{점포 B 효용} = \frac{70,000}{6^2} = 1,944$$

$$\text{점포 C 효용} = \frac{40,000}{3^2} = 4,444$$

이러한 각 점포에 대한 효용값을 토대로 이 소비자의 점포 A에서의 구매확률은 다음과 같이 계산된다.

$$\frac{3,125}{(3,125 + 1,944 + 4,444)} = 0.328$$

이와 마찬가지로 점포 B와 점포 C에서 구매확률은 각각 0.204, 0.467이라는 것을 쉽게 알 수 있다. 소비자가 한 점포를 애호할 가능성은 a와 b 값에 따라 달라진다. a와 b 값이 변함에 따라 점포 크기와 거리에 주어진 상대적 중요성도 달라진다.

〈표 4-5〉는 a, b 값 변화에 따라 점포선택 확률이 변화함을 보여준다. 예를 들어 만약 거리 모수 값(=b)이 −2.0에서 −3.0으로 변한다면 점포선택에서 거리 중요성이 보다 커졌기 때문에 소비자는 원거리에 있는 점포보다 근거리에 있는 점포를 애호하는 쇼핑패턴으로 바뀌게 될 것이다. 따라서 가장 근거리에 있는 점포 C를 애호할 확률은 b가 −3.0으로 변한 경우 47%에서 57%로 증가한다. 이 경우 가장 근거리에 있는 점포 C를 애호할 경우 확률은 증가하는 반면 점포 C보다 원거리에 있는 점포 A, B를 애호할 확률은 줄어든다. b = −3.0으로 변한 경우 소비자가 가장 원거리에 있는 점포 B를 애호할 확률은 0.20에서 0.13으로 상당히 감소한다. 점포 A는 점포 B보다 상대적으로 거리가 가까우므로 거리 모수 값(=b) 영향을 점포 B보다는 덜 받는다. 한편 a 값 변화, 즉 점포 크기 혹은 매력도의 상대적 중요성 변화도 선택 확률에 영향을 미친다. 〈표 4-5〉에서 세 번째 열을 살펴본다면 b 값은 −2.0으로 그대로 있고 a 값만 2.0으로 증가하는 경우 점포 규모가 가장 큰 점포 B는 점포 A, C보다 먼 거리에 있기는 하지만 20%에서 29%로 쇼핑확률이 증가함을 알 수가 있다. 이처럼 a 값만 2.0으로 증가하는 경우 규모가 가장 작은 점포 C는 점유율에서 가장 큰 손실을 보게 된다. 그러므로 확률적 모형을 이용하는 데 있어 중요한 문제는 해당 지역 소비자들의 실제 쇼핑센터에 가장 잘 맞는 모수 값을 결정하는 일이라 할 수 있다.

③ Huff 모형에 따른 신규 점포 매출액 예측

Huff 모형은 신규 점포 매출액 예측에 널리 활용되는 기법인데 다음 예는 Huff 모형을 이용하여 신규 슈퍼마켓 예상 매출액을 추정하는 과정을 보여준다(표 4-6 참조). 신규 점포 입지예정지역은 5만 명의 주민들이 거주하고 있으며 현재 3개 체인점에서 6개 대형 슈퍼마켓들이 진출해 있으며 그중 한 체인점이 새로운 점포를 개점하려는 계획을 세우고 있다. 점포 개점에 앞서 점포관리자는 신규 점포 잠재상권과 그 상권에서 예상 매출액을 추정하기 위해 Huff 모형을 이용한다고 하자. 관리자는 다음과 같은 과정을 거쳐 신규 점포 매출액을 추정할 수 있다.

㉠ 전체 시장을 소규모 고객집단 지역(zone)으로 나눈다. 각 zone은 우편번호, 센서스, 행정구역별로 나누어질 수 있다.
㉡ 전체 상권 내 각 경쟁 점포 크기를 조사한다.
㉢ 각 zone 중심부에서 각 점포까지 거리 또는 여행시간을 결정한다.
㉣ 각 zone 내 거주자들 일부를 표본으로 선정하여 이들에 대한 실사를 한다. 실사를

통해 조사자는 각 zone 내 거주자들 개별 점포에 대한 방문횟수를 조사한다. 수집된 정보를 토대로 조사자는 Huff 모형을 이용하여 그 지역 내 소비자들 쇼핑 행동을 가장 잘 반영하는 a, b 값을 통계적 방법으로 추정할 수 있다.

ⓜ 모수 값(즉 a와 b 값)을 안다면 조사자는 각 zone에 거주하는 소비자들이 신규 점포를 방문할 확률을 신규 점포 규모와 그 점포까지 거리를 이용하여 계산할 수 있다. 〈표 4-6〉은 29개 각 zone 거주자들이 신규 점포에서 쇼핑할 확률 예측치를 보여주고 있다.

ⓑ 신규 점포가 각 zone으로부터 얻을 수 있는 예상 매출액을 계산한다. 매출액은 각 zone 거주자 신규 점포에 대한 쇼핑확률에다 각 zone 인구수 및 일 인당 슈퍼마켓 지출비를 곱하여 구해진다. 인구수와 일 인당 소매점 지출비에 관한 정보는 2차 자료를 이용하여 얻어질 수 있다. 각 zone에 대한 매출액은 다음과 같다.

각 zone에서 예상 매출액 = 각 zone 거주자 신규 점포에서 쇼핑확률 × 그 지역 인구수 × 1인당 식료품비

각 zone에서 예상 매출액은 〈표 4-6〉의 마지막 열에 나타나 있다. 예를 들어 신규 점포는 zone 1에서 38,610,000원 주간매출액이 예상된다. 이 예측치는 그 zone 거주자 신규 점포에 방문비율(0.75)과 그 지역 인구수(1,980)와 1인당 주간식료품 지출비(26,000원)를 곱하여 얻어진다. 같은 방법으로 28개 zone에 대한 예상 매출액이 계산된다. 신규 점포 전체 예상 매출액(주당 203,586,000원)은 각 zone에서 예상 매출액을 합한 값이다.

분석자는 신규 슈퍼마켓이 위치할 가능지역들 시장 잠재력을 비교하기 위해 앞에서 설명된 절차에 따라 각 입지 가능지역에서 예상 매출액을 추정할 수 있다. 여러 가능입지에 대한 예상 매출액 비교는 최종 입지선정에 있어서 매우 중요한 단계이다. Huff 모형을 이용한 예상 매출액 추정에는 복잡한 계산이 수반되므로 분석자는 컴퓨터를 이용하여 매출액을 계산할 수 있다. Huff 모형이 1960년대 초 개발된 이후 수많은 수정모델이 제시되었다. Huff 모형은 점포 크기만으로 점포 매력도를 측정하였는데 이는 특정 점포 상권 규모와 매출액을 예측하는 데 한계가 있었다. 즉, Huff 모형은 점포 매력도가 점포 크기 이외에 취급 상품 가격, 판매원 서비스 등 다른 요인들로부터 영향을 받을 수 있음을 고려하지 않았다. 따라서 수정모델들은 점포 크기 이외에 점포 이미지 관련 변수, 대중교통수단 이용 가능성 등 점포 매력도에 영향을 미치는 여러 변수를 추가함으로써 모형 예측력을 개선하였다.

〈표 4-6〉 Huff 모형을 이용한 상권 규모 분석 예

하부지역 (zone)	각 하부지역별 신규 점포로서 방문비율	하부지역 인구	하부지역별 매출액 (단위 : 천원)
1	75	1,980	38,610
2	65	1,150	19,435
3	20	1,025	5,330
4	79	830	17,048
5	31	1,570	12,654
6	0	1,460	0
7	60	1,630	22,428
8	6	2,900	4,524
9	20	2,810	14,612
10	10	2,320	6,032
11	0	2,910	0
12	3	3,040	2,371
13	1	3,400	894
14	3	2,190	1,708
15	1	2,260	588
16	36	1,300	12,168
17	21	1,540	8,408
18	1	1,660	432
19	2	2,320	1,206
20	4	1,980	2,059
21	2	2,100	1,092
22	1	2,020	525
23	32	2,450	20,384
24	5	1,940	2,522
25	5	1,340	1,742
26	3	1,472	1,148
27	3	1,360	1,061
28	3	1,620	1,264
29	1	1,310	341
신규 점포 총 예상 매출액			203,586

④ Huff 모형 전략적 의미

백화점을 비롯한 국내 각 유통업체 대형화 및 다점포화 전략은 Huff 모델을 포함한 점포 선택 모델을 실증분석한 결과와 일치함을 알 수 있다. 예를 들어 백화점 매출액을 비교하면 다른 백화점에 비해 매장면적이 큰 롯데백화점이 가장 높은 매출액을 올리고 있는 것으로 나타난다. 매장면적 크기는 점포 상품 구색을 반영하는 지표가 되기 때문에 소비자 점포 선택 시에 중요한 결정변수가 됨을 쉽게 예상할 수 있다. 그러나 점포 위치와 크기가 점포선택 중요한 변수이지만 취급 상품 특성에 따라 점포 속성들 종류도 달라질 수 있다는

점을 명심해야 한다. 예를 들어 식료품 등 일상적으로 구매되는 품목들 경우 소비자 거주지에서 가까울수록 그 점포가 선택될 확률도 높아진다. 따라서 편의품을 취급하는 점포나 슈퍼마켓 체인 경우는 특정 상권 내 어느 곳에 입지하느냐에 따라 경영성과에 큰 차이를 보이게 된다. 즉 고객이 접근하기 편리한 위치에 입지한 것이 시장에서 핵심적 성공요인이 된다. 한편 스테레오 제품이나 하이패션 의류와 같이 전문품 경우 점포 편리한 위치, 매장 면적 등 점포속성보다는 상표 이미지가 점포 선택에 보다 결정적 역할을 하게 된다. 따라서 이러한 관련 상품을 구매하는 소비자는 점포 위치가 크게 중요하지 않으며 자신이 선호하는 상표를 취급하는 점포를 방문하기 위해 기꺼이 멀리 여행하고자 한다. 그러므로 표적 세분 시장의 고객이 점포선택을 하는 데 있어 어떤 점포 속성을 결정적 요인으로 보는지 파악하여 자사 점포 이미지와 표적 세분 시장이 선호하는 점포 속성이 서로 일치하도록 함으로써 자사 점포에 대한 애호도와 선택 확률을 제고시켜야 할 것이다.

(3) MCI(multiplicative competitive Interaction) 모형

MCI 모형은 한 점포 효용(매력도)을 측정하는 데 있어 측정 변수로서 점포 크기와 점포까지 거리뿐만 아니라 다양한 점포 관련 특성들을 포함한 것이다.

구체적인 예로 설명하면 다음과 같다. 어떤 소비자 집 주위에 점포 A, B, C가 있으며 점포 선택시 점포까지 거리(D)와 함께 중요한 속성으로서 상품 구색(P)과 판매원 서비스(S)를 고려한다고 가정하자. 만약 이 소비자 각 점포(j) 제품 구색에 대한 효용치(Pj^{a1}), 판매원 서비스에 대한 효용치(Sj^{a2}), 점포까지 거리에 대한 효용치(Dj^{b1})가 다음 표와 같다면 소비자 점포에 대한 선택 확률은 다음과 같이 구해진다.

$$P(\text{점포A}) = \frac{Pa^{a1}Sa^{a2}Da^{b1}}{\sum_{j=1}^{n} Pj^{a1}Sj^{a2}Dj^{b1}}$$

$$= \frac{\text{점포}A\text{효용치}}{\text{점포}A\text{효용치} + \text{점포}B\text{효용치} + \text{점포}C\text{효용치}}$$

$$= 0.43$$

MCI 모델을 이용하여 식료품 점포 매력도에 관한 연구에 따르면 식료품 점포 매력도에 결정변수로서 레이아웃, 점포 외양, 접근 용이성, 점포 서비스, 점포 이미지 등 점포 특성을 사용하였다. 앞에서 언급한 바와 같이 Huff 모델이 개별 점포에 대한 선택 확률을 예측하는 데 한계가 있지만, 소비자들 점포선택 행동에 관한 여러 실증연구 결과 Huff 모델 중요변수인 점포까지 여행시간과 점포 크기가 점포선택에 있어 여전히 중요한 변수로 밝혀졌다.

〈표 4-7〉 각 점포 효용치

	제품구색에 대한 효용치 (Pj^{a1})	판매원 서비스에 대한 효용치 (Sj^{a2})	점포까지 거리에 대한 효용치 (Dj^{b1})	각 점포 효용치
점포 A	4	3	10	120
점포 B	5	4	5	100
점포 C	2	4	7	56

(4) MNL(Multinominal logit) 모형

1980년대 이후 소비자 점포선택행위와 특정 점포 시장점유율을 예측하는 데 많이 이용되는 확률적 모형이 MNL 모형이다. MNL 모형은 상권 내 소비자들 각 점포에 대한 개별적 쇼핑 여행에 대한 관측자료를 이용하여 각 점포에 대한 선택 확률 예측은 물론 각 점포 시장점유율 및 상권 크기를 추정할 수 있다.

Luce 선택공리에 이론적 근거를 두고 있는 MNL 모형은 다음과 같은 세 가지 가정에 의해 도출된다.

① 소비자 특정 점포 대안에 대한 효용은 결정적 요소와 무작위 요소로 구성된다. 결정적 요소는 관찰 가능한 점포 대안들 점포 속성들 또는 소비자 특성들의 영향을 반영하며 무작위 요소는 결정적 요소에서 고려되지 못한 기타 변수들 효과를 반영하는 부분이다. 수식으로 표현하면 다음과 같다.

$$Uij = Vij + \epsilon ij$$

여기서 Uij : 소비자 i 선택 대안 j에 대한 효용
Vij : 결정적 요소로부터 기인하는 효용
ϵij : 무작위 요소로부터 기인하는 효용

② 확률적 효용 극대화 이론에 근거하여 소비자는 고려 중인 점포 대안 중에서 가장 효율이 높은 점포를 선택한다. 이 이론에 의하면 특정 점포 대안이 선택될 확률은 그 대안이 가지는 효용이 다른 점포 대안들보다 높을 확률과 같다. 두 번째 과정을 수식으로 표현하면 다음과 같다.

$$Pij = P(Uij^{*} > Uij)$$

$$= P(Vij^{*} + \epsilon ij^{*} > Vij + \epsilon ij)$$
$$= P(\epsilon ij - \epsilon ij^{*} < Vij^{*} - Vij)$$

여기서 Pij^{*} : 소비자 i가 특정 점포 j^{*}를 선택할 확률

③ 무작위 요소(오차항)는 서로 독립적이며 이중지수(double exponential)분포를 가진다.

$$P(\epsilon \leq \varepsilon^{*}) = \exp\ [-\exp(-\varepsilon^{*})]$$

이러한 세 가지 가정에 근거하여 소비자 특정 점포 대안에 대한 선택 확률은 다음과 같은 간단한 형태로 표현될 수 있다. N명 주민들이 사는 상권 내에서 특정 점포 시장점유율은 다음과 같이 구해진다.

$$MSj = \frac{\sum_{i=1}^{n} Pij}{N}$$

MSj : 점포 j 시장점유율
Pij : 소비자 i가 점포 j를 선택할 확률
N : 한 지역 내 총거주자 수

(5) 특정 관수형 Model

구매출향 확률은 소비자와 해당 상업 시설과를 연결하는 (X1, X2, X3 …Xq) 제 요인의 상승적에 따라 규정된다.

- 공식

$$Pij = A\,\pi^{q}_{k=1}\quad XKij^{bk}$$

Pij = i거주지역 소비자가 j상업시설에 출향하는 확률
A = 비교 상수
$Xkij$ = i 지역 소비자가 j 시설에 대해 갖는 k번째 상품시설 특성
bk = k번째 시설특성에 관한 Pij 민감도를 나타내는 parameter
q = 상업시설 특성을 나타내는 변수

• 적용

① 상업시설 특성으로서는 규모, 거리, 업종 수, 입지적 결정도 등이 고려된다.

② 이용 가능한 상업시설은 일반적으로 복수지만 그중에서 하나 상업시설을 끄집어내어 독립적으로 모델 식을 구성하는 점에서 Huff Model과 기본적으로 다르다.

(6) 구매출향 확률 행렬예측(Pij)

〈표 4-8〉 구매출향 확률 행렬 예측

j(상업집적) \ i(거주지역)	1	2	3	… j	… m
1	P11	P12	P13	… P1j	… P1m
2	P21	P22	P23	… P2j	… P2m
3	P31	P32	P33	… P3j	… P3m
〃	〃 〃	〃	〃	〃	
〃	〃 〃	〃	〃	〃	
i	Pi1	Pi2	Pi3	… Pij	… Pim
〃	〃 〃	〃	〃	〃	
〃	〃 〃	〃	〃	〃	
n	Pn1	Pn2	Pn3	… Pnj	… Pnm

• 종측 - 1, 2, 3 … n개 거주지역
• 횡측 - 1, 2, 3 … m개 상업 집적(상업시설)
• Pij는 i 거주지역 소비자가 j 상업 집적에서 쇼핑할 확률

분석하고자 하는 상권이 n 거주지역으로 분할되고 그 상권 내 거주 소비자가 일상생활에서 잘 이용되고 있는 상업 집적은 m개 있으면 $m \times n$의 구매출향 확률이 존재하게 된다. 구매출향 확률 행렬이 이해되면 m개 상업집적별 매출액이 계산된다. $Ci = i$ 거주지역 소비자 수, i거주지역으로부터 j상업 집적에 쇼핑하러 가는 소비자 수는 $(Ci \times Pij)$가 된다.

j 상업 집적에서 쇼핑하는 소비자 수는

$$(C1 \times P1j) \times (C2 \times P2j) \times \cdots (Cn \times Pnj) = \sum_{j=1}^{n}(Ci \times Pij)$$

이 식에서 소비자 1인당 거주지역 소매 관련 소비지출액 평균을 Ci에 곱하면 j 판매액이 된다. 따라서 구매출향 확률은 Pij는 i지구 소비자에 대해서 j상업 집적이 어느 정도 상대적 흡인력을 갖게 되느냐 하는 내용이 된다. j상업 집적이 i거주지역 소비자에 대해 갖는 흡인력을 Uij로 하면 Pij는 다음과 같은 식으로 설명이 된다.

$$Pij = \frac{Uij}{\sum_{j=1}^{n} Uij} \qquad ①'식$$

① 상기 ①′식 분모는 i 거주지역에서 j상업 집적까지 거리, j상업 집적 규모(매장면적) 또는 j 업태 및 j 질적인 특성(쾌적도 등) 등이 흡인력을 결정하는 요인이다.
이런 요인이 k개 있으면

$$Uij = f(X1,\ X2,\ X3\ \ldots\ Xk) \qquad ②'식$$

② 상기 ②′식 의미는 Uij와 요인 관계로서의 내용(예를 들어, 정비례 관계인가, 2승에 반비례하는가 등)이 미정이므로 f(Function, 관수)로 표시한다.
따라서 이 Uij 관수형을 어떻게 결정하는가를 MCI Model은 다음과 같은 연수형으로 보았다.

$$Uij = A(X\frac{\alpha}{1ij} \cdot X\frac{\beta}{2ij} \cdot X\frac{\gamma}{3ij} \cdots\ X\frac{\delta}{kij}) \qquad ③'식$$

③ 상기 ③′식 의미는 j상업 집적이 i 지구 소비자에 대해 갖는 흡입력 Uij는 k개 각 요인에 적용함에 따라 상승적으로 나타나게 된다.
③′식 Uij를 ①′식에 대입하면 Pij가 결정된다.

$$Pij = \frac{X\frac{\alpha}{1ij} \cdot X\frac{\beta}{2ij} \cdot X\frac{\gamma}{3ij} \cdots\ X\frac{\delta}{kij}}{\sum_{j=1}^{n} (X\frac{\alpha}{1ij} \cdot X\frac{\beta}{2ij} \cdot X\frac{\gamma}{3ij} \cdots\ X\frac{\delta}{kij})}$$

Pij가 결정되면 처음 구매출향 확률 행렬표를 만들 수 있다.
이 표에 의해 상권에 대한 여러 가지 측정과 예측을 할 수 있게 된다.

제 3 절 | 상권출점 타당성 분석

1. 점포 계수분석 필요성

1) 매출 및 손익계획 수립과 실적분석을 통하여 관리 개선한다.
2) 손익을 극대화하기 위한 판매가격 신속한 결정을 한다.
3) 매출증대를 위한 판매목표를 관리한다.
4) 손익관리를 위한 목표 판매액 설정을 관리한다.
5) 손익관리를 위한 목표 매출이익을 관리한다.
6) 재고 효율적 관리를 위한 방안을 마련한다.
7) 생산성 향상을 관리한다.
   (1) 종업원 1인당 생산성
   (2) 시간당 생산성
   (3) 면적당 생산성
   (4) 고객 단위당 생산성
8) 경비 절감 대책을 마련한다.

2. 점포 손익구조

1) 매출액

상품매출액, 기타매출액(수입수수료, 임대료 등)

2) 매출원가

기초상품 재고액 + 당기상품매입액 − 기말상품 재고액

(1) 재고자산평가

매가 환원법

(2) 재고원가 금액 계산

재고원가 = (재고수량 × 판매단가) ÷ (1 + 환산율)

(3) 환산율

(판매가격 − 구매가격) ÷ 구매가격

(4) 재고자산 평가 예시

A 상품의 원가 및 매가

점포 손익분석(예시)

(단위 : 천원)

구분	전기실적		당기실적		당기계획		(%) 차이	
	금액	%	금액	%	금액	%	전기	계획
매 출 액	116,340	100.0	126,850	100.0	138,000	100.0	—	—
매 출 원 가	85,190	73.2	92,030	72.6	98.700	71.5	△0.6	1.1
매출총이익	31,150	26.8	34,820	27.4	39,300	28.5	0.6	△1.1
판매관리비	25,450	21.9	28,070	22.1	29,670	21.5	0.2	0.6
(인 건 비)	10,550	9.1	11,450	9.0	11,820	8.6	△0.1	0.4
(여비교통비)	870	0.7	950	0.7	1,000	0.7	—	—
(수도광열비)	2,000	1.7	2,100	1.7	2,200	1.6	—	0.1
(통 신 비)	780	0.7	870	0.7	900	0.7	—	—
(소 모 품비)	1,120	1.0	1,100	0.9	1,350	1.0	△0.1	△0.1
(포 장 비)	1,720	1.5	1,860	1.5	2,100	1.5	—	—
(광고선전비)	1,600	1.4	2,000	1.6	2,000	1.4	0.2	0.2
(판매촉진비)	1,430	1.2	1,580	1.2	1,700	1.2	—	—
(세금공과)	620	0.5	540	0.4	600	0.4	△0.1	—
(임 차 료)	1,400	1.2	1,500	1.2	1,600	1.2	—	—
(수 수 료)	690	0.6	840	0.7	800	0.6	0.1	0.1
(접 대 비)	700	0.6	800	0.6	800	0.6	—	—
(교육훈련비)	450	0.4	450	0.4	500	0.4	—	—
(감가상각비)	1,270	1.1	1,650	1.3	1,800	1.	0.2	—
(기 타)	250	0.2	380	0.3	500	0.4	0.1	△0.1
영 업 이 익	5,700	4.9	6,750	5.3	9,630	7.0	0.4	△1.7
이 자 비 용	4,250	3.7	5,240	4.1	5,500	4.0	0.4	0.1
점 포 이 익	1,450	1.2	1,510	1.2	4,130	3.0	—	△1.8
공 통 비	2,250	1.9	2,450	1.9	2,500	1.8	—	0.1
당기순이익	△800	△0.7	△940	△0.7	1,630	1.2	—	△1.9

〈표 4-9〉 재고원가 평가

(단위 : 원, %)

일자	구매가격	판매가격	1+환산율(%)
기초재고	495	550	111.1
2020.1.5	500	550	110.0
1.15	480	550	114.6
1.20	505	550	108.9
계	1,980	2,200	111.1

※ 재고원가(1단위) = 550 ÷ 111.1% = 495원

3) 매출총이익

매출액 – 매출원가

4) 판매관리비

상품구매원가를 제외한 모든 비용지출 항목

5) 영업이익

매출총이익 – 판매관리비

6) 이자 비용

점포 단위 고정자산 및 운전자금에 대한 이자 비용

- 이자 비용 = 고정자산 + (매출채권 + 재고자산 – 매입채무) × 기업적용 평균 이자율

7) 점포이익

영업이익 – 이자 비용

- 점포이익은 순수한 점포운영에 따른 자체 손익실적을 나타내며(간접 / 공통비 배부분 제외) 단위 손익 평가 시 적용

8) 공통비

본부 또는 각 지원부서의 비용 배부액

9) 당기순이익

점포이익 – 공통비

3. 비율계산방법

계수 신속한 판단을 위해서 실제 계수 간 비율분석이 선행되어야 한다.

1) 구성비율

매출액을 100으로 한 각 항목 구성비

$$구성비율 : \frac{항목\ 금액}{매출액} \times 100$$

2) 증감률

기간 대비 증감정도 비율

$$증감률 : \frac{당기실적 - 전기실적}{전기실적} \times 100$$

3) 달성률

계획 또는 목표 대비 달성도 비율

$$달성률 : \frac{당기실적}{당기목표} \times 100$$

4. 매출 공헌도 분석

1) 매출증가 기여율

일반적으로 매출증가율을 분석할 경우 단순히 부문별 매출신장률만으로 비교하고 결론을 내리는 경우가 많다. 그러나 같은 신장률 상품이라도 매장 전체 매출액 증가에 대한 기여비율이 다른 경우가 많다. 즉 매출신장률이 높더라도 매출구성비가 낮으면 매출증가 기여율은 그다지 높지 않게 된다. 이때 기여지수를 백분율구성비로 나타낸 것이 매출 공헌도 분석이다. 활용방법으로는 단순히 상품별 공헌도를 산출할 뿐만 아니라 상품그룹별, 사업부문별, 거래처별, 매장별, 코너별, 판매원별 매출액이나 이익률 데이터만 얻어지면 각각 어느 정도 매출증가에 이바지했는지 분석할 수가 있다.

2) 매출증가 기여율 산출방법

(1) 1단계

매출 대비가 될 수 있는 두 기간 상품별 매출액 실적을 기재한다. (최소한 6개월에서 1년간 실적)

(2) 2단계

전년 매출구성비를 산출하고 분석표에 기재한다.

(3) 3단계

두 기간 상품별 매출액을 대비하여 증가율을 계산한다.

(4) 4단계

전년 매출구성비와 금년 매출증가율을 곱하여 매출증가 기여지수를 구한다.

(5) 5단계

상품별 매출증가 기여지수 합계를 백분비로 하여 구성비를 구한다.

3) 분석사례

(단위 : 천 원)

	구 분	○○년 매출액	매출 구성비①	△△년 매출액	신장률②	①×② 매출증가 기여지수	매출 기여 구성비(%)
1		29,265	10.1	91,600	213	2,151.3	48.2
2		120,813	41.6	145,238	20.2	840.3	18.8
3		57,233	19.7	80,858	41.2	811.6	18.2
4		3,054	1.0	12,936	323.6	323.6	7.3
5		3,170	1.1	11,968	289.7	318.7	7.1
6		4,555	1.6	7,099	55.9	89.4	2.0
7		43,808	15.1	45,623	4.1	61.9	1.4
8		66	0.0002	26	△60.6	△0.01	—
9		1,899	0.7	106	△94.4	△66.1	△1.5
10		26,496	9.1	24,502	△7.5	△68.3	△1.5
	합계	290,359	100.0	419,951	44.6	4,462.4	100

4) 사례에 대한 분석 및 대책

평가 및 대책	
1	
2	
3	
4	
5	

5. 이익 공헌도 분석

1) 이익 공헌도 분석

이익 공헌도 분석은 상품 효율성과 수익성을 종합적으로 비교할 수 있는 것으로 교차비율과 매출구성비율 적수로 구한다.

2) 분석순서

(1) 1단계

최근 1년간 상품별 매출실적, 매출이익률, 상품 재고액을 기재한다.

(2) 2단계

상품별 매출구성비율을 구하여 기재한다.

(3) 3단계

상품별 상품 회전율을 구하여 기재한다.

(4) 4단계

상품별 교차비율을 구하여 기재한다.

(5) 5단계

교차비율에 매출구성비율을 곱하여 공헌비율을 구하고 기재한다.

(6) 6단계

공헌비율 구성비를 구하고 기재한다.

3) 분석사례

구분	매출액	매출 이익률	평균 재고액	매출 구성비	상품 회전율	교차비율	공헌비율	공헌비율 구성비
A	29,600	18.5	6,100	18.57	4.85	89.73	16.66	19.75
B	16,300	11.2	1,200	10.23	13.58	152.10	15.56	18.44
C	26,800	21.2	4,300	16.81	6.23	135.19	22.73	26.94
D	44,900	13.4	12,400	28.17	3.62	48.51	13.67	16.20
E	24,000	23.2	8,400	15.05	2.86	66.35	9.99	11.84
F	17,800	27.6	9,500	11.17	1.87	51.61	5.76	6.83
합계	159,400		41,900	100%			84.37	100%

4) 분석내용

구 분	분석 및 대책
A	
B	
C	
D	
E	
F	
종 합	

6. 점포 생산성 분석

1) 노동생산성

이는 단순하게 말하면 노동 능률을 말하는 것으로 소매업 공통과제가 어떻게 하면 이를 높이느냐는 것을 말한다. 노동생산성이 낮은 점포는 결코 이익이 생길 수 없기 때문이다. 노동생산성을 결정하는 것은 매출이익률과 총매출액 및 종업원 수에 의해 정해진다.

(1) 노동분배율 = $\frac{\text{인건비}}{\text{부가가치}} \times 100$

(2) 노동생산성(Ⅰ) = $\frac{\text{연간 총매출액} \times \text{매출총이익률}}{\text{연간 평균 종업원 수(경영자 + 종업원 수)}}$

(3) 노동생산성(Ⅱ) = $\frac{\text{연간 총매출액}}{\text{연간 평균 종업원 수}}$

2) 인시 생산성

매장 생산성 수치 단위는 인시(人時)이며 인시는 업무처리에 필요한 시간 단위를 말한다.

- 인시생산성 = $\frac{\text{매출액}}{\text{총노동시간}}$

3) 자본 생산성

자본 생산성은 투자에 대한 생산성 지표로서 투자자본, 면적 등으로 판단한다.

(1) 평당생산성 = $\frac{\text{매출액}}{\text{매장면적}}$ = 단위면적당 매출액

(2) 자본이익률 = $\frac{\text{이익액}}{\text{투자자본}} = \frac{\text{이익액}}{\text{매출액}} \times \frac{\text{매출액}}{\text{투자자본}}$

= 이익률 × 자본회전율

4) 고객 생산성

고객 생산성은 내점고객에 대한 분석지표로써 판단한다.

(1) 고객수 증가율 = $\frac{\text{당기고객수} - \text{전기고객수}}{\text{전기고객수}} \times 100$

(2) 객단가 증가율 = $\frac{\text{당기객단가} - \text{전기객단가}}{\text{전기객단가}} \times 100$

(3) 객단가 = $\frac{\text{매출액}}{\text{고객수}}$

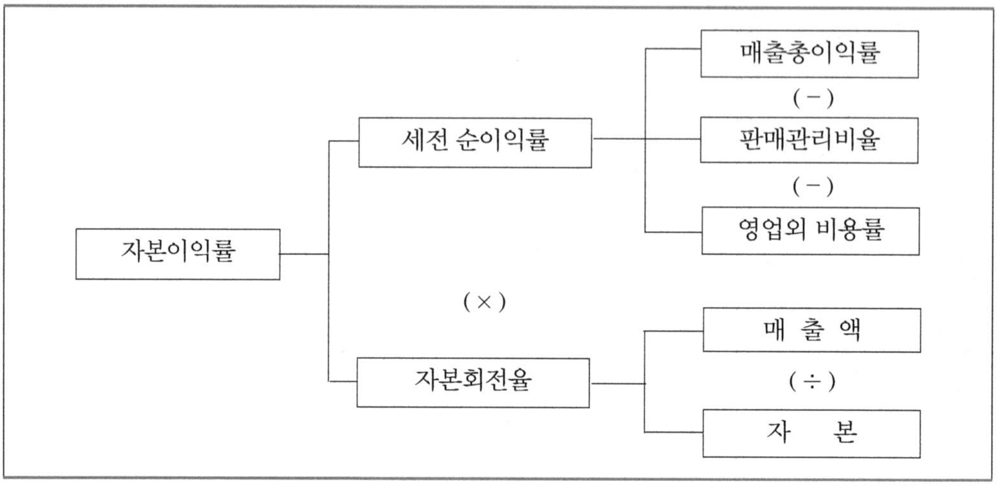

〈그림 4-7〉 자본이익률(ROI) 구조

7. 이익률 향상을 위한 방안

1) 이익상품 중점판매

(1) 점포에서 잘 팔리는 상품 가운데 선정하여 매입한다.
(2) 우수 상품을 직접 매입하여 차별 가격을 표시한다.
(3) 점두에서 최저 마진 25% 이상 상품을 반품조건으로 취급한다.
(4) 이익이 있는 상품의 매장을 확대한다.
(5) 계절상품을 엔드에 대량진열하여 정상 매가로 판매한다.
(6) 휴일에는 엔드에 정상 매장품을 대량진열한다.
(7) PB상품을 대량진열한다.

2) 가격 인하 적정화

(1) 점장이 매일 가격 인하를 지시한다.
(2) 가격 인하 대장에 기록 관리한다.

3) 로스 방지

(1) 회전율이 나쁜 품목은 제거한다.
(2) 생선 식품은 품질이 열화하기 전에 가격 인하하여 판매한다.
(3) 오 파손품은 매일 처리한다.

4) 적정재고 유지

(1) 처음 납품, 특매 납품 수량은 세밀하게 조정한다.
(2) 도입기 상품 대량매입을 신중히 한다.
(3) 발주리스트를 사용, 월별 발주 모델을 만든다.
(4) 계절상품 발주에서는 미리 담당자에게 주의시킨다.

5) 이월 재고 처분

(1) 정확한 수량 판매, 행사 병용품은 반드시 판매하여 끝낸다.
(2) 우수한 상품을 매입하여 판매하는 것보다 상품선도를 유지할 때 처분한다.

6) 시가 동일 상품 가격관리

(1) 가격표 부착, 매일 전표를 확인하여 관리한다.
(2) 시가보다 싼 경우 이익을 얻는다.

7) 특별조건 활용

(1) 반품조건부 상품은 적극적으로 취급, 안되면 반품한다.
(2) 잔품 처리 보충조건을 협약한다.
(3) 특정 조건에서 원가가 내려가는 상품은 많이 판다.

8) 정규 상품 특매 철저 체크

(1) 특매 수량은 70~80%로 줄인다.
(2) 계속된 특매를 폐지한다.
(3) 마크업률이 낮은 상품은 소극적이며 대체품을 갖춘다.
(4) 특매품은 2일 전 점포에 엔드 진열하여 전야 가격 인하 작업을 한다.

9) 점내 특매 방법 변화

(1) 점내 특매는 15% 이상 이익이 있는 것을 행한다.
(2) 점내 특매는 거래처에 반드시 특별조건을 만든다.

10) 수치의식 함양

(1) 매일 중점상품 총이익률을 계획하여 추구한다.
(2) 점장이 엔드 상품의 마크업률을 세밀하게 확인한다.

Chapter 5

상권설정과 예상 매출추정

제 1 절 | 상권설정과 매출추정

1. 상권설정 절차

상권설정 절차도 대상사업 종류에 따라 그 정밀도에 차이가 있으나 개발기획 단계에서는 첫째, 1/10,000 또는 1/50,000 지도를 준비하여 계획지점을 마크한다. 둘째, 영위하고자 하는 사업 업종, 업태를 고려하여 가상 기본상권 반경 범위를 그려 넣는다. (원형) 셋째, 가상 기본상권 범위가 그려진 상태에서 산, 하천, 철도, 도로, 대형시설물 등 물리적으로 상권을 구분하는 요소들을 고려하여 현실적 상권 범위를 조정한다. 넷째, 세 번째 방법에서 조정된 상권에 경쟁점 위치 및 영향권, 도로 연계상황, 중심방향 등을 고려하여 더욱 현실적 상권 범위를 확정한다. (아메바형) 다섯째, 네 번째 절차에서 확정된 상권 범위 내에서 속하는 행정구역 단위 인구수(세대수), 사업체 수(종업원 수), 산업통계지표 등 자료를 입수하여 상권 규모를 계량화하는 절차를 밟는 것이 일반적이다.

① 1/10,000~1/50,000 정도 지도를 사용한다.
② 직접적인 경합점을 기재하여 반경 500m 원을 그린다.
③ 각 경합점 중간 지점 선을 긋는다.

2. 사업형태별 매출추정

매출액 추정도 사업자가 어떤 사업을 어떤 형태로 운영할 것이냐(직영, 임대, 분양, 운영위탁 등)에 따라 추정방법 및 필요 정밀도가 많이 달라진다.

1) 유통 · 서비스업

대상지가 속한 지역 가계소비지출통계표 또는 업종별 사업현황표 등을 입수하여 한 세대(인구)당 해당 업종에의 소비지출액 및 해당 업종 평균 매출액을 파악한다. 세대(인구)당 소비지출액에 세대(인구)수를 곱하는 방법 또는 해당 사업체 평균 매출액에 사업체 수를 곱하여 상권 내 전체 시장규모를 산정한다. 전체 시장규모에서 기존 경쟁업체 매출 규모를 합산한 액수를 빼 실제 취득 가능한 매출 규모를 추정한다.

<일본 뷰티살롱 예상매출예측 사례>

Ⅰ. 상권 일반론

1. 근린형 대표적 업종. 역전형. 주택지형
2. 상권 범위 : 500m~600m 중심, 반경 1km 권내
3. 상권조사 방법
   1) 출점예정지 중심 : 1차 상권 (반경 400m까지) 설정
      2차 상권 (반경 800m까지)
      3차 상권 (반경 800m 이상)
   2) 각 상권의 잠재고객 (미용 인구) 산출 : 동별 인구수에서 여성 18세~50세까지 산출.
      남성 : 불확실(제외)
   3) 실제 조사 시 상권 내 입지 성격 (주택지, 상업시설 복합지, 객층 수준 등)
   4) 경쟁점 조사 (경쟁점의 규모 : 점포면적, 요금, 입점률 등)

Ⅱ. 매출예측 방법

1. 예상 내점객 수 = 상권 내 미용 인구 (4,050인) × 시트 대수 공유
   (지점 시트 대수 : 7대 ÷ (경쟁점 총 시트 대수 : 24대 + 자점 : 7대)) = 4,050인 × 22.5% = 911인
2. 1일당 내점 빈도수 = 1일당 미용 인구의 0.03으로 설정
   ∴ 1일당 내점객 수 = 911인 × 0.03 = 27.3인
3. 객단가 : 4,200엔
   ∴ 매출예측 : 고객수 × 객단가 × 영업일수 = 27.3인 × 4,200엔 ×300일/년 = 34,398,000엔/년

간이매출추정법

시설물 면적이 어느 정도 확정된 경우 시설물 (전용) 면적에 그 지역 해당 업체 단위 면적당 평균 매출액을 곱함으로써 간이 예상 매출액을 추정하는 방법도 있다.

2) 부동산 개발업

대상 지역 주변 유사사례를 선정하여 사례 임대·분양가격에 대한 상세한 정보를 입수한다(지역 부동산, 부동산정보지, 유사개발보고서 활용). 다양한 경로로 입수된 정보를 종합하고 개발시설물의 장·단점, 전략 등을 고려하여 최종적 임대·분양가를 설정한다. 설정된 임대·분양가에 계획된 시설물 해당 면적을 곱하여 전체 매출액을 추정한다.

〈표 5-1〉 상권분석 시 유효한 주요 통계자료

부문	자료출처			
	자 료 명	발 간 처	주 기	주 요 내 용
인구통계 부 문	한국통계연감	통계청	(연간)	인구, GDP, 국제통계 등
	지역통계연감	통계청	(연간)	인구, 경제, 문화 등
	각시·군통계연보	시청·군청	(연간)	시 단위의 인구 및 세대수
	한국통계월보	통계청	(월간)	인구, 물가, 국제수지 등
	경제활동인구연보	통계청	(연간)	경제활동인구
	인구동태통계연보	통계청	(연간)	최근 10년간의 인구동태
소득·소비 부 문	통계연보	통계청	(연간)	전력사용량, 소득세 등 일부
	가구소비실태 조사보고서	통계청	(5년 주기)	소득종류별 연간소득 내구재보유율 월평균 가계수지
	도시가계연보		(연간)	
	도시가계조사		(부정기)	
	인구동태통계연보	통계청	(연간)	가구당 부문별 지출액
	인구이동통계연보	통계청	(연간)	
지역경제 구조 지역유통 구조	도내총생산보고서	통계청	(연간)	업체 수, 종업원 수 매출 규모
	도소매업통계 조사보고서		(연간)	
	광공업통계조사보고서		(연간)	
	소매업경영 동태조사보고서	대한상의	(부정기)	소매업(DS, SM, CVS) 경영동태 및 경영실적
	전국도소매업총람	대한상의	(3년)	도매·소매업체 현황
	유통업체년감	대한상의	(연간)	업태별 현황
도시개발계획	각 시·군 연구보고서	시청·군청	(부정기)	도시개발계획 사항
기 타	도시계획현황	건설부	(연간)	전국도시계획 현황
	교통통계연보	교통부	(연간)	교통 전반자료

3. 매출액 추정체계

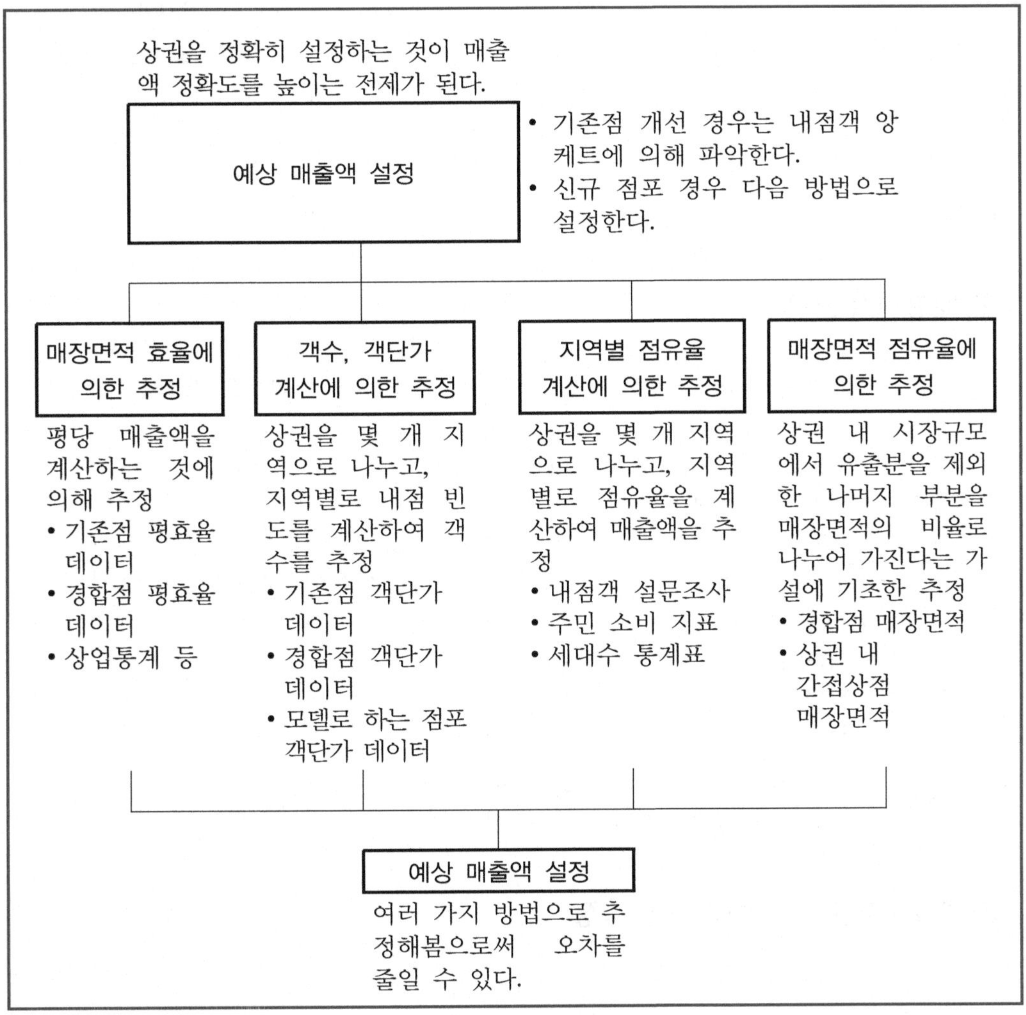

〈그림 5-1〉 예상 매출액 설정

1) 예상 매출액 설정

> 획득 가능한 매출액을 추정하는 것은 이하 방법 중에서 4가지 기법을 이용한다. 오차는 4가지 방법에 따라 서로 좁혀지기 때문에 처음에는 너무 어렵게 생각하지 말고 감각적으로 4가지 방법을 해본다.

도출된 결과를 다음 포맷을 이용하여 다음과 같이 정리하여 본다. 4가지 방법이 서로 중복된 부분을 사용한다.

〈표 5-2〉 예상 매출액 설정

	4,000	5,000	6,000
(1) 매장면적 효율		5,000 ◀──▶ 6,200	
(2) 객수, 객단가	4,500 ◀──▶ 5,500		
(3) 지역별 점유율	4,800 ◀──▶ 5,600		
(4) 매장면적 점유율		5,000 ◀──▶ 5,800	
매출액 추정치		5,000 ◀──▶ 5,500	

2) 매장면적 효율

추정 기준 데이터			계획점 추정치
자사 점포	① 본점 250평 ② 신정점 280평 ③ 역전 점 220평 ④ ○○점 평 ⑤ ○○점 평	380만 원 420만 원 470만 원 만원 만원	(하한선) 380만 원 × 250평 = 9.5억 원 (상한선) 420만 원 × 250평 = 10.5억 원
경합점	① A점 150평 ② B점 150평 ③ C점 180평 ④ D점 평	650만 원 480만 원 380만 원 만원	월간 목표 매출액
상업통계	① 음식료품 소매업 ② 각종 음식료품 소매업	250만 원 290만 원	7,920~8,750만 원

3) 객수 · 객단가 산정에 의한 측정

내점객수 추정				객단가 추정
지역	세대수(세대)	내점 빈도	하루 내점객 수	• 자점 ① 본점 250평 2,200원 ② 신정점 280평 2,400원 ③ 역전점 220평 1,900원 • 경합점 ① A점 150평 1,900원 ② B점 150평 1,700원 ③ C점 180평 1,800원
㉠	400	주3~4회	171~229명	
㉡	300	주2~3회	86~129명	
㉢	600	주5~6회	429~514명	
㉣	700	주3~4회	300~400명	
㉤	500	주2~3회	143~214명	계획점 객단가
㉥	300	주1~2회	43~86명	추정 객단가 2,100~2,300원
㉦	200	주1~2회	29~57명	1일 매출액 276~342만 원, 월간 영업일수 28일
				월간 목표 매출액
합계	3,000		1,201~1,629명	7,730만 원~9,580만 원

4) 지역별 점유율 산정에 의한 추정

지 역 별 시장규모	점유율 분할			획득 매출액	유 출 액
	계획점	경쟁점	유출		
㉠ 400세대 2,800만 원	30~35%	20%	45~50%	840~980만 원	1,260~1,400만 원
㉡ 300세대 2,100만 원	20~30%	30%	45~50%	420~525만 원	945~1,050만 원
㉢ 600세대 4,200만 원	60~65%	20%	15~20%	2,520~2,730만 원	630~840만 원
㉣ 700세대 4,900만 원	30~35%	50%	15~20%	1,470~1,715만 원	735~980만 원
㉤ 500세대 3,500만 원	35~40%	45%	15~20%	1,225~1,400만 원	525~700만 원
㉥ 300세대 2,100만 원	20~25%	50%	25~30%	420~525만 원	425~630만 원
㉦ 200세대 1,400만 원	20~25%	50%	25~30%	280~350만 원	350~420만 원
합계 3,000세대 2억 1,000만 원	34~39%	37%	24~29%	7,160~8,230만 원	4,970~6,020만 원

5) 매장면적 점유율에 의한 매출액 추정

① 상권 내 시장규모 3,000세대, 월간 21,000만 원 ② 상권 외 24~29%				③ 상권 내 체류 시장 월간 14,910~15,960만 원	
④ 효과면적 점유율	매장면적	효과면적	점유율	월간 추정매출액	연간 평 효율
(1) 계획점	250평	500평	52%	7,750~8,300만 원	372~398만 원
(2) 경합점 ① ② 기 타 소 계	 30평 35평 50평 115평	 45평 53평 75평 173평	18%	2,680~2,870만 원	280~299만 원
(3) 간접상점 37점	290평	290평	30%	4,470~4,790만 원	185~198만 원
합 계	655평	963평	100%	14,910~15,960만 원	273~292만 원

6) 매출액 추정 – 종합평가

	7,000 8,000 9,000
① 평 효율	7,900 – 8,800
② 객수, 객단가 산정	7,700 – 9,600
③ 지역별 점유율	7,200 – 8,200
④ 매장면적 점유율	7,800 – 8,300
추정매출액	7,900 – 8,200
추정매출액 평가	
① 하루 평균 매출액 282~293만 원 (28일 영업) ② 상정 객단가 2,100~2,300원 ③ 하루 평균 객수 1,270~1,340명 ④ 연간 평 효율 379~394만 원	⑤ 상권 내 점유율 상정 계획점 38~39% 경합점 33~37% 유출률 24~29%

4. 매출액 추정법

1) 간이 산출법

(1) 「객단가」를 기초로 산출

- 매출액 = 객수 × 객단가는 가장 일반적이다.

특히 이 계산식은 다음과 같이 분해할 수 있다.

- 매출액 = 내점객수 × 매출률 × 평균단가 × 구입개수

(2) 「종업원 1인당 매출액」을 기초로 산출

- 매출액 = 종업원 1인당 매출액 × 종업원수

이 경우 곤란한 점이 두 가지 있는데 하나는 「종업원 1인당 매출액」을 어떻게 파악하는가 또 하나는 「종업원수」를 어디까지 정확하게 파악할 수 있느냐는 점이다.

(3) 「상품회전율」을 중심으로 산출

- 매출액 = 재고금액 × 상품회전율

「회전율」은 여러 경우에 사용할 수 있는 방법이다.

① 물판업 경우

「재고금액」을 「회전율」로 산출해 내는 데 문제는 「재고금액」 파악이다.

② 서비스업 경우

「중소기업 경영지표」에는 서비스업 경우 「상품회전율」 항목은 없다. (서비스업에는 "재고"라는 것이 없다) 그래서 회전율을 대신하는 것으로 「가동률」을 적용한다.

③ 음식점 경우

「음식점 「회전율」이란 객석 회전율이다.

(4) 「평당 연간 매출액」을 기초로 산출

- 매출액 = 평당 연간판매액 × 매장면적

2) 케인 법

(1) 개요

미국인 J·케인이 창안한 방법으로 「매장면적비율」 뿐만 아니라 각점 「매출 점유비율」을 가미한 것이다. 실무적으로는 다음 산식에 의한다.

$$\text{산식} = \frac{\text{매출점유비율(주1)}}{\text{매장면적비율(주2)}} \times 100$$

$$\text{(주1) 매출점유비율} = \frac{\text{자기점포 매출액}}{\text{상권내 잠재수요액}}$$

$$\text{(주2) 매장면적비율} = \frac{\text{자기점포 매장면적}}{\text{(상권내 경합점} + \text{자기점포)매장면적}}$$

이 산식에서 산출된 수치는 이 점포 강점(「경쟁력지수」라고도 함)을 표현하는 것이다.

(2) 구체적인 사례

① 현 점포에서 수치 산출

A 점포는 X 시 역전에 매장면적 200평으로 출점하고 있다. 상권 내 경합점은 전부 3점이고 그 매장면적 합계는 800평이다. 상권 내 세대수는 1,000세대로 하고 1세대당 연간 상품관계 지출비는 500만 원이라면 잠재수요는 50억 원이다. A 점포의 연간 매출액은 12억 원이다. 이상 전제조건에서 산출한다.

㉠ A 점포 매출점유 비율

$$= \frac{12억\ 원}{50억\ 원} = 24\%$$

- A 점포 매장면적 비율

$$= \frac{200평}{800평 + 200평} = 20\%$$

㉡ A 점포 매장면적 대 매출점유 비율

$$산식 = \frac{매출점유비율}{매장면적비율} = \frac{24\%}{20\%} = 120\%$$

결국, A 점포 매장면적은 20% 비율이면서 잠재수요 24%를 획득하고 있는 우수점이라고 할 수 있다.

② 新 점포 매출액 예측

A 점포가 X 시 인접한 Y시에 출점을 시도하는 경우이다. 전제조건은 매장면적 300평으로 한다. 이미 Y시에는 4점 합계 900평 매장이 존재한다. Y시 잠재 수요액은 75억 원으로 본다.

㉠ A 점포 Y시에서 매장 면적 비

$$= \frac{300평}{900평 + 300평} = 25\%$$

㉡ A 점포 Y 시에서 매출액 예측

산식 = Y 시 잠재 수요액 × (Y 시에서 매장면적비율 × X 시에서 「매장면적 대 매출점유 비율」)

= 75억 원 × (25% × 120%) = 75억 원 × 30% = 22억 5,000만 원

3) 소형점 상권분석 사례(일본 편의점)

〈소재지〉

동경도 신주쿠 서신주쿠 6-25-9

〈위　치〉

청매 가도 성자판하 T자로에서 십이사 거리 남쪽으로 약 200m에 위치한다.

〈입지분류〉

대도시 - 시내 - 도로변

〈입지특성〉

신주쿠 부도심 고층 빌딩가에 가까이 위치하고 후보 점포 도로변에는 중소·고층 맨션이 즐비해 있다. 맨션 주민은 셀러리맨 세대보다도 자영업 점포주 등이 많은 것으로 판단된다. 단 뒤쪽으로는 목조 아파트나 낡은 민가가 많고 생활 수준이 전체적으로 중하이다. 아파트는 학생층보다 소규모 사업소 종업원과 같은 사람들이 많은 것으로 판단된다. 상권 내 독신자 세대 비율은 55%로 상당히 높다. 주택지 안에는 오래된 영세 근린 소매점들이 산재해 있다.

〈상권설정〉

상권은 도보로 내점할 수 있는 범위로 했다. 경합점포 경합상황, 내점을 방해하는 장해물(東電변전소, 第三小学校, 青梅 街道 등) 생활인들 의식 방향 등을 고려하면 西新宿 5丁目, 6丁目 일부가 이에 해당하고 첨부 지도와 같다.

〈표 5-3〉 독자 세대수

(단위 : 세대 / %)

동 명		독신세대	비 율	복수세대	비 율
新宿5丁目	2,021	1,091	54.0	930	46.0
新宿6丁目	1,555	885	56.9	670	43.1
합 계	3,576	1,976	55.3	1,600	44.7

0002년 1월 1일 현재

독신 세대 비율이 상당히 높다. 토박이, 학생층보다 노동자가 많은 것으로 판단된다.

〈표 5-4〉 상권 내 연령층별 집계

(단위 : 명 / %)

동명	6~14세		15~35세		60세 이상	
	인원수	비율	인원수	비율	인원수	비율
新宿5丁目	387	9.3	1,666	40	1,116	26.9
新宿6丁目	279	8.8	1,251	41	738	24.2

0002년 1월 1일 현재

내점객 대부분을 차지한 것으로 판단되는 연령층(15~35세)은 전체 40% 이상으로 높다. 또, 유아보다 고령자 비율이 높은 것이 특징이다.

〈상권 내 세대 종류〉

도로변에는 중고층의 맨션이 즐비하다. 뒤쪽으로는 목조 아파트, 낡은 민가가 많고 가내 생업적인 영세상업에 종사하는 가정도 많다.

〈상권 내 세대수〉

〈표 5-5〉 세대수, 인구 정황

(단위 : 세대 / 명 / %)

동 명	전 역		상권구성 부분 비율	상 권 내	
	세 대 수	인 구		세 대 수	인 구
西新宿 5丁目	2,047	4,170	30%	614	1,251
西新宿 6丁目	1,611	3,084	60%	967	1,850
합계	3,658	7,254		1,581	3,101

0002년 10월 1일 현재

한 세대 당 인원은 1.8명으로 신주쿠구 평균 2.1명보다 적다

〈표 5-6〉 세대수 인구 추이

(단위 : 세대 / 명 / %)

동 명	0000.10.1 현재		0002.10.1. 현재		증 감 률	
	세대수	인 구	세대수	인 구	세대수	인 구
西新宿 5丁目	1,987	4,191	2,047	4,170	103.5	99.5
西新宿 6丁目	1,572	3,172	1,611	3,084	102.5	97.2
합계	3,550	7,362	3,658	7,254	103.0	98.5

최근 3년간 상황은 세대수는 증가하고 있으나 인구는 감소하고 있다.

〈경합점포〉

슈퍼로는 북쪽으로 약 150m에 三平 스토어, 서쪽으로는 약 600m에 올림픽 다카노 후드 센터, 약 500m에 게이오(京王)스토어, 남쪽으로는 약 500m에 마루마사(丸正), 100m에 슈

퍼 나카자와가 있다. 편의점으로는 서쪽 약 500m에 산첸, 데일리 스토어, 남쪽으로는 약 500m에 세븐일레븐이 있다.

- 후보 점포 상권과 완전히 중복되는 경합점포로서는 슈퍼마켓 2개 점(삼평 스토어, 슈퍼 나카자와)이 있다.
- 기타 영세 점포가 40여 개 점포 정도이다.
- 상권이 다소 겹치고 유출도 다소 예상되는 경합점포로서 슈퍼마켓 4개 점포(올림픽, 다카노, 게이오 스토어, 마루마사)가 있다.
- 편의점 3개 점포(세븐일레븐, 산첸, 데일리 스토어)가 있다.

〈주요 경합점포〉

- 三平 스토어
  - 영업시간, 10:00~22:00 연중무휴
  - 1층 120평, 2층 80평
  - 우유 180엔, 라면 62엔, 컵라면 120엔, 무린 톱 870엔(2.45kg)
- 산 첸
  - 영업시간, 24시간 연중무휴 약 30평
  - 라면 70엔, 컵라면 130엔, 우유 230엔(흰 우유), 과자 5% 저렴
  - 책 판매대가 특색 있음(부수, 종류 많다)
- 세븐일레븐
  - 영업시간 24시간 연중무휴 약 30평
  - 라면 62엔, 컵라면 118엔, 과자 10% 저렴, 연예물 달력 등에 특색
- 올림픽
  - 영업시간 10:00~21:00
  - 1층 120평, 2층 100평
  - 라면 63엔, 컵라면 118엔, 우유 198엔, 과자 10% 저렴
  - 생선 3개 품목이 강하고 특히 청과는 생산지 직송

〈통 행 량〉

〈표 5-7〉 통행량 조사

0002년 11월 25일 구름 추움

	도보	차량	비 고
6 : 00~7 : 00	49	82	트럭이나 택시 운전사는 두 집 건너 도시락집에서 도시락을 사 온다. 만일 개점한다면 도시락 주인과 경쟁하게 될 것이다. 건강달리기하는 사람도 다수(남녀노소)
7 : 00~8 : 00	83	143	30~40세 정도 노무자인 듯한 사람들이 60%, 중고생이 20%, 출근하는 20~30대 정도 샐러리맨이 20% 정도
8 : 00~9 : 00	121	213	중고생, 샐러리맨, OL 등 거의 같은 정도 이어진다.
9 : 00~10 : 00	116	246	젊은이들보다 조금 늦은 시각에 고연령, 중년층 화이트칼라가 나온다. 대학생인 듯한 사람들이 조금씩 나온다.
10 : 00~11 : 00	94	204	퇴직을 눈앞에 둔 듯한 사람들과 OL풍 사람들이 반반씩 정도 초로 사람이 많았다.
11 : 00~12 : 00	171	222	주부들이 80% 정도를 차지한다. 정오 가까워지자 OL들이 점심시간인지 수명 그룹으로 나온다. 비슷하게 샐러리맨들도 점심시간인 듯하다.
12 : 00~13 : 00	48	202	이 시간은 OL 샐러리맨들은 점심시간인지 노상에는 그다지 없다. 어린이 손을 잡고 주부들이 돌아다닌다.
13 : 00~14 : 00	193	155	슈퍼마켓 봉투를 든 주부 많다. 1시를 넘어서도 사무실로 돌아가지 않은 OL가 상당히 있다.
14 : 00~15 : 00	186	199	기온이 내려가기 시작해서인지 밤길이 줄어든다고 생각하자 초로 셀러리맨이나 대학생풍 남녀 귀가 시간인 듯, 주부 쇼핑하는 모습이 많아졌다.
15 : 00~16 : 00	195	206	주부 쇼핑이 80~90% 셀러리맨이나 중고생, 어린이도 보인다.
16 : 00~17 : 00	225	187	30~50대 정도 주부가 쇼핑하는 모습 60% 정도, 젊은 여성이 많이 보인다. 대학생들이 조금
17 : 00~18 : 00	202	77	아파트에 사는 듯한 대학생인 듯한 사람들이 슈퍼봉투를 들고 걸어가고 있다. 중년 정도 셀러리맨이 20% 정도 반 정도는 쇼핑하는 주부가 차지하고 있다.
18 : 00~19 : 00	211	106	샐러리맨들이 많이 귀가한 듯 주부나 학생들도 2~30% 보인다. 셀러리맨들은 30대 이상으로 보인다. 가정이 있는 사람은 귀가 시간이 이르다.
19 : 00~20 : 00	124	91	20대 정도 셀러리맨, 요컨대 독신인 듯 생각되는 사람들이 3명 정도 그룹, 혹은 혼자 귀가한다. 혼자 사는 것이리라. 그런

	도보	차량	비 고
			사람이 70%, 학생 20%, 나머지는 가족동반이나 불량배인 듯한 사람.
20 : 00~21 : 00	106	112	택시가 늘었다. (60% 이상) 남성은 20대부터 40, 50대 정도까지 있는 듯하지만 나이는 젊은 사람이 대부분이다.
21 : 00~22 : 00	(급격히 줄어듦) 57	(급격히 줄어듦) 31	역방향으로 향하는 차량이 많다. 발길이 뜸해졌다. 몇 사람 그룹으로 택시를 타는 것을 자주 본다. 또 혼자 걸어가는 사람이나 아베크족이 다닌다.
22 : 00~23 : 00	48	70	아베크족이나 그룹들이 많다. (20대) 그러나 그 수는 적고 가로등도 차례로 꺼지고 인적도 줄어든다. 택시가 또 빨라진다.
23 : 00~24 : 00	59	61	걸어가고 있는 사람은 90%가 20대 전후 사람. 그 외는 40대 정도의 노무자 풍 사람이라든지 30세 정도 셀러리맨 풍 사람. 이 시간, 바깥을 헤매고 있는 사람은 무직이나 학생들일 것이다.

	보 도	차 량	비 고
합 계	2,458명	2,706대	
평 균	137명	145대	

• 조사 당일은 급격히 기온이 내려가고 전날과 비교해 인적이 상당히 줄어들었다.
• 반대 측 보도 통행자도 흡입할 수 있다.

※ 조사 위치

	도보	차량	비 고

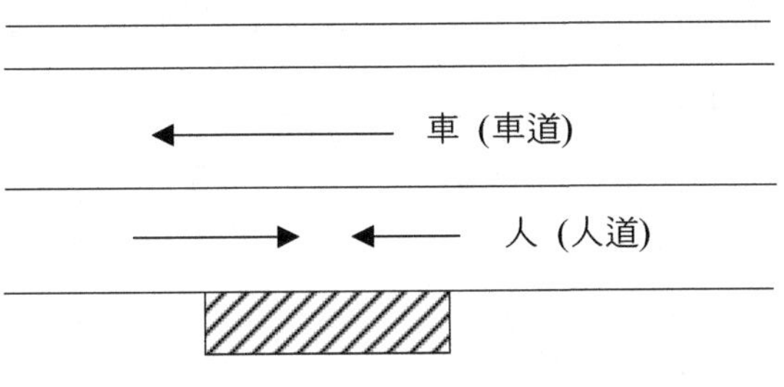

〈종합평가〉

	우수	양호	가능	불가
1. 세대수 · 인구				
2. 통 행 량				
3. 경 합 점 포				
4. 인 구 추 이				
5. 세 대 종 류				
6. 입 지 형 태				
7. 입 지 지 점				
8. 연 령 구 성				
9. 소 비 태 도				
10. 주 민 기 대				

〈판매예측〉

A. 〈상권 내〉

a. 제1차 상권 내 세대수 1,581세대

b. 1세대당 월간 식료품 지출액 50,000엔

c. 상권 유출률 53%

d. 일정 지수 17% (면적점유율)

e. 월간영업일 수 30일

f. 비식품과 패스트푸드 비율 15%

$(a \times b - c) \times d \div e = 237,000/$日 ………………………… (1)

(1) $\times$ 15% = 36,000/日 ………………………… (2)

(1) + (2) = 273,000/日

B. 〈상권 외〉

a. 외출자 50명/日

b. 고객 단가 550엔

$a \times b$ = 550엔 $\times$ 50명 = 27,500엔

C. 〈일일 매출예측〉

A + B = | 301,000엔 |

- 업종을 변경하여 출점하기 때문에 당초 매출은 40% 마이너스로 판단된다.
- 당초 일일 매출 예상 | 181,000엔 |
- 6개월 이후에는 15% 매출증가 예상
- 6개월 이후 일일 매출 예상 | 208,000엔 |

비 고 : 판매예측은 상권 내 세대수 및 상권 외로부터 유입자인 사업소 관계자, 운전자 등 매출을 더 하여 예측했다. 통상 지명도 침투상황이나 접객방법 숙련도에 따라 일일 매출 예측 달성에 다소 기간이 필요했다.

4) 중형점포 상권분석 사례(일본 쇼핑센터)

〈「닛코쇼핑센터」〉

(A) 입지

佐賀縣 北方 町에 0006년 8월에 협동조합 北方 쇼핑센터(별칭 닛코 쇼핑센터)가 오픈했다. 당초에는 부지 1,560평에 매장면적 370평, 주차대수 112대로 다음과 같은 업종구성으로 개점하였다.

- 식료품 : 과일, 생선, 정육, 일반 식품, 반찬류, 베이커리, 패스트푸드
- 衣料品
- 안경 · 시계
- 일용품
- 서적 · 잡지

(B) 상권

상권은 다음과 같이 설정하였다.

- 제1차 상권 : 반경 3㎞ 내에서 北方 町 동남지역 전역
- 제2차 상권 : 반경 3㎞ 내에서 北方 町 서북지역 전역
  주) 동일거리지만 서북지역에 경합점이 이미 출점하고 있으므로 할 수 없이 제2차 상권으로 하였다.
- 제3차 상권 : 반경 3㎞~5㎞ 내로 설정하였다.

(C) 매출액 예측

(1) 가계소비지출로부터 산출

매출액을 예측하는 기본 데이터로서 일본 총무청「가계조사연보」를 사용하고 그 중에 佐賀市 해당수치를 활용한다. 이 SC 취급 상품군을 가계조사 해당 치수로부터 산출했다. 1세대 당 총액 898,371엔이다.

(2) 지출액 환산

佐賀 市와 北方 町 소득 격차로부터 지출액 수정을 도표화 하면 北方 町은 佐賀 市 평균 소득 78%이므로 이 차이로 수정을 했다.

〈표 5-8〉 1세대당 연간 지출액

(단위 : 엔)

분 류		금 액	분 류		금액
청과	신선한 채소	65,826	빵	조리 빵	2,096
	과일	40,154		케이크	8,185
	소 계	105,980		기타 양·생과자	3,315
일반식품	면류	22,855		빵	22,365
	어육	15,348		소 계	35,965
	어패류 가공품	10,297	부식물	샐러드	492
	건어물	16,208		고로켓	782
	콩 가공물	11,531		커플렛	765
	기타 채소, 해초가공품	15,137		튀김	4,326
	과일 가공품	2,166		도시락	9,627
	유지 조미료	40,633		조리 식품	1,070
	과자류	56,141		재료 식품	9,254
	만두류	581		기타 조리 식품	20,872
	깡통 조리 식품	349		소 계	47,088
	냉동식품	4,216	의료품	양복	93,138
	달걀	38,583		셔츠·스웨터 류	40,943
	음료	33,641		속내의	20,432
	우유	304		기타 피복	16,184
	소 계	267,987		소 계	170,697
일용품	가전 소모품	20,456	시식	잡지·주간지	4,481
	칫솔	819		사진	505
	기타 이용품	2,517		기타 서적	13,453

분 류		금 액	분 류		금액
	화장비누	1,677		소 계	18,439
	샴푸, 치약	4,000	안경 시계 귀금속	안경	7,091
	소 계	29,458		손목시계	985
정육	소고기	40,250		장신구	16,971
	돼지고기	18,116		소 계	25,047
	닭고기	15,935	선어	신선한 생선	75,179
	기타 신선한 고기류	5,718		조개류	6,007
	햄	7,229		자반, 어패류	16,973
	소시지	5,517		고래고기	2,260
	베이컨	3,007		소 계	100,419
	기타 가공육	1,519	약품	의약품	20,381
	소 계	97,291		위생재료품	5,432
				분유	837
				소 계	26,650
			주) 패스트푸드는 별도 계산		
				합 계	898,371

출처 : 0006년도 총무청 통계국, 「가계조사연보」, 佐賀市 지출로부터 산출

〈표 5-9〉 佐賀市의 1세대당 연간 지출액

분 류	1세대당 연간 지출액〈佐賀市〉	1세대당 연간 지출액佐賀市 ×78% = 北方町
청과	105,980	82,664
일반식품	267,987	209,030
일용품	29,458	22,977
정육	97,291	75,887
생선	100,419	78,327
빵	35,965	28,053
반찬	47,088	36,729
의료품	170,697	133,143
서적	18,437	14,381
안경 · 시계 · 귀금속	25,047	19,537
합계	898,371	700,728
(참고)약품	26,650	20,787

(3) 지지 세대수 산출

① 과일 · 일반식품 · 일용품 · 정육 · 생선 · 빵 · 반찬 경우 : 이 쇼핑센터는 중심도로에 접하고 있으므로 다음과 같은 비율로서 지지 세대수를 산출하였다.

〈표 5-10〉 식품 관련 지지 세대수

상　권	세 대 수	흡수율(%)	지지 세대수
1차 상권 2차 상권 3차 상권	1,523 1,053 2,028	40 20 6	609 211 122
권외 가산	1차~3차 상권의 지지의 6%		56
계			998

② 의료품 경우

의료품은 식품 관계보다는 흡수율이 밑돌 것이라고 예상되어 별표 수치로 했다.

〈표 5-11〉 의료품 지지 세대수

상　권	세대수	흡수율(%)	지지 세대수
1차 상권 2차 상권 3차 상권 권외 가산	1,523 1,053 2,028	25 15 5	381 158 101 없음
계			640

③ 서적 경우

서적 · 잡지에서는 당 마을 서적취급점이 없으므로 높은 흡수율을 예상했다.

〈표 5-12〉 서적 지지 세대수

상　권	세대수	흡수율(%)	지지 세대수
1차 상권 2차 상권 3차 상권	1,523 1,053 2,028	50 40 20	762 421 406
권외 가산	1차~3차 상권의 지지의 10%		159
계			1,748

④ 안경 · 시계 · 귀금속 경우

안경 · 시계 · 귀금속에서는 별표의 지지율로 예상했다.

〈표 5-13〉 안경 · 시계 · 귀금속 지지 세대수

상 권	세 대 수	흡수율(%)	지지 세대수
1차 상권	1,523	40%	609
2차 상권	1,053	35%	316
3차 상권	2,028	5%	101
권외 가산			없음
계			1,026

⑤ 패스트푸드 경우

가계조사 연보로부터 산출할 수 없으므로 간략 법으로서 내점객 수 9%로 가정했다.

이용객 수 = 1일 평균 내점객 수 × 이용률
= 1,000인 × 9% × 영업일 수 353일 = 31,770

(4) 매출액 산출

매출액은 잠재구매액 지지 세대수를 곱하여 산출했다.

〈표 5-14〉 잠재구매액

분 류	1세대당 잠재구매액(A)	지지 세대수 (B)	매출예측액 (A × B)
청 과	82,664엔	998세대	8,250만 엔
일반식품	209,030	998	20,861
일 용 품	22,977	998	2,293
정 육	75,887	998	7,574
생 선	78,327	998	7,817
빵	28,053	998	2,800
채 소	36,729	998	3,666
의 료 품	133,143	640	8,521
서 적	14,381	1,748	2,514
안경 · 시계 · 기타	19,537	1,026	2,004
패스트푸드	객단가 250	31,770인	794
계			70,096만 엔

이상과 같이 「닛코쇼핑센터」 경우 초년도 매출예측액은 7억 96만 엔으로 산출되었다.

제 2 절 | 중대형 슈퍼마켓 예상 매출액 추정[1)]

본 사례의 대상이 되는 중대형 슈퍼마켓 점포 규모는 매장면적 100~600평 기업형 슈퍼마켓으로 하였다. 그 이유는 기업형 슈퍼마켓 이외에도 군소 개인 유통업체들이 많으나 정보공개가 이루어지지 않아 객관적 자료가 부족할 뿐만 아니라 신뢰성도 낮으며 개인 업체들은 업태 특성에 충실하지 않은 면이 있어서 연구대상으로는 부적합하다고 판단했기 때문이다. 연구대상 상권 범위는 경험적 방법에 근거하여 모델 점 중심에서 반경 0.5km 범위를 도보 상권으로 가정하여 1차 상권으로 설정하고 반경 2km 범위를 차량 상권으로 가정하여 2차 상권으로 설정하였다. 이후 용어 혼선을 피하고자 1차 상권을 도보 상권으로 2차 상권을 차량 상권으로 용어를 통일하여 사용한다.

여기서 도보 상권 범위를 0.5km로 가정한 이유는 연구대상 업태(SM, SSM) 특성상 내점 고객 80% 이상이 도보 고객이며 소비자가 도보를 이용하여 방문하는 경우 반경 0.5km 이내에는 연구대상 업태와 유사한 업태 점포가 산재해 있으므로 그 이상 거리를 도보로 이용할 필요성을 느끼지 않는다는 것을 가정한 것이며 차량 상권 경우는 차량을 이용하는 소비자 특성상 기획구매, 목적구매 성향이 많고 시간적 여유가 있는 소비자로 판단되므로 매장 규모나 상품 구색, 주차공간, 편의시설 등에서 불리한 슈퍼마켓 업태 점포 방문은 제한적일 수밖에 없으므로 불리한 조건을 제어할 수 있는 변수는 거리이므로 그 범위를 2km로 가정한 것이다. 이처럼 연구대상 상권을 도보 상권과 차량 상권으로 굳이 구분한 이유는 업태 특성을 고려한 것으로 상권별 측정결과 수치를 혼합시켜 예상 매출액 추정 정확도를 높이기 위함이다.

연구방법 접근은 선행연구를 통해 상권 개념에 관한 이론과 슈퍼마켓 개념적 이론을 고찰하여 본 연구대상에 대한 개념을 포괄적으로 이해하고 연구대상 모델 상권을 현장 방문하여 실제 지리적 특성과 지도상 상권과 차이를 파악한 후 연구를 진행하였다. 연구 순서와 절차는 "대형백화점 신규출점에 따른 예상 매출액 추정"[2)] 논문을 참고하였으며 연구 내용이나 용어는 본 연구 특성에 적합하도록 임의 개량하여 사용하였다. 먼저 연구대상 모델 상권 범위를 측정하기 위하여 컨버스 신 소매인력모델을 이용하였는데 이를 위해 지역상권을 세분화하고 세분된 상권을 다시 블록 상권으로 세분화하여 측정에 필요한 자료를 구하고 부분적으로 현장조사와 실측을 하여 중소상권 특성에 부합하도록 세밀한 분석으로

1) 안성우, 주식회사 한라엠앤디, 이상윤 지도교수 석사 논문 발췌 정리

2) 윤명길 외 3인(2006), 유통과학연구, 제4권 제2호 12월.

연구대상 상권 상권분기점을 측정하였다. 쇼핑확률 산출을 위해 수정 허프 모델을 이용했으며 산출에 필요한 자료는 통계청 인구통계자료(2008)와 유통업체연감(2008), 월간 리테일 매거진(2008) 자료를 발췌하여 사용하였고 한국체인스토어협회 통계실무자 도움을 받았다. 또한, 거리 측정과 소요시간 측정은 네이버 지도와 현장실측을 병행하여 사용하였으며 소비자가 점포선택 조건을 파악하기 위하여 소비자 설문조사를 하여 반영하였다. 위와 같은 과정으로 얻어진 결과물을 이용하여 모델 점 예상 매출액을 추정하고 실제 매출과 검증하는 절차를 밟았으며 연구결과를 토대로 이론을 재구성하여 슈퍼마켓 예상 매출액 추정 계산방식을 도출하였다.

1. 상권분기점 측정

예상 매출을 산출하기 위해서는 연구대상 상권 상권분기점 측정이 먼저 이루어져야 한다. 이를 위해 본 연구는 컨버스 신 소매인력모델을 이용했으며 앞서 언급한 바와 같이 연구대상 모델 점 업태 특성을 고려하여 모델 상권[3]을 차량 상권과 도보 상권 2개 상권으로 나누어 분석하였다. 따라서 차량 상권 경우 모델 점 중심에서 반경 2km 가상 상권을 지도에 표시하여 모델 상권을 가정하고 2km 지점 밖 인접 상권을 〈표 5-15〉와 같이 "A"부터 "F"까지 모델 상권을 중심으로 6개 지역 상세상권으로 나누어 각 상세상권을 반경 2km가 되는 범위 상권을 표시하여 6개 인접 상권을 가정한 후 각각 인접 상권에서 교통과 유동인구 중심이 되는 곳을 각 인접 상권 중심부로 정하였으며, 모델 상권 중심부 위치도 같은 방법으로 지정하여 확정된 모델 상권 중심부 지점에서 각각 6개 인접 상권까지 거리를 측정하고 각각 상권 내 인구수를 조사하여 〈표 5-15〉와 같이 인접 상권과 모델 상권 규모를 산출하였다.

도보 상권 경우도 차량 상권과 같은 방법으로 모델 상권을 중심으로 반경 0.5km 지점 밖의 상세상권을 6개 블록 상권[4]으로 나누고 각 블록 상권 내에서 상주인구 밀도가 높은 위치를 각각 블록 상권 중심부로 지정하여 반경 0.5km 6개 인접 상권을 가정한 다음 모델 상권 중심부에서 인접 상권 간 거리를 측정하고 인구수를 조사하여 〈표 5-16〉과 같이 각각 블록 상권 즉 인접 상권 규모와 모델 상권 규모를 산출하였다.

---

3) 서울시 양천구청을 중심으로 한 상권.

4) 도보 상권 상권분석을 세밀하게 하려고 동 단위 또는 대단지 아파트 상권을 몇 개 소규모 블록으로 나눈 상권

〈표 5-15〉 상권분기점 측정을 위한 인접 상권 규모 및 범위(차량 상권)

상권명칭	인접 상권 범위 (행정구역 기준)	인구수 (명)	거리 측정 (km)
"X" 양천구청 상권	신정6동/신정1동/신정4동 80%/ 신정3동 40%/신정7동 50%/신정2동 50%	115,432	모델 상권
"A" 목사 거리 상권	화곡4동/화곡2동/목4동 50%/목3동 20%	62,622	2.53
"B" 파리공원 상권	목5동/목6동/목4동 50%	62,405	2.74
"C" 영등포유통상가	당산1동/양평1동/문래1동/문래2동	68,585	2.34
"D" 구로역 상권	구로5동/신도림동/구로본동/구로1동 30%	93,785	2.15
"E" 고철쇼핑 상권	고척2동/고척1동/개봉본동/개봉1동	122,051	2.01
"F" 신곡 시장 상권	신월6동/신월4동/신월2동 50%/ 신정3동 60%/신월1동 30%	83,876	2.34

위 방법으로 각각 인접 상권 범위를 차량 상권과 도보 상권으로 설정하였을 때 행정구역 단위(洞)가 인위적으로 나뉠 수밖에 없는 경우에는 각 상권 내에 속하는 범위 비율을 인구수에 반영하였다. 예를 들면 차량 상권 경우 "F" 상권에서 신월 2동 50%인 경우 인구 통계상 신월 2동 총인구수 24,233명 중에서 50%에 해당하는 12,111명을 반영하였음을 뜻한다.

〈표 5-16〉 상권분기점 측정을 위한 인접 상권 규모 및 범위(도보 상권)

상권명칭	인접 상권 범위 (행정구역, 아파트 동 단위 기준)	인구수 (명)	거리 측정 (km)
"X" 양천구청 상권	신정1동 70%/신정6동 70%/신정2동 10%	39,284	모델 상권
"A" 목동역 상권	신정5동 50%/신정4동 50%	27,552	1.09
"B" 오목교역 상권	목1동/신정2동 30%	38,462	1.79
"C" 신정교 상권	신정2동 60%/신정6동 30%	22,297	1.01
"D"신정제일시장 상권	신정4동 50%/신정3동 60%/신정1동 30%	46,345	1.04
"E" 신평시장 상권	신정7동 80%/고척1동 30%	31,486	1.02
"F"신트리2단지 상권	신정3동 20%	10,026	1.30

도보 상권 경우는 상권 범위가 블록으로 구분하였으므로 한 개 행정단위가 몇 개 소규모 상권으로 나누어지는데 이때는 아파트 동을 기준으로 세대수를 조사하여 이를 세대당 인구수로 환산하여 비율로 반영하였다. 예를 들면 도보 상권에서 신정2동은 "X" 상권 10%,

"B" 상권 30%, "C" 상권 60%로 나뉘게 되는데 이런 경우 각 블록 상권 범위에 해당하는 경계 내 아파트 세대수를 현장 조사하여 전국 가구당 인구수로 환산하여 그 비율 수치를 각각 반영했음을 뜻한다. 아파트단지가 아닌 일반주택 지역인 경우는 지도상에 표시된 상권 범위 비율을 인구수로 나누어 반영하였다. 이와 같은 방법으로 산출된 자료를 컨버스 신 소매인력모델 〈표 5-17〉 방식을 이용하여 계산하면 〈표 5-18, 19〉과 같이 상권분기점 수치를 얻는다. 여기서 얻어진 수치를 모델 상권 중심부에서 각각 표기하면 연구대상 모델 상권과 인접 상권 간 상권분기점이 확정된다.

〈표 5-17〉 컨버스 신 소매인력 모델 계산식 모형

$D_a = \dfrac{D_{ab}}{1+\sqrt{\dfrac{P_b}{P_a}}}$ 또는 $D_b = \dfrac{D_{ab}}{1+\sqrt{\dfrac{P_a}{P_b}}}$	D_a : A 도시로부터 상권분기점까지 거리 D_b : B 도시로부터 상권분기점까지 거리 D_{ab} : A와 B 도시 간 거리 P_a : A 도시 인구 P_b : B 도시 인구

컨버스 신 소매인력 모델 계산식 모형에 반영되는 각 항목 중 "도시와 도시 간 거리"를 모델 상권과 인접 상권 간 거리로 "도시 인구"를 각 상세상권 내 인구로 임의 적용하여 산출하였다.

〈표 5-18〉 도보 상권 상권분기점 산출

"X" → A $\dfrac{1.09}{1+\sqrt{\dfrac{27,522}{39,284}}} = 0.593\text{km}$	"X" → B $\dfrac{1.70}{1+\sqrt{\dfrac{38,426}{39,284}}} = 0.854\text{km}$
"X" → C $\dfrac{1.01}{1+\sqrt{\dfrac{22,297}{39,284}}} = 0.576\text{km}$	"X" → D $\dfrac{1.01}{1+\sqrt{\dfrac{36,345}{39,284}}} = 0.498\text{km}$
"X" → E $\dfrac{1.02}{1+\sqrt{\dfrac{31,486}{39,284}}} = 0.538\text{km}$	"X" → F $\dfrac{1.30}{1+\sqrt{\dfrac{10,026}{39,284}}} = 0.864\text{km}$

〈표 5-19〉 차량 상권 상권분기점 산출

"X" → A $\dfrac{2.53}{1+\sqrt{\dfrac{62,622}{115,432}}}=1.456\text{km}$	"X" → B $\dfrac{2.74}{1+\sqrt{\dfrac{62,405}{115,432}}}=1.579\text{km}$
"X" → C $\dfrac{2.34}{1+\sqrt{\dfrac{68,585}{115,432}}}=1.322\text{km}$	"X" → D $\dfrac{2.15}{1+\sqrt{\dfrac{93,785}{115,432}}}=1.130\text{km}$
"X" → E $\dfrac{2.01}{1+\sqrt{\dfrac{82,402}{115,432}}}=0.990\text{km}$	"X" → F $\dfrac{2.34}{1+\sqrt{\dfrac{83,876}{115,432}}}=1.263\text{km}$

2. 쇼핑확률산출 및 분석

지금까지 컨버스 신 소매인력모델을 이용하여 연구대상 모델 상권 범위가 확정된 자료를 근거로 연구대상 상권을 도보 상권과 차량 상권을 구분하여 각 상권 내 주요 유통점별 쇼핑확률 산출을 시도하였다. 수정 허프 모델을 이용하여 쇼핑확률을 산출하기 위한 자료를 얻기 위해서 상권분기점 측정으로 확정된 모델 상권 내의 유통시설 현황(규모/거리/시간)을 조사하여 〈표 5-20〉과 〈표 5-21〉에 표기하였다. 유통시설 현황조사에서 도보 상권 경우 먼저 상권 내 유사업태를 조사하고 유통점별 거리와 시간은 네이버 지도로 측정했으며 매장 규모는 현장을 방문하여 관리자 면담과 연구자 경험적 방법으로 측정하였다. 도보 상권 내 유통시설 중 전통시장 경우 여러 개 산매점으로 형성되어 있는 것을 편의상 하나의 유통점으로 가정하여 그 규모를 측정하였다. 차량 상권 경우는 도보 상권과는 다르게 조사하였다. 그 이유는 연구대상 모델 상권 범위에서 차량 상권 범위가 반경 2km이므로 이 범위 내 유통점만 조사하였을 경우 심각한 오류가 발생하기 때문이다. 차량을 이용하는 소비자 성향은 경험적 판단에 의하면 그들은 시간적 여유가 있으며 대량구매, 기획구매, 목적구매를 하는 성향이 높다. 따라서 소비자가 차량을 이용하여 쇼핑하는 경우 범위를 거리로 기준으로 삼지 않고 소요시간을 기준으로 하였다. 그 기준은 각 상권 중심부에서 차량으로 30분 이내의 범위에 있는 유통점을 조사하였는데 그중에서도 주차시설이 갖춰진 점포만을 조사 대상으로 정하여 조사하였다.

〈표 5-20〉 차량 상권 내 유통시설 현황

점포명/매장면적 (㎡)	A 지역 (거리/소요시간)	B 지역 (거리/소요시간)	C 지역 (거리/소요시간)	D 지역 (거리/소요시간)	E 지역 (거리/소요시간)	F 지역 (거리/소요시간)	G 지역 (거리/소요시간)
현대백화점 목동 60,390㎡	1.1km/5분	0.4km/3분	1.5km/7분	2.9km/8분	2.1km/6분	3.1km/15분	2.1km/16분
애경백화점 구노 44,550㎡	3.8km/24분	2.4km/16분	3.4km/23분	4.1km/20분	2.6km/13분	2.1km/15분	0.6km/6분
홈에버 목동 10,649㎡	0.7km/4분	0.8km/6분	1.4km/7분	2.9km/13분	2.3km/9분	3.4km/18분	2.5km/17분
하나로마트 목동 9,111㎡	0.8km/4분	0.7km/5분	1.5km/8분	3km/10분	2.4km/8분	3.4km/17분	2.4km/15분
코스트코 양평10,804㎡	1.7km/10분	1.5km/7분	3.1km/11분	4.5km/16분	3.6km/17분	4.3km/24분	2.6km/18분
롯데마트 구로 18,150㎡	4.2km/23분	2.9km/15분	3.4km/18분	3.7km/15분	2.2km/14분	1.3km/7분	1.3km/10분
홈플러스영등포 10,230㎡	3.1km/17분	2.3km/10분	4km/15분	5.2km/18분	3.9km/16분	4km/24분	2km/15분
롯데백화점영등포 36,630㎡	3.5km/20분	2.8km/13분	4.5km/18분	5.7km/21분	4.4km/19분	4.5km/27분	2.5km/18분
신세계영등포 12,920㎡	3.3km/18분	2.6km/11분	4.3km/16분	5.5km/19분	4.2km/17분	4.2km/25분	2.3km/16분
롯데마트영등포 12,540㎡	2.5km/20분	2.4km/13분	4km/18분	5.4km/21분	4.4km/19분	4.9km/30분	3km/21분
홈플러스강서 11,127㎡	3.2km/15분	4.4km/20분	3.7km/16분	4.3km/20분	5.1km/20분	6.4km/27분	6.1km/28분
이마트가양점 11,220㎡	2.7km/12분	4km/17분	3.5km/15분	4.3km/23분	4.9km/22분	6.2km/29분	5.8km/26분
이마트신도림 7,646㎡	3.5km/14분	2.3km/7분	3.6km/12분	4.6km/25분	3.1km/20분	2.9km/20분	0.9km/10분
홈에버신도림 9,900㎡	3.5km/14분	2.3km/7분	3.6km/12분	4.6km/25분	3.1km/20분	2.9km/20분	0.9km/10분
에브리데이신원 2,970㎡	4.4km/15분	1.8km/20분	3.1km/11분	2.4km/8분	3.9km/15분	5km/20분	5.9km/23분
★한라마트목동점 1,320㎡	2.4km/8분	1.4km/6분	1.2km/10분	2km/13분	0.8km/3분	1.8km/10분	1.7km/15분
GS슈퍼목동점 460㎡	2.7km/10분	1.3km/6분	1.4km/10분	2km/13분	0.9km/3분	1.5km/9분	1.9km/17분
롯데슈퍼목동점 729㎡	1.9km/6분	1.7km/8분	0.9km/5분	2.1km/13분	0.5km/2분	2.3km/12분	1.6km/14분

※ 자료출처 : 현장조사, 네이버지도, 유통업체연감(2007.2008), 한국체인스토어협회.

〈표 5-21〉 도보상권 내 유통시설 현황

점포명/매장면적(㎡)	A블록(거리/시간)	B블록(거리/시간)	C블록(거리/시간)	D블록(거리/시간)	E블록(거리/시간)	F블록(거리/시간)	G블록(거리/시간)	H블록(거리/시간)	I블록(거리/시간)	J블록(거리/시간)
★한라마트/1320㎡	225m/3분	540m/8분	580m/9분	867m/13분	1060m/16분	1120m/17분	737m/11분	358m/5분	655m/10분	814m/12분
Gs슈퍼/460㎡	672m/9분	869m/13분	846m/13분	1160m/17분	1280m/19분	1160m/17분	625m/9분	205m/3분	452m/7분	941m/14분
목동마트/450㎡	696m/10분	599m/9분	1130m/17분	1400m/21분	1610m/24분	1630m/24분	1150m/17분	672m/10분	213m/3분	445m/7분
그린마트/760㎡	868m/13분	594m/9분	1370m/20분	1590m/24분	1820m/27분	1900m/28분	1430m/21분	696m/15분	456m/7분	190m/3분
세븐일레븐/130㎡	417m/6분	127m/2분	913m/14분	1100m/16분	1350m/20분	1550m/23분	1220m/18분	784m/12분	684m/10분	464m/7분
우리마트/520㎡	292m/4분	730m/11분	233m/3분	445m/7분	664m/10분	910m/14분	816m/12분	630m/9분	1070m/16분	1150m/17분
롯데슈퍼/729㎡	385m/6분	752m/11분	294m/4분	361m/5분	642m/10분	951m/14분	930m/14분	772m/12분	1190m/18분	1190m/18분
홈마트/820㎡	385m/6분	752m/11분	294m/4분	361m/5분	642m/10분	951m/14분	930m/14분	772m/12분	1190m/18분	1190m/18분
신정시장/1155㎡	785m/12분	1100m/16분	465m/7분	126m/2분	405m/6분	905m/14분	1130m/17분	1090m/16분	1560m/23분	1580m/24분
하나로마트/460㎡	695m/10분	1100m/16분	157m/2분	313m/5분	341m/5분	584m/9분	718m/11분	765m/11분	340m/20분	1500m/22분
현대마트/980㎡	929m/14분	1330m/20분	428m/6분	296m/4분	63m/1분	538m/8분	917m/14분	1050m/16분	1610m/24분	1760m/26분
신평시장/850㎡	929m/14분	1330m/20분	428m/6분	296m/4분	63m/1분	538m/8분	917m/14분	050m/16분	610m/24분	1760m/26분
수마트/264㎡	484m/7분	939m/14분	267m/4분	620m/9분	672m/10분	692m/10분	470m/7분	417m/6분	1000m/15분	1260m/19분
금능마트/450㎡	845m/13분	1280m/19분	634m/10분	944m/14분	876m/13분	994m/9분	81m/1분	471m/7분	1080m/16분	1510m/23분
신세계마트/594㎡	1040m/16분	1400m/21분	967m/15분	1300m/19분	1250m/19분	913m/14분	314m/5분	524m/8분	971m/15분	1500m/23분

※ 자료출처 : 현장조사. 네이버지도. 유통업체연감(2007. 2008), 한국체인스토어협회.

소요시간 기준을 30분으로 한 이유는 차량으로 30분 범위 이내에는 모든 업태 유통점들이 산재해 있으므로 그 이상 시간은 불필요하다고 판단했기 때문이다. 소비자가 유통점을 방문하면서 걸리는 시간은 도보를 이용하든 차량을 이용하든 동일상권 내에서도 출발지 위치에 따라 다르게 나타나므로 이로 인한 오차를 줄이려는 방법으로 각 상권을 세분화하여 출발지를 다르게 적용하였다. 도보 상권 경우는 10개 지역으로 세분화하여 "A"부터 "J"까지 각각 상권 중심부에서 출발하여 각 유통점을 방문하는 것으로 측정하였으며 차량 상권 경우는 "A"부터 "G"까지 7개 지역으로 세분화하여 각각 상권 중심부에서 출발하여 각 유통점을 방문하는 것으로 측정하였다.

〈표 5-20, 21〉에서 나타난 자료를 근거로 수정 허프 모델을 이용하여 쇼핑확률을 산출하면서 산출결과의 핵심적인 변수는 매장 규모와 소요시간이다. 따라서 이 모델 방식으로 산출된 쇼핑확률이 객관성을 가지려면 핵심변수가 소비자의 점포선택 기준과 얼마나 일치하느냐 하는 것이 되므로 이에 본 연구는 연구의 신뢰성을 높이려는 방법으로 소비자 설문조사를 하여 그 결과를 산출방식에 반영하였다.

〈표 5-22〉 소비자 설문조사 결과표

※ 설문응답자 수 316명
① 도보로만 쇼핑하는 소비자 112명
② 차량으로만 쇼핑하는 소비자 53명
③ 도보 또는 차량으로 쇼핑하는 소비자 151명

식료품 구매 시 점포선택 이유	도보 이용 시	비 율	차량 이용 시	비 율
가깝고 편리해서	225명	★85.6%	49명	24.0%
가격이 싸고 품질이 좋아서	27명	10.2%	63명	30.9%
서비스가 좋아서	-	-	7명	3.4%
매장이 크고 상품이 다양해서	7명	2.7%	78명	★38.3%
회사 이미지가 좋아서	-	-	-	-
주차시설이 좋아서	-	-	6명	2.9%
기타 (배달. 편의시설)	4명	1.5%	1명	0.5%
계	263명(①+③)	100%	204명(②+③)	100%

소비자 설문조사는 2008년 10월 24일부터 28일까지 서울시 양천구 일원 4개 지역에서 성인 20세 이상 70세까지 주부를 대상으로 진행됐으며 조사방법은 현장 1 : 1 면접으로 시

행하였다. 조사결과는 〈표 5-22〉에서 나타난 것처럼 도보를 이용하는 소비자가 점포를 선택하는 이유 중 근접성에 가장 많은 의사를 보였고 차량을 이용하는 소비자 경우는 매장 규모에 가장 많은 의사를 나타냈다. 이러한 소비자 설문조사 결과를 분석해 보면 소비자가 유통점을 방문할 확률은 확률에 미치는 요인변수 비중이 도보를 이용할 경우와 차량을 이용할 경우가 크게 다름을 확인할 수 있다. 따라서 이 소비자 설문조사 결과 수치를 〈표 5-23〉 수정 허프 모델 계산식 모형에 반영하여 산출하고자 개량된 계산방식을 구성하면 〈표 5-24〉로 표현된다.

〈표 5-23〉 수정 허프 모델 계산식 모형

$P_{ij} = \dfrac{\dfrac{S_j}{T_{ij}^2}}{\sum_{i=1}^{n} \dfrac{S_j}{T_{ij}^2}}$	P_{ij} : i지역 소비자가 소매시설 j에 갈 확률 S_j : 소매시설 규모 T_{ij} : 지역 i에서 소매시설 j까지 가는데 걸리는 시간이나 거리 n : 점포 수

〈표 5-24〉 가중치가 반영된 계산식 모형(가칭 : 수정 허프 모델 개량식)

$P_{ij} = \dfrac{\dfrac{S_j \times (1+W_s)}{T_{ij}^2 \times (1-W_t)}}{\sum_{i=1}^{n} \dfrac{S_j \times (1+W_s)}{T_{ij}^2 \times (1-W_t)}}$	P_{ij} : i지역 소비자가 소매시설 j에 갈 확률 S_j : 소매시설 규모 T_{ij} : 지역 i에서 소매시설 j까지 가는데 걸리는 시간이나 거리 n : 점포 수 W_t : 시간 가중치 변수 = 가중치 ÷ (T_{ij} ÷ 기준 T_{ij}) W_s : 규모 가중치 변수 = (S_j ÷ 기준 S_j) × 가중치

위 〈표 5-24〉 수정 허프 모델 개량식으로 각각 시간과 규모에 가중치를 부여하면서 소비자 설문조사 결과 수치를 그대로 반영하면 도보 상권 경우 시간에 가중치를 85% 반영하고 차량 상권 경우는 규모에 가중치를 38%를 반영하여 계산하고 기존방식으로 계산한 수치와 대비시켜 〈표 5-25, 26〉으로 표현하였다.

〈표 5-25, 26〉에서 나타난 바와 같이 쇼핑확률 계산 변수에 가중치를 반영했을 경우와 그렇지 않았을 경우 유통점별 쇼핑확률은 다르게 나타남을 알 수 있다. 이 결과가 주는 의미를 분석하면 차량 상권 경우는 거리가 다소 멀어도 매장 규모가 클수록 쇼핑확률이 높게 나타나며 도보 상권 경우는 규모가 다소 작아도 거리가 가까워야 소비자로부터 선택받을 확률이 높다는 분석이 가능해진다.

〈표 5-25〉 차량 상권(유통점별/상세상권별) 쇼핑확률 산출표

구 분	A 지역	B 지역	C 지역	D 지역	E 지역	F 지역	G 지역
현대백화점 목동점 (기존방식/가중치부여)	55.61%/ 61.55%	75.92%/ 79.84%	52.31%/ 57.98%	57.22%/ 62.22%	54.93%/ 60.36%	22.83%/ 27.40%	10.60%/ 11.89%
애경백화점 구로점 (기존방식/가중치부여)	1.78%/ 1.83%	1.97%/ 1.92%	3.57%/ 3.68%	6.75%/ 6.81%	8.63%/ 8.80%	17.58%/ 18.75%	55.59%/ 57.87%
홈에버 목동점 (기존방식/가중치부여)	15.32%/ 13.11%	3.35%/ 2.72%	9.22%/ 7.91%	3.82%/ 3.21%	4.30%/ 3.66%	2.92%/ 2.59%	1.66%/ 1.44%
하나로마트 목동점 (기존방식/가중치부여)	13.11%/ 11.12%	4.12%/ 3.32%	6.04%/ 5.13%	5.52%/ 4.60%	4.66%/ 3.92%	2.80%/ 2.47%	1.82%/ 1.56%
코스트코 양평점 (기존방식/가중치부여)	2.49%/ 2.13%	2.49%/ 2.03%	3.79%/ 3.25%	2.56%/ 2.15%	1.22%/ 1.04%	1.67%/ 1.48%	1.50%/ 1.30%
롯데마트 구로점 (기존방식/가중치부여)	0.79%/ 0.71%	0.91%/ 0.77%	2.38%/ 2.13%	4.89%/ 4.29%	3.03%/ 2.69%	32.88%/ 30.53%	8.15%/ 7.39%
홈플러스 영등포점 (기존방식/가중치부여)	0.81%/ 0.70%	1.16%/ 0.94%	1.93%/ 1.65%	1.91%/ 1.61%	1.31%/ 1.11%	1.58%/ 1.40%	2.04%/ 1.77%
롯데백화점 영등포점 (기존방식/가중치부여)	2.11%/ 2.08%	2.45%/ 2.30%	4.80%/ 4.74%	5.04%/ 4.88%	3.32%/ 3.26%	4.46%/ 4.57%	5.08%/ 5.08%
신세계 영등포점 (기존방식/가중치부여)	0.92%/ 0.80%	1.21%/ 1.00%	2.14%/ 1.86%	2.17%/ 1.85%	1.46%/ 1.26%	1.84%/ 1.65%	2.27%/ 1.99%
롯데마트 영등포점 (기존방식/가중치부여)	0.72%/ 0.62%	0.84%/ 0.69%	1.64%/ 1.42%	1.72%/ 1.47%	1.14%/ 0.98%	1.24%/ 1.11%	1.28%/ 1.12%
홈플러스 강서점 (기존방식/가중치부여)	1.14%/ 0.98%	0.31%/ 0.26%	1.84%/ 1.59%	1.69%/ 1.42%	0.91%/ 0.78%	1.36%/ 1.21%	0.64%/ 0.55%
이마트 가양점 (기존방식/가중치부여)	1.79%/ 1.54%	0.44%/ 0.36%	2.12%/ 1.82%	1.29%/ 1.09%	0.76%/ 0.65%	1.18%/ 1.06%	0.75%/ 0.65%
이마트 신도림점 (기존방식/가중치부여)	0.90%/ 0.75%	1.77%/ 1.41%	2.25%/ 1.90%	0.74%/ 0.61%	0.63%/ 0.52%	1.70%/ 1.48%	3.43%/ 2.93%
홈에버 신도림점 (기존방식/가중치부여)	1.16%/ 0.99%	2.29%/ 1.85%	2.92%/ 2.49%	0.96%/ 0.80%	0.81%/ 0.69%	2.20%/ 1.95%	4.45%/ 3.84%
에브리데이 신월점 (기존방식/가중치부여)	0.30%/ 0.25%	0.08%/ 0.07%	1.04%/ 0.85%	2.81%/ 2.26%	0.43%/ 0.35%	0.66%/ 0.56%	0.25%/ 0.21%
★한라마트 목동점 (기존방식/가중치부여)	0.47%/ 0.38%	0.41%/ 0.32%	0.56%/ 0.45%	0.47%/ 0.38%	4.8%/ 3.86%	1.17%/ 0.98%	0.26%/ 0.22%
GS슈퍼 목동점 (기존방식/가중치부여)	0.11%/ 0.08%	0.14%/ 0.11%	0.20%/ 0.16%	0.17%/ 0.13%	1.67%/ 1.33%	0.50%/ 0.42%	0.07%/ 0.06%
롯데슈퍼 목동점 (기존방식/가중치부여)	0.47%/ 0.37%	0.13%/ 0.10%	1.24%/ 0.99%	0.26%/ 0.21%	5.97%/ 4.75%	0.45%/ 0.37%	0.17%/ 0.14%
계	100%/ 100%	100%/ 100%	100%/ 100%	100%/ 100%	100%/ 100%	100%/ 100%	100%/ 100%

※ 차량 상권 가중치 부여는 매장 규모에 38% 반영함.

〈표 5-26〉 도보 상권 유통점별 쇼핑확률(블록 상권별) 산출표

구 분	A블록 %(기존/가중치)	B블록 %(기존/가중치)	C블록 %(기존/가중치)	D블록 %(기존/가중치)	E블록 %(기존/가중치)	F블록 %(기존/가중치)	G블록 %(기존/가중치)	H블록 %(기존/가중치)	I 블록 %(기존/가중치)	J블록 %(기존/가중치)
★한라마트	53.76/ 80.78	20.08/ 8.70	4.17/ 1.63	1.52/ 0.39	0.27/ 0.04	6.52/ 2.57	2.07/ 0.38	30.85/ 19.88	12.19/ 4.28	7.47/ 1.90
GS슈퍼	2.08/ 0.65	2.65/ 1.04	0.70/ 0.25	0.31/ 0.08	0.07/ 0.01	2.27/ 0.90	1.08/ 0.20	29.87/ 62.87	8.67/ 3.57	1.91/ 0.47
목동마트	1.65/ 0.50	5.41/ 2.28	0.40/ 0.14	0.20/ 0.05	0.04/ 0.01	1.11/ 0.37	0.29/ 0.05	2.63/ 1.11	46.17/ 80.52	7.48/ 2.36
그린마트	1.65/ 0.46	9.14/ 3.84	0.49/ 0.17	0.26/ 0.06	0.05/ 0.01	1.38/ 0.43	0.33/ 0.06	1.97/ 0.75	14.32/ 5.89	68.80/ 91.81
세븐일레븐	1.32/ 0.52	31.64/ 71.97	0.17/ 0.06	0.10/ 0.02	0.02/ 0.01	0.35/ 0.12	0.08/ 0.01	0.53/ 0.21	1.20/ 0.42	2.16/ 0.68
우리마트	11.91/ 7.41	4.18/ 1.69	14.79/ 10.79	2.07/ 0.61	0.27/ 0.05	3.78/ 1.74	0.68/ 0.13	3.75/ 1.65	1.88/ 0.58	1.47/ 0.35
롯데슈퍼	7.42/ 2.91	5.87/ 2.37	11.66/ 6.41	5.68/ 1.94	0.38/ 0.06	5.31/ 2.45	0.70/ 0.13	2.96/ 1.19	2.08/ 0.63	1.83/ 0.43
홈 마트	8.35/ 3.27	6.60/ 2.66	13.12/ 7.22	6.39/ 2.18	0.43/ 0.07	5.97/ 2.75	0.79/ 0.14	3.33/ 1.33	2.34/ 0.71	2.06/ 0.48
신정제일시장	2.94/ 0.84	4.39/ 1.68	6.03/ 2.52	56.23/ 84.36	1.67/ 0.30	8.41/ 3.88	0.76/ 0.14	2.64/ 0.99	2.02/ 0.59	1.63/ 0.37
하나로마트	1.69/ 0.51	1.75/ 0.67	29.43/ 62.06	3.58/ 1.22	0.96/ 0.18	8.10/ 7.86	0.72/ 0.13	2.22/ 0.91	1.06/ 0.32	0.77/ 0.17
현대마트	1.83/ 0.51	2.39/ 0.89	6.97/ 3.07	11.93/ 4.67	51.13/ 53.12	21.84/ 34.52	0.95/ 0.17	2.24/ 0.84	1.57/ 0.46	1.18/ 0.26
신평골목시장	1.59/ 0.44	2.07/ 0.77	6.04/ 2.67	10.34/ 4.05	44.35/ 46.08	18.95/ 29.94	0.82/ 0.15	1.94/ 0.73	1.36/ 0.40	1.02/ 0.23
수 마트	1.97/ 0.70	1.31/ 0.51	4.22/ 2.32	0.63/ 0.18	0.14/ 0.02	3.77/ 2.79	1.02/ 0.20	4.29/ 2.35	1.08/ 0.34	0.60/ 0.14
금능마트	0.98/ 0.27	1.21/ 0.45	1.15/ 0.44	0.45/ 0.11	0.14/ 0.02	7.92/ 7.69	85.22/ 97.17	5.37/ 2.67	1.62/ 0.51	0.69/ 0.15
신세계마트	0.85/ 0.23	1.31/ 0.49	0.68/ 0.24	0.32/ 0.08	0.09/ 0.01	4.32/ 1.99	4.50/ 0.93	5.42/ 2.51	2.44/ 0.77	0.91/ 0.20
계	100%/ 100%	100%/ 100%	100%/ 100%	100%/ 100%	100%/ 100%	100%/ 100%	100%/ 100%	100%/ 100%	100%/ 100%	100%/ 100%

※ 도보 상권 가중치 부여는 소요시간에 85% 반영함.

3. 예상 매출액 추정 및 분석

1) 모델 점 흡입 가능 세대수 산출

모델 점[5] 예상 매출을 계산하기 위해서는 쇼핑확률을 이용하여 흡입 가능 세대수를 산출해야 한다. 이를 위해 이미 조사된 상권별 총 세대수를 쇼핑확률에 대입시켜 계산하면 〈표 5-27, 28〉과 같이 모델 점 흡입 가능 세대수가 도출된다.

〈표 5-27, 28〉에서 나타난 상권별 흡입 가능 세대수를 분석하면 다음과 같다. 흡입 가능 세대수 중요변수는 쇼핑확률이며 쇼핑확률 변화는 가중치 반영 여부와 직접적 영향을 미친다는 것이다. 위 도표에서 나타난 바와 같이 가중치를 반영했을 경우 도보 상권에서 모델 점 쇼핑확률은 전체적으로 증가했지만 차량 상권에서 모델 점 쇼핑확률은 전체적으로 감소했음을 알 수 있다. 이는 모델 점이 도보를 이용하는 소비자로서는 유리한 입지라고 할 수 있으나 차량을 이용하는 소비자로부터는 선택받을 확률이 매우 희박하다고 분석할 수 있다. 또한, 도보 상권 내에서 모델 점 경쟁력은 있다고 볼 수 있으나 차량 상권 내에서 경쟁력은 매우 취약함을 나타내는 자료가 된다.

〈표 5-27〉 모델 점 도보 상권 흡입 가능 세대수 산출표

구 분	총세대 수	기존방식 (표 5-18) (쇼핑확률)/(흡입 가능 세대수)	개량식 (표 5-19) (쇼핑확률)/(흡입 가능 세대수)
A블록	2,030	53.76% / 1,091	65.57% / 1,640
B블록	1,352	20.08% / 271	15.37% / 118
C블록	2,160	4.17% / 90	4.80% / 35
D블록	2,605	1.52% / 40	2.06% / 10
E블록	2,735	0.27% / 7	0.67% / 1
F블록	3,540	6.52% / 231	4.63% / 91
G블록	4,193	2.07% / 87	3.36% / 16
H블록	4,140	30.85% / 1,277	21.52% / 823
I블록	3,100	12.19% / 378	9.43% / 133
J블록	4,510	7.47% / 337	5.92% / 86
계	31,365	- / 3,809	- / 2,953

※ 흡입 가능 세대수 = (쇼핑확률 × 총세대 수) ÷ 100

5) 연구대상 상권인 양천구청 상권 중심부에 있는 한라마트 목동점.

〈표 5-28〉 모델 점 차량 상권 흡입 가능 세대수 산출표

구분	총세대 수	기존방식 (표 5-18) (쇼핑확률)/(흡입 가능 세대수)	개량식 (표 5-19) (쇼핑확률)/(흡입 가능 세대수)
A 지역	25,432	0.47% / 121	0.38% / 98
B 지역	30,118	0.41% / 125	0.32% / 96
C 지역	24,008	0.56% / 135	0.45% / 109
D 지역	21,610	0.47% / 102	0.38% / 81
E 지역	48,380	4.80% / 2,324	3.86% / 1,866
F 지역	27,041	1.17% / 317	0.98% / 266
G 지역	13,971	0.26% / 37	0.22% / 30
계	190,451	- / 3,160	- / 2,546

이러한 분석결과는 현장 확인에서도 유사함을 증명하고 있다. 따라서 수정 허프 모델을 이용하여 쇼핑확률을 산출하고자 할 때는 업태 특성을 고려하여 가중치를 반영한 산출방식 〈표 5-24〉를 적용하는 것이 산출결과 정확성에 근접하는 방법이 될 수 있다고 분석된다.

2) 예상 매출액 산출

예상 매출액 계산에 반영할 가구당 월평균 가계수지를 통계청 자료로 조사한 결과 08년 2/4분기 순 식료품 관련 가계지출액(전 가구 기준)은 566,744원으로서 여기에는 외식비 279,527원이 포함된 수치이므로 외식비를 제외한 순 식료품 구매비는 287,217원이 된다. 이처럼 가구당 월평균 순 식료품 구매비는 도출되었으나 이를 이용하여 모델 점 예상 매출액을 추정하는 것은 무리가 있다고 판단되었다. 왜냐하면, 당해 상권 내 거주자일지라도 반드시 당해 상권 내에서 지출한다고 가정한다는 것은 그 타당성이 희박하기 때문이다. 따라서 전국단위 또는 광역자치단체 단위 매출추정에는 어느 정도 활용가치가 있다 하겠으나 중소상권을 대상으로 분석하는 경우에는 적용이 부적합하다고 판단한 것이다. 이에 본 연구 예상 매출액 계산에 반영되는 순 식료품비는 소비자가 연구대상 업태 점포를 방문해서 지출하는 금액 즉 객단가를 이용함이 더욱 객관성이 있다고 판단하여 〈표 5-29〉 방법으로 객단가를 이용한 "가구당 월평균 순 식료품 구매지출액"을 산출하여 적용하였다. 여기서 평균 객단가는 기업형 슈퍼마켓 업체 평균 객단가[6]를 평균한 수치이며 월평균 방문횟수는 일반소비자가 슈퍼마켓을 평균 주 2회 방문하는 것으로 조사된 체인스토어협회 자료를 월 단위로 환산한 수치이다.

6) 유통업체연감(2008)에 수록된 슈퍼마켓 업체 중 롯데슈퍼 외 9개 업체의 평균 객단가임.

〈표 5-29〉 세대당 월평균 순 식료품 구매지출액 계산

※ 업계 평균 객단가 × 월평균 방문횟수 = 가구당 월평균 순 식료품 구매지출액
(14,605원) × (8.5회) = 124,143원

〈표 5-29〉에서 도출된 "세대당 월평균 순 식료품 구매지출액"을 쇼핑확률에 의해 산출된 모델 점 흡입 가능 세대수에 대입시켜 계산하면 다음과 같이 모델 점 예상 매출액이 산출된다.

〈표 5-30〉 모델 점 예상 매출액 계산(월)

구 분	기존방식	개량식(가칭)
도보 상권	3,809세대×124,143원 =472,887,417원	2,953세대×124,143원 =366,594,279원
차량 상권	3,160세대×124,143원 =392,262,257원	2,546세대×124,143원 =316,068,078원
★예상 매출액(계)	6,969세대×124,143원 =865,149,674원	5,499세대×124,143원 =682,662,357원

이처럼 모델 점 예상 매출액을 산출하면서 쇼핑확률 계산방식을 기존 수정 허프 모델을 그대로 적용하였을 때 쇼핑확률에 의한 예상 매출액 산출결과는 (월) 865,149,674원으로 나타났으며 가중치를 부여한 방식(가칭 : 개량식)에 적용한 쇼핑확률에 의한 예상 매출액 산출결과는 (월) 682,662,357원으로 그 차이가 큼을 알 수 있다. 지금까지 모델 점 예상 매출액 추정과정을 정리하여 계산식으로 표현하면 〈표 5-31〉과 같은 모형으로 정리될 수 있다.

〈표 5-31〉 중대형 슈퍼마켓 예상 매출액 추정 계산식

$M = (h \times p) \div 100 \times (c \times t)$	M = 예상 매출액(월)
h = 당해 상권 내 총세대 수	p = 쇼핑확률(수정 허프 모델 개량식)
c = 업태 평균 객단가	t = 소비자가 점포를 방문하는 월평균 회수

3) 예상 매출액 결과 비교검증

모델 점 예상 매출액 추정결과가 얼마나 예측성이 높은가를 실험하기 위해서 모델 점 실제 매출액과 비교하면 다음과 같은 결과로 나타난다.

〈표 5-32〉 모델 점 예상 매출액 추정결과와 실제 매출액 비교표

구 분	예상 매출액	실제 매출액	차이 액	오차율
기존방식	(월) 865,149,674원	(월) 586,329,333원	(월) 278,790,641원	32.23%
★개량식	(월) 682,662,357원	(월) 586,329,333원	(월) 96,333,024원	14.11%

위 표에서 나타난 비교결과를 토대로 모델 점 예상 매출추정 결과에 대해 분석을 하면 쇼핑확률 정확성 정도에 의해 예상 매출액 추정결과의 예측성이 좌우됨을 알 수 있다. 따라서 중대형 슈퍼마켓 입지 상권분석 시 수정 허프 모델 모형으로 쇼핑확률을 산출하고자 할 때는 소비자가 점포를 선택하는 조건을 계산에 반영하는 것이 매출예측 정확성에 더욱 근접하는 방법이 될 수 있다는 결론을 얻는다.

제 3 절 | 예상 매출추정 상권조사 양식

1. 편의점 상권조사 양식

문서번호 : ______________

시장조사보고서

1. 점포명 (후보점명) :

2. 소 재 지 :

3. 개 발 일 자 :

4. 시 장 조 사 일 자 :

점포 개발자 ________________, ㉄

〃 ________________, ㉄

시장 조사자 ________________, ㉄

〃 ________________, ㉄

〃 ________________, ㉄

목 차

1. 총괄표

2. 후보점 입지 개황도

3. 후보점 사진

4. 유동인구 흐름도

5. 점포 평면도

6. 경쟁점 조사

7. 후보점 시간대별 계층별 통행량

8. 소 득 수 준

9. 추정 손익분기점 산출 내역

10. 평 가 표

11. 기타 사항

12. 상권 약술 및 조사자 의견

첨 부 : 1. 토지, 건물 등기부 등본
2. 토지, 건물 관리대장
3. 도시계획확인원
4. 임대주 주민등록등본

1. 총괄표

A. 건물 개요

소 재 지	건물 개요	면 적(평)		임 대 가 격		
		임대평수	실평수	보증금	월 세	권리금

B. 추정 손익분기점

- 직 영
- 가 맹

C. 종합점수 :

D. 위치도

E. 1차 상권(반경 300M) 내 인구

인 구	가구수	주택수	비 고

2. 후보점 입지 개황도(반경 300M 이내)

업 종	표 시	업 종	표 시
CVS	△	F/F, BAKERY	□
SUPER	▽	은 행	○
SHOPPING CENTER	○	학 교	○
GMS	○	BUS 정류장	○
DEPARTMENT	○	지하철 입구	○

3. 후보점 사진

(원경)

(근 경)

※ 건물 개요

구 분	내 용	비 고
건 물 주		
주소 및 연락처	TEL :	
준 공 예 정 일		
현 장 연 락 처	TEL :	
중개인 연락처	TEL :	

4. 유동인구 흐름도

5. 점포 평면도

6. 경쟁점 조사

점 포 명	주 업 종	규　모	예상 매출액	후보점에서 거리	비 고

7. 후보점 시간대별 계층별 통행량

(1일 차) 출근/퇴근/오후/심야 별

시 간 별		초교생	중고생	대학생	주 부	남 성	計
출근							
퇴근							
오후							
심야							
計							

(2일 차)

시 간 별		초교생	중고생	대학생	주 부	남 성	計
출근							
퇴근							
오후							
심야							
計							

8. 소득수준

구분	주 거 형 태			차 종(배기량)		
등급	A	B	C	A	B	C
%						

※ 선정기준

구 분	주 거 형 태			차 종(배기량)		
등 급	A	B	C	A	B	C
기 준	단독주택 대지 50평 이상	50~30	30 미만	2.0	2.0~1.5	1.5 미만
	APT 40평 이상	40~30	30 미만			
	빌라형 50평 이상	50~30	30 미만, 다세대 주택형			

※ 참 고(소비수준조사)

9. 추정 손익분기점 산출 내역

분류	직 영		가 맹	
항목	산출근거	금 액	산출근거	금 액
순익분기매출액(月)				
순익분기매출액(日)				
판매 및 일반관리비				
지급 임차료				
보 증 금				
월 세				
권 리 금				
급료 및 상여금				
복 리 후 생 비				
여 비 교 통 비				
통 신 비				
수 도 광 열 비				
소 모 품 비				
감 가 상 각 비				
리 스 료				
제 세 금				
기 타 비 용				
계 약 평 수				
평 당 B. E. P				

10. 평가표

(1) 통 행 량

※ 항목별 10점 만점
(A : 10점, B : 7점, C : 5점)

1 일 차				2 일 차				평 균 및 합 계		
출근	오후	퇴근	심야	출근	오후	퇴근	심야	A	B	C

(2) 경 쟁 점

A			B			C		
대형	중형	소형	대형	중형	소형	대형	중형	소형
-	1	5	1	1	10	B 급 이하 모두		

(3) 건축물(전면길이)

A	B		C
코 너	코 너	직 선	기 타
15M 이상	14~10M	10M 이상	B 급 이하 모두

(4) 소득수준

A	B	C
ONLY A : 50% 이상	ONLY B : 80% 이상	ONLY C : 80% 이상
A + B : 80% 이상	A + B : 80~60%	A + B : 60% 이하

(5) 상주 가구수

A	B	C
1,000세대 이상	1,000~700 이상	700세대 이하

(6) 손익분기점(하루 매출액)

A	B	C
1,200천 이하	1,200~1,500천	1,500천 이상

(7) 종합평가

A	50점 이상	B	49~45점	C	44점 이하

11. 기타 사항

(1) 주거 형태에 따른 상권분류

구 분	일반주택	A.P.T	사무실, 상가	혼합형
추정비율				

(2) 이용 교통편

구 분	자가용	지하철	버 스	기 타
추정비율				

(3) 점검 사항

1. 정류장, 지하철역 유무		6. 금융기관 유무	
2. 횡단보도 유무		7. 도로 폭(M)	
3. 담배 허가 취득(가능) 여부		8. 건물 형태(신축/구건물)	
4. 학교 소재 여부		9. 주정차 가능 여부	
5. 유흥가 여부		10. 가로등 설치 여부	

12. 상권 약술 및 조사자 의견

1차	
2차	
3차	

2. 일본 제과점 상권조사 양식

시장조사자료

후 보 점 명 :

소 재 지 :

점 주 명 :

연락처(TEL) :

작성 연월일 : 년 월 일

담 당 자 명 :

Ⅰ. 시장조사서

1. 시장조사 방법 및 조사항목

1) 상담
2) 후보 점포 위치 및 점포 규모, 투자 규모, 설정
3) 예상 점포 위치 및 점포 규모, 시장성 여부 선별
4) 후보 점포 선정
5) 점포가 선정되면 시장조사 조사자료에 의거 시장조사
6) 후보점 입지형태 및 주조사 항목 결정
   가) 후보점 입지 개황도 작성
   나) 근접 상황 조사
   다) 후보점 입지조사(건물의 개요)
   라) 후보점 예상 LAY OUT 작성
   마) 1차 상권 내 세대수 조사
   바) 통행인 수 조사(시간별, 성별 부분)
   사) 경합점 조사(규모, 업종, 일 입점자수, 일 매출액, 주요시설, 후보점과의 거리)
   자) 각 조사자료와 고객수, 매출예측
   차) 후보점 고객수, 매출액 예측
   카) 매출구성비와 매출총이익률 산출
   파) 설비투자계획
   하) 자금계획
   거) 손익계산 예측
7) 시장조사서 작성

• 후보점 입지형태와 주 조사항목

입지형태	입 지 내 용	주 조 사 항 목
(1) 중심상업지	도시중심지 TERMINAL, 역 주변 대상점가	• 점포 전 통행자수, 승강자수 • 500m 이내 세대수
(2) 주택상업지	일반주택지 상업지	• 점포 전 통행자수 • 500m 이내 세대수 • 500m 이내 빵 매출액
(3) 대형점 내	SUPER, SHOPPING CENTER의 IN STORE BAKERY SHOP	• 대형점 총입점자수 • 대형점 빵 매출액
(4) 대형점 근접	대형점 방향 도상 입지	• 500m 이내 세대수 • 총입점자 후보 점포 전 통행자수
(5) 학교등 근접	학교등 방향 도상 입지	• 500m 이내 세대수 • 재적자수와 점포 전 통행비율
(6) 기 타		

• 후보점 입지 개황도(반경 500m 이내, 1/5,000)

◎ 조사 기재 사항과 범례

- o 주요 도로, 철도, 역명, 하천
- o 제과점
- o 식료품점
- o 완제품 판매점
- o SUPER
- o BAKE OFF SHOP
- o SHOPPING CENTER
- o DO-NUTS
- o BUILDING
- o FAST FOOD
- o 은 행
- o HAMBURGER
- o PIZZA

• 근접상황조사

반경 50m 이내 점포, 사업소, 주택 등 상황 조사 검토
개략도에 도로 폭, 통행빈도 수, 차로 방향, 주차장 근접, 점포 등 업종, 입점자 수 등을 기재할 것.

• 후보점 입지

○건물 정밀 입지도

주 : ① 방향, 주차시설, 면적, 규격(가로, 세로, 높이)건물 구조 등을 기재할 것.

○건물 개요

• 후보점 예상 Lay Out

ㅇLay Out 개설

• 1차 상권 내 세대수

ㅇ후보점에서 반경 500m 이내 세대수

행정구역	주택구조별	반경 200m 내		반경 200~500m 내	
		세대수 %	세대수	세대수 %	세대수

(주) 하천, 철도, 횡단이 쉽지 않은 도로 등은 실제 도보거리를 중심으로 계산할 것.

• 통 행 량 조 사

○시간별 통행자 수

조 사 월 일	년 월 일 요일 기후			년 월 일 요일 기후		
조 사 시 간	남 성	여 성	합 계	남 성	여 성	합 계
7 : 00~8 : 00						
8 : 00~9 : 00						
9 : 00~10 : 00						
10 : 00~11 : 00						
11 : 00~12 : 00						
12 : 00~13 : 00						
13 : 00~14 : 00						
14 : 00~15 : 00						
15 : 00~16 : 00						
16 : 00~17 : 00						
17 : 00~18 : 00						
18 : 00~19 : 00						
19 : 00~20 : 00						
20 : 00~21 : 00						
21 : 00~22 : 00						
合計						
比 率(%)			100%			100%

註 : (1) 예정 영업시간 내 중학생 이상 통행자 수를 기재할 것.
(2) 중앙분리대가 있는 곳, 편도 2차선 이상 도로 대면 통행자는 기재하지 말 것.
(3) 측정일은 평균이 가능한 평일과 주말에 2회 실시할 것.
날씨가 비, 눈 시는 제외할 것.
(4) 차량 내 인원은 포함하지 말 것(단, 자전거를 탄 인원은 포함).
차량수만 참고로 기록.

• 통행자 수 Graph

○시간당 통행자 수(평일) 월 일(요일) 날씨

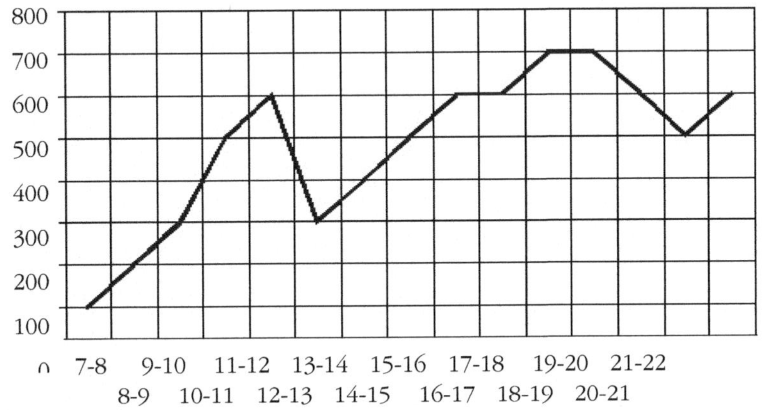

○○○ 합계 X X X 남성 △△△ 여성

○시간당 통행자 수(휴일) 월 일(요일) 날씨

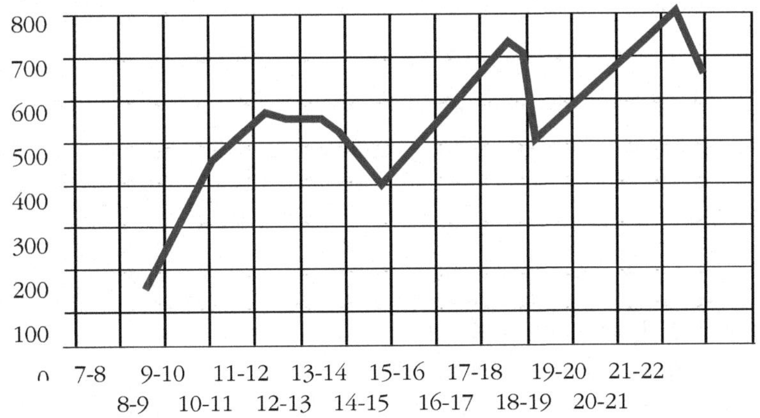

○○○ 합계 X X X 남성 △△△ 여성

• 경합점조사

점 명	규 모	업 종	입점자수 (일)	일매출액 (천원)	주요시설	후보점에서 거리(m)
합 계		╳			╳	╳

주 : (1) 후보점에서 반경 500m 이내 경합점을 기재할 것.
(2) 〃 에서 거리 근접 순으로 기재할 것.
(3) 〃 에서 거리가 하천, 철도, 횡단이 안되는 도로 등에서는 도보거리로 계산. 도상 직선 500m 내까지 기록.
(4) 일 매출액 합계는 일차상권 내 빵 매출액으로 작성.

• 대형점 내 등 상황

주요 고객을 대형점 등에 의존할 경우, 즉 후보점이 대형점 방향 도상에 위치하든가, 대형점에 위치할 경우(INSTORE BAKERY) 그 대형점 상황

점 명	매출액 (일)	입점자수 (일)	빵매출액 (일)	MAKER명	비 고
	(평일)	(평일)	(평일)		
	(토)	(토)	(토)		
	(일)	(일)	(일)		
	(평일)	(평일)	(평일)		
	(토)	(토)	(토)		
	(일)	(일)	(일)		

• 근접 학교 등 상황

○주요 고객을 학교 등에 의존할 경우 학교 상황

학교명	학생수	후보점 전 통행비율(%)	후보점 전 통행 학생 수(人)	후보점까지의 거리(m)	비 고
	(남) (여)				
	(남) (여)				
합계	(남) (여)				

• 각 조사자료와 객수, 매출예측

(a) 통행자(승강자) 수와 객수 예측

	남 성	여 성	합 계
통행자 수			
입점률※(a)			
예측 객수			

· 입점률 = 표준 객수 ÷ 통행자 수

(b) 500m 이내 세대수와 객수 예측

	200m 이내	200~500m내	합 계
세대수			
입점률※(b)			
예측객수			

· 입점률 = 구매확률 = 허프 모형 = $\frac{\text{면적}}{\text{거리}^2}$ = 효용

(c) 대형점 입점자 수와 그 중 점포 전 통행자 수와 객수 예측

총 입점자수(1일 평균)	
입 점 률	
예 측 객 수	

· 입점률 = 유사사례대입법

(d) 학교 등 재적자 수와 그 중 점포 전 통행자 수와 객수 예측

재 적 자 수	
입 점 률	
예 측 객 수	

· 입점률 = 통행비율 = $\frac{\text{통행학생수}}{\text{재적자수}} \times \frac{\text{표준객수}}{\text{통행학생수}}$

(접근율) (내점률)

(e) 대형점 빵 매출액과 제과점 매출액 예측

대형점 빵 매출액(日)	
제과점 비율※(e)	
예측 제과점 매출액	

· 제과점 비율 = 케인법 = 면적점유율 × 경쟁력지수 = 효과면적

(f) 500m 이내 빵 매출액과 제과점 매출액 예측

500m 이내 빵 매출액(日)	
제과점 비율※(f)	
예측 제과점 매출액(日)	

· 제과점 비율 = 케인법 = 면적점유율 × 경쟁력지수 = 효과면적

• 후보점 객수 및 매출예측

조 사 자 료	예측 객수, 매출액
(a) 통행자(승강자) 수에서	人
(b) 500m 이내 세대수에서	人
(c) 대형점 입점자 수에서	人
(d) 학교 등의 재적자 수에서	人
예측 객수 합계	人
객단가	원
예측 객수에서 매출액	원
(e) 대형점 빵 매출액에서 매출액 예측	원
(f) 500m 이내 빵 매출액에서 매출액 예측	원
후보점 매출액 예측 ※(g)	원

※ (g) 후보점 입지 (1) 중심상업지 경우 {(a) + (b)} × 객단가
(2) 주택상업지 경우 {(a) + (b)} × 객단가 또는 (f)
(3) 대형점 내 경우 (c) × 객단가 또는 (e)
(4) 대형점 근접 경우 {(b) + (c)} × 객단가
(5) 학교 등 근처 경우 {(b) + (d)} × 객단가

• 매출구성비와 매출이익률

분 류	매출구성비(%)	매출금액(월)	매출이익률(%)	상승비율	비고
A					
B					
C					
합 계					

• 인원 구성과 인건비

시간 직종	7	8	9	10	11	12	13	14	15	16	17	18	19	20	21	근 무 시간계	시간급	인건비 계
점장																		
점원																		
〃																		
〃																		
〃																		
〃																		
〃																		
기사																		
〃																		
ARBEIT																		
〃																		
계																		

• 설비투자계획

설비내용	금 액			비 고

• 자 금 계 획

필 요 자 금	금 액			자 금 조 달	금 액		
설 비 투 자 액				자 기 자 금			
보증금 권리금				차 입 금			
운 전 자 금							
합 계				합 계			

○차입금과 금리내용

• 손익계산 예측

손 익 항 목		금 액		금 액		금 액	
매 출							
월간 매출(일)							
매 출 원 가							
이 익							
인 건 비							
경 비	포장재료비						
	수도광열비						
	광 고 비						
	감가상각비						
	기 타						
	경 비 계						
영업이익							
영업외비용							
순 이 익							

손익분기점 매출액

_______________월/일

_______________월/일

PART Ⅱ

상권출점 전략관리(DO)

Chapter 6

상권출점 전략

제 1 절 | 점포출점과 상권전략

1. 점포출점 고려 사항

점포란 단순한 물적 시설만이 아니라 생활 관련 시설 중요한 일부가 되므로 점포 개발, 즉 출점은 그 지역사회 주민의 생활양식에 큰 영향을 미친다. 그러므로 점포를 특정 지역에 출점할 때는 먼저 명확한 점포 콘셉트를 확립하고 적절한 업종과 업태를 선택하여 투자하며 표적고객에 대해 충분한 상품과 서비스를 제공해야만 비로소 고객으로부터 점포 가치에 대한 지지를 받게 될 것이다. 그런데 점포 개념을 명확히 확립하기 위해서는 몇 가지 조건을 고려해야 한다.

첫째, 점포를 출점하려는 그 지역주민이 어떠한 생활방식을 가지며 어떠한 요구하고 있는가를 검토하고 이에 대응하는 방향에서 점포 개발을 한다.

둘째, 점포 개발을 할 때는 치밀하게 상권설정을 한다. 특정 점포 상권은 품종에 따라 범위를 달리하며 또한 그 점포 규모와 경합점포 규모와 위치에 의해 규정되는 경합 관계에 따라서도 큰 영향을 받는다. 그러므로 상권의 형상은 원형이 아니라, 복잡한 형상하는 아메바형이라 할 수 있다. 예를 들면 식료품 경우에는 15분, 의류 경우에는 40분이라는 말처럼 그 점포 주력 상품군에 대한 소비자 평균적 또는 최대 이용 시간을 도출하여 단순히 그 점포를 중심으로 하는 원형을 상권으로 설정해서는 안 된다.

셋째, 점포 규모는 언제나 최적 규모를 전제로 하여 설정되어야만 한다. 그러므로 규모가 크면 클수록 규모의 이익이 실현된다고 생각하는 소위 규모 신화 같은 직선적이고 단편적인 발상에 치우치는 출점 결정을 하여서는 안 된다.

2. 상권전략 유형

1) 초(超) 대 상권전략

업 태	취급 상품	전략 내용
• 특수 전문점 • 특수 업종 집적대 • 하이퍼마켓	• 고급품·수입품 • 모드(mode)상품 • 특수디자인 상품	초광역권 내의 계간성 및 년간성 수요를 대상으로 하는 초대형점 유형 전략

2) 대(大) 상권전략

업 태	취급 상품	전략 내용
• 도심형 백화점 • 본격적 전문점 • 할인점	• 고급 유행품 • 하이 패션품 • 중·식료품	10~20m 권 내의 월간성 수요를 대형점 유형 전략

3) 중 · 대(大) 상권전략

업태	취급 상품	전략 내용
• 준 도심형 백화점 • 종합대형점(GMS)	• 고급 유행품 • 하이 패션품 • 중 식료품	6~10m 권 내 주간성 및 월간성 수요를 대상으로 하는 중대형점 유형 전략

4) 중(中) 상권전략

업 태	취급 상품	전략 내용
• 대형점 • 대형전문점 • 주니어 백화점 • 일반전문점	• 문화 잡화 • 가정 잡화 • 대중 유행품 (mass fashion)	5~6m 권 내 주간성 수요를 대상으로 하는 중 점유 전략

5) 준 중 상권전략

업태	취급 상품	전략 내용
• 복합점 • 슈퍼스토어	• 문화 잡화 • 가정 잡화 • 대중 유행품	2~4m 권 내 일상성 및 주간성 수요를 대상으로 하는 준 중 점유 전략

6) 소(小)상권 전략

업태	취급 상품	전략 내용
• 슈퍼마켓 • 시장	식료품, 서비스, 일용잡화, 식용 음료, 경음식	1~2m(편의권) 내 일상성 수요를 대상으로 하는 소(小) 점유 전략

7) 초 소상권 전략

업태	취급 상품	전략 내용
• 편의점 • 일반점	• 식료품 • 일용 잡화 • 서비스	500~1m 권 내 일상성 수요를 대상으로 하는 초소점유 전략

제 2 절 | 상권제압 출점전략

상권 내에서 26% 정도 점유율을 취하면 지역 1등 점으로써 주도권을 장악할 수 있다. 또한, 주도권을 장악하기 위해서는 반드시 대형점포 하나가 아니라 중규모 점포를 여러 개 전개하여 상권 내 총매출액에서 1등 시장점유율을 유지한다.

1. 원심적 입지전략

점포를 중심부 도심에서부터 전개하여 점차 그 범위(원)를 넓혀 지방으로 확대해 가는 출점 방법이다. 이러한 방법은 주로 경쟁력이 있는 전국적 점포 출점전략으로 활용된다.

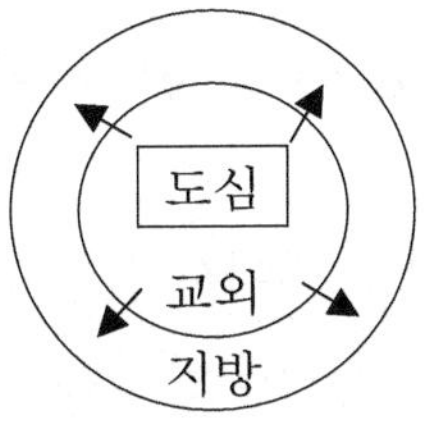

〈그림 6-1〉 원심적 입지전략

2. 구심적 입지전략

점포를 지방 외곽에서 원 형태로 블록 시장을 제압하며 점점 중심부 도심으로 접근해 가는 전개 방법이다. 이 경우는 다소 경쟁력이 떨어지는 중 소규모형 유통점포 출점전략으로 많이 활용된다.

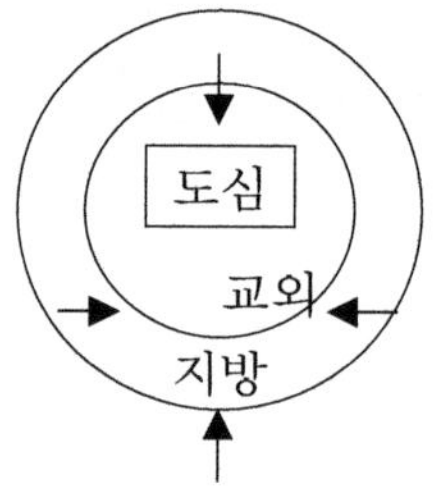

〈그림 6-2〉 구심적 입지전략

3. 3점 공략법(구심적 입지전략 순서)

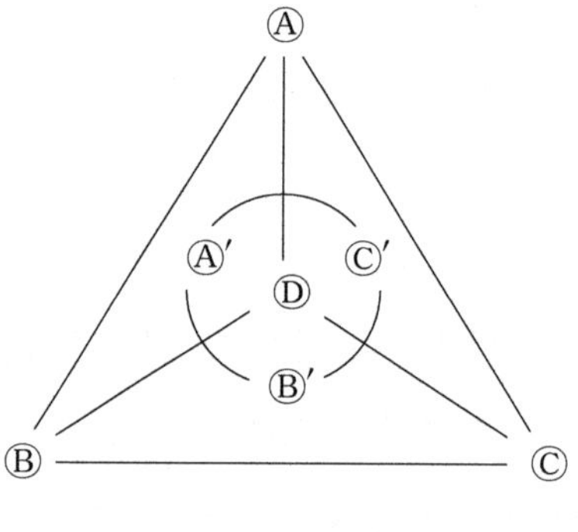

〈그림 6-3〉 점·선·면 원리

1) D라고 하는 지역을 중심으로 한 상권에서 일등 점 지위를 확보하고 싶을 때는 D를 최종공략 목표지역으로 한다. 먼저, D를 둘러싼 지역을 철저하게 구분하여 그중에서 자기점포가 가장 유리하게 전개할 수 있다고 생각되는 지역을 선택하고 그 점(A)에 집중공격을 하여 26% 이상 점유율을 획득한다. (제1의 점) 그것을 위해 매장면적을

경합점 3배 이상(적어도 1.7배)으로 대항한다.

■ 입지 포인트

- 경합 점이 약하여 일등화되기 쉬운 지역
- 넘버 2 적인 지위(양동작전 지역)

2) 다음으로 구분한 지역 속에서 또한 점(B)를 선택하여 여기서도 26% 점유율을 획득할 수 있도록 경합 점에 대항한다. (제2점) 이것으로 제1점과 제2점을 연결하는 선이 형성된다.

■ 입지 포인트

- 인구가 증가할 가능성이 큰 지역
- 제1점과 선을 그을 수 있는 지역 [입구와 출구, 위선(上線)과 아래선(下線) 등]

3) 이렇게 하여 선이 형성되면 다시 제1점, 제2점과 함께 최종공략 목표지역인 D를 둘러싸는 형태로 제3점(C)에서 26% 점유율을 확보한다.
3점 공략법은 반드시 3점이 아니라 4점 이상이라도 좋다. 여기서 3점이란 면을 구성하는 최소단위가 3점이라는 의미이다.

4) 최종 목표지인 D에 출점하여 거점을 만든다. 가장 경쟁이 격렬한 지점이지만 경합점 1.7배(적어도 1.3배) 이상 매장면적으로 대항한다. 광고전략에서도 과감한 물량작전이 필요하다.

5) 더 나아가 지역을 제압하는 경우 D를 정점으로 만들어진 삼각형 중심 A', B', C'에 출점하여 완전히 그 지역 주도권을 장악한다.

■ 입지 포인트

A′, B′, C′ 3점은 국지전이다. 그러므로 매장면적에 의한 압도적인 일등이 효과적이다. 중심 D는 확률전으로 광고 등에서 과감한 물량작전이 효과적이다.

점포 입지전략은 업태개발을 수반하므로 개별 점포별로 한 점포, 한 점포씩 경쟁력을 키워 가는 편이 나중에 종합적인 파워 창출이 쉽다. 가령 도시에서 월 10억 원씩 판매하는 점포에 대해서는 대도시 교외와 지방 주위에 월 3억 원씩 판매할 수 있는 규모 점포를 4개 정도로 만들어 대응하면 12억 원이 되므로 결국 이길 수 있게 된다. 이러한 3점 공략법은 세계 많은 유통업체가 즐겨 사용하는 가장 기본적 출점전략으로 세계 제1 유통업체인 월 마트가 20세기 말에 새롭게 선보인 실험 점포인「네이버 후드 마켓」경우에도 점포의 출점 위치를 슈퍼센터와 슈퍼센터 사이로 한정 지었는데 이것 역시 위와 같은 3점 공략법에 기인하였나 보아도 무방할 것이다. 다만 여기에서 주의해야 할 것은 A′, B′, C′ 3점은 국지전 성격을 갖고 있다. 그러므로 이 같은 경쟁에서는 매장면적에 의한 압도적인 '지역 1등점 전략'이 효과적이다. 특히 중심 D 점포 경우는 확률전으로 광고 등에서 과감한 물량작전이 효과적이다.

4. 점·선·면 원리

상권이란 경영과 생활의 지역에 의해서 구성되는 시장의 지역 공간이다. 상권은 시장 지역에서「점·선·면 흐름」관점에서 〈표 6-1〉과 〈그림 6-4〉와 같이 그 구도를 그릴 수 있다.

〈표 6-1〉 점·선·면 구도

점	점이라고 하는 것은 거점을 나타낸다. 수요의 지역적 거점은 도시에 있다. 점으로서 시장 특성은 시장 거점이 되는 도시성에 의거하며 도시성이란 도시화에의 여러 특성이고 도시화하는 과정에서 시장성이 발달한다. 그것이 도시성 집중이라는 것이며 이것은 현대 도시가 '상업 집적'이라는 것이다. 상업 발달이 도시를 발달시키고 도시는 상품을 팔고 사는 기능의 집적으로 사람들을 끌어들인다. 거기에서 도시 기능을 발달시키고 시장경쟁을 일으키게 하는 것이다. 점으로서 '도시성 자세'가 상권의 핵심이 된다.
선	선이란 시장이 갖는 흡입성 즉 지역에 생기는 중심성이 어떠한 선으로서 상호 결부되는가 하는 것이다. 중심지에 어떻게 의존하고 그 의존도에 의해서 사람들은 주거를 정한다. 거기에 지역으로서 생활의 거점성이 생기고 그것이 '거주 집적'이 된다. 상권은 그 배경에 생활 거점으로 거주 집적하고 거주성 그 자체는 중심지에 대해서 의존하며 또 중심지도 거주 집적 때문에 그 기능이 부가된다.
면	면이라고 하는 것은 지역상 동질적인 퍼짐, 동질적 시장 특성을 가진 면 퍼짐이다. 즉, 구매패턴이나 소비패턴 혹은 상품의 선택패턴에서 공통성을 가진 지역이라고 하는 것이다. 그것은 최종수요를 만들어내는 생활방식의 욕구와 선택에서 지역적 동질성을 갖고 있으며, 소비 행동에서 유사한 패턴을 사람들은 가지고 있다. 상권 면적 확대는 소비 행동 유사성에 의해 형성된다.

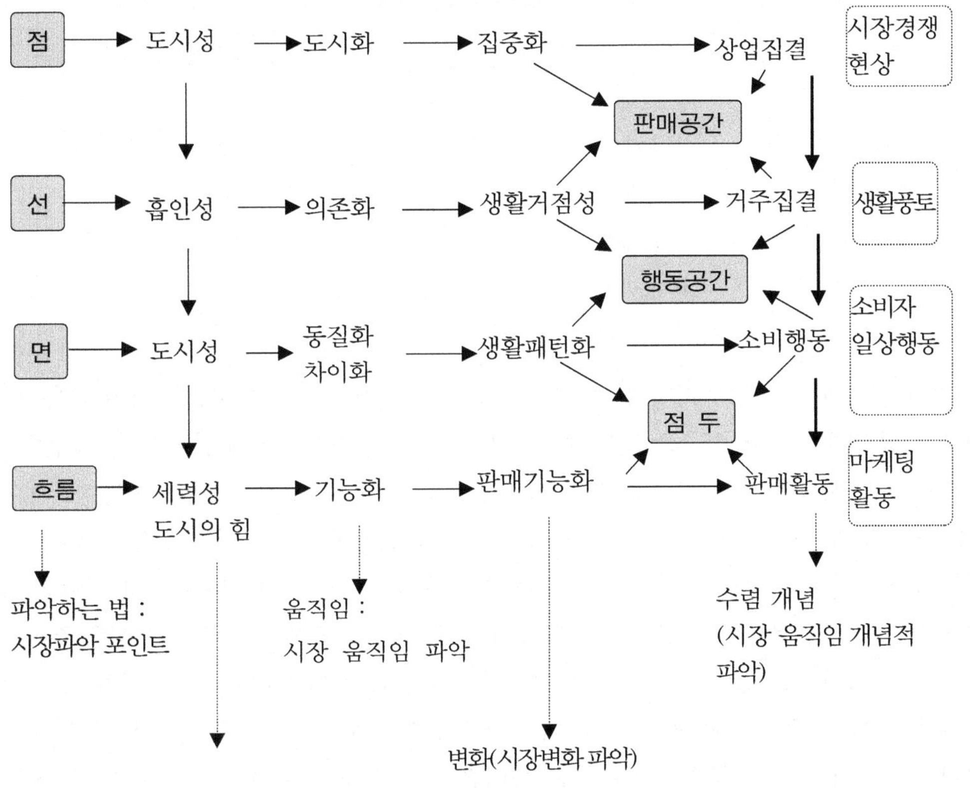

해설 : (1)『점』, 시장의 지역적 거점으로서 중심성
(2)『선』, 시장의 지역적 의존관계로서 지역 연쇄적인 기능의 상호의존 관계로서 선으로 이을 수 있다.
(3)『면』, 시장 지역적 넓이로서 시장 지역적 동질성 퍼짐 또는 중심지에 대한 흡인력이 미치는 범위로서 면 - 광역성
(4)『흐름』, 시장 지역적 기능 움직임과 흐름

〈그림 6-4〉 상권 구도

5. 란체스터 셰어율 원칙

① 독점 셰어는 경쟁 시장에서 74% 이상 셰어를 점유하면 우선 절대로 안심할 수 있다는 것이다. ② 상대 셰어는 하나 시장에서 경쟁하는 점포가 둘 이상일 때 42% 이상 셰어를 다른 점포보다 빨리 획득하면 압도적으로 유리한 입장에 서게 된다는 것을 나타내고 있다. 따라서 ①, ②를 포함하여 '안전 셰어'라고 부른다. 다음으로 ③ 톱 셰어는 하나 시장을 두고 여러 개 점포가 경쟁할 때 단, 서로 간에 큰 차이가 없을 경우 넘버 원이 이익을 낼 수 있

〈표 6-2〉 란체스터 셰어율 법칙

	구분	셰어율
①	독점 셰어	74%
②	상대 셰어	42%
③	톱 셰어	26%
④	영향 셰어	11%
⑤	존재 셰어	7%

는 최저 셰어가 26%에도 미치지 못한다면 설사 넘버 원이라 할지라도 거의 이익을 낼 수 없다고 생각해야 한다. 또 ④ 영향 셰어는 셰어 점유율이 11%에 도달했을 때 자점(店)의 존재가 경쟁 시장에 크게 영향을 미친다는 것이며, 마지막으로 ⑤ 존재 셰어는 7% 셰어에 도달하지 못하면 경쟁 시장에서 자점(店)의 존재를 인정받지 못한다는 것을 뜻한다. 여기에서 무엇보다도 흥미로운 것은 ④ 영향 셰어(11%)가 시장을 휘젓는다는 사실이다. 그리고 묘하게도 '소유욕의 원칙'에도 부합된다. 소유욕의 원칙이란 다음과 같은 실험 결과에서도 명확히 나타나고 있다. 예를 들어 어느 동물원 우리 안에 100마리 원숭이가 있다고 가정하자. 이때 그중 한 마리에게 한 개 바나나를 주면 원숭이들은 소란을 일으키지 않는다. 그런데 바나나를 주는 원숭이의 숫자를 늘려감에 따라 소란은 점점 커지고, 열한 마리 원숭이에게 한 개씩 바나나를 주었을 때 100마리 원숭이 집단의 소란은 절정에 이른다. (영향 셰어 11%와 합치) 그 후 바나나를 갖는 원숭이 수가 더 늘어남에 따라 소란은 점점 적어지고 50마리 이상이 되면 소란은 거의 멎게 된다. 이것이 소유욕 원칙인데, 이러한 소유욕 원칙은 인간 사회에도 비슷하게 들어맞는다. 어쨌든 경쟁 시장에서 어떻게든지 42% 이상 안정 셰어를 획득할 것인가가 경쟁에 이기기 위한 승부수가 된다는 것을 알아야 한다. 특히 이 셰어 원칙은 '목표 설정을 위한 중요 포인트'로 이용해 왔는데 최근에 와서는 여기에다 '적정 규모의 법칙'을 맞물려 좋은 성적을 올리고 있다.

6. 경쟁지역 출점

첫째, 같은 경쟁지역이라 하더라도 경쟁 점포 인근 지역에 출점하는 경우와 도심지 대도로를 경계로 하여 기존점포 반대편이나 대각선 방향에 출점하는 경우이다. 이 경우에는 기존점포와 상권 경쟁을 피할 수 없다. 둘째, 출점으로 인한 경쟁 점포와 분쟁을 피해 도심이나 역전 또는 재개발 지역에 단독으로 대규모 매장 규모를 가진 「고객 창출형 점포」로 진출하는 경우이다. 셋째, 지가가 싸고 주차 능력이 뛰어난 변두리 지역에 「고객 창출형 점포」로 진출한다. 이 경우 도심지에 있는 기존점포와의 출점 분쟁은 없다는 장점이 있지만 향후 영업에 대한 매출예측이 어렵다는 단점이 있다.

7. 신규지역 출점

첫째, 기존에 존재한 점포와 상권이 분리된 신설지역에 대형점포를 개점한다. 이 경우에 성공을 거두려면 강제적 행동요소가 높은 역, 도심지, 시청 등과 같은 관공서 인근에 점포를 전개해야 한다. 이 형태 경우 예를 들면 서울 주변에 건설된 신도시 '분당, 평촌, 중동' 등에서 성공을 거두고 있는데 대부분 경우 전철역이나 도심, 그리고 시청을 핵으로 하여 비교적 넓은 원형 상권을 형성하고 있다. 둘째, 신규지역 역, 도심, 시청 주변에 기존 자사 점포망을 형성하는 경우이다. 셋째, 지리상 특징을 이용하는 경우로서 입지 예정지 주변에 철도역이나 전철역이 가까운 장소에 있고 주변에 도심 중심부를 흐르는 큰 하천이 있다든지 교통 교차로 같은 곳에 점포를 설치하는 경우이다.

제 3 절 | 출점계획 수립

1. 출점예정지 조사

1) 상점가 성격 조사

상점가는 일반적으로 선매품 상점가인가 또는 편의품 중심 상점가인가 성격 등으로 구분하는 때도 있는데 이 경우 상점가를 구성하는 점포 중 50% 이상을 점하는 업종이 선매품 중심인가, 편의품 중심인가로 그 성격이 결정된다. 일반적으로 도시 중심 상점가는 선매품 상점가 성격이 강하고 주변 상점가는 편의품 상점가이므로 전문점 입지로서 편의품 상점가는 그다지 유리하지 않다. 그러나 교외형 디스카운트 중심 전문점 경우는 예외이다. 전문점이 효율 높은 경영을 하기 위해서는 선매품 상점가가 아니면 안 된다. 거꾸로 편의품점이 높은 효율의 경영을 하기 위해서는 주변 상점가 쪽이 좋고 중심 상점가는 그다지 유리하지 않다. 왜 이와 같은 결과가 되느냐 하는 것은 편의품과 선매품 구매동기가 완전히 다르기 때문이다.

2) 상점가 형상 파악

상점가에는 직선적인 상점가, T형, 십자형, 또는 면형 등 종류가 있으나 전문점의 입지로서 가장 유리한 것은 선매품 상점가를 포함하는 음식 오락 상점가, 편의품 상점가 등이 조합되어 그것이 면상으로 개발된 경우이다. 면상으로 개발된 중핵 상점가가 유리한 것은 소비자가 그 상점가를 회유하고, 체류 기간이 기므로 구매기회가 증가하기 때문이다. 이에 대해서 같은 선매품 상점가에서도 선상 상점가는 통과하는 소비자가 많아짐으로 인해 회유성이 저하됨으로써 면상 상점가와 대비해서 큰 마이너스가 된다. 회유성, 체류성과 함께 상점가 환경 정비상황도 입지를 좌우하는 중요한 요인이 된다.

3) 상권 내 소비자 의식조사(Enquete 조사)

출점예정지를 중심점으로 업종별 대상 범위별 소비자를 대상으로 앙케트 조사한다. 표본 수는 최소한 100세대 완성 표가 필요하다.

4) 상점가 흡인력 조사

(1) 양립성이 있는 핵점포 유무

고객 흡인과 상권 범위는 전문점 집결만이 아니라 핵이 되는 대형점포가 그 상권에 있느냐 없느냐도 매우 중요한 요인이다. 그러나 단순히 핵이 되는 대형점이 있느냐 문제만이 아니라 그 성격도 중요하다.

(2) 주차장이 상점가 흡인력 좌우

차 사회로 진입됨에 따라 상점가에 있어서 주차장은 불가결한 것이 되었으며 그 유무가 고객흡인력을 크게 좌우하게 되었다. 그러나 대부분 상점가는 스페이스 확보와 자금조달 등 문제로 잘 해결되고 있지 않다.

2. 상점가 집적도, 양립성 조사

1) 집적도 높은 입지 유리성

동업자가 많은 지역을 격전지라고 하며 그다지 유리한 입지가 아니라는 생각을 하는 경우가 있으나 실제는 그 반대로 동업자가 많을수록 목적 구매고객은 증가하고 매출이 증가한다. 이것은 이론적으로도 「Nelson 양립성 법칙」에서도 증명이 되었다.

2) 양립성 높은 입지 유리성

양립성은 한 점포로 독립하여 존속하는 것보다는 다수 소매점이 모여 있는 상점가 및 쇼핑센터를 구성하고 있는 것이 유리하다는 것은 말할 필요도 없다.

이것은 각 점포 흡인력이 합쳐져서 높은 흡인력을 나타나게 된다. 상점가를 구성하는 업종에서도 경합하는 것이 양립하는 데 있어서 유리할 때도 있다. 양립 형태를 다음과 같이 5단계로 나누어 볼 수 있다.

- 고 양립점(상호 10% 이상 고객을 교환하고 있는 점포)
- 중 양립점(5%~10%를 교환하고 있는 점포)
- 저 양립성(1%~5%를 교환하고 있는 점포)
- 불 양립성(상호 고객을 교환하지 않는 점포)
- 비 양립=경쟁점(상호이해가 상반되는 점포)

3) 동업자 간 고객 교류 유리성

선매품점, 편의품점은 모두 동업자와 양립성이 높다는 것을 알 수 있다. 결국, 동업자가 많은 입지가 경쟁은 격심하나 점포별 차별화 전략에 따른 상품, 서비스 배려가 있으면 매우 유리한 것을 이해할 수 있다.

3. 시스템적 사고 출점 검토

1) 출점방침 확인

출점을 시스템적으로 검토한다는 것은 출점방침, 출점입지조사, 점포경영계획 3가지 서브 시스템이 성립된다.

2) 방침에 맞는 규모 선정

먼저 기본 안건으로는 출점하는 경우 업종(종합점인가 전문점인가 등)과 업태(Self 판매, 대면판매, 또는 각각 조합 등)를 결정하여 그것을 어느 정도 규모(매장면적)로 무엇을 어떻게 누구에게 판매할 것이냐에 따른 상점 구성을 구체화하는 것이다. 그중에서도 중요한 것은 규모와 입지이다. 점포는 ○○○평으로 어떠한 상점가 또는 쇼핑센터라고 하는 입지조건을 결정하여 그 방침을 기준으로 규모와 입지를 선정한다.

3) 방침에 맞는 입지선정

상점가나 쇼핑센터는 근린형, 지구형, 광역형으로 구분하는데 이중 전문점이 성립될 수 있는 것은 지구형 이상으로서 적합하며 편의품 경우는 근린형이 기본이 되고 있다. 또한, 전문점은 가능하다면 지구형보다는 광역형이 더욱 바람직하다. 전문점도 어떠한 형태 점을 구성하느냐에 따라 지구형인가 또는 광역형인가 입지가 다르게 된다. 쇼핑센터 시대에는 아케이드형 상점가는 재개발이 되지 않는 한 전문점 출점은 바람직하지 못하다.

4) 4가지 기본계획 수립 검토

기본계획으로서 자금계획, 요원계획, 이익계획, 매출계획 4가지에 대해 검토하지 않으면 안 된다. 자금계획 중 자기 자금은 1/3 이상을 준비하여야만 무리한 경영이 되지 않는다.

〈표 6-3〉 필요매출액 공식

$$\text{필요매출액} = \frac{\text{필요비용예산} + \text{목표이익(보통 투하자본 10\textasciitilde20\%)}}{\text{한계이익률}}$$

4. 출점입지 조사

1) 방침과 불일치되는 출점 중지

출점입지 양부는 절대적 판단이 되는 것이 아니므로 점포 출점방침과 대비 종합적으로 결정하여야 한다. 누가 보아도 좋은 입지일지라도 보증금이 너무 비싸다던가 규모가 너무 작다던가 자점 계획에 맞지 않는다든가 하면 좋은 입지라고 할 수 없다. 입지조건 하나 만에 집착하여 출점하게 되면 무리한 출점이 되어서 효율적 경영이 되지 않는다.

2) 상권조사 실제 확인

출점입지 조사는 여러 개 항목으로 이루어지나 이것은 환경조사와 쇼핑센터 조사로 나누어서 정보를 수집하여 검토하지 않으면 안 된다. 환경조사라는 것은 출점 후보지 환경으로서 거시적 조사이다.

3) 인구동태와 잠재구매력 분석

인구동태에 대해서는 증가 경향인 곳이 바람직하며 대규모 세대보다도 핵가족화되어가는 지구가 구매력이 높다.

〈표 6-4〉 흡인력 공식

$$\text{흡인력} = \frac{\text{특정업종 상업통계판매액}}{\text{특정업종과 관계있는 가계지출} \times \text{세대수}} \times 100\%$$

4) 쇼핑센터 조사

쇼핑센터 그 자체 조사도 그 성격, 규모, 업종구성, 업종배열에 따른 자점 출점 위치, 경합상황 등을 구체적으로 조사하여야 한다. 쇼핑센터 성격에 대해서는 크게 근린형, 지구형, 광역형 3가지 타입으로 나눌 수 있으나 규모 그 자체만으로 구분하는 것은 무리가 있다. 규모가 좀 작더라도 광역형 성격을 가진 것도 있다.

5) 채산성 분석 최종결정

다음은 출점을 최종적으로 결정하는 단계이다. 중요한 것은 외부조건인 보증금, 임대료, 기타 부담금과 내부조건인 투자총액, 요원계획, 비용예산을 배경으로 한 이익계획, 매출목표가 계획대로 달성될 수 있느냐 하는 문제이다.

5. 쇼핑센터 출점 검토

1) 쇼핑센터 유리성

(1) 쇼핑센터 시대 도래

상점가로써 필요한 조건 전부를 만족하게 하는 것이 본디 쇼핑센터이다. 여기서 쇼핑센터라는 것은 이와 같은 기능이 이루어지는 것을 뜻하며 간판만 쇼핑센터라고 하는 전통시장형태를 말하는 것은 아니다. 본격적인 쇼핑센터는 「계획적으로 건설되고 계획적으로 업종구성 업종배열을 하고 마치 하나의 점과 같이 통일적으로 관리 운영하며 넓은 주차장을 가진 상업집단」이라는 조건을 갖추고 있는 것을 말한다.

(2) 쇼핑센터 성격 분류

쇼핑센터 어느 곳에 출점하는 것이 좋으냐 보다는 전제한 양립성이 더욱 중요함으로 그것을 충분히 이해하여야 한다. 먼저 쇼핑센터를 유형화하면 다음 3가지가 된다.

① 근린형 쇼핑센터(Neighborhood Shopping Center)

슈퍼마켓이 핵점포로 편의품점 또는 편의성이 높은 선매품점, 음식점 등이 20점 전후이다.

② 지역형 쇼핑센터(Community Shopping Center)

백화점이나 종합대형점이 핵점으로서 전문점과 다소 음식점 등이 있다.

③ 광역형 쇼핑센터(Regional Shopping Center)

백화점 종합대형점 등 대형핵점포가 복수이며 전문점도 100여 점포 이상이며 고급식당등도 다수 입점하여 있다.

(3) 출점 불채산은 양립성 무시 출점

쇼핑센터에 출점한 전문점 등이 불채산 등을 이유로 퇴점하는 것은 그 전문점 자체 문제도 있으나 기본적으로 핵점포와 양립성이 있느냐 하는 것이 중요한 검토사항이 된다. 슈퍼마켓이 핵점인 쇼핑센터에 고급 전문점이나 일반전문점 경영효율보다 높을 수 없다. 출점 시에는 핵점포와 양립성, 입점지 업종과 양립성 등이 꼭 검토되어야 한다.

2) 쇼핑센터 출점 채산 계산법

(1) 투자액회수에 필요한 매출액 산출

쇼핑센터 등의 출점은 충분한 손익검토가 이루어져야 하는데 첫째로 검토하여야 할 것은 「투자액회수에 필요한 매출액」이다. 투자액회수 재원은 「세후 이익」과 「감가상가비」이다. 이를 위한 필요매출액은 아래 산식에 의해서 구할 수 있다.

〈표 6-5〉 투자비 회수 가능 매출액 공식

$$\text{투자액회수가능매출액(간편법)} = \frac{\text{투자액}}{\text{회수년수} \times \text{매출총이익률대세전이익률} \times \text{매출총이익률}}$$

주 : 매출총이익률 대 세전이익률 = 매출액 대 세전이익 / 매출총이익률

(2) 필요매출액을 손익분기점공식으로 산출

소매업 성장은 한 점포 규모확대만으로는 꼭 한계에 달하기 때문에 성장을 위한 신규점을 검토하지 않으면 안 된다. 그러나 쇼핑센터에의 출점은 「예상 이상으로 경비가 높고 상대적으로 이익이 발생하지 않는다」든지 「생각했던 것보다 매출달성이 되지 않아 적자경영」이라는 등 후회를 하기 전에 출점 전 손익을 신중하게 검토하여야 한다. 먼저 첫째, 경비면 채산 계획의 검토이다. 이것은 출점 경우 어느 정도 매출이 필요하며 그것이 달성 가능한가 검토이다.

〈표 6-6〉 손익분기점 매출액 공식

$$\text{손익분기점매출액} = \frac{\text{고정비}}{1 - \text{변동비율}}$$

〈표 6-7〉 필요 매출계획(년) 공식

$$필요매출액 = \frac{손익분기점매출액}{경영안전율}$$

(3) 투하자본회수 가능 연수 산출

쇼핑센터에의 출점은 손익 면만의 채산 검증뿐 아니라 자금 면에 의한 필요매출액 가능성에 대해서도 검토할 필요가 있다. 그것은 출점을 위해 투하한 자본 회수가 가능한가 어떤가에 대한 검토이다. 자기 자금에 여유가 있어서 투하자본 회수 등을 고려하지 않아도 좋은 점은 비용면 채산이 맞으면 출점이 가능할 수 있으나 원칙적으로는 투하자본 회수에 대한 검토를 신중하게 해야 한다.

〈표 6-8〉 투하자본회수매출액 공식

$$투하자본회수\ 매출액 = \frac{고정비 + (2 \times 회수필요액)}{1 - 변동비율}$$

(4) 장기회수계획에서 초년도 필요매출액을 산출

다음에는 5개년간 필요매출액을 갖고 초년도에 어느 정도 매출을 유지하여야 하는 것을 계산한 내용은 아래 표와 같다.

〈표 6-9〉 필요매출액 산출법(초년도)

	매출(지수)	신장률	계산방식
초년도	1 X		
2년도	1.1X	10%	1 X 1.1
3년도	1.21X	10%	1.1 X 1.1
4년도	1.331X	10%	1.21 X 1.1
5년도	1.464X	10%	1.331 X 1.1
합 계	6.105X		

*초년도 매출액은 X로 하면 각 년도 매출은 다음과 같이 된다.
5개년간 필요매출액은 계산 시 357,814,000원일 때
초년도 필요매출액은 6.105X = 357,814,000원, X = 58,609,000원

투하자본회수 측면에서 산출된 매출액이 비용과 안전율 측면에서 산출된 매출액을 크게 웃돌고 그것이 효율적으로 보더라도 현저하게 높고 도저히 실현 불가능한 것으로 판단되

면 투하자본을 전제로 하여 출점은 불가능한 것으로 판단하여야 한다.

3) 쇼핑센터 매출추정 모델 사례[1)]

본 연구 배경은 국내 소매업체 특약매입조건 상품구성이라는 특수성이 집객력 강화를 위한 매장면적 규모 확대전략 등으로 설명할 수 있는 한국의 특수한 유통 경쟁환경에서 문제를 찾고자 한다. 즉 교통입지에 따른 접근성 기준인 거리와 소요시간 관점에서 매출을 추정하는 산출방식 Huff 확률모델이 한국적 상권분석에 이상하리만큼 적합하여서 이에 관한 연구가 상권분석 표준모델이 되었다 해도 과언이 아닐 정도로 많은 연구가 진행되었다. 이러한 상황에서 최근 들어 IT 정보화시대에 On-Off line 간 소매업태의 환경변화를 고려할 때 보다 정교한 연구가 필요해졌다. 따라서 기존 매출추정 모델 한계를 극복하고 이러한 현실 접목 상 다소 미흡한 부분을 보완한 '수정 허프 모델'을 개량한 소매업체에 매출 영향변수와 가중치를 적용한 새로운 모델, 즉 '변형확률모델'을 구축하여 경쟁상권 내 다른 방식으로 재정의하는 모델을 구축하고자 하는 것이 본 연구 목적이다. 특히, 이러한 목적을 넘어서서 매출추정의 구체적 영향변수와 가중치를 적용하여 상권 내 업태와 업종 간의 매출 확장성 유무를 파악하는 데 목적을 두고 있으며 매출추정 인식이 전통적인 매장면적 규모와 거리에 의한 정량적인 통제 가능한 변수로 상권을 이해했다면 이제는 통제 불가능한 변수인 소비자 정성적 요소에 대처하는 방안으로 고객에게 새로운 경험과 감성을 제공하는 가치지수가 매출에 영향을 준다는 점을 연구하고자 한다. 즉, 고객 관점에서 보면, 상권 내 업태 간 경쟁으로 매출을 확보하려는 소매업의 M/S보다, 지속적인 고객 확보전략에 대한 대책이 수립되어야 할 것으로 보인다. 더욱이 소비자 생활방식 Needs 변화가 빠르므로 복합화·대형화·차별화에 대한 욕구와 심각한 도전에 직면하고 있다(Kim et al., 2003). 최근에는 대형아울렛과 대형마트 등 공급과잉경쟁과 대형화로 쇼핑센터 매출감소 요인으로 인식한다(Kooijman, 2002; Ibrahan & d Ng, 2003). 해당 상권 내 고객 내점률에 의한 쇼핑확률 기대치를 사전에 예측하여 소매업태별 성장모델 필요성을 인식하였다.

본 연구 문제 제기는 제한된 상권영역에서 신규 출점 시 기존점과 매출경쟁전략과 기존점 투자에 따른 상권분석과 매출추정 구축은 투자 대비 투자 효율성을 확보하고 미래 위험요인에 대비하는 것이 문제 핵심이다. 데이비드 허프 미국 텍사스대 교수는 1963년 'Huff 모델이론'을 발표하면서 상업적 그래비티(commercial gravity) 효과를 제기(Chebat, Michon, Haj-Salem, & Olivera, 2014)하였고 소비자가 열정을 지니거나 장기간 사용한 제품, 브랜드에 대한 친밀감과 의존감을 느끼는 애착이 형성된다(Wallendorf & Arnould, 1988)고 주

---

1) 진창범, 하이브랜드 총괄부사장, 을지대 이학박사 학위논문(2017) 발췌 인용.

장했다. 따라서 연구 목적은 소매업태별 상권 특성을 파악하여 해당 상권과 입지를 고려한 쇼핑센터 활성화를 위한 추정 매출 규모를 제시하는 '변형확률모델' 계산식을 개발하여 업태 간 경쟁우위 전략과 투자 규모 의사결정에 이론적인 정책제시자료가 될 수 있도록 하고자 한다. 연구의 범위와 방법은 연구의 신뢰성을 확보하기 위해 인구수와 세대 수 조사·업태별 도시 간 거리 및 시간 조사·소매업태별 소매점 매장면적조사·모델 점 실매출 조사·사전 선행연구와 연구 방향을 검토하여 업태별 이론적 배경을 이해하고 쇼핑센터에 매출 영향을 주는 변형변수를 조사하였다. 서울시 소재의 L 백화점과 L 마트의 사례를 중심으로 추정 매출 산출과정에서 본 연구자는 '수정 허프 모델' 방식을 개량한 상권별 기대흡인 세대수를 조사하였다. 쇼핑확률을 적용한 '변형확률모델 계산식'을 도출하여 업태 간 교차성과 의미와 실제 매출을 비교하여 타당성을 검증, 분석하고, 소매업태의 최적 매출추정 모델로 구축하고자 연구 범위를 정하였다. 따라서, 상권별 추정 매출의 영향변수인 상권위기(crisis)변수를 가중치에 반영하였고, 상권위기변수는 중요도(importance) 변수에 불확실(uncertainty) 변수를 곱하고, 중요도와 불확실성 항목별 변수에 1에서 7까지 점수가중치를 문제해결변수로 가정하여 변형확률모델에 매출추정 기준가중치를 정하였다. 본 연구 조사지역은 서울시 행정구역 25구와 수도권 지역이 인접한 반경 20㎞ 범위의 1·2·3차 상권을 나누어, 총인구와 세대수를 파악하였고 해당 상권 직접적 영향을 주는 행정구역별 인구수를 산출하였다. 서울시 전 지역에서 차량 상권 내 모델 점은 매장면적이 25,000㎡ 이상의 쇼핑센터인 백화점 중심으로 7개 지역 내 18개 점을 선정하였다. 또한, 대중교통 상권은 매장면적 3,000㎡ 이상 대형마트 중심으로 1차 상권을 10개 지역으로 세분화하여 18개 점을 선정하였다.

본 연구 매출추정 모델은 상권을 1차 함수 개념으로 y=f(x)로 출발하는 단순한 모델이다. 경쟁상권의 지속 가능한 매출을 유지하고 발전시키는 끊임없는 작은 개선으로 소비자 감성지수 n의 합(Σ)이 매출 성과로 이어진다는 것이다. 따라서 y=f(x)에서 x는 독립변수 y는 종속변수로서 x가 변하면 y 결과치가 된다는 단순한 논리의 매출추정 모델이다. 이 1차 모델에서 y=Σf(x)의 수정된 매출추정 모델은 감성지수 n이 소비자 행동에 미치는 영향이 큰 변수로 작용할 것이다. x는 개별상권에서 소비자 감성지수 n의 개선을 통한 x의 합이 y라는 결과의 매개물이 매출 성과로 나타난다는 점을 피력하고자 한다. 이 모델에서 X1과 X2가 서로 모순되면 결과치 y는 기대에 못 미친다. X1은 지속적인 상권의 품질향상 과제와 X2는 상권 생산성 과제가 융합되는 요소에 상권 내 운영점이 소비자가 인식하는 하나의 제품이라면 서비스 질이 상당한 영향을 준다는 것이다.

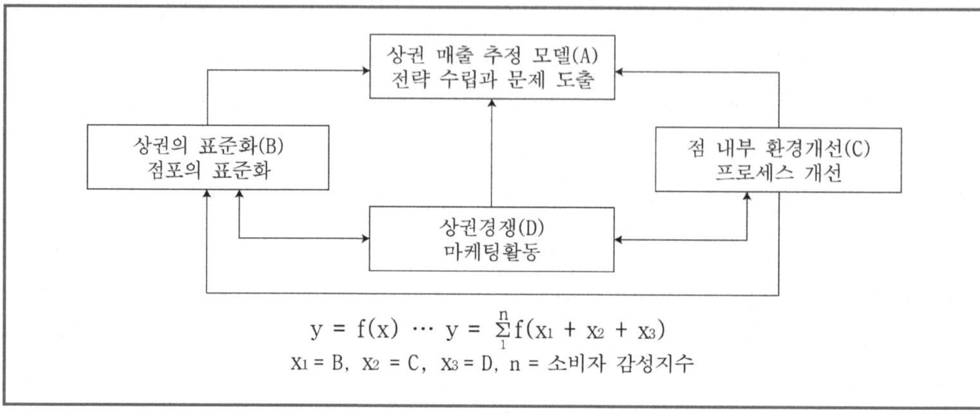

〈그림 6-5〉 상권추정 모델과 영향요인 관계도

〈그림 6-5〉에서 보듯이 상권 매출추정 모델에 직간접인 영향요인 관계도를 살펴보면 무엇보다 점포 표준화가 확립되어야 상권 표준화에 대응전략 수립이 가능하다. 따라서, 점포 표준화에 따른 점 내부 환경개선과 프로세스개선은 무엇보다 중요하며 C 활동이 완성된 후 상권 경쟁에서 마케팅활동(D)을 수립하는 것이 매우 효과적이라 할 것이다. 소비자는 제품보다 서비스를 원하고 있다. 본 연구는 기존 매출추정 모형을 이용하여 기존점 확대전략과정에서 유용한 추정 모델로 활용하여 기대추정 매출을 연구하고자 하는 '변형확률이론모델'을 개발하여 기존 점에 추정매출액을 산출하고 해당 상권 경쟁력 강화에 전략적 기초자료로 활용도가 크며 주요변수는 다음과 같다. 첫째, 초대형 쇼핑센터와 중형점 규모로 기준 매장면적이 편의상 25,000㎡ 규모 이상으로 정하였다. 둘째, 상권의 범위도 반경 5㎞ 이내의 1차 상권과 반경 10㎞ 이내 2차 상권, 20㎞ 이내의 3차 상권 범위로 설정했다. 또한, 접근방법에서는 선행연구에서 상권분석 연구사례와 분석모델 이론을 근거로 1·2차 상권에서 연구모델이 초대형 복합몰과 중형점의 상권교차에 따른 경쟁사와 자사점과 시장점유율 잠식을 적용하기 위한 연구로 Youn et al.(2007)에 '국내 대형점 매출추정 모델 설정방안 연구'를 재해석하여 새로운 매출추정 변형확률모델로 개발하고자 한다. 셋째, 공간적 시간적 범위로 매장면적 규모와 거리 등의 변수 기준으로 분석하는 연구대상 모델 상권 범위를 측정하기 위하여 컨버스의 신 소매 인력모델과 허프 모형을 통한 시장점유율 추정의 타당성을 높이기 위해 서울 시내 18개 점(L 백화점 7개 점, H 백화점 6개 점, S 백화점 3개 점 기타 백화점 2개 점 총 18개 점)을 대상으로 한정했다. 본 연구는 이정섭(2006)에 근거한 논문에서 상권 접근성이 소비자 점포충성도 만족도에 영향이 크다는 점을 파악하고 있다. 넷째, 내용적 범위로는 내부기준 점포형태별 혼합에 의한 매출액 분류가 어려우나 해당 점포의 실제 점포 매출액을 대리변수로 이용하는데, 여기서 인터넷판매액과 타지역상

권 소비자 구매 매출, 해외관광객의 매출도 포함되었다는 점이다. 다섯째, 매출액 분석을 통한 경험치 연구 수학적 분석인 실제 시장점유율과 허프 모형(Huff model)을 이용하여 추정한 시장점유율과 편차를 비교분석을 하고자 한다. 허프 모형(Huff model)에서 필요한 점 면적 규모, 점포와 소비자간 거리 및 점별 매출액 등 3가지 요소에서 점포와 소비자간 거리는 소비자 위치, 상권반경에서 경계선에 연결되는 해당 지역을 중첩해서 포함하는 것으로 기준을 정하였다. 여섯째, 종전 허프 모형(Huff model)을 이용한 각각의 점포 시장점유율을 추정하는 방식을 지양하고, 본 연구에서는 변형확률모델 계산식 도출과정에서 상권별 흡수기대 쇼핑확률 세대수를 계산하고, 상권에 영향을 주는 기준가중치와 변형변수인 파라미터(λ)의 적용 범위를 도입하여 변형확률을 산출하였다. 본 연구는 해당 지역 전체 소매시장 MP에서 해당 점의 매출점유율은 업태별 구성비율을 경험치로 고려하였고, 실제 매출액과 비교 검증하는 절차를 수립하였다.

(1) 상권연구대상 상권분기점 측정

본 연구대상 모델 상권 범위를 측정하기 위한 당해 도시와 주변 도시 인구수와 도시 간 거리를 측정하여 상권분기점을 도출하는데 기초자료가 될 것이다. 컨버스 신 소매인력모델을 적용하였고, 상권추정 매출을 산출하기 위해서는 상권분기점 측정이 선행되어야 한다. 컨버스 신 소매인력 모델을 이용한 연구대상 모델 점 업태 특성을 고려하여 모델 상권을 대중교통 상권(시내버스 또는 지하철)과 차량 상권(승용차 또는 택시) 2개 상권으로 구분하여 분석하여 변형확률모델을 개발하고자 한다. 따라서 대중교통 상권 경우 모델 점 중심에서 1차 상권반경 5㎞ 핵심상권을 지도에 표시하여 모델 상권을 기준으로 5㎞ 지점을 벗어나는 인접 상권을 'A'에서 'G'까지 7개 권 지역 상세상권을 3차 상권인 반경 20㎞ 범위 상권을 정하여 7개 권 인접 상권을 중심으로 각각 인접 상권에서 교통과 유동인구 중심이 되는 지점을 각 인접 상권 중심부로 정하였다. 또한, 모델 상권 중심부 위치도 같은 방법으로 지정하여 확정된 모델 상권의 중심부 지점에서 각각의 7개 권의 인접 상권까지 거리를 측정하고, 각각의 상권 내 인구수는 행정구역 단위별 경계상권 내점 비율 산정은 대형소매업계 통상경험치인 1차 상권 100%, 2차 상권은 70%, 3차 상권은 30% 내점률을 반영하고 행정구역별 면적비율로 산출조사 방법을 택하여 〈표 6-10〉과 같이 인접 상권과 모델 상권 인구수를 도출했다. 다만, 서울지역 상권별 규모와 범위를 정할 때 A～G 상권 중심으로 한정하였고, 본 연구는 3차 상권을 벗어나는 타 상권은 내점 비율에서 제외했고, 해당 점이 미래 확장성이 있다고 가정하여 매출 영향변수 가중치에 반영하였다.

〈표 6-10〉 상권분기점 측정을 위한 인접 상권 규모 및 범위 (대중교통 상권)

핵 심 상 권	인접 상권 범위 (행정구역 기준: 구, 시)	인구수 (명)	거리 측정
A-L.Dpt.store 본점 (34) ★	중구(1차)/종로, 용산, 성동 외 4 (1.2차), 은평, 동작(2차)/강서, 구로 외 11 (3차)/광진 외 10(2.3차)	5,494,416	모델 상권
B-L.Dpt.store 잠실 (28)	광진, 강동 외 2(1.2차)/성동, 동대문(2차)/종로, 중구, 용산 외 8(2.3차)/강북, 도봉, 노원 외 8(3차)	4,370,315	14.75km
C-L.Dpt.store 노원 (21)	도봉, 노원(1.2차)/강북(2차)/종로, 중랑, 성북 외 4(2.3차)/중구, 용산 외 7(3차), 남양주 외 1(1.2.3차)	3,035,271	16.96km
D-S.Dpt.store 강남 (36)	용산, 서초, 강남 외 3(1.2차)/중구(2차)/종로, 광진 외 10(2.3차)/중랑, 강북, 도봉, 노원 외 13(3차)	5,338,405	7.56km
E-S.Dpt.store 영등포 (33)	영등포(1차)/용산 외 5(1.2차)/금천, 관악(2차)/ 종로 외 8(2.3차), 광진 외 13(3차), 강서(1.2.3차)	5,432,061	11.1km
F-H.Dpt.store 미아 (28)	성북(1차)/종로 외 4(1.2차)/중구, 성동 외 2(2차)/ 용산, 서대문 외 7(2.3차)/양천, 강서, 동작 외 6(3차)	5,019,968	8.06km
G-H.Dpt.store 목동 (29)	마포, 양천 외 3(1.2차)/서대문(2차)/종로, 중구, 용산 외 9(2.3차)/성동, 동대문 외 9(3차)	5,244,754	13.03km

차량 상권 경우 대중교통 상권과 같은 방법으로 1차 상권반경 5km 지점을 벗어나는 상세 상권을 7개 권의 블록 상권으로 구분하고, 각 블록 상권 내에서 상주인구 밀도가 높은 위치를 각각 블록 상권 중심부로 정하여 7개 권 인접 상권을 가정한 후 모델 상권 중심부에서 인접 상권 간 거리를 측정하고 인구수를 조사하여 〈표 6-11〉과 같이 각각의 블록 상권, 즉 인접 상권 규모와 모델 상권 규모를 산출했다.

〈표 6-11〉 상권분기점 측정을 위한 인접 상권 규모 및 범위 (차량 교통상권)

핵 심 상 권	인접 상권 범위(행정구역 기준: 구, 시)	인구수(명)	거리 측정
A-L.Dpt.store 본점 (34) ★	중구(1차)/종로, 용산, 성동 외 4(1.2차), 은평, 동작 (2차)/강서, 구로 외 11(3차)/광진 외 10(2.3차)	5,494,416	모델 상권
B-L.Dpt.store 잠실 (28)	광진, 강동 외 2(1.2차)/성동, 동대문(2차)/종로, 중구, 용산 외 8(2.3차)/강북, 도봉, 노원 외 8(3차)	4,370,315	15.5km
C-L.Dpt.store 노원 (21)	도봉, 노원(1.2차)/강북(2차)/종로, 중랑, 성북 외 4 (2.3차)/중구, 용산 외 7(3차), 남양주 외 1(1.2.3차)	3,035,271	14.4km

핵 심 상 권	인접 상권 범위(행정구역 기준: 구, 시)	인구수(명)	거리 측정
D-S.Dpt.store 강남 (36)	용산, 서초, 강남 외 3(1.2차)/중구(2차)/종로, 광진 외 10 (2.3차)/중랑, 강북, 도봉, 노원 외 13(3차)	5,338,405	7.38㎞
E-S.Dpt.store 영등포 (33)	영등포(1차)/용산 외 5(1.2차)/금천, 관악(2차)/종로 외 8(2.3차), 광진 외 13(3차), 강서(1.2.3차)	5,432,061	9.8㎞
F-H.Dpt.store 미아 (28)	성북(1차)/종로 외 4(1.2차)/중구, 성동 외 2(2차)/용산, 서대문 외 7(2.3차)/양천, 강서, 동작 외 6(3차)	5,019,968	8.01㎞
G-H.Dpt.store 목동 (29)	마포, 양천 외 3(1.2차)/서대문(2차)/종로, 중구, 용산 외 9(2.3차)/성동, 동대문 외 9(3차)	5,244,754	14.39㎞

상기 방법은 각 대중교통 상권과 차량 상권이 인접 상권 범위로 설정 시 행정구역 단위는 해당 상권 구와 시 단위로 모델 상권은 해당 상권반경에 있는 해당 구를 인위적인 방법 비율을 상권 내 범위로 인구수를 산출하였다.

본 연구에서 컨버스 신 소매인력 모델 계산식 모형에 반영되는 각 요소 중 '행정단위 시 구와 도시 간 거리'를 모델 상권과 인접 상권 간 거리에서 '시구 도시 인구'를 각 상세상권 내 인구를 적용하여 한국체인스토어협회(2016) 유통업체 연감을 참고하여 작성한 〈표 6-12〉과 같은 산출방식을 택하였다.

〈표 6-12〉 대중교통 및 차량 상권 상권분기점 산출

핵심 상권	대중교통상권 (㎞)	차량교통상권 (㎞)	개점일	매장면적 (㎡)	2016년 매출
A-L.Dpt.store (34)	★모델상권	★모델상권	1979-12-17	76,487	1조 8,600억
B-L.Dpt.store (28)	7.79	8.19	1988-11-12	78,640	1조 3,500억
C-L.Dpt.store (21)	9.55	8.10	2002-09-03	29,700	4,730억
D-S.Dpt.store (36)	3.80	3.71	2000-10-05	42,900	1조 4,637억
E-S.Dpt. store (33)	5.56	4.91	1984-05-01	43,098	4,116억
F-H.Dpt.store (28)	4.12	4.09	2001-08-31	47,950	4,102억
G-H.Dpt.store (29)	6.59	7.27	2002-08-30	60,390	6,798억

(2) 쇼핑확률 산출 및 분석방법

본 연구는 점포선택에 기존 이론 모델을 이용하여 대형 쇼핑센터 추정매출액을 분석방법과 절차를 제시하여 기존 쇼핑센터와 신규출점에 따른 매출액을 추정하는 것이 연구 핵심과제다. 점포선택에 관한 기본적 모델이 레일리 소매 인력 모델과 컨버스 모델, 허프 확률모델, 다항 로짓 모델이 있으나 허프 모델(Huff model)이 특정 소매시설로 방문과 소비자와 인접한 상권 모든 소매시설로 방문과 비율에 따라 소매시설 흡인력 강약과 해당 쇼핑센터로 방문확률을 예측할 수 있으나, 허프 모델(Huff model) 어려운 문제로 그대로 적용하기에는 문제점을 가지고 있다. 또한, 허프 모델(Huff model) 파라미터 λ는 전수시장조사를 하지 않으면 산출할 수 없는 단점이 크다. 이러한 점을 보완한 것이 수정 허프 모델인데, 일본 통산성이 고안한 모델로서 대규모 점포에 적용에 매우 유용하다.

본 연구에서 대중교통 상권 내 소매시설인 대형마트 경우도 18개 지역을 세분화하여 A부터 J까지 각각 상권 중심부에서 출발하여 해당 소매점을 방문하는 것으로 측정기준을 세웠다. 따라서 연구대상 모델 상권 범위에서 대중교통 상권과 차량 상권 범위가 반경 20㎞ 내외 소매점을 한정 조사하였으며, 행정 지역별 소비자 소비성향패턴에 오류가 크게 발생할 수 있다고 생각한다. 승용차를 이용하는 소비자 쇼핑 구매 스타일은 대중교통 상권을 이용하는 소비자보다는 경험적으로 시간적 여유와 쇼핑 구매를 즐기려는 성향이 강하며, 상대적으로 대량구매와 기획구매로 시간적 여유를 체험과 문화쇼핑으로 해당 상권 방문목적이 명확하다. 반면, 대중교통 상권은 목적구매가 다소 강하여 시간적 여유보다 구매하고자 하는 상품에 집중하여 비교분석을 하려는 소비자 성향이 높다는 것이 연구자 소매 경험적 판단이다. 기준은 상권 중심부에서 차량으로 90분대 범위에 있는 소매점을 조사 대상으로 설정하였다. 소비자가 해당 점을 방문하는데 소요하는 시간을 대중교통이든 차량으로 이동하든 동일상권 내에서 출발지 위치에 따라 오차를 최소화하기 위하여 각 상권을 세분화하여 출발지를 변경하는 방법을 택하였으며 크리스탈러 중심지 이론과 컨버스 법칙도 고려했다.

① 서울지역 차량 상권 내 소매점인 백화점 중심

서울지역 차량 상권 내 해당 소매점 거리와 시간 산정은 A부터 G까지 7개 지역으로 세분화하여 3차 상권인 반경 20㎞까지 각 출발지점으로부터 측정했다.

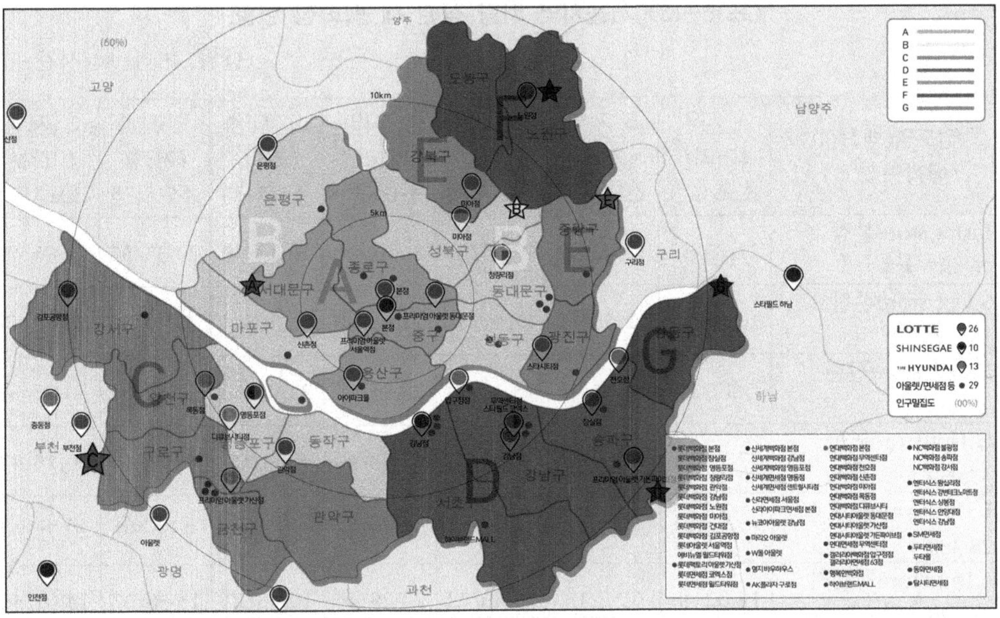

산출근거: 차량 상권 내 소매시설 지역별 거리 측정 재구성

지역	출 발 지	지 번
A	증산동 주민센터	서울특별시 은평구 증산서길 89
B	월계1동 주민센터	서울특별시 노원구 석계로 59
C	대흥종합상가	서울특별시 구로구 경인로3길 97
D	국군복지단 송파 학사	서울특별시 송파구 위례순환로 364
E	우디안1단지 아파트	서울특별시 중랑구 신내동
F	상계3, 4동 주민센터	서울특별시 노원구 덕릉로 859
G	강일 리버파크 7단지 아파트	서울특별시 강동구 강일동 686

〈그림 6-6〉 서울지역 차량 상권 내 소매점 현황

특히 차량 상권 경우 20㎞ 반경 내 백화점쇼핑센터 조사방법으로 거리는 네이버 GIS 지도를 활용하여 산정하였고 소요시간은 도심 이동 평균속도를 고려하였고 점별 매장 규모는 한국프랜차이즈협회가 발표한 2016년 소매연감을 참고하였다.

〈표 6-13〉 서울지역 차량 상권 내 백화점 현황

(단위: 거리-㎞/시간-분)

점포명(백화점) 매장면적(㎡)	A 지역 (거리/ 소요시간)	B 지역 (거리/ 소요시간)	C 지역 (거리/ 소요시간)	D 지역 (거리/ 소요시간)	E 지역 (거리/ 소요시간)	F 지역 (거리/ 소요시간)	G 지역 (거리/ 소요시간)
L.Dpt.store본점 76,487 ★	11.38/32	12.02/39	17.77/51	24.48/46	16.13/39	20.35/55	25.96/45
S.Dpt.store본점 56,100	10.64/34	12.58/41	17.69/51	24.63/48	16.50/43	20.46/56	26.92/47
H.Dpt.store신촌 27,060	5.17/17	19.02/45	15.12/44	28.95/57	22.95/48	32.62/64	30.85/54
H.Dpt.store미아 37,950	17.20/41	4.22/16	33.04/70	25.53/46	8.53/18	9.38/38	20.15/42
L.Dpt.store미아 28,380	17.77/43	4.44/17	33.61/73	26.10/48	9.11/20	9.60/39	20.75/44
L.Dpt.store청량리 37,328	19.02/48	6.52/18	26.49/72	20.28/44	10.33/27	13.38/37	14.01/38
L.Dpt.store건대 25,360	24.34/42	11.14/26	27.06/65	13.53/27	14.98/35	18.23/44	13.54/22
H.Dpt.store무역 31,350	25.53/47	18.45/32	33.97/63	10.96/25	23.59/34	31.39/42	15.40/27
H.Dpt.store압구정 25,740	19.72/39	15.16/22	22.11/55	17.63/33	18.55/36	22.02/48	18.39/32
G.Dpt. store 25,973	22.00/38	14.98/22	23.38/59	17.46/34	18.37/35	21.85/48	17.64/29
L.Dpt.store강남 30,690	23.86/55	19.28/42	32.38/57	11.24/26	25.97/42	33.81/52	17.78/37
S.Dpt.store강남 42,900	18.79/32	21.26/34	18.74/52	19.16/42	26.30/49	26.85/62	23.09/46
L.Dpt.store관악 23,430	15.37/38	28.38/53	11.43/30	23.73/51	32.54/68	32.48/77	32.50/64
S.Dpt.store영등포 43,098	10.37/25	27.30/46	8.53/29	30.72/60	30.69/58	34.18/71	32.30/60
L.Dpt.store영등포 36,630	11.64/29	28.65/53	8.46/29	31.61/67	32.03/63	35.51/77	35.68/63
H.Dpt.store디큐브 65,100	12.06/31	28.84/55	6.93/24	29.08/63	32.22/64	35.70/78	35.87/65
H.Dpt.store목동 60,390	8.42/27	25.76/56	7.72/30	31.77/71	27.33/67	36.55/80	36.41/66
Happy Dpt.store 40,414	8.02/26	25.30/54	10.10/28	35.25/66	26.93/66	37.31/80	37.20/63

② 서울지역 대중교통 상권 내 소매점인 대형마트 중심

서울지역 대중교통 상권 내 해당 소매점의 거리와 시간 산정을 A~J까지 10개 지역으로 1·2상권의 10㎞ 범위로 한정하여 각 출발지점으로부터 측정하였다.

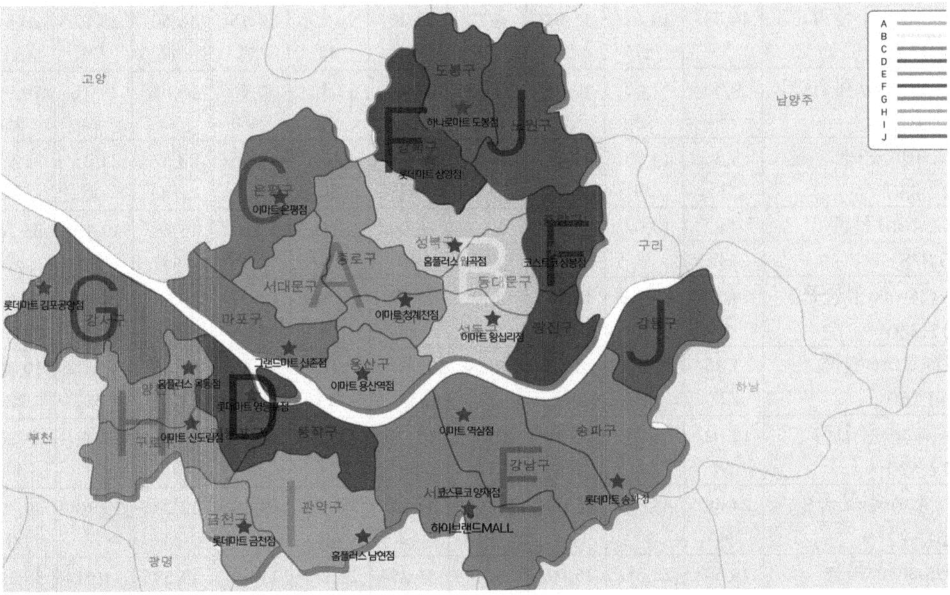

블록	출 발 지	지 번
A	평창동 주민센터	서울특별시 종로구 평창문화로 65
B	장위3동 주민센터	서울특별시 성북구 한천로 657
C	하나유치원	서울특별시 종로구 평창길 317
D	양평동한솔솔파크	서울특별시 영등포구 양평동6가 99
E	송파파크데일 2단지아파트	서울특별시 송파구 마천동 607
F	우디안2단지 아파트	서울특별시 중랑구 신내동 817
G	방화개화아파트	서울특별시 강서구 방화동 819
H	서울수목원 현대홈타운	서울특별시 구로구 항동 233
I	시흥 3동 주민센터	서울특별시 금천구 시흥대로18길 40
J	고덕리앤파크3단지아파트	서울특별시 강동구 상일로 74

〈그림 6-7〉 서울지역 대중교통 상권 내 소매점 현황

〈표 6-14〉 서울지역 대중교통 상권 내 마트 현황

(단위: 거리-㎞/시간-분)

점포명(마트) 매장면적(㎡)	A 존 (거리/시간)	B 존 (거리/시간)	C 존 (거리/시간)	D 존 (거리/시간)	E 존 (거리/시간)	F 존 (거리/시간)	G 존 (거리/시간)	H 존 (거리/시간)	I 존 (거리/시간)	J 존 (거리/시간)
E.store용산역 9,970	10.73/ 35	19.64/ 41	11.82/ 39	9.77 /19	22.20/ 42	24.49/ 42	19.15/ 36	16.50/ 49	15.12/ 39	28.51/ 33
E.store청계천 16,060	9.38 /33	7.62 /19	10.84/ 29	22.54/ 31	18.12/ 41	12.16/ 26	30.76/ 45	35.65/ 59	29.71/ 59	19.96/ 35
E.store은평 12,330	5.36 /15	14.98/ 30	6.81 /20	10.68/ 19	34.78/ 51	19.56/ 30	18.96/ 34	23.87/ 48	24.24/ 46	31.95/ 38
G.store신촌 5,878	9.82 /25	19.02/ 39	11.34/ 30	5.93 /17	26.90/ 49	23.58/ 40	16.34/ 36	15.68/ 49	19.19/ 44	33.16/ 39
Vc.store영등포 11,236	14.15/ 30	23.30/ 37	15.71/ 33	2.81 /8	27.77/ 48	27.86/ 37	12.94/ 23	13.45/ 35	14.00/ 33	33.78/ 39
Hs.store월곡 48,160	7.86 /27	2.62 /9	6.63 /21	18.28/ 27	22.57/ 33	7.19 /14	26.55/ 40	31.46/ 54	30.81/ 51	19.58/ 22
E.store왕십리 12,320	12.02/ 38	8.75 /23	11.98/ 33	20.01/ 36	15.98/ 36	13.33/ 29	31.93/ 48	28.75/ 65	27.43/ 54	23.86/ 30
L.store김포공항 10,522 ★	24.48/ 40	33.54/ 46	25.98/ 42	14.16/ 19	44.24/ 62	38.25/ 48	3.25 /10	12.28/ 33	19.19/ 42	49.42/ 50
Hs.store목동 10,649	13.59/ 33	22.65/ 39	15.09/ 35	3.34 /11	33.25/ 54	27.23/ 39	11.44/ 28	10.57/ 27	11.91/ 30	39.11/ 43
E.store신도림역 7,720	17.43/ 43	26.53/ 49	18.97/ 44	6.53 /21	30.71/ 59	31.11/ 45	16.25/ 31	7.71 /27	10.59/ 25	38.08/ 51
Vc.store금천 11,620	21.82/ 54	33.29/ 63	23.63/ 54	10.25/ 29	31.89/ 65	35.78/ 55	20.95/ 42	9.53 /25	3.86 /13	37.01/ 60
Hs.store남현 43,075	17.73/ 47	22.35/ 54	18.81/ 55	15.04/ 35	19.20/ 54	28.09/ 56	23.37/ 46	16.62/ 49	11.43/ 25	30.13/ 43
CT.store양재 10,560	20.08/ 50	24.02/ 57	21.26/ 52	21.95/ 40	14.14/ 48	28.20/ 55	28.77/ 57	31.09/ 41	14.94/ 23	20.31/ 37
E.store역삼 4,510	17.21/ 50	16.66/ 56	18.39/ 53	19.64/ 42	13.08/ 38	22.66/ 52	27.01/ 55	45.23/ 57	20.28/ 44	20.33/ 32
L.store송파 13,825	25.44/ 51	22.21/ 47	27.06/ 43	26.87/ 41	4.89 /19	20.61/ 44	37.61/ 60	39.77/ 63	23.24/ 44	15.58/ 23
CT.store상봉 13,200	16.07/ 38	6.80 /16	14.46/ 37	26.50/ 40	19.39/ 38	4.10 /13	34.56/ 50	37.03/ 67	32.62/ 58	14.42/ 23
L.store삼양 5,666	7.02 /24	5.14 /22	5.77 /18	18.90/ 38	26.82/ 49	11.38/ 31	27.17/ 48	29.64/ 65	32.45/ 61	23.76/ 37
Ha.store도봉 10,870	13.67/ 43	5.37 /17	10.88/ 38	27.46/ 43	27.22/ 47	9.28 /22	41.43/ 42	38.21/ 68	38.72/ 63	21.66/ 31

③ 수정 허프 모델 방식에 의한 점포별 쇼핑확률

본 연구 각 표에서 나타난 자료를 바탕으로 수정 허프 모델을 이용한 쇼핑확률산출을 위한 핵심변수가 소요시간과 매장면적 규모를 사전에 조사하여 이 모델 방식에 의거 산출된 쇼핑확률이 객관성을 확보하는 주요변수가 소비자가 점포선택 기준에 객관적 신뢰수준을 높일 수 있고 본 모델 기준으로 변형모델을 연구하고자 한다.

〈표 6-15〉 차량 상권 백화점 모델 점 쇼핑확률비교표 (수정 허프 모델)

(단위: 매장면적-㎡/시간-분)

점포명/ 매장면적(㎡)	A 지역/ (소요시간)	B 지역/ (소요시간)	C 지역/ (소요시간)	D 지역/ (소요시간)	E 지역/ (소요시간)	F 지역/ (소요시간)	G 지역/ (소요시간)
L.Dpt.store본점 76,487★	$76,487/32^2$ 74.69	$76,487/39^2$ 50.28	$76,487/51^2$ 29.40	$76,487/46^2$ 36.14	$76,487/39^2$ 50.28	$76,487/55^2$ 25.28	$76,487/45^2$ 37.77

아래 〈표 6-15〉에서 수정 허프 모델을 이용한 차량 상권 내 쇼핑확률을 산출하기 위해서 A 지역 소재지 L 백화점 본점을 한 예로 설명하고자 한다. 따라서 쇼핑확률은 집적지 매장면적인 76,487㎡에 비례하고 그곳에 도달하는 거리 시간인 32분 제곱에 반비례한다는 것이다. 수정 허프 모델을 이용하여 계산하였다.

수정 허프 모델 계산식으로 A 지역 내 L 백화점 본점 쇼핑확률 계산적 근거는 다음과 같다.

$P_{ij} = \frac{76,487}{(32)^2} \div \sum_{i=1}^{18} \frac{76,487}{(32)^2} = \frac{74.69}{\sum_{i=1}^{n=18} 74.69}$ 이다. 이때, $\sum_{i=1}^{18} 74.69$를 a로 가정하고, a는 A 지역 내 18개 점별 매장면적과 거리 제곱에 값을 각각 합산 수치와 반비례 한다는 것이다. 본 연구결과 $\frac{74.69}{725.51}$ 으로 L 백화점 본점 쇼핑확률은 10.29이다.

〈표 6-16〉 차량 상권 백화점 모델 점 쇼핑확률 표 (수정 허프 모델)

점포명/ 매장면적(㎡)	A 지역	B 지역	C 지역	D 지역	E 지역	F 지역	G 지역
L.Dpt.store본점 76,487★	74.69	50.28	29.40	36.14	50.28	25.28	37.77
	10.29	6.41	5.97	9.37	9.65	10.41	9.57
18개점 합 계	725.51	784.47	492.82	385.81	521.45	242.85	394.87
	100	100	100	100	100	100	100

다음 〈표 6-17〉에서 쇼핑확률 기대치는 일반적으로 매장면적이 최소 35,000㎡ 이상 조건 점포가 경쟁 소매업태보다 유리하다고 본다. 특히, A~G 지역 내 점별 쇼핑확률 쇼핑기대치 분석은 다음과 같다. 해당 점포 쇼핑기대치(E) = (A~G 쇼핑확률합계) ÷ (A~G 구간: 최고치+최저치 합의 산술평균값)이다. 따라서 E〉 쇼핑확률 산술평균값은 잠재적 기대 매출의 확장성이 있다고 본다. 또한, 7개 지역 쇼핑확률 최고치와 최저치 편차가 쇼핑확률기대치(E)보다 적다는 것은 해당점 매출 상승이 가능하다고 본다.

〈표 6-17〉 차량 상권 내 백화점 수정 허프 모델 쇼핑기대치

Dpt.점포명	A~G 지역		쇼핑확률				A~G 쇼핑확률	
	최고	최저	최고치	최저치	Gap	산술평균	합계	기대치(E)
L.Dpt.store본점	F	C	10.41	5.97	4.44	8.19	61.67	7.53
S.Dpt.store본점	F	B	7.36	4.25	3.11	5.81	41.23	7.10
H.Dpt.store신촌	A	B	12.90	1.70	11.20	7.30	26.91	3.69
H.Dpt.store미아	E	C	22.46	1.57	20.89	12.02	66.96	5.57
L.Dpt.store미아	E	C	13.61	1.07	12.54	7.34	43.90	5.98
L.Dpt.store청량리	B	C	14.69	1.46	13.23	8.08	50.99	6.31
L.Dpt.store건대	G	C	13.27	1.21	12.06	7.24	39.63	5.47
H.Dpt.store무역	D	C	13.00	1.60	11.40	7.30	43.87	6.01
H.Dpt.store압구정	B	C	6.78	1.73	5.05	4.26	31.75	7.45
G.Dpt.store	G	C	7.82	1.52	6.30	4.67	33.19	7.11
L.Dpt.store강남	D	A	11.77	1.40	10.37	6.59	31.00	4.70
S.Dpt.store강남	D	C	6.30	3.22	3.08	4.76	33.19	6.97
L.Dpt.store관악	C	E	5.28	0.97	4.31	3.13	14.95	4.78
S.Dpt.store영등포	C	B	10.40	2.46	7.94	6.43	34.60	5.38
L.Dpt.store영등포	C	B	8.83	1.66	7.17	5.25	25.23	4.81
H.Dpt.store디큐브	C	B	22.94	2.74	20.2	12.84	50.61	3.94
H.Dpt.store목동	C	B	13.62	2.45	11.17	8.04	40.54	5.04
Happy Dpt.store	C	B, E	10.45	1.77	8.68	6.11	29.78	3.40

상기 표에서 쇼핑확률 격차(Gap)가 낮을수록 안정적이고, 매출 확장성이 있다. 통상적으로 7년 차 미만 점포가 쇼핑확률 격차(Gap)가 10% 이상 나타나도 매출 확장성이 가능하나 7년 차 이상은 매출 확장성이 약하다는 것이 소매업계 공통된 의견이다.

〈표 6-18〉 대중교통 상권 마트 모델 점 상권별 쇼핑확률비교표 (수정 허프 모델)

(단위: 매장면적-㎡/시간-분)

점포명(마트) 매장면적(㎡)	A 존 시간	B 존 시간	C 존 시간	D 존 시간	E 존 시간	F 존 시간	G 존 시간	H 존 시간	I 존 시간	J 존 시간
L.store김포공항 10,522 ★	10,522/ 40^2 6.57	10,522 $/46^2$ 4.97	10,522 $/42^2$ 5.96	10,522 $/19^2$ 29.14	10,522 $/62^2$ 2.73	10,522 $/48^2$ 4.56	10,522 $/10^2$ 105.22	10,522 $/33^2$ 9.66	10,522 $/42^2$ 5.96	10,522 $/50^2$ 4.20

〈표 6-19〉 대중교통 상권 마트 모델 점 상권별 쇼핑확률 표 (수정 허프 모델)

점포명(마트)	A 존	B 존	C 존	D 존	E 존	F 존	G 존	H 존	I 존	J 존
L.store김포공항 10,522 ★	6.57	4.97	5.96	29.14	2.73	4.56	105.22	9.66	5.96	4.20
	2.58	0.59	2.14	5.12	1.61	0.98	39.90	7.20	2.21	1.54
18개 점 합계 (쇼핑확률)	254.29	838.68	278.26	568.94	169.43	466.93	263.72	134.28	269.75	273.24
	100	100	100	100	100	100	100	100	100	100

④ 변형확률모델 개발연구와 점포별 쇼핑확률

소비자가 점포선택 기준 주요 핵심 요소는 소매 경험적 연구관점에서 접근성 기반 가상공간요인은 차량 상권이든 대중교통 상권이든 가중치부여 중요한 요소가 된다. 기존 접근성 의미는 하나의 가로에서 다른 가로로 가는 용이성을 말하며 가시성은 직선도로가 다른 도로와 맞닿아 접근성이 높아 보이는 것이다. 적극적인 개념의 접근성 확장은 외부 동선과 같은 건물 내부에도 동선이 존재하며 건물 내부 동선이 건물이 접한 도로가 접근성이 양호하다고 본 정찬희(2010) 연구에서 소비자가 인식할 수 있는 가상공간 가중치를 트리즈(Altshuller, 1964) 체계적인 문제해결책으로 변형변수(파라미터)를 해결원리요인을 분석하여 상권도 끊임없이 진화할 것이라는 가정하에 '변형확률모델' 계산식을 산출하였다.

〈표 6-20〉 측정모델 가상공간요인과 변형변수

가상공간요인	변형변수(파라미터)	①~⑦점		λ=2	
		백화점	대형마트	백화점	대형마트
해당 상권 내 1번 지점 역할수행	- 소매 관광 복합몰구조 - 매장면적 규모와 시장개척 - 쇼핑영역 확장성 - 브랜드선택 및 시장점유	⑦ ⑤ ③ ⑤	④ ③ ③ ⑤	0.14 0.10 0.06 0.10	0.08 0.06 0.06 0.10

가상공간요인	변형변수(파라미터)	①~⑦점		⋋=2	
		백화점	대형마트	백화점	대형마트
교통 Network 연계 접근성	▪승용차, 대중교통연계 ▪주차장 규모시설 편리성 ▪유동인구 통행량 ▪주요 교통망과 역세권	④ ⑥ ④ ⑥	⑦ ⑦ ③ ④	0.08 0.12 0.08 0.12	0.14 0.14 0.06 0.08
주변 상권 편리성과 쇼핑환경	▪광장과 공원 소유 ▪엔터테인먼트 시설 ▪원스톱쇼핑 편리성 ▪주변 상권 연계성	④ ⑦ ④ ③	③ ⑤ ⑦ ⑥	0.08 0.14 0.08 0.06	0.06 0.10 0.14 0.12
상품 MD 구성 차별화	▪트렌드 상품과 유행 ▪체험과 Fun 공유 ▪가격과 품질 ▪찾기 쉬운 매장과 선택과잉	⑥ ⑦ ⑤ ④	⑥ ⑤ ⑦ ⑦	0.12 0.14 0.10 0.08	0.12 0.10 0.14 0.14
마케팅과 시스템	▪고객서비스와 신뢰(Trust) ▪사회공헌과 가치창조 ▪디자인과 IT 솔루션 ▪핵심고객 및 고객 만족	⑤ ⑤ ⑥ ④	⑦ ③ ⑤ ③	0.10 0.10 0.12 0.08	0.14 0.06 0.10 0.06
계	(배점:상권, 특성별 유동적임)	100	100	2	2

상기 가상 공간요인은 점포 접근성과 관련이 있는 가상공간이며 접근성 영향으로 발생하는 소비자 이용량이 점포 매출 규모를 예측하는 변형변수로 직간접으로 영향을 준다.

〈표 6-21〉 변형확률모델 계산식

$$p_{ij} = \frac{\dfrac{S_j \times (\lambda + W_s)}{T^2 ij \times (\lambda - W_t)}}{\sum_{i=1}^{n} \dfrac{S_j \times (\lambda + W_s)}{T^2 ij \times (\lambda - W_t)}}$$	P_{ij} : 지역 i 소비자가 소매점 j에 갈 확률 S_j : 소매점 규모 T_{ij} : 지역 i에서 소매점 j까지 도착 소요시간 n : 소매점 수 W_t : 시간가중치 변수 = 가중치÷(T_{ij}÷기준 T_{ij}) W_s : 규모가중치 변수 = (S_j÷기준S_j)×가중치 ⋋ : 변형변수(파라미터)

변형확률모델에서 소매점별로 〈표 6-22〉 연구모델은 시간과 규모 가중치 변수는 상권 내 소비자가 민감한 부분이며, 변형변수 ⋋=1을 기준으로 상권에 민감한 시간과 면적 이외 여러 영향요소를 빅데이터 분석으로 세분화하여 변형변수 λ'가 해당 상권에 매출 영향을 준다는 것이다.

〈표 6-22〉 파라미터(λ) 산식 계산과정

	면적(Sj)	시간(Tij)	$Sj-\overline{Sj}$	$(Sj-\overline{Sj})^2$	$Tij-\overline{Tij}$	$(Tij-\overline{Tij})^2$	$(Sj-\overline{Sj})(Tij-\overline{Tij})$
1	76,487	32	36,800	$(36,800)^2$	-3	$(-3)^2$	(36,800)×(-3)
⋮	⋮	⋮	⋮	⋮	⋮	⋮	⋮
18	40,414	26	727	$(727)^2$	-7	$(-7)^2$	(727)×(-7)
Σ	714,380	644	0	(A)	0	(B)	(C)
$\overline{n}$	39,687	35					

계산식 산출은 $Sj-\overline{Sj}$=76,487-39,687이고, $Tij-\overline{Tij}$=32-35이다. $\sum_{n=1}^{18}\frac{Sj}{n}=Sj\overline{n}$는 면적 합의 평균이고, $\sum_{n=1}^{18}\frac{Tij}{n}=Tij\overline{n}$는 시간합의 평균이다.

즉, $A=(Sj-\overline{Sj})^2$, $B=(Tij-\overline{Tij})^2$, $C=(Sj-\overline{Sji})(Tij-\overline{Tij})$로 계산하는데 파라미터 $\lambda=\frac{\Sigma(Sj-\overline{Sj})(Tij-\overline{Tij})}{\sqrt{\Sigma A.\Sigma B}}$로 계산된다. 또한, λ가 높다는 것은 정확도가 높다는 의미이며 λ산식에 의한 면적과 시간 변수로 계산하였는데, 적용 범위를 λ=1로 가정하여 가중치와 연동하여 매출추정은 쇼핑확률에 근거를 두었다.

〈표 6-23〉 기대 매출 변형변수 가중치와 λ적용 범위

λ'	0.25	0.50	0.75	1.00	1.25	1.50	1.75
W_t Time weighting(%)	100~96	95~91	90~86	85~81(85)	80~76	75~71	70~66
S_j Area extraction weight(%)	20~25	26~30	31~35	36~40(38)	41~45	46~50	51~55
λ'	0.25	0.50	0.75	Reference weight	1.25	1.50	1.75

시간과 면적의 상관계수 λ는 한쪽이 증가하면 다른 쪽도 증가하는 경향이 있을 때 정(正)의 상관계수가 있다고 보며 반대로 다른 쪽이 감소하는 경향이 있을 때 부(負)의 상관계수가 있다고 보는데 이때 높은 관계를 상관도가 높다는 것은 기대 매출 확장성이 상권 내 잠재력이 있음을 보여준다 할 것이다(김한배, 1995).

따라서, λ의 가중치 평가 기준을 보면 0~0.25는 별 영향이 없는 관계, 0.25~ 0.75는 낮은 관계, 0.75~1.0은 중간 관계, 1.0~1.50은 약간 높은 관계, 1.50~1.75는 높은 관계를 나타

낸다고 볼 수 있다. 여기서 λ〉 0은 정의 상관이고 λ〈 0이면 부의 상관이며 λ=0면 무상관으로 간주한다. 〈표 6-23〉에서 W_t인 시간가중치 변수 = 가중치 ÷ (T_{ij}÷기준T_{ij})에서 (T_{ij}÷ 기준T_{ij})의 계산은 T_{ij}가 a라고 가정하여 a÷(a÷상권 내 A 지역 총 18점) 계산한다. 또한, W_s는 규모 가중치 변수 = (S_j÷기준S_j) × 가중치의 계산도 S_j를 b라고 가정하여 (S_j ÷기준S_j)의 계산도 b÷(b÷상권 내 A 지역 총 18점)으로 계산하였다.

본 연구에서 최근 소비자들의 구매패턴이 차량 상권이든 대중교통 상권이든 공통적 변수인 W_t인 시간가중치 85%와 W_s인 매장 규모 가중치 38%를 적용하였다. 변형확률모델의 A 지역 내 L 본점은 W_s=매장면적 ÷ (매장면적÷A 지역 총 18점) × 매장면적 가중치이고, (매장면적÷A 지역 총 18점)가 기준S_j로 W_s= 76,487 ÷ (76,487/18) × 0.38 = 6.84이다. W_t=매장 도달시간가중치÷매장 도달시간÷(매장 도달시간 ÷ A 지역 /총 18점)은 (매장 도달시간÷A 지역 총 18점)가 기준 T_{ij}로 W_t= 0.85 ÷ (32÷(32/18)) = 0.05가 산출된다. 따라서 L.Dpt. 본점의 변형확률모델 계산식으로 76,487 × (1+6.84)÷$(32)^2$ × (1-0.05) = 614.42이다. A지역 내 총18점을 산출하여 합산한 총액 6,000.06으로 나누면 쇼핑확률은 10.27이다. 이처럼 수정 허프 모델 방식 계산근거로 가중치 영향변수가 상권 내에서 쇼핑확률이 다르게 나타내고 있다. 이제는 대규모 쇼핑센터가 시간 개념보다 규모에 쇼핑집중도가 높고 식생활용품 중심 대형마트는 시간에 민감한 쇼핑확률을 보여준다.

〈표 6-24〉 차량 상권 백화점 모델 점 쇼핑확률 표 (변형확률모델)

(단위: 매장면적-㎡/시간-분)

Dpt.점포명	A 지역	B 지역	C 지역	D 지역	E 지역	F 지역	G 지역
L.Dpt.store본점 76,487★	616.42	449.59	242.68	298.31	415.00	208.67	311.71
	10.27	6.91	6.02	9.40	9.64	10.41	9.57
18개 점 합계 (쇼핑확률)	6,000.06	6,509.17	4,029.39	3,184.91	4,304.08	2,004.02	3,257.94
	100	100	100	100	100	100	100

〈표 6-25〉 대중교통 상권 마트 모델 점 쇼핑확률 표 (변형확률모델)

Mart 점포명	A 존	B 존	C 존	D 존	E 존	F 존	G 존	H 존	I 존	J 존
L.store김포공항 10,522★	54.27	41.04	49.23	240.54	22.59	37.69	868.34	79.74	49.23	34.73
	2.43	0.59	2.14	5.08	1.61	0.98	39.89	7.19	2.31	1.68
18개 점 합계 (쇼핑확률)	2237.34	6922.02	2297.21	4726.00	1399.27	3854.56	2176.82	1108.72	2133.63	2061.87
	100	100	100	100	100	100	100	100	100	100

⑤ 신 변형확률모델 개발연구와 점포별 쇼핑확률

본 연구에서 신 변형확률모델 λ가 2(0.25~1.75로)를 초과하지 않는다는 가정하에 검토되었으며, W_t시간가중치와 S_j 매장 규모 가중치는 서로 반비례하며, 신 변형확률모델의 λ=1일 때 〈표 6-26〉에 의거 W_t시간 가중치 배율이 85%와 S_j 매장면적 규모의 가중치 배율 38%를 계산근거로 하였다. 따라서 가중치 변수는 상권 성향에 따라 다양하게 적용할 수 있을 것이다. 또한 〈표 6-26〉 신 변형확률모델 계산식에서 각 A~G 지역 18개 점포면적과 시간 합을 각 평균값을 기준 T_{ij}와 기준 S_j로 계산근거를 정하였다.

〈표 6-26〉 신 변형확률모델 계산식

계산식	기호	설명
$p_{ij} = \dfrac{\dfrac{S_j \times (\lambda + W_s \times \lambda')}{T^2 ij \times (\lambda - W_t \times \lambda')}}{\sum_{i=1}^{n} \dfrac{S_j \times (\lambda + W_s \times \lambda')}{T^2 ij \times (\lambda - W_t \times \lambda')}}$	P_{ij}	: 지역 i의 소비자가 소매시설 j에 갈 확률
	S_j	: 소매시설 규모(매장면적)
	T_{ij}	: 지역 i에서 소매시설 j까지 가는데 걸리는 시간
	n	: 점포 수
	λ	: 변형변수
	W_t	: 시간가중치 변수 = 가중치÷(T_{ij}÷기준 T_{ij})
	기준 T_{ij}	: 해당지역 전 점포의 평균값 ÷ 해당지역 전체 n
	W_s	: 규모가중치 변수 = (S_j÷기준S_j)×가중치
	기준S_j	: 해당지역 전 점포의 평균값 ÷ 해당지역 전체 n
	λ′	: W_t 가중치 x 0.25~1.75 W_s 가중치 x 0.25~1.75

〈표 6-27〉 차량 상권 백화점별 지역별 평균값대비 쇼핑확률 표 (신변형 확률모델)

(단위: 면적-㎡/시간)

점포명	A 지역	B 지역	C 지역	D 지역	E 지역	F 지역	G 지역
L.store본점 ★	76,487/32	76,487/39	76,487/51	76,487/46	76,487/39	76,487/55	76,487/45
S.store본점	56,100/34	56,100/41	56,100/51	56,100/48	56,100/43	56,100/56	56,100/47
H.store신촌	27,060/17	27,060/45	27,060/44	27,060/57	27,060/48	27,060/64	27,060/54
H.store미아	37,950/41	37,950/16	37,950/70	37,950/46	37,950/18	37,950/38	37,950/42
L.store미아	28,380/43	28,380/17	28,380/73	28,380/48	28,380/20	28,380/39	28,380/44
L.store청량리	37,328/48	37,328/18	37,328/72	37,328/44	37,328/27	37,328/37	37,328/38
L.store건대	25,360/42	25,360/26	25,360/65	25,360/27	25,360/35	25,360/44	25,360/22
H.store무역	31,350/47	31,350/32	31,350/63	31,350/25	31,350/34	31,350/42	31,350/27
H.store압구정	25,740/39	25,740/22	25,740/55	25,740/33	25,740/36	25,740/48	25,740/32
G.store	25,973/38	25,973/22	25,973/59	25,973/34	25,973/35	25,973/48	25,973/29
L.store강남	30,690/55	30,690/42	30,690/57	30,690/26	30,690/42	30,690/52	30,690/37
S.store강남	42,900/32	42,900/34	42,900/52	42,900/42	42,900/49	42,900/62	42,900/46
L.store관악	23,430/38	23,430/53	23,430/30	23,430/51	23,430/68	23,430/77	23,430/64

점포명	A 지역	B 지역	C 지역	D 지역	E 지역	F 지역	G 지역
S.store영등포	43,098/25	43,098/46	43,098/29	43,098/60	43,098/58	43,098/71	43,098/60
L.store영등포	36,630/29	36,630/53	36,630/29	36,630/67	36,630/63	36,630/77	36,630/63
H.store디큐브	65,100/31	65,100/55	65,100/24	65,100/63	65,100/64	65,100/78	65,100/65
H.store목동	60,390/27	60,390/56	60,390/30	60,390/71	60,390/67	60,390/80	60,390/66
Happy store	40,414/26	40,414/54	40,414/28	40,414/66	40,414/66	40,414/80	40,414/63
면적 총계	714,380	714,380	714,380	714,380	714,380	714,380	714,380
면적 평균	39,687	39,687	39,687	39,687	39,687	39,687	39,687
시간 총계	644	671	882	854	812	1.048	844
시간 평균	35	37	49	47	45	58	46

〈표 6-28〉 차량 상권 백화점 모델 점 쇼핑확률 표 (신변형 확률모델)

(단위: 매장면적-㎡/시간-분)

점포명	A 지역	B 지역	C 지역	D 지역	E 지역	F 지역	G 지역
L.Dpt.store본점	1,114.91	742.79	438.93	539.54	750.60	377.41	563.79
76,487★	16.19	11.45	8.56	16.62	17.02	17.90	17.30
18개 점 합 계	6,886.36	6,486.20	5,124.96	3,246.83	4,409.88	2,108.5	3,259.81
(쇼핑확률)	100	100	100	100	100	100	100

〈표 6-29〉 대중교통 상권 마트 모델 점 평균값대비 쇼핑확률 표 (신변형 확률모델)

(단위: 매장면적-㎡/시간-분)

점포명	A 존	B 존	C 존	D 존	E 존	F 존	G 존	H 존	I 존	J 존
L.store	10,522	10,522	10,522	10,522	10,522	10,522	10,522	10,522	10,522	10,522
김포공항★	40	46	42	19	62	48	10	33	42	50
면적 총계	258,171	258,171	258,171	258,171	258,171	258,171	258,171	258,171	258,171	258,171
면적 평균	14342	14342	14342	14342	14342	14342	14342	14342	14342	14342
시간 총계	676	664	676	516	833	678	731	881	754	666
시간 평균	38	37	38	29	46	38	41	49	42	37

〈표 6-30〉 대중교통 상권 마트 모델 점 평균값대비 쇼핑확률 표 (신변형 확률모델)

점포명	A 존	B 존	C 존	D 존	E 존	F 존	G 존	H 존	I 존	J 존
L.store 김포	41.24	31.18	37.40	188.67	17.16	28.64	782.01	62.54	37.80	26.39
공항 10,522 ★	1.43	0.16	0.88	3.29	0.75	0.32	28.78	4.22	1.16	0.63
18개 점 합계	2,892.87	19,640	4,241.78	5,735.62	2,286.43	8,898.98	2,716.75	1,481.05	3,267.87	4,183.09
(쇼핑확률)	100	100	100	100	100	100	100	100	100	100

(3) 모델 점 매출추정 및 타당성 검증

3.1. 예상 매출액 추정 및 산출

흡인기대 세대수 산출 모델 점을 차량 상권 내 롯데 본점 예상 매출 산출을 목적으로 한다. 사전조사된 상권별 총 세대수를 산출하고 상권별 총 세대수를 〈표 6-31〉과 〈표 6-32〉 쇼핑확률을 대입시켜 〈표 6-33〉과 〈표 6-34〉 흡인기대 세대수를 산출하여 매출 규모를 추정하는 주요변수가 될 것이다.

〈표 6-31〉 차량 상권 백화점 모델 점 쇼핑확률 비교표

구 분		A지역	B지역	C지역	D지역	E지역	F지역	G지역
L.Dpt.store 본점 ★	수정허프모델	10.29	6.41	5.97	9.37	9.65	10.41	9.57
	변형확률모델	10.27	6.91	6.02	9.40	9.64	10.41	9.57
	신변형확률모델	16.19	11.45	8.56	16.62	16.72	17.90	17.30
18개점 계	수정허프모델	100	100	100	100	100	100	100
	변형확률모델	100	100	100	100	100	100	100
	신변형확률모델	100	100	100	100	100	100	100

〈표 6-32〉 대중교통 상권 마트 모델 점 쇼핑확률 비교표

구	분	A 존	B 존	C 존	D 존	E 존	F 존	G 존	H 존	I 존	J 존
L.store 김포공항★	수정허프모델	2.58	0.59	2.14	5.12	1.61	0.98	39.90	7.20	2.21	1.54
	변형확률모델	2.43	0.59	2.14	5.08	1.61	0.98	39.89	7.19	2.31	1.68
	신변형확률모델	1.43	0.16	0.88	3.29	0.75	0.32	28.78	4.22	1.16	0.63
18점 계	수정허프모델	100	100	100	100	100	100	100	100	100	100
	변형확률모델	100	100	100	100	100	100	100	100	100	100
	신변형확률모델	100	100	100	100	100	100	100	100	100	100

L.Dpt · 본점 상권별 흡인기대 세대수를 분석한 〈표 6-33〉에서 흡인기대 세대수가 직접적인 영향변수가 쇼핑확률로서 차량 상권 내 변형확률모델과 신 변형확률모델은 가중치 반영 여부에 따라서 전체적으로 흡인기대 세대수가 증가추세 모습이며 신 변형확률모델은 전 지역에서 급격하게 증가한다는 것은 상권 광역화와 집중화 전략이 필요하겠다.

또한, 대중교통상권 소매점인 L.Mart 김포 공항점 흡인기대 세대 수 가중치에 의한 변수 영향이 상대적으로 적게 산출되고 대형마트는 지역밀착형 상권으로 흡인기세대수 확장보다는 1차 상권 내점 고객률 전략이 수립되어야 할 것으로 판단된다. 본 연구자의 소매 경험상 1차 상권 5㎞ 반경 고객 내점률은 80%와 2차 상권 10㎞ 반경 고객 내점률 20%를 쇼핑기대 세대수로 산출하였다.

〈표 6-33〉 모델 점 차량 상권 흡인기대 세대수 산출표 (대형백화점)

구 분	총 세대수	수정허프모델		변형확률모델		신 변형확률모델	
		쇼핑 확률	흡인기대 세대수	쇼핑 확률	흡인기대 세대수	쇼핑 확률	흡인기대 세대수
A 지역	2,336,780	10.29	240,454	10.27	239,987	16.19	378,324
B 지역	1,822,603	6.41	116,828	6.91	125,941	11.45	208,688
C 지역	1,267,157	5.97	75,649	6.02	76,282	8.56	108,468
D 지역	2,267,726	9.37	212,485	9.40	213,166	16.62	376,896
E 지역	2,285,758	9.65	220,575	9.64	220,347	16.72	382,178
F 지역	2,110,965	10.41	219,751	10.41	219,751	17.90	377,862
G 지역	2,190,678	9.57	209,647	9.57	209,647	17.30	378,987
계	14,281,667	-	1,295,389	-	1,305,121	-	2,211,403

〈표 6-34〉 대형마트 모델 점 대중교통 상권 흡인기대 세대수 산출표

구 분	총 세대수	수정허프모델		변형확률모델		신변형확률모델	
		쇼핑 확률	흡인기대 세대수	쇼핑 확률	흡인기대 세대수	쇼핑 확률	흡인기대 세대수
A블록	692,364	2.58	17,862	2.43	16,824	1.43	9,900
B블록	546,289	0.59	3,223	0.59	3,223	0.16	874
C블록	581,163	2.14	12,436	2.14	12,436	0.88	5,114
D블록	539,108	5.12	27,602	5.08	27,386	3.29	17,736
E블록	644,636	1.61	10,378	1.61	10,378	0.75	4,834
F블록	755,796	0.98	7,406	0.98	7,406	0.32	2,418
G블록	541,307	39.90	215,981	39.89	215,927	28.78	155,788
H블록	447,444	7.20	32,215	7.19	32,171	4.22	18,882
I블록	547,152	2.21	12,092	2.31	12,639	1.16	6,346
J블록	480,184	1.54	7,394	1.68	8,067	0.63	3,025
계	5,775,443	-	346,589	-	346,457	-	224,917

3.2. 추정매출액 결과 타당성 검증

본 연구에서 추정매출액 타당성 검증은 측정 변수의 도구와 방법이 얼마나 타당한지 밝히는 것이다. 상권별 쇼핑확률 비교에 의한 실증적 매출을 비교하는 방법으로 L.Dpt.본점의 2016년 매출결과에 의한 비교분석으로 타당성을 검증하였다. 매출추정 모델은 도시 간 거리와 시간, 매장 규모, 지역별 인구수를 파악하고, 컨버스의 수정인력이론과 Huff 모델을 개량한 변형확률 모델을 접목하여 상권 내 총인구수와 쇼핑 내점률의 인구를 파악하고, 흡인기대세대수를 산출하여 변형된 개량확률모델에 상권 내 소비지출액을 추정하여 L.Dpt.본점과 L.Mart 김포 공항점의 매출액을 추정하고 타당성을 검증한다. 추정매출액에 반영할 가구당 월평균 가계수지를 2016년 통계청 자료에 의거 전체 가구 평균기준인 가계 지출액으로 추정매출액을 지역별 기준이 아니라 전국평균대비 당해 상권 내 거주자도 해당 상권에서 반드시 지출을 기대하기는 어렵다는 것이다.

① 추정매출액 타당성 사례 1(L.Dpt.본점)

통계청 자료에 의한 가계동향은 가계의 소득과 소비를 보여주는 지표로써 2인 가구 이상만 지표로 삼는다. 2016년 가계동향은 2.7% 성장률에 가계평균소득은 439만 9,000원으로 0.4% 감소하였고 가구당 월평균 소비 지출은 255만 원으로 전년 대비 1.5% 감소하였다. 가구 실질 소득증가율이 2007년 2.7에서 2016년은 마이너스 0.4이며 가구 평균소비성향이 2007년 76.6에서 2016년 71.1로 소득 감소로 소비침체 국면이다. 여기서 소비성향은 가처분 소득에서 소비 지출이 차지하는 비중으로 가계의 소비 지표로 평균소비성향은 가처분 중 지출 비중이 높을수록 소비성향이 많다는 의미다.

〈표 6-35〉 모델 점 연간 추정매출액 계산 (차량 상권)

(단위: 세대수/만원)

구 분	수정허프모델	변형확률모델	신변형확률모델
흡인기대 세대수	1,295,389	1,305,121	2,211,403
2016년 월평균 세대 소비지출액	2.55백만 원	2.55백만 원	2.55백만 원
1년	12개월	12개월	12개월
소비 지출 총금액	39.6조	39.9조	67.6조
점유율 지수(%)	4.9%	4.9%	4.9%
2016 추정매출액(차액)	1.94조(0.08조)	1.95조(0.09조)	3.31조(1.45조)
2016 L.Dpt. 실제 총매출액	1.86조	1.86조	1.86조
오 차 율	4.12%	4.61%	43.8%

산출근거: 2016년 국내소매시장 305조 원 중 백화점점유율 9.8%, 점유율 지수 = 백화점점유율 9.8% × 50%(소매 경험치)

자료: 대한상공회의소, 2017 유통산업백서

따라서 〈표 6-35〉에서 산출한 세대당 월평균 소비지출액을 쇼핑확률을 산출할 모델 점 흡인기대세대수에 적용하여 L.Dpt. 본점 추정매출액을 산출한 결과 수정 허프 모델과 변형확률모델은 실제 매출액과 비교 시 5% 이내의 오차율로 추정 매출 타당성 면에서 긍정적인 검증 결과는 쇼핑확률 정확성에 의한 추정매출액 추정결과의 예측성에 달려 있다고 본다. 그러나 신 변형확률모델은 L.Dpt. 본점 실제 매출액과 대비 시 43.8% 오차율이 크게 나타나는 것은 가중치에 의한 변수 영향 오차 금액인 1.45조 원으로 L.Dpt. 본점은 잠재적 매출 가능성이 큰 영향력 상권이라 하겠다. 따라서 매출 상승 가중치 변수인 영향요소에 대한 실질적인 대책이 필요하다 하겠다.

② 추정매출액 타당성 사례 2 (L.Dpt. 본점)

본 연구에서 추정매출액 계산은 소비자가 해당 점을 방문하여 지출하는 금액인 평균 객단가보다는 객관적 지표가 될 것으로 본다. 이와 같은 방법의 객단가는 세대당 월평균 구매지출액을 계산하여 적용하고자 하였고 객관적인 자료 검증을 위해 내부자료와 경험적 방법과 한국체인스토어협회 2016 소매업체 연감 자료를 도입했다는 점이다.

〈표 6-36〉 세대당 월평균 구매지출액 계산식 (차량 상권)

L.Dpt. 본점 Unit Price Per Unit Price X Monthly average visit count = Average amount of monthly purchases in the generation(81,000원) X (1.5회/월) = 121,500원 (자료: L.Dpt.의 내부자료, 발췌)

L.Dpt. 본점 추정매출액 계산은 추정 월 매출액 $M = \{(h \times p) \div 100\} \times (c \times t)$이다. h는 해당 상권 내 총 세대수이며 p는 쇼핑확률을 말한다. c는 해당 업태의 평균 객단가이며 t는 소비자가 해당 점을 방문하는 월평균 횟수를 말한다.

〈표 6-37〉 모델 점 추정매출액 타당성 계산 (차량 상권)

(단위: 원)

구　　분	수정허프모델	변형확률모델	신변형확률모델
추정연매출액(흡인기대세대수)	1.89조	1.90조	3.22조
2016년 L.Dpt. 본점 실제 총매출	1.86조	1.86조	1.86조
차　액	0.03조	0.04조	1.36조
오 차 율(%)	1.67%	2.10%	42.23%

〈표 6-37〉 흡인기대세대수를 L.Dpt. 본점의 세대당 월평균 구매지출액을 계산한다. 따라서 수정 허프 모델의 추정 년 매출액은 1,295,389(흡인기대세대수)×121,500원(세대당

월평균 구매지출액)×12개월=1,888,677백만 (약1.89조)로 계산된다. 본 연구에서 L.Dpt 본점의 흡인기대세대수에 의한 신변형 확률모델에서 가중치의 변형변수로 기대 매출 규모가 3조 원대까지 확장성이 있는 가능한 상권으로 전망된다. 사례 1·2의 추정매출액과 실제 총매출액을 비교 검증하였으나 5% 범위에서 유효하다고 본다. 상기 사례 점포입지에서 상권분석을 위한 매출추정 모델 계산식의 수정 허프 모델과 소비자가 점포 선택변수에 영향을 주는 영향변수 가중치를 부여한 변형모델은 미래 기대 매출을 파악하여 투자효율 방법이 될 것이다.

③ 추정매출액 타당성 사례 3 (L.Mart Kimpo Airport)

본 사례에서도 소비지출액대비 구매점유율 지수는 대형마트 전체 소매시장 점유율에 10%를 소매 경험치로써 적용하여 산정한다.

〈표 6-38〉 모델별 연간추정매출액 계산 (대중교통 상권)

(단위: 세대수)

구 분	수정허프모델	변형확률모델	신변형확률모델
흡수기대 세대수	346,589	346,457	224,917
2016년 월평균 세대 소비지출액	2.55백만 원	2.55백만 원	2.55백만 원
1년	12개월	12개월	12개월
소비 지출 총금액	106,056억	106,016	68,825
점유율 지수(%)	1.08%	1.08%	1.08%
2016 추정매출액(차액)	**1145(415)억**	**1144(414)억**	**743(13)억**
2016 L.Mart 김포 공항점 실제 총매출액	730억	730억	730억
오 차 율	36.2%	36.1%	1.74%

산출근거: 2016년 국내소매시장 305조 원 중 대형마트 점유율 10.8% 점유율 지수 = 대형마트점유율(10.8%) × 10%(소매 경험치)

자료: 대한상공회의소, 2017 유통산업백서

④ 추정매출액 타당성 사례 4 (L.Mart Kimpo Airport)

본 사례의 모델 점 추정 매출결과가 예측성 결과를 다음과 같이 검증한 결과를 실제 매출액과 비교하여 추정매출액을 산출할 시 흡인기대세대수와 경험구매율에 따라서 매출예측의 적확성의 차이가 크게 나타난다.

〈표 6-39〉 세대당 월평균 구매지출액 계산식 (대중교통 상권)

L.Mart Kimpo Airport Unit Price Per Unit Price X Monthly average visit count = Average amount of monthly purchases in the generation(34,000원) X (1회/월) = 34,000원 (자료: L.Mart 내부자료, 발췌)

사례 2 방법으로 〈표 6-40〉도 다음과 같이 추정매출액을 산출한다. 수정 허프 모델의 추정매출액은 346,589(흡인기대세대수) × 80%(소매 경험구매율) × 34,000원(세대당 월평균 객단가) × 12개월=113,126백만 (약 1,131억)으로 계산된다.

〈표 6-40〉 모델 점 추정매출액 타당성 계산 (대중교통 상권

(단위: 원)

구 분	수정허프모델	변형확률모델	신변형확률모델
추정연매출액 (흡인기대세대수)	1,131억	1,130억	734억
2016 L.Mart 김포 공항점 실제 총매출	730억	730억	730억
차 액	401억	400	4억
오 차 율(%)	35.4%	35.3%	0.54%

상기 매출 타당성 분석결과 L.Mart는 매출 확장성으로 잠재적 성장이 가능한 것은 근거리 상권의 세대수 집중도가 높아 흡인기대매출이 상대적으로 많기 때문이다. 각각 사례에서 매장 규모와 거리 시간 관계 등 가중변수 영향이 대형백화점과 대형마트를 비교 연구결과가 정반대로 나타난다. 따라서 대형마트에서 소비자가 점포를 선택하는 외부환경 가중치 요인변수가 오히려 신변형 확률모델에 의한 추정 매출에 보다 정확성 면에서 미치는 영향이 상대적으로 적게 나타나고 있다는 것이다. 본 연구사례 3·4의 산출결과 오차율 범위가 적정한 결과치를 나타내고 있다. 따라서 대형백화점과 대형마트 입지에 따른 상권분석에 적용된 수정 허프 모델 모형을 중심으로 변형 쇼핑확률을 산출하면서 상권 내 소비자가 선택하려는 소매업태 내점률과 가중치에 의한 영향변수를 반영하여 매출추정과 상권 내에서 해당 점 매출 확장성 유무를 판단하는 방법이 될 것이다. 본 연구는 고객문화체험 및 최적 소매서비스 제공을 통한 체류 시간으로 소비자 잠재 수요창출로 해당 지역 점포 집중화 현상은 세대 간 쇼핑흡인으로 기대매출액이 증가한다는 점이다. 소매업태가 산업화·도시화 및 소비 자본주의는 제4차 산업혁명으로 가는 과정에서 새로운 소비구조에 적용되는 다양한 영향변수를 적용하기에 무리가 있었으나 중심지 이론과 소매업계의 경험적인 상권

분할 방법을 추정 매출 연구에 정확성을 높이고자 하였다. 특히 차별화 우위의 매출 실증 분석은 상권경쟁전략에서 중요한 경영전략으로 환경 불확실성이 커질수록 경영성과 차이는 더 벌어지게 나타나기 때문이다. 본 실증연구로 환경 불확실성이 커질수록 기업은 서로 모순되어 보이는 차별화 우위와 매출우위를 동시에 추구하는 혼합전략으로 대응하는 소매환경 변화전략이 필요하다는 것이다(Park & Lim, 2014). 소매유통환경은 상권 경쟁전략의 소비자 선택에 영향을 주며 특히 환경 불확실성과 차별화 전략은 유의한 정(+)의 관계다. 또한, 각 전략유형별 정(+)의 영향을 미치는 특정한 상권이 존재는 해당 점이 추구하는 매출전략과 내부역량 간에 밀접한 관계가 있다. 이 같은 경영환경과 경쟁전략, 내부역량과 경쟁전략, 환경-전략 및 역량-전략통합 적합성이 기대 매출창출에 긍정적인 영향을 준다(Choo et al., 2009). 본 연구 수정 허프 모델의 쇼핑확률 분석이 소요시간과 매장 규모에 가중치에 따른 추정매출액을 신뢰성을 높이고자 하였다면 상권분석 시 소비자가 점포를 선택하는 변형변수인 가중치에 따라 소비자로부터 선택받을 수 있는 쇼핑확률 기대치가 높다는 것이 〈표 6-41〉 변형확률모델로 연구자는 산출 식으로 비교하였다.

〈표 6-41〉 매출추정 규모 연구모델 산출비교

Division	①	②
Modified Huff Model	$P_{ij} = \dfrac{\dfrac{S_j}{T_{ij}^2}}{\displaystyle\sum_{i=1}^{n} \dfrac{S_j}{T_{ij}^2}}$	$E(A_{ij}) = C_i \cdot B_i \cdot \dfrac{S_j}{T_{ij}^{\lambda}} / \displaystyle\sum_{j=1}^{n} \dfrac{S_j}{T_{ij}^{\lambda}}$
Transform probability Model (Research model)	$p_{ij} = \dfrac{\dfrac{S_j \times (\lambda + W_s)}{T^2 ij \times (\lambda - W_t)}}{\displaystyle\sum_{i=1}^{n} \dfrac{S_j \times (\lambda + W_s)}{T^2 ij \times (\lambda - W_t)}}$	$p_{ij} = \dfrac{\dfrac{S_j \times (\lambda + W_s \times \lambda')}{T^2 ij \times (\lambda - W_t \times \lambda')}}{\displaystyle\sum_{i=1}^{n} \dfrac{S_j \times (\lambda + W_s \times \lambda')}{T^2 ij \times (\lambda - W_t \times \lambda')}}$

상기 연구모델인 변형확률모델은 해당 도시 간 상세권 분석이나 도시 내의 소비확률 분석 및 도시 내의 업태 간의 비교분석이 종전의 허프 모델의 약점을 보완하여 매출추정의 가능성이 확보되었다고 볼 수 있다. 특히 ①과 ② 산출 식에서 점포의 흡인력을 확률로 나타내는 매출액을 측정하여 보완하는 수정 허프 모델을 국내 주요소매의 업태별 사례연구를 통하여 변형확률모델을 구축하고자 한다. 본 모델의 핵심적 요소인 파라미터(λ) 적용 범위에 따라서 고객흡인력에 미치는 영향과 추정 매출실적과 실제 매출실적 차이를 검증하는 도구로 사용했다.

Sales estimate Transform probability Model
(업태별 / 도시별 / 매출 규모 추정)

↑

New modify probability Model
(모델 점 기대 매출과 실매출 검증비교검토)

↑ ↑

A study on the sedaesu prediction commercial District
(모델별 쇼핑확률 적용)
- 신변형 확률모델
- 변형 확률모델
- 수정 허프 모델

Detailed population census
(모델 적용식 개발)
- 서울시/수도권 1·2·3차 권별 인구조사
- 변형 확률모델 계산식
- 파라미터(λ) 적용 범위
- 기대 매출 변형변수 가중치
- 세대 당 월평균 소비지출액 조사

↑ ↑

A survey study on the Main Market for Each commercial Market
- 인구수와 세대수 조사
- 업태별 도시 간 거리 및 시간 조사
- 소매업태 별 소매점 매장 규모 조사
- 모델 점 실매출 조사
- 사전 선행연구 및 연구 방향 검토
- 이론적 배경 및 업태별 이해
- 쇼핑센터 활성화 변형변수조사

〈그림 6-8〉 매출추정 변형 확률모델 구축

Chapter 7

상세권과 입지선정

제 1 절 | 상세권

1. 상세권 분류와 명확화

1) 지역 상세권(GTA)

상세권(trading area)이란 개별 혹은 집단상업기관의 기반이 되는 범위에서 예상 고객(prospective customers)을 유인할 수 있는 지리적 공간을 의미한다. 원칙적으로 상세권은 ① 지리적으로 확대되거나 ② 거주 및 통근통학을 위해 유입되는 인구가 가능한 한 다수이고 ③ 사람들의 평균소득 수준이 높아 소비구매의욕이 왕성하며 소비의 질적 수준도 평균이 넘는 상황에 있을 때가 좋다고 한다. 이와 같은 상세권도 지역, 지구, 지점의 3단계 별로, 지역 상세권(general trading area, GTA), 지구 상세권(district trading area, DTA), 점포 상세권(individual trading area, ITA) 등 세 부분으로 나누어 생각할 수 있다. GTA는 시역과 거의 일치하는 개념으로서 앞에서도 서술했듯이 인접 시, 구, 동과 역관계(지세, 교통구조 등)에 의해 시역보다 커지거나 적어지든지 한다. 따라서 시역내에 존재하는 모든 상업기관이 GTA에 공통으로 작용하게 됨으로써 동 업종 간에 고객유인을 위한 경쟁 관계가 생기게 되는 것이다. GTA 윤곽 그리기는 뒤에 설명할 소매인력 법칙에서의 상권경계선 모델 등이 자주 이용된다. 출점 후보지의 '위치력 분석'에서 우선 중요한 것은 GTA 윤곽 잡기와 그 내용을 양적(인구, 소비구매량)과 질적(소비수준, 경쟁환경 등과 기타 대형점과 유명전문점의 분포현황)으로 검토하는 것이다. 지구나 지점으로의 접근은 그 이후라도 상관이 없다.

2) 지구 상세권, 집적에 의한 상세권

하나의 지역 속에는 대소·강약의 여러 지구가 포함된다. 대소란, 집적을 형성하는 점포

수와 매장면적 총계를 말하며 강약이란 대형 유력점이나 유명전문점 유무라든지 점포군 상황 및 공통 서비스시설과 광장 등의 확충 정도 그리고 점포군 협조 결속 상황 등을 요소로 하는 집적 전체 고객유인능력을 의미한다. 지구의 타겟(target) 단위는 개별 점포가 아니라 상업적인 집적인 것이다. 지구 상세권은 지구끼리 겹치는데 지역을 지구별로 구분해 상업지도를 그릴 수 있다. 지역 상세권 분석이 끝난 후에는 곧이어 자사 출점 후보 지구에 대한 상세권 분석을 해야 한다. 대형점으로서는 가장 유력한 지구로 출점하는 것이 상식이지만 현실적으로 약체인 도시 외곽 지구로 비용면에서 유리한 조건으로 진출, 자점 힘과 기존점포군 힘을 합하여 그 지구를 강화하는 방법도 있다. 지구 상세권은 지역 상세권과 거의 일치한다. 지역의 가장 중심부에 위치하는 지구로서, 소비구매력의 50% 이상을 흡인하고 있는 경우인데 특히 지방 중소도시 등에서 이런 경우가 종종 눈에 띈다. 또한, 주변부에 대형점포를 핵으로 하는 대규모 쇼핑센터가 몇 군데 개발되어 중심부의 상업지구가 점차 상세권을 주변으로부터 좁혀가는 경우도 많다. 지구 상세권이 주변으로부터 잠식되어 고객 유인력이 저하될 때는 해당지구에 소재하는 점포들이 곤경에 처하게 된다. 지구 발전 없이 지점 번영도 있을 수가 없다.

3) 지점(점포별) 상세권

지역 중심부에 위치한 강력지구(대규모 상업 집적)를 구성하는 대형소매점, 유명전문점, 유력공동상점 등은 때에 따라서 지역 상세권(GTA)과 거의 합치되는 점별 상세권(ITA)을 가질 수 있다. 이는 곧 보상범위(coverage)가 상당히 커진다는 의미이다. 한편 지역 내에서도 외곽에 위치하는 소규모, 저밀도 상점가 일원인 소매업들은 대형점 부류에 속한다고는 해도 한정된 보상범위(coverage)밖에는 보유할 수 없다. 지점(점포별) 상세권에 대한 다음과 같은 점들을 지적할 수가 있다.

(1) 지역 내 중심부에 있는 대규모, 고밀도 유력 상업 집적으로 귀속되는 소매점일수록 광대한 ITA를 유지할 수가 있다.
(2) 역으로, 외곽에 위치하는 중소규모, 저밀도 상업 집적으로 귀속되는 소매점 ITA는 극히 좁은 범위로 한정된다.
(3) 종합화된 대형점일수록 동일위치에 속해 있더라도 ITA는 광대하다.
(4) 중소점포 경우에도 유명전문점 타입 소매업은 동일위치에 속해 있더라도 ITA가 넓어진다.
(5) 일회용품이나 전문품을 주로 취급하는 소매업 쪽이 ITA가 넓어지는데 그 가운데에는 동일점포 군과의 경쟁이 심하다.

(6) 일용품을 주로 취급하는 소매업은 작은 ITA밖에는 가질 수가 없는데 그 가운데에서는 독점성을 갖는 경우가 많다.

4) 상세권 명확화

GTA 내부에서도 어느 정도의 범위를 자점의 상세권으로 할 것인지를 지도상으로 명확히 하는 것을 ITA 윤곽 잡기라 한다. 이는 GTA 윤곽 잡기와는 다른 것으로서 단순히 공식 등을 적용하는 경우가 많다. 그러나 일회용품이나 전문품을 주로 취급하는 전문점과 종합대형점 경우 Huff 확률모델 등에 의해 예상된 지구(상업 집적)별 상세권을 그대로 자점 ITA로 간주하여 매출예측 등을 할 수는 있다. 그러나 자점 ITA를 정확히 파악하려면 내점 고객을 대상으로 조사하는 방법밖에는 없다. 자점 ITA를 지도 위에 명확히 그리려면 소비 수요 질적 특성과 양적 규모를 분석해야 한다. 소비의 질적 특성은 ① 거주자 및 통근통학에 의한 유입자들의 구매지구와 이용점포에 대한 업태선택 행동 ② 자사 취급상품 계열에 대한 상품선택 행동 ③ 점포 내 인적, 물적 구매환경과 정보제공 및 모든 종류의 구매 편익 제공 등에 대한 요망과 기대 등을 둘러싼 특징적인 경향을 의미한다. 물론, 이러한 종류의 소비 행동은 소비자들의 유형이나 구매 시점에 놓인 조건에 따라 각기 다르므로 획일적으로 규정할 수는 없다. '우리 점포가 특히 대상으로 하는 고객 유형과 우리와 같은 점포를 이용하는 유형의 소비자'에게 초점을 두고 분석할 수밖에 없다. ITA 내 소비 수요에 대한 양적 파악은 소비세대 수와 세대당 평균 가처분 소득액 및 평균적 소비성향이라는 세 가지 요소로부터 추계한다.

2. 상세권과 위치력

1) 위치력(位置力) 관리

소매업 '위치력'(점포 위치 매력과 편리성이라는 측면에서 고객을 유인하는 힘)에는 기업이 부여받은 위치력(수동적 위치력)과 기업이 창출해 내는 위치력(능동적 위치력)이 포함되어 있다. 일반적으로 입지조건이라는 것은 수동적 위치력을 의미하는 것이지 능동적인 위치력을 의미하는 것은 아니다. 그러나 마케팅적 감각에서 본다면 '창출해 내는 위치력'이야 말로 중요한 의의가 있다. 일반적으로 '부여받은 위치력'은 해를 거듭할수록 떨어진다. 개점 시에는 열악한 입지조건이었음에도 점차 호전되는 경우라면 지구가 주택지화됨으로써 인구가 증가하고 도로와 철도 등 교통이 정비되는 등 극히 일부분의 경우에 한한다. 중심부나 도심부 외곽에 오래전부터 자리 잡았던 소매업 경우에는 교외개발이나 전철 역전 지구 재개발로 인해 수동적 위치력이 점차 악화하여 가는 경우가 일반적이다. 회복할 수 없으면 자기의 지점(위치), 지구(집적)에 집착하지 말고 과감히 타 지구로 점포를 이전하는 결단력이 요구된다. 이러한 종류의 의사 결정력 또한 기업 위치력의 하나인데 현실적으로는 기업 측 자구노력으로 이루어지는 경우가 많다. 여기에는 소비·생산지역배후지(hinterland) 인구가 감소하여 이후에 출현하는 타 지구 신규 상업시설에다 고객을 빼앗겨 버리는 경우가 있는가 하면, 자사 지구 집적을 형성하는 점포 개조(remodel)나 가로 재정비 및 조명과 화단을 비롯한 휴식공간 설치 등 집적을 단위로 하는 모든 종류의 행사에 대한 계획적인 실시 등이 그 수단이 된다.

2) 위치력 창출

배후에 넓은 주택지대가 개발되고 넓은 도로가 주택지대와 시 중심부를 연결함으로써 교통량이 증가하는 교외 도로변은 잠재적인 상업 가능성을 갖는다. 그러나 외진 곳에 덩그렇게 작은 상점이 들어서면 상업 가능성을 기대할 수가 없다. 이런 곳에 상점이 들어선다면 문자 그대로 일용품, 편의품을 취급하는 일용 잡화식료품점(convenience store) 타입 점포라든지 즉석식품(fast food) 음식점이나 잡화용품도 함께 취급하는 일종 주유 점포(gasoline service station) 정도로 한정된다. 강력한 위치력을 창출하기에는 역부족이다. 반면, 여러 종류 상품을 종합적으로 취급하는 대형점이나 넓은 면적이 있어야 하는 가구센터 등처럼 충분한 주차시설을 갖추고 있으며 점포 주변 및 점내 공간 확보는 물론 물적 환경형성에 신경을 쓴 소매업일 경우에는 배후지(hinterland) 소비자를 흡입할 수 있는 위치력을 창출해 낼 수가 있다. 더욱이 단독 출점이 아니라 ① 타 업태의 대형점을 여러 점으로 세팅한다든지 ② 대형점을 기반점포로 하지 않고 여러 종류의 다양한 전문품점과 식품점 등이 대형점을 둘러싸는 식의 집단방식을 취하는 '복합 출점'을 함으로써 고객 유인력을 한층 상승시키게 된다. 즉, 상업적으로 '무'인 장소인 곳에서 강력한 위치력을 창출하는 것이 가능해진다는 것이다. 이는 교외 지역이나 주변 지역에 한한 것이 아니다. 전철역 남쪽이 시의 중심부를 형성하고 역전광장을 중심으로 늘어선 상점가에는 다수 점포가 성황을 이루고 있지만 북쪽은 황량한 공터에다 잡초가 무성한 가운데 옥외주차장이 있으며 거기서 약간 떨어진 곳에 목재소와 시 체육관만 덩그렇게 있는 광경을 떠올려 보자. 상업적으로는 '무'의 북쪽 지대가 계획된 일련의 집단형성 때문에 점차 남쪽에 대응하는 센터로 바뀌는 경우가 종종 있다.

3) '위치' 이동력

상업적으로 전혀 '무'인 장소에서 집적형성을 통해 강력한 위치력을 창출한다. 이러한 가능성은 당연히 일정 조건에 의한 것이다. 이는 곧, 그 장소 배후지에는 상당액 매출액을 올릴만한 소비구매력 즉, 소비인구가 그만큼 많다는 조건이다. 배후지가 산림이나 해안으로서 인구가 없는 경우 혹은 약간 주민은 있으나 매년 감소 경향을 보일 때에는 아무리 전철 역전이라 해도 신규 위치력의 창출은 기대할 수가 없다. 이와 같은 의미에서 기존 상점가가 배후지 인구를 급속히 상실하고 있고 남은 소비구매력 또한 신규 출점지역(예를 들면 교외)으로 흘러나가는 상황 속에서는 노후화된 기존 상점가의 재활성화란 기대하기 어렵다. 이런 경우에 있어 자신의 한계를 정확히 파악하고 해당하는 집적으로부터의 이탈을 시도한다는 것은 의외로 어려운 것이다. 그것은 대개 ① 장래에는 호전될지도 모른다는 근거 없는 기대감 ② 오랫동안 상업활동을 해왔다는 자부심 ③ 점포를 이전하더라도 현재보다 좋아질 가능성이 과연 있겠는가 하는 불안감 등 때문이다. 그러나 상업적으로 성공 가능성이 없는 지구에서는 아무리 설비개장이나 상품 구색 변화와 광고 등에 전력투구한다 해도 효과를 올리기는 어렵다. 더구나 자점 1개 점만이 고군분투해서는 성공할 수가 없다. 이와 같은 상황에서 일찍 단념하고 점포를 옮기는 것 또한 위치 마케팅력 일부라고 보아야 한다. 큰 기대 속에 출점한 어떤 지점이 해를 거듭해 갈수록 실적이 부진할 경우 결단력 있게 해당 위치를 포기하고 그 여력을 다음 신규지로 전환 투입하는 능력이 이런 종류 기업에서는 요구된다 하겠다.

4) '위치력' 평가

출점실패는 ① 투자와 관련된 자금력과 인재력의 막대한 손실 ② 영업부진 점포를 운영하고 있다는 사실로 인한 기업에 대한 사회적 평가 및 신용 저하 ③ 해당 점포에서 수년간 씩이나 땀 흘린 종업원 자신과 회사 소매업에 대한 불신감이나 불안감 축적이라는 돌이킬 수 없는 오점에 기인한다. 특히 호조세를 보이는 점포에서 종사하면 대성할 수 있는 인재가 부진점에서 종사함으로써 어두운 성격 무능자로 전락해 버리는 경우가 많다. 역경을 극복할 수 있도록 하는 것이 인재교육이라고 보는 견해도 있긴 하지만 이런 역경을 견뎌낼 수 있는 인재는 그리 많지 않을 것이다. 출점실패를 방지하기 위해 신규출점 계획은 면밀한 조사와 구체적인 계획달성이 전제되어야 한다. 이는 후보지와 지점 내지 지역의 '상업적 가능성 사전평가'에 관한 문제이다. 오늘날 많은 대형소매업에서는 출점을 둘러싼 조사 및 기획에 전문 스태프진을 구성하는 등 입지분석에 상당한 전문성을 두고 있다. 소매사업은 결코 투기가 아니다. 지가 상승만을 기대한다면 정당한 위치력 평가가 불가능하며 장기적인 번영은 견실한 계획에 의해 가능해지는 것이다.

5) '위치' 분산력

위치 마케팅이라는 관점에서 보면 그 기본정책은 어디까지나 '집중 혹은 분산'으로부터 시작된다. 집중정책은 문자 그대로 기존 한 개 점포에다 자금과 인재 및 기타 기업에너지를 집중적으로 투입하는 정책으로서 그 대상 상권은 복합화된다. 차제에 대형점 경영에서는 체인화뿐 아니라 집중주의를 실현하고 있는 지방의 백화점들까지 분산정책을 취하고 있다는 점을 언급해 둔다. 그러나, 분산이 오히려 효율을 저하하는 때도 있다. 그 예로서 100개 점포 중 기업 전체의 이익 실현과 성장 발전에 이바지하고 있는 점포는 불과 20개 점포, 그럭저럭 수지가 맞는 점포가 60개 점포, 수지가 맞지 않는 점포가 20개 점포라고 한다. 이른바 20-80원칙이 여실히 나타나고 있는 다점포 경영 기업이 상당수에 이른다는 것이다. 따라서 '분산정책을 어느 정도까지 고효율 경영으로 연결해 갈 것인가'라는 '위치 분산력' 문제가 부상한다. 이는 앞에서 서술했던 '위치 평가력'과는 정반대 힘임과 동시에 '개설 후 과연 얼마만큼이나 유효하게 고객을 유인할 수 있는가?' 하는 판매촉진력 및 상품력 힘과 일치한다. 점포 중에서는 '힘들게 부여받은 위치력'을 유효하게 살리지 못하는 점포도 있다. 위치 집중과 분산은 견해에 따라 제조업 사업집중(제품계열 한정)과 그 분산(계열 다각화·사업 다각화)에 대응한다. 물론 소매업에서도 제조업 제품계열 다양화에 준하는 상품계열 확대라는 정책이 있기는 하지만 본질에서 입지산업인 소매업 경우에는 위치의 분산이 제조업 제품분산에 필적할만한 결정적인 사업전략이라 할 것이다.

3. 상세권 전략

1) 소매업 매출증대 2대 전제

무점포판매 소매업 경영뿐 아니라 일반 점포판매방식 소매업에 있어서 경영은 본질에서 식물형 유인판매이므로 그 매출증대 기본적인 전제는 ① 충분한 소비인구와 윤택한 소비구매량을 내용으로 삼고 있는 GTA 내에 위치할 것과 ② 해당 GTA 내 가능한 한 넓은 부분을 자점 ITA로 삼고 그 범위를 확대해 가는 시책을 마련할 것 ③ 대상이 되는 ITA 내 가능한 많은 고객을 자점으로 유인할 수 있도록 노력할 것 등 세 가지가 근간이 된다. 이 가운데 ①은 GTA(지역) 선택 문제이며 ②는 상권소화율이 큰 지구 선택과 ITA 확장을 목표로 하는 GTA 전체에 대한 적극적인 활동에 대한 문제이고 ③은 ITA 내 고객유인율 강화 문제이다. 아울러 ①은 신규 출점 시에는 발생하는 문제이고 ②와 ③은 기존점포 과제이다. 이를 점포판매 소매업 매출증대를 위한 2대 전제라 해도 좋을 것이다. 상권소화율은 GTA에 점유하는 자점의 ITA 보상범위(coverage) 비율이다. 중심부 유력점포가 고밀도로 집합된 강력한 지구로 들어서게 될 때는 그 비율은 무한정으로 커지게 된다. 그러나 상품체제라든지 점포 규모, 점 내외 환경, 정보제공, 편익제공 등 모든 인자를 조작하여 점포 특색을 강화함으로써 ITA가 속한 지구의 상세권 이상으로 자점을 확대하는 것도 가능하다. 즉, 상권

소화율에도 기업이 부여받은 측면과 기업 시책 및 전략에 의해 확장할 수 있는 측면 두 가지가 있다는 것이다. 소극적인 경영 자세의 기업은 전자를, 적극적인 경영 자세의 기업은 후자를 선택한다. 성쇠의 분기점이 바로 여기에 있다. 점포별 상세권 확대방법은 ① 상품계열 구성 속에서도 선매품과 전문품 비율을 높이고 ② 규모를 확대하며 ③ 상품계열 구성을 확대해 종합화를 도모하고 ④ 개장 등을 통해 점내 환경을 일신하여 타점과는 다른 분위기를 창출함과 아울러 ⑤ 판매원 정보력과 환경력을 강화하며 ⑥ 모든 종류 편의력을 강화하여 개성화시키고 ⑦ 광고와 각종 행사를 적극적으로 시행하는 등으로 여러 가지가 있다.

2) 집중적 확대정책 방법과 한계

앞에서 서술한 ITA 확대방법 가운데 특히 ② 점포 규모 확대와 ③ 상품 측면 종합화와 직결되는 '위치 마케팅' 정책이 바로 집중적 확대정책이다. 이 외 모든 조건을 동일화시킬 때는 대형점포 측이 보다 원거리에서 고객을 유인할 수가 있다. 대규모 설비 점포일수록 지역 내 주민이나 통근통학 유입자에 의해 보다 잘 알려지는 존재가 된다든지 혹은 ITA가 GTA에 접근하기 때문이다. 특히 상품체제 측면이 종합화가 될수록 즉 의식주·문화·교육·레저 등 광범위한 영역 상품을 추구하는 점포일수록 일반적으로 보상범위(coverage)가 커진다. 이는 소비자 일반구매 활동에 있어 중요한 점포선택 조건의 하나이기 때문이다. 단 역으로 고도 전문화를 추진하여 '구매하려는 상품이 있는 유일한 점포'라는 평가를 받는 것도 보상범위 확대 수단임을 잊어서는 안 된다.

기존점포에다 자금과 인재, 경영 노하우 등 기업력 전체를 집중적으로 투입하는 집중적인 상권확대 정책을 간과해서도 안 된다. 한때 소매업계에서는 지역 제일 점이라는 단어가 유행했었는데 이러한 사고는 극히 집중적인 확대개념에 근간을 두고 있다. 소형점포를 여러 지역에 분산시키기에 앞서 우선은 현재 기존점포에 충실히 한다는 사고이다. 그러나 이러한 종류의 정책을 취하기 위해서는 일정 조건을 만족하게 해야 한다. 대개가 그저 닥치는 대로 점포를 넓히기 때문에 아무리 상품계열구성의 폭을 확장한다고 해도 성과가 오르지 않는 경우가 있다. 여기에 필요한 조건은 다음과 같다.

(1) 지역(GTA) 그 자체가 소비인구나 소득수준·지역개발 등에 있어 적극성과 발전성이 있으며 거액투자를 유지할 만큼 소비구매력의 발동이 기대될 것.

(2) 점포가 속하게 될 지구가 일급수준에 있으며 확대 투자를 하면 그 지구로의 고객유입 증대가 기대될 것.

(3) 점포확대에 필요한 용지구매가 상식적인 조건일 것.

이 세 가지 조건을 갖춘다는 것은 그리 쉽지가 않다. 바로 이 점이 집중적 확대정책 한계라 할 수 있다.

3) 분산적 확대정책 이점과 불이익

분산적 상권확대 정책은 대상 ITA 복합화를 통해 기업 전체 매출을 확대하고 광역적인 시장지배력을 높이고자 하는 것으로서 이른바 다점포화와 체인화가 그 방법이다. 이런 종류 정책은 새로운 것이 아니라 오래전 의류점이나 백화점 등이 19세기 후반부터 20세기에 걸쳐 취해 온 것이었다. 엄밀히 보자면 '다점포화와 체인화'는 같은 의미가 아니다. 어느 단일점포를 경영하는 기업이 인접한 시나 구 또는 원거리 지역으로까지 점차 지점을 확장해 가면서 지점별로 매입, 재고유지, 광고 및 판매촉진 등을 한다고 할 경우(이런 종류의 점포별 자주적 경영은 최근 새로이 대두되고 있다), 이것은 다점포화 경영이지 체인경영은 아니다. 체인화란 다점포화를 추진해가는 가운데 중요한 상품군을 중앙일괄매입(central merchandising)하는 방식을 말한다. 따라서 다점포경영 기업이긴 해도 체인경영 기업이 아닌 경우가 얼마든지 있다. 분산적 확대정책(반드시 체인경영일 필요는 없다)은 대상 상세권을 복합화시켜 사업의 기회와 위험을 분산시킨다는 점에서 집중적 확대정책보다는 우수하다. A 지역 경영조건이 다소 악화가 된다 치더라도 B 지역에서 실적이 좋으면 이를 커버할 수가 있다는 것이다. 반면, 기업력(특히 투자 면에서)을 다수 단위로 분산시키기 때문에 전체적으로 볼 때는 효율이 낮아진다. 또한, 각 지점 설비와 상품체제, 판촉활동 등 자금도 평균적으로 적지 않게 들어가므로 잘못하면 어느 지점도 성장하지 못하는 상태로 빠져들기가 십상이다. 소매업계에서의 커다란 조류는 1개 점 대형화보다 다점, 중 · 소형화 추세이다. 여기에는 매스(mass)개념에서 개인(personal)개념으로의 전환과, '집약' 감각에서 '개별' 감각으로의 전환을 배경으로 하고 있기 때문이다. 분명히 초대형화 시대는 아니라고 생각되지만 그렇다고 해서 구축함이나 돛단배를 함부로 대양으로 내보내는 식의 경영은 신중해야 한다.

4) 분산 · 확대 정책과 대형점 마케팅

분산정책과 확대정책에는 각기 다른 장단점과 더불어 이익과 불이익이 따로 있다. 앞으로는 각각 장점들을 중시하면서 위치 마케팅 방향을 설정하고 점포 배치 또한 상황에 따라 유동적이고 탄력적으로 해야 한다. 즉, 모 점포(flag-ship) 또는 이에 준하는 대도시에 있는 점포는 제각기 지역 제일 점포를 목표로 하여 집중적으로 확대해 가고 있으며 타의 추종을 불허하는 점포로 키워 간다. 한편 개별적으로 전문점 타입이나 기념품, 선물용품점 타입 혹은 DIY 점 타입의 구축함형(destroyer type) 중소규모 점포들을 각각 지역으로 분산시켜 블록 전체를 포위해 들어간다면 이는 집중과 분산이라는 쌍방 전략을 각지 조건에 맞춘 것으로서 변화에의 적응과 어울리는 방향이라 할 수 있다.

이러면 광대한 ITA를 가진 종합화된 대형점과 상품계열구성을 한정시킨 전문지향의 중소형점과 같은 점포명으로 하여 시장으로 진출할 것인지는 논란 여지가 있다. 이른바 기업이미지(CI) 전략이라는 측면에서 보면 점포명을 나누어야 한다는 견해도 있는데 이 경우 중소점포 군은 별도 점포명으로(대부분 별도의 회사경영 형태로) 운영된다. 만약 대형점포가 전형적인 백화점이고 중규모 점포가 의류 중심 대형전문점이며 소형점포가 객층 혹은 상품계열을 한정한 소형전문점이라고 해도(결국, 다양한 업태가 그 속에 포함되었다 해도) 전체적으로는 공통적인 개성과 기업 특색으로 고객에게 호소하는 것은 가능하다. 오늘날 소비자는 기업 측이 생각하는 것 이상으로 유연한 감각을 갖고 있다. 백화점 타입 지점과 전문점 타입 지점으로 점포명을 나누어야 한다는 논리는 기업 측의 독단적인 가설일 뿐이다. 마케팅전략과 기업 특색 전략 등이 각 점포마다 공통으로 일관되어 있으면 동일 점포명이나 이 업태 구성으로도 지장이 없다 할 것이다. 오늘날 다양화 시대이자 유동적 변혁 시대이다. 확대와 분산의 적절한 조화는 이러한 시대에 있어 가장 적절하다고 본다.

제 2 절 | 입지 유형과 선정 절차

1. 입지선정과 매력도 분석

1) 입지선정 과정

신규 점포 상권은 지역, 지구, 개별 점포 상권을 포함하는 포괄적인 개념이므로 대형점이 어떤 지역에 신규출점을 결정할 경우 점포 위치 매력도에 대한 평가는 단계별로 이루어진다.

(1) 시장 후보지 분석

기업은 마케팅전략과 표적고객 특성을 충족시키는 광역지역 시장 후보지에 대한 분석(regional analysis)이 이어진다. 예를 들어 제조업자나 소매업자는 수도권의 안양, 부천, 안산 등 광역지역 시장 후보지에 대한 고객수요, 업체 간 경쟁 분석을 통해 각 광역후보지 시장 잠재력을 조사한다.

(2) 최적 지구 선정

광역후보지 중에서 특정 지역이 선정되면 두 번째 단계로 그 후보지 내에서 최적 지구 선정을 위한 분석(area analysis)이 이루어진다. 예를 들어 안양시가 신규 점포 예정지로 선정되었다면 기업은 안양 시내 입지 가능 지구들에 대한 상권분석을 한 후 특정 지구 후보지를 선택한다. 최종적으로 그 지구 내에서 구매 가능한 부지 중에서 최적 부지를 점포 입지로 선정하게 된다. 이처럼 제조업자와 도소매업자는 신규 점포 입지선정을 위한 최종 예정 후보지 상권분석에 앞서 광역지역시장들에 대한 매력도 분석이 선행되어야 한다.

2) 인근 지역 사이클 패턴(cycle pattern)

인근 지역 성쇠 현상을 생태학적 측면에서 파악하여 각 국면의 여러 가지 현상 특징을 나타낸 것이다. 지역 변화 단계와 사회적·경제적 영향은 토지이용 형태를 결정하고 단계별로 지가상승·하락 과정을 거친다. 또한, 도시 성장이 빠르면 지역 변화도 빠르게 움직인다. 전제조건은 지역이 하나의 개발계획에 의해 동시에 개발되어야 하고 지역에 동질성이 있어야 한다.

(1) 성장기(개발기)

① 의의

어떤 지역이 새로 개발되거나 과거 존재하던 건물이 새로운 건물로 교체됨으로써 지역 변화가 달라지는 시기이다. 어느 지역이 처음 형성되어 발전되어가는 과정을 말하는 것으로 분당, 일산, 평촌, 중동 등 신도시처럼 처음으로 지역이 개발되고 때로는 성동구 불량주택재개발 및 중구 도심재개발 같은 예도 있다. 통상적으로 하나의 신도시개발에 걸리는 기간은 15-20년 정도이고 작은 도시는 수년 정도 경우도 있다.

② 특징

- 지역 내 입지경쟁이 치열하고 지역 기능이 새로이 형성된다.
- 투기 현상이 개재되기 쉽다
- 지가상승이 비교적 높고 성장기 초기에는 개발계획단계, 개발사업착수단계, 개발사업완성단계의 3단계에 따라 변동하는 경향이 있다.
- 입주하는 주민 교육수준이 높고 젊은 계층이 많다.
- 성수기보다 단위 기간 당 주민들 유동이 많다.

(2) 성숙기

① 의의

성숙기는 지역개발이 점차 진행됨에 따라 지역은 점차 안정화되어 가고 지역 기능이 자리 잡혀가는 단계를 말한다. 성숙 기간은 지역 크기, 지역 내 거주자 경제적 수준에 따라 다양하지만, 일반적으로 20-25년이 질적으로 안정된 기간으로 알려져 있다.

② 특징

- 입지경쟁은 안정되고 부동산의 가격수준, 지역 기능이 최고가 된다.
- 지가는 안정되나 가벼운 상승을 나타내며 주민들의 유동이 많지 않다.
- 지역주민의 사회적·경제적 수준은 최고로 높다.
- 지역적 기능은 큰 변화 없이 일정한 개성을 가진다.

(3) 쇠퇴기

① 의의

쇠퇴기는 시간이 흐름에 따라 지역 건물이 점차 노후화하기 시작하여 새로운 건축은 불리하게 된다. 지가는 낮아지며 지역 기능이 감소하는 단계로서 지역의 경제적 내용연수가 다 되어 가는 시기이다. 기간은 약 40~50년 정도이다.

② 특징

- 개발기나 성숙기에 들어온 높은 계층의 주민들이 다른 지역으로 이동한다.
- 지가상승률은 저하되며 중고부동산 거래가 부동산시장 중심을 이룬다.
- 사회적·경제적 수준이 낮은 주민들이 이주해 온다.
- 지역에 따라서는 재개발이 이루어진다.
- 지역 건물은 관리비와 유지비가 급격히 증가한다.

(4) 천이기(과도기)

① 의의

천이기는 거주자가 주택을 팔고 교외로 나가려는 경향과 새로운 계층 거주자들의 입주수요에 따라 소득수준이 낮은 주민으로 바뀌는 단계이다.

② 특징

- 저소득층 주민의 활발한 전입으로 수요가 자극되어 가벼운 지가 상승을 보인다.
- 이러한 순환적 상태는 지역이 악화상태에 이를 때까지 소유자 이동에 따라 반복된다.

- 필터링 현상이 활발해진다.
- 천이기에서 재개발이 일어나면 악화기가 도래하지 않을 수도 있다.

(5) 악화기

쇠퇴기와 천이기 기간 중 재개발 등 지역에 대한 개선 노력이 없으면 지역은 계속 악화하여 악화기에 이른다. 즉, 슬럼화 직전의 단계를 말한다.

3) 입지 후보지에 대한 매력도 분석

기업은 최종 입지 후보지 상권 규모를 추정하기에 앞서 진출 가능한 광역지역 시장 후보지들의 시장 잠재력을 평가해야 한다. 각 광역시장 후보지 소매잠재력이나 시장 매력도를 추정하는 데 있어 기업은 수요요인과 공급요인을 함께 고려해야 한다. 최적 광역시장 후보지가 되기 위해서는 먼저 충분한 수요가 존재해야 한다. 즉 많은 가구는 밀집되어 있고 이들의 소득수준이 높아야 하며 또한 주민들의 인구 통계적, 사회경제적 특성이 점포 표적고객과 부합되어야 한다. 그러나 수요측면에서 이런 조건들이 충족되더라도 공급 측면에서 너무 많은 기존점포들이 밀집되었다면 신규 점포 후보지로서 매력도가 낮아진다.

기업은 광역지역시장 매력도를 결정하는 수요요인, 공급요인과 함께 그 지역 경제적 기반에 대해서도 평가가 이루어져야 한다. 소매업체는 지역시장의 소매잠재력을 분석하기 위해 각종 2차 자료를 활용할 수 있다. 통계청 통계연감이나 상공회의소에서 발간되는 도소매업체에 관련된 각종 통계자료는 쉽게 이용할 수 있는 2차 자료이다.

(1) 수요측정

① 소매잠재력 측정

특정 광역후보지 소매수요를 측정하는 방법은 다양하다. 가장 쉬운 수요 추정방법은 그 지역에 거주하는 인구 또한 가구 수를 조사하는 것이다. 그러나 소매업체는 더욱 정확한 수요추정을 위해 그 지역의 소매구매력을 조사해야 한다. 왜냐하면, 소매구매력은 거주 인구수뿐만 아니라 그들의 가처분 소득에 의해서도 영향을 받기 때문이다. 물론 소매업체는 특정 지역시장의 소매잠재력을 측정하기 위해 반드시 그 지역 전체 인구와 가구 수, 그리고 그들 소득수준을 조사하는 것은 아니다. 자신의 표적 시장이 이미 결정된 소매업체는 특정 인구집단을 중점적으로 조사하는 것이 더 적절할 것이다. 예를 들어 아동복 전문점에 대한 수요를 측정하기 위해서는 한 지역시장의 전체 가구 수를 조사하는 것보다는 어린 자녀를 가진 가구 수만을 측정하는 것이 바람직하다. 마찬가지로 고소득층을 표적 시장으로 하는 소매업체는 고소득층 가구 수만을 조사하는 것이 적절하다. 따라서 소매업체는 ① 인구 통계적 특성, 나이, 성별 ② 가구 특성, 가족 구성원 수, ③ 사회경제적 특성, 연간 가구 소득 중에서 선정된 표적 세분 시장 수요를 측정하는 것이 더욱 합리적이다. 인구수와 가구의 소득수준 이외에 수요추정을 위해 고려해야 할 요인들에는 가구 구성원들 나이 분포, 가구 구성원 수, 인구밀도, 유동성 등이 있다. 가구 구성원들 나이 구성에 따라 소매점포에 대한 수요가 달라질 수 있다. 예를 들어 젊은 연령층 가구들이 많이 거주하는 지역에는 패스트푸드에 대한 수요가 많을 것이다. 가구점 보석상 의류점에 대한 수요추정에도 후보 지역 내에 가구들 나이 분포가 조사되어야 할 것이다. 가구 구성원들 규모도 소매업체에 대한 전반적 수요와 특정 소매업종에 대한 수요에 영향을 미친다. 가구 구성원들 수가 많을수록 가구당 가처분 소득 구매력이 낮아지게 된다. 한 지역시장 인구밀도는 단위면적당 인구수로 결정이 되는데 인구밀도가 높을수록 점포 평균면적이 커지므로 그 지역에 필요한 점포 수는 적어진다. 거주자들 유동성도 소매수요에 영향을 미치게 된다. 유동성이 높아질수록 보다 먼 거리에 있는 점포를 방문할 가능성이 커지므로 교통이 편리한 위치에 다소의 소형점포들이 입지하는 것보다 소수의 대형점포가 입지할 가능성이 크다. 가구 유동성은 가구당 자동차 수, 편리한 대중교통수단의 이용 가능성, 거주지역 교통혼잡도를 이용하여 측정된다.

② 소매 포화지수(IRS : index of retail saturation) 측정

지역시장 수요잠재력을 총체적으로 측정할 수 있는 지표로써만 이용되는 것이 소매 포화지수이다. 한 지역시장 점포포화(store saturation)란 기존점포만으로 고객 욕구를 충분히 충족시킬 수 있는 상태를 말한다. 따라서 소매수요가 매우 높다고 하더라도 기존점포 간의 경쟁이 매우 치열한 상황이라면 지역시장 매력도는 낮아질 것이다. 소매 포화지수는 한 시 지역 내에서 특정 소매업태인 식료품점, 의류점, 패스트푸드점 등 단위 매장면적당 잠재수요를 나타낸다. 구체적으로 IRS는 다음과 같은 식으로 측정된다.

〈표 7-1〉 소매 포화지수 공식

$$\mathbf{IRS} = \frac{\text{수요}}{\text{특정 업태의 총매장면적}} = \frac{\text{지역시장의 총가구수} \times \text{가구당 특정 업태에 대한 지출비}}{\text{특정 업태의 총매장면적}}$$

소매 포화지수(IRS)는 신규 점포에 대한 시장 잠재력을 측정하는 데 유용하게 사용된다. IRS 값이 클수록 공급보다 수요가 상대적으로 많음을 의미하고 신규 점포를 개설할 시장기

회가 커진다. 한편 IRS 값이 적을수록 점포가 초과 공급되었다는 것을 의미하므로 신규 점포에 대한 시장 잠재력이 상대적으로 낮아진다.

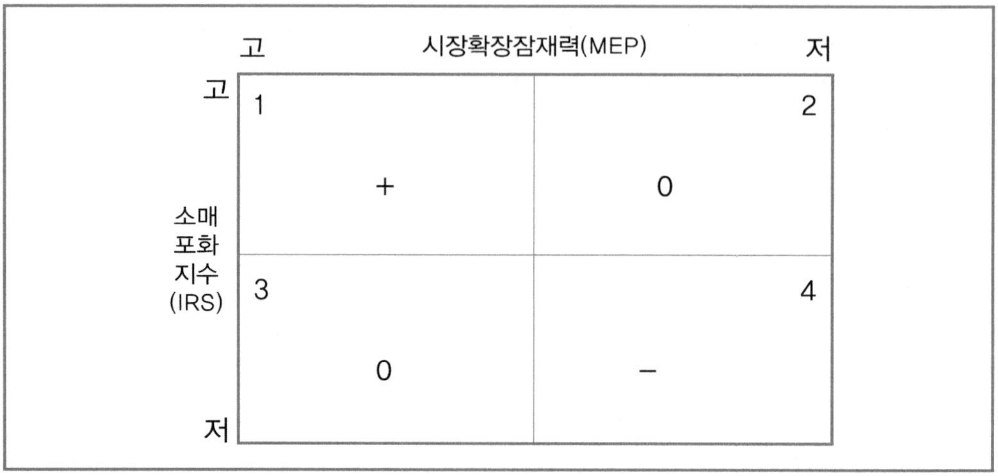

〈그림 7-1〉 시장매력도 분석

(2) 시장확장 잠재력(MEP : market Expansion Potential)

지역시장 매력도를 측정하는 소매 포화지수(IRS)는 한 지역시장에서의 수요와 공급의 현 수준을 반영하는 척도이다. 그러나 지역시장 매력도는 이러한 기존 수요와 공급뿐 아니라 미래 시장확장 잠재력에 의해서도 좌우되기도 한다. 시장확장잠재력(MEP)이란 지역시장이 미래에 신규수요를 창출할 수 있는 잠재력을 반영하는 지표이다. IRS는 특정 지역시장 시장확장 잠재력(MEP)을 반영하지 못하는 단점이 있다. 가령 시장확장 잠재력이 높은 지역시장임에도 불구하고 그 지역에 있는 기존 소매점포들의 마케팅능력이 부족하여 IRS 값이 낮을 수가 있다. 즉, IRS 값이 낮은 것은 가구당 소매지출 수준이 낮다는 것이며 기존 점포들이 소비자 욕구를 충분히 충족시키지 못하기 때문일 수도 있다. 소비자들은 자신들의 거주지역에서 상당히 떨어진 다른 지역의 점포들이 더욱 나은 상품 구색, 가격, 서비스를 제공한다면 먼 거리임에도 불구하고 그곳에서 기꺼이 쇼핑할 가능성이 크다. 지역시장의 기존 시장 매력도를 나타내는 IRS는 이처럼 기존 소매점포들의 마케팅능력의 부족으로 인해 많은 소비자가 거주지역 밖의 다른 지역에서 쇼핑하는 상황을 반영하지 못하는 문제점이 있다. 만약 거주지역 밖에서의 쇼핑으로 인해 IRS 값이 낮다면, 마케터는 매력적인 점포를 개설함으로써 다른 지역에서 쇼핑을 줄이고 새로운 수요를 창출할 수 있을 것이다. 시장확장 잠재력(MEP)은 지역 시장매력도 평가에서 IRS 문제점을 보완하는 지표로써 구체적으로 거주자들이 지역시장 이외 다른 지역에서 쇼핑 지출액을 추정하여 계산될 수 있다. 다른 지역 쇼핑 정도가 높을수록 즉, MEP 값이 클수록 시장확장 잠재력이 향상되는 것이다. 따라서 마케터는 신규 점포가 입지할 지역시장 매력도를 평가할 때 기존점포들에 의한 시장포화 정도뿐만 아니라 시장확장잠재력(MEP)을 함께 고려해야 한다. 지역시장 매력도는 IRS와 MEP를 함께 사용하여 평가될 수 있는데 〈그림 7-1〉은 시장 매력도를 4가지 유형으로 분류하고 있다. IRS와 MEP 점수가 모두 높은 지역시장이 가장 매력적인 시장이다. 즉, 높은 IRS 점수는 시장 포화 정도가 낮아 아직 경쟁이 치열하지 않음을 의미하며, 높은 EMP 점수는 총수요 증가 가능성이 큼을 반영한다. IRS와 MEP 점수가 모두 낮은 시장은 치열한 시장경쟁과 낮은 시장성장 가능성을 반영하므로 신규 점포 진출 시장 후보지로 적절치 않다. 2분 면과 3분 면에 해당하는 지역시장 매력도는 높지도 낮지도 않은 평균수준이므로 결국 자사 점포 경쟁력에 의해 좌우된다. 2분 면에 해당하는 지역시장은 기존점포 간의 경쟁은 낮지만, 성장잠재력이 높지 않아 시장 매력도를 반감시킨다. 3분 면에 해당하는 지역시장은 시장 잠재력은 높지만, 기존점포로부터 매출액을 빼앗아 올 수 있도록 적극적 판매노력이 요구된다.

(3) 경제적 기반

특정 지역시장 매력도는 주로 IRS와 MEP에 의해 평가되지만 가능하다면 마케터는 그 지역 경제적 기반도 평가해야 한다. 지역시장 경제적 기반 평가에 이용되는 주요 요인들은 다음과 같다.

① 향후 경제 활성화 정도
② 광고매체 이용 가능성과 비용
③ 근로자 이용 가능성과 비용
④ 지역 정부 기관 지역경제 활성화 노력

2. 소매점포 입지 유형

1) 고립 입지

고속도로나 사잇길과 같이 인접한 점포가 없는 길가에 있는 자유 입지로서 경쟁이 없고 임대료도 싸고 경영상 신축성도 있고 일괄 구매하도록 할 수도 있으며 주차도 쉽고 영업비가 저렴하여 저가판매가 가능하다는 이점이 있다. 반면에 초기에는 고객을 끌어들이기가 어렵고 쇼핑의 다양성을 원하거나 선택·비교구매를 원하는 고객을 흡인하기 어려우며 광고·선전비도 많이 들고 그린벨트 같은 건축 관련 법률 때문에 원하는 장소에다 적당한 입지를 얻기 어렵다는 어려움이 있다.

2) 비 계획적 소매 중심지

사전에 계획적으로 조성된 상업 집적이 아니고 자연 발생적으로 둘 또는 그 이상의 점포가 함께 또는 아주 가까이 입지하고 있는 소매집적이며 구체적으로 다음과 같이 분류하여 파악한다.

(1) 중앙 소매 중심지

이곳은 도시에서 가장 커다란 규모 소매 중심지이다. 보행객이나 차량 통행이 가장 잦으며 적어도 하나 이상 주력 백화점과 전문점 및 편의점 등 다양한 업종·업태 점포가 모여 있다.

(2) 부도심 소매 중심지

일반적으로 2개 이상 가로(街路) 교차점을 중심으로 집적된 소매 중심지로서 하나의 도시에 여러 개가 있는 게 보통이다. 이곳에는 적어도 하나의 지역형 백화점이나 일용 잡화점 및 소규모 여러 가지 서비스 점포가 있으며 도시 규모가 커짐에 따라 여러 지역으로 인구가 산재함으로써 생겨났다.

(3) 근린 소매 중심지

보통 주택가 주변에 위치하며 인근 주민들 편의성 구매요구를 충족하기 위하여 생겨난 것으로써 주된 소매업태로는 슈퍼마켓이나 일용 잡화점과 함께 소규모 소매점이 있는데 이 형태는 주거 지역의 가로변이나 아파트단지 상점가 등 형태이다.

(4) 선상 소매 중심지

보통 동종이거나 보완적 상품계열을 취급하는 소매점 집적으로 형성되는 것으로서 가로나 고속 도로변에 입지한다.

3) 계획적 쇼핑센터

계획적으로 조성된 소매 중심지도 치밀한 사전 계획에 따라 균형이 잡힌 입주 점포를 하나의 단위로 묶어 집권적으로 소유 또는 관리되는 소매집적으로서 대형 주차장을 보유하는 게 보통이다. 계획적 쇼핑센터에는 다음처럼 3가지 유형이 있다.

(1) 광역형 쇼핑센터
(2) 중역형 쇼핑센터
(3) 근린형 쇼핑센터

3. 입지선정 절차

1) 거시적 입지분석을 한다.

주민과 기존 소매점 특징과 관련하에 대체적인 상권을 평가한다.

2) 그 상점 내 어떠한 유형 입지에 출점할 것인지 결정한다.

3) 다음 중에서 특정 입지 유형을 선정한다.

(1) 고립 입지

(2) 비계획 소매 중심지

- 중앙 소매 중심지
- 부도심 소매 중심지
- 근린 소매 중심지
- 선상 소매 중심지

(3) 계획적 쇼핑센터

4) 선정한 특정 입지 유형 내에서 적합한 경지를 선택한다.

제 3 절 | 입지 평가

1. 입지 평가 고려 사항

1) 보행객 통행량

(1) 통행인 수
(2) 통행인 유형
(3) 시간대별 통행량

2) 차량 통행량

(1) 차량 통행 대수

(2) 차종
(3) 교통 밀집 정도

3) 주차시설

(1) 주차장 수
(2) 점포와 거리
(3) 종업원 주차 가능성

4) 교 통

(1) 대중교통수단 이용 가능성
(2) 주요 도로에의 근접성
(3) 배달 용이성

5) 점포 구성

(1) 점포 수와 규모
(2) 자기점포와 유사성
(3) 소매 구조상 균형

6) 특정 경지(site)

(1) 시각성
(2) 입지 내에서 위치
(3) 대지 크기와 모양
(4) 건물 크기와 모양
(5) 대지와 건물 조건과 사용 연수

7) 점유 조건

(1) 소유 또는 임대 조건
(2) 운영 및 유지비
(3) 세금
(4) 도시 계획과의 관계
(5) 임의 규정

2. 입지선정 8원칙(R. L. Nelson)

1) 현재 상권 잠재력 타당성

어느 지역을 전제로 하여 자기점포가 취급하려는 상품의 상권 내 소비 지출 총액과 자기점포가 점하는 비율을 검토한다.

2) 상권에의 접근 가능성

상권 내 잠재력을 어느 정도 자기점포에 흡인할 수 있느냐 하는 것은 점포 주변을 통과하는 가능성에 많이 의존하게 되는데 그에 따라 소매업 업태를 세 가지로 나눌 수 있다.

(1) 고객 창출형

광고, 상품의 독자성 평가, 기타 판매촉진 수단에 의해서 독자적으로 고객을 흡인하는 형태(백화점, 대형 할인점, 쇼핑센터, 특수 전문점 등)이다.

(2) 근린점 고객 의존형

가까운 점포에 의해 흡인된 고객이 그 점포에서만 상품을 구매하는 게 아니라 주변의 점포에서 관련 구매하는 형태(슈퍼마켓과 액세서리 잡화점)이다.

(3) 통행량 의존형 점포

쇼핑을 목적으로 하지 않는 통근자나 교통 기관 이용자 등이 구매하는 타입이다.

주의사항 : 소매점포는 이들 가운데서 1가지 유형만 고려하는 게 아니라, 이들 3가지 성격을 모두 고려한다.

3) 성장 가능성

인구 증가와 소득수준 상승이 기대될 수 있는 상권이냐를 살펴본다.

4) 중간 저지(阻止)성

주거지 또는 근무처와 종전부터 있는 경쟁 점포나 상점가 중간에 입지하여 고객을 중간에서 분리 흡수하는 것이 가능한 입지인가를 살펴본다.

5) 누적적인 흡인력

동종 상품을 취급하는 일정 수의 점포는 흩어져 있는 것보다 인접 또는 근접되어 모여

있는 것 판매액이 증가한다.(예 전자상가, 가구 상가, 공구센터)

따라서 중간 저지(阻止) 입지를 택할 것인가 누적(累積) 성을 이용할 것인가를 선택해야 한다.

6) 양립성

보완 관계에 있는 상품을 취급하는 2점포가 근접된 경우에는 양 점포를 함께 이용하는 고객 발생률에 정비례하며 판매액은 증가한다.

7) 경쟁 회피

경쟁 점포입지, 성격, 규모, 형태를 고려한 입지를 선택하여 매출액을 예측한다. 또한, 장래 경쟁점이 들어설 여지도 검토한다. 경쟁을 피하기 위해서는 다른 조건이 같다면

(1) 될 수 있는 한 경쟁점이 적은 입지로 들어설 수밖에 없는 입지를 선택한다.
(2) 입지를 경쟁점이 이용하는 것을 사전에 막을 가능성을 고려한다.
(3) 경쟁 입지가 중간 저지(阻止)적인 입지가 되지 않는 입지를 선택한다.

8) 입지 경제성

입지 비용을 생산성과 관련하여서 분석한다.

3. 자동차 입지 형태

1) 제1원칙, 점포 전면에 도로는 생활 간선도로여야 한다.

생활 간선도로란 해당 지역에 거주하는 사람들이 통근이나 통학, 또는 쇼핑에 이용하는 도로로 편도 2차선 정도 도로이다. 또한, 해당 지역에 거주하는 고객 대부분이 매일같이 이용하고 있으며 알고 있는 도로이다. 산업도로처럼 대규모 국도는 아니며 화물용 차량이 적고 승용차가 많이 다니는 도로이다.

2) 제2원칙, 차 입지 객수는 '어느 만큼 보이는가에 따라 결정'된다.

차를 타고 달리면서 차에서 점포가 보이는가, 보이지 않는가를 조사해야 한다. 점포가 도로를 따라 도로와 평행을 이루는 형태로 있는 게 유리하다. 또한, 도로에 있어서 중요한 것은 '커브 상황'이 어떠한가이다. 커브를 이용하게 되면 점포가 정면으로 보일 수 있게 된다. 또 도로가 점포와 반대쪽으로 굽어 있으면 좋다. 즉, 좌 커브 경우 아웃 커브에 위치하면 자동차가 정면으로 가까이 가면 갈수록 점포가 정면으로 보인다. 이때 주의할 것은 우 커브 경우이

다. 우 커브 경우 역시 아웃 커브에 위치한 점포가 시계성은 좋으나 차를 주·정차하려면 좌회전할 수 있어야 하므로 우 커브에서 아웃 커브 입지는 그리 좋다고만은 할 수 없다.

3) 제3원칙, 좌·우회전이 쉬워야 한다.

우회전 진입은 진행 방향으로 접근하면 아무런 문제도 없으나 반대차선으로 접근하는 경우에 좌회전 접근 편리성이 검토되어야 한다. 좌회전 출입이 가장 쉬운 지점은 각지에서 가까운 지점이 된다. 각(角)지 확보가 어려운 경우에는 점포 전면에 가까운 지점에 반대편 차선으로 진행하는 차가 유턴이나 좌회전할 수 있도록 차선이 끊어져 있는 것이 바람직하다. 물론 신호등이 설치되어 있으면 더욱더 좋다.

4) 제4원칙, 드라이브 시간 문제

대도시나 인구 밀집 지역에서의 상권은 보통 5분에서 10분 이내이다. 지방 경우는 이것보다 조금 긴 15분 정도까지이나 이것은 편의품, 선매품, 전문품 등 구매하려는 상품에 따라 각기 다르므로 사례에 따라 검토가 필요하다. 자기점포가 취급하는 상품 특성에 맞는 「자동차 상권」을 측정하여 그것을 새로운 입지에 응용하는 것이 필요하다.

5) 제5원칙, 점포 주차대수에 의해 매출이 결정된다.

주차장에 주차하는 차량 1대에 년간 얼마 매출이 가능한가를 추정한다. 주차장의 주차대수를 산출하여 매출예산을 수립한다.

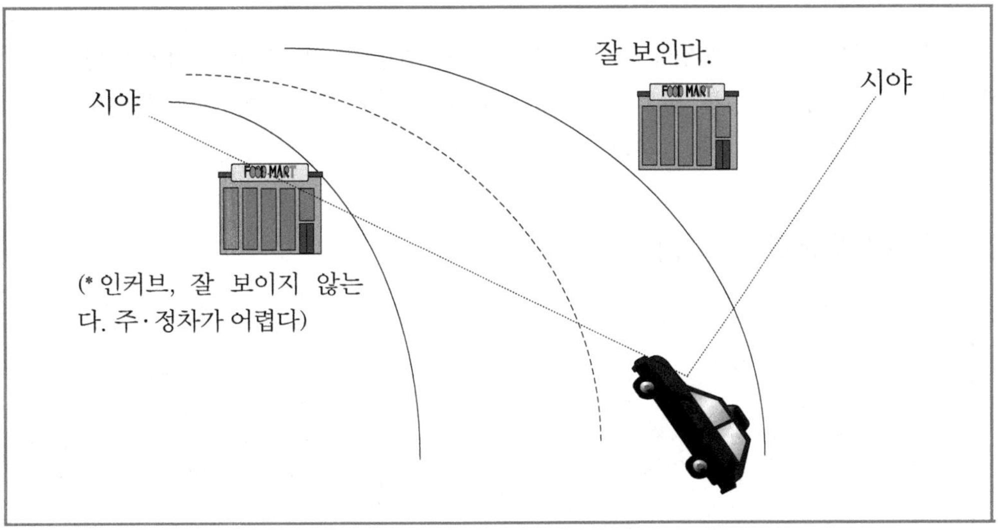

〈그림 7-2〉 자동차에서 본 아웃 커브·인 커브 시계성

Chapter 8

입지선정방법

제 1 절 | 입지선정 기초지식

1. 나들목(IC)에 따라 새로운 도로 · 우회도로(BY-PASS)가 좋은 입지

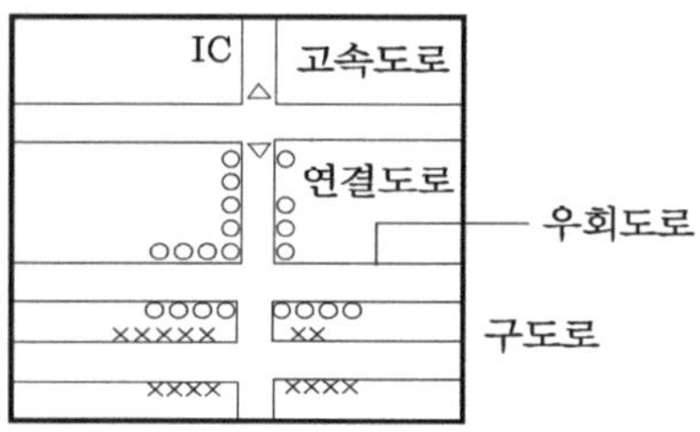

• 나들목이 만들어지면 그것과 새로운 도로·우회도로를 연결하는 도로가 만들어지고 입지는 구시가지에서 일변하여 새로운 도로로 바뀐다.

이 입지는 근대적이고 화제성도 높은 신 업태 · 신 업종이 적당하다. 특히 미국형 로드 사이드형 업종과 점포는 정통으로 적중한다고 보아도 된다. 물품판매 경우 매장면적 4평에 대하여 1대 이상 주차장이 필요하다.

2. 도시 간 읍면에 유리한 입지

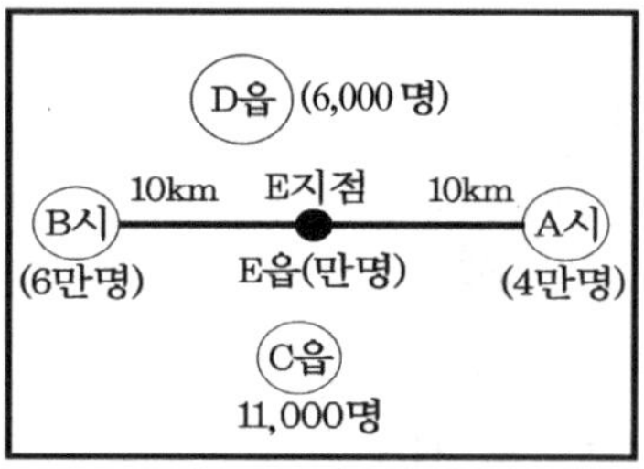

• 상업 흡인율은 도시 소매점 매장면적(또는 인구) 크기에 비례하고 거리 제곱에 반비례한다. 따라서 그림 A 시와 B 시에 흡인력이 있더라고 거리가 멀어져 있는 E 읍에는 영향이 적어 새로운 상업 입지가 탄생하게 된다.

국민 1인당 소매업 면적은 0.84㎡/명이라고 가정할 때 E 읍의 인구가 10,000명이라고 하면 10,000명 × 0.84㎡/명 = 8,400㎡로 8,400㎡ 소매면적이 필요한 것이다. 그중 26%를 쇼핑센터에서 커버하려고 생각하면 8,400㎡ × 26% = 2,184㎡로 600~700평 쇼핑센터를 출점할 수 있게 된다. 예를 들면 FOOD SUPER(미니 SM)이 6km 이상 떨어져 입지하는 경우에는 그 중간 지점에도 출점할 여지가 충분히 있는 것이 된다.

3. 방사(放射)하고 있는 도로는 좋은 입지

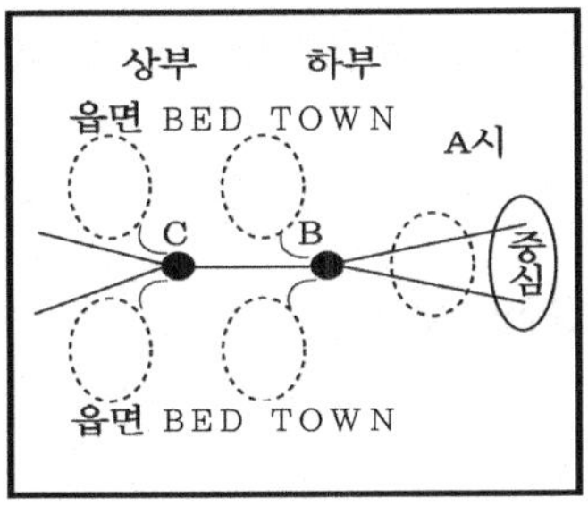

- 가장 좋은 장소라고 하는 것은 방사하고 있는 도로이다.

- B는 BED TOWN(대도시 주변의 주택단지)의 결속지점으로서 교외 SC 존이 될 가능성이 크다. 입지를 찾을 때는 B 지점이 제일 후보가 된다. 대형·중형점·대형전문점, 대형점 형태 점포이면 과감한 규모로 출점해야 한다. 좁은 면적에서 출점해서는 대형점에 잠식당하여 실패한다.
- C는 읍면 주민을 집객하는데 유리하며 지역밀착형 점포가 유리하다. 힘이 부족하거나 읍면을 타겟으로 한 머천다이징이면 C가 좋다.

4. 역 앞 대로(大路) 좌우가 좋은 입지

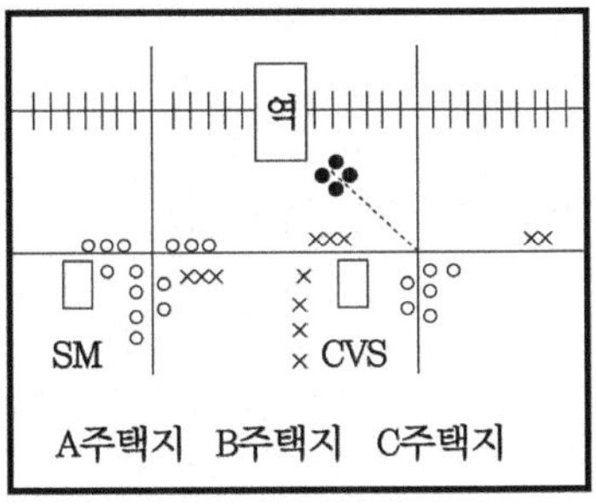

- B 주택지보다 A, C 주택지 쪽이 넓이가 있으므로 대로는 역 앞 대로의 좌우가 대부분 좋은 입지이다.

* SM : 슈퍼마켓
CVS : 편의점

5. FOOD SUPER 근처는 좋은 입지

- 3,000㎡ 이상 대형점은 그 점포 내에서 대부분 구매를 할 수 있으므로 접근하면 접근할수록 불리하다.
- 중형 대형점(500㎡~1,500㎡)은 대부분이 FOOD SUPER로 모든 수요에 완전히 대응할 수 없으므로 미흡한 점을 보완시키기 위한 업종으로 개점하면 유리하다.

일본 경우 FOOD SUPER 보완 업종으로 유리한 업종은 홈센터, 신사복점, 구두점, 가전점, 가구점, 완구점, 스포츠용품점, 비디오 렌탈점, 타이어센터, 컨비니언스 스토어, 오토바이점, 패밀리레스토랑, 피자, 국수·만두점, 세탁소 등이다.

6. 보완시키는 업종 입지조건은 같이 늘어서 있는 것

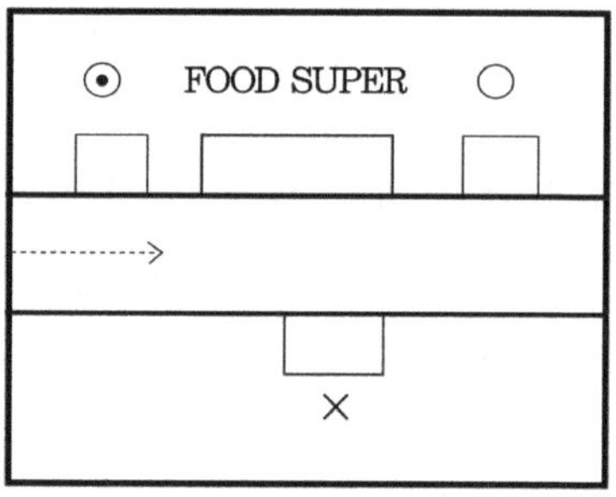

- 같이 늘어서 있을 것, 가까이에 있을 것

7. 도로 왼쪽이 유리(접근 용이성)

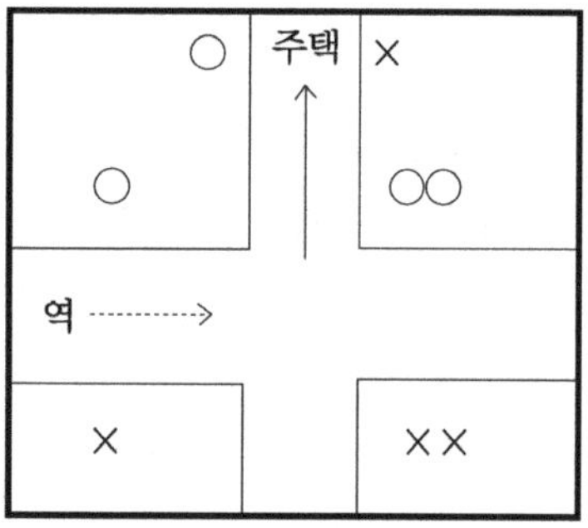

- 내점하기 쉬움을 생각하면 자동차 진행 방향 외측에 입지하는 편이 왼쪽으로 꺾어지기 쉬우므로 훨씬 유리하다.

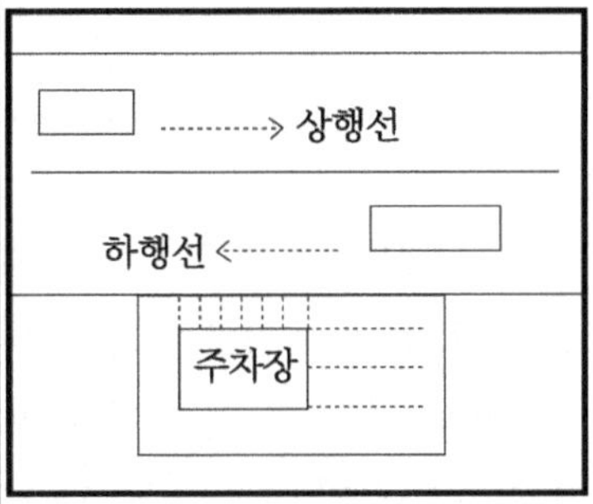

- 주차장 위치에 따라서도 입점하기 쉬움은 바뀐다.

(참고 : 일본은 한국과 도로진행 방향이 반대임)

8. 커브 외측이 유리(일본 사례)

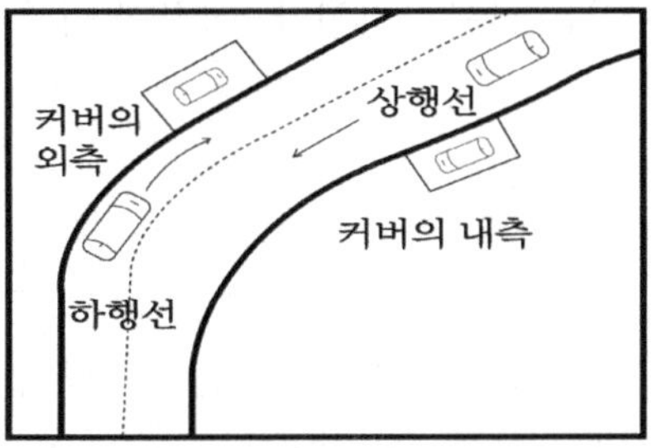

- 특히 로드 사이드점 경우 시인성 높이가 포인트이다. 커브 경우 내측보다 외측이 훨씬 유리하며 150m 이상(적어도 50m) 떨어져 있어도 건물, 또는 폴 사인이 보이는 것이 바람직하다.

(참고 : 일본은 한국과 도로진행 방향이 반대임)

9. 도로 모퉁이가 유리

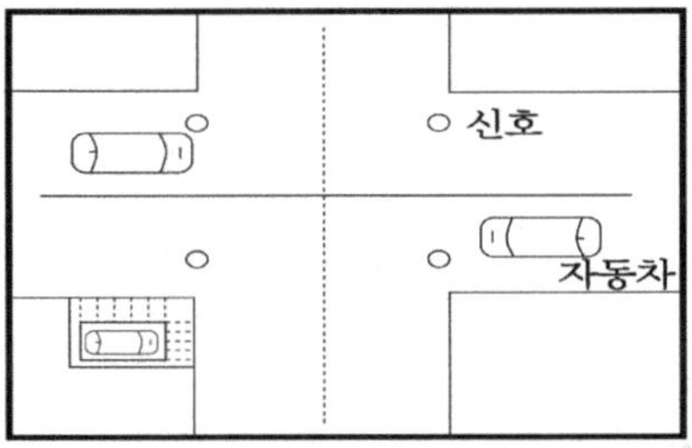

- 교차점 모퉁이는 2방향으로부터 입점할 수 있으므로 좋은 입지이다. 단지, 교통체증이 심한 교차점은 그다지 바람직하지 않다.

10. 고객을 인도하는 선에 따른 입지가 유리

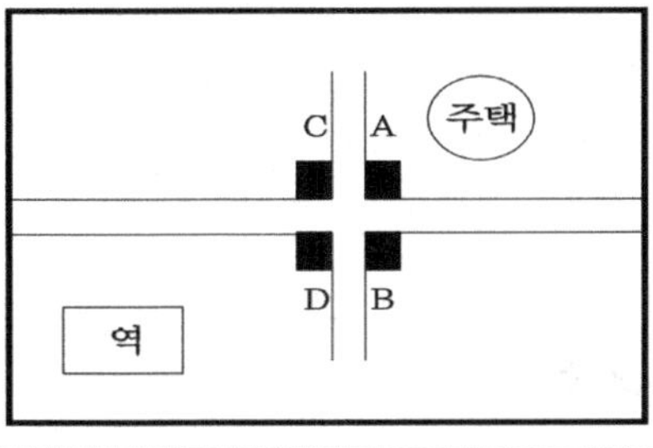

- 인간은 근도심리(近道心理)와 직선심리(直線心理)가 작용하므로 D→B→A→C의 순으로 유리하다.

제 2 절 | 입지조건 분석

입지조건 분석은 개개 점포 성패를 파악하는 것이다. 상권분석은 상권 전체를 놓고 상권 자체 성쇠 여부를 파악하는 것이고 입지조건 분석은 한 상권 안에서 개개 점포 성패 여부를 파악하는 것이다. 당연히 입지조건 분석에서는 개개 점포 구조, 규모 및 업종 등 점포 자체 조건분석을 더 따르게 된다. 입지조건에 따라서 상권 범위는 다르다. 즉 접근성과 가시성이 좋은가 나쁜가에 따라서 상권이 좋은가 나쁜가가 판가름 나는데 보통 A, B, C 세 등급 정도로 분류하고 있다. 위치가 좋으면 당연히 상권 범위가 넓을 것이며(A급지), 위치가 그 상권에서 제일 나쁘면 상권 범위가 좁을 것(C급지)은 불문가지이다. 이렇게 점포 위치(입지)를 분석해 보면 A, B, C 세 급지로 나뉜다.

1. A급지는 상권 범위가 넓다

A급지는 어느 상권에서든지 상권 범위가 넓다. 즉 점포 앞으로 지나다니는 유동인구는 물론 배후지에 거주하는 주민까지 흡수할 수 있다. 따라서 같은 상권 안 B, C급지보다 입지조건이 월등히 좋다. 당연히 점포 보증금과 권리금도 매우 높다. A급지는 주택지 상권이든 역세권이든 대개 버스정류장이나 지하철역 대로변에서부터 골목 초입까지에 주로 형성된다.

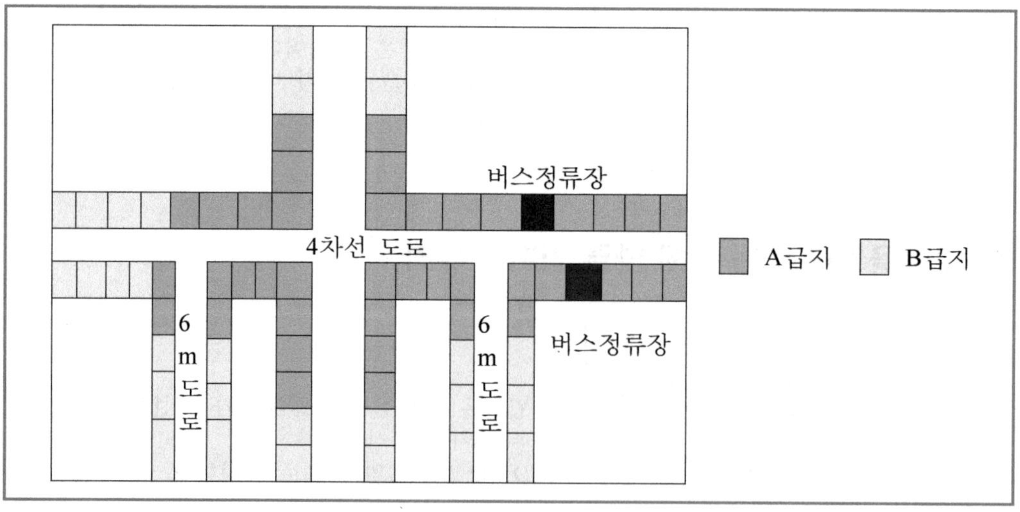

〈그림 8-1〉 A급지 입지조건(Ⅰ)

〈그림 8-1〉처럼 A급지는 대체로 버스정류장 앞이나 지하철 앞 또는 사거리 주위이다. 그림에서 사거리 왼쪽은 대로변과 골목 초입까지만 A급지이다. 그렇다면 사거리의 오른쪽 상권은 어떨까? 버스정류장을 끼고 있어 A급지가 왼쪽 상권보다 넓다. 여기에서 유심히 살펴볼 것이 있다. 바로 버스정류장은 대개 그 지역의 중심지에 있다는 사실이다. 따라서 6m 골목길은 먹자골목으로 형성될 가능성이 크다.

〈그림 8-1〉에서 살펴본 6m 골목길이 50~100m 이내에서 다른 인도(4~8m 이내의 도로)와 교차하고 있는 경우에는 그 사거리까지 A급지에 속한다.

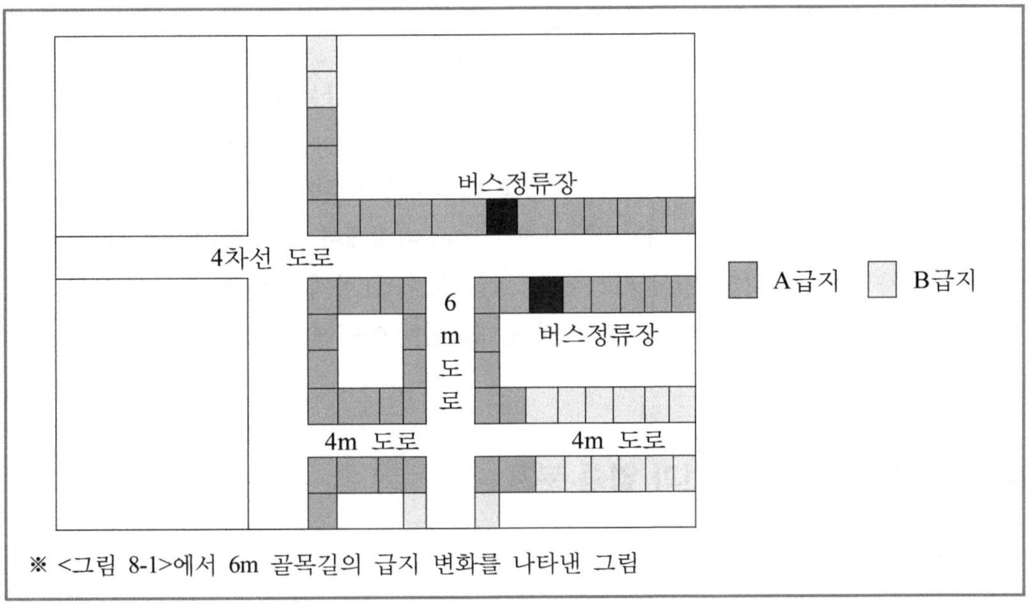

〈그림 8-2〉 A급지 입지조건(Ⅱ)

〈그림 8-2〉에서 보듯 6m 골목이 50~100m 이내에서 다른 인도와 교차하여 상권이 형성되면 그 상권은 매우 활발해진다. 따라서 대로변에서 먹자골목 사거리까지가 A급지에 속한다. 이처럼 먹자골목이 A급지가 되는 경우는 상권이 좋은 역세권이나 대학가에서는 흔히 볼 수 있다. 주택지에서는 이 정도로 상권이 활발한 곳이 그리 많지 않다.

2. B급지는 A급지보다 상권 범위가 좁다

B급지는 A급지보다 상권 범위가 좁다. A급지는 유동인구를 흡수하고 있지만, B급지는 유동인구 일부만 흡수하며 배후지에 거주하는 주민을 흡수하는 것은 A급지와 같다. 따라

서 같은 상권 내 A급지보다는 입지조건이 좋지 않지만, C급지보다는 낫다. B급지는 유동인구를 상대하는 판매업보다는 맛으로 대결할 수 있는 음식점이 적합하다. 즉 음식점으로서는 B급지가 A급지만큼 유용성이 있다. 대로변이라도 버스정류장이나 지하철역을 끼지 않은 상권은 B급지인 경우가 많다. B급지는 A급지와 연결된 골목길인 경우가 많다. 먹자골목 길이 50~100m 이내에서 다른 인도와 교차하고 있는 경우 그 사거리를 지난 다음부터가 B급지에 속한다. 이 골목길이 50~100m 이내에서 다른 차도와 교차하고 있으면 그 교차사거리까지 골목길이 B급지다.

3. C급지는 상권 범위가 매우 좁다

주택지 상권 C급지에서는 소규모로 장사를 하되 반드시 시설비가 들지 않는 업종을 선택해야 한다. 특히 이곳에서 체인점을 한다면 그 순간 망하는 길로 들어선 것이나 마찬가지이다. 버스정류장이나 지하철역이 대로변 중 배후지에 거주인구가 적을 때는 이 대로변은 거의 C급지에 속한다. 또한, 먹자골목이 50~100m 이내에서 다른 차도와 교차하고 있는 경우 그 교차사거리 건너편은 C급지가 된다. A급지든 B급지에서든 곧바로 15° 이상 경사진 오르막길은 C급지에 속한다. A급지가 아닌 대로변에 이어진 주택가 골목길은 거의 C급지에 속한다.

4. 주택지 상권 입지조건과 업종 분포

1) A급지

은행, 대형 판매시설, 금은방, 안경점, 유명의류 직매점, 약국, 커피 전문점, 제과점, 화장품 가게, 가전제품 대리점 등 주로 선매품이나 고급품을 취급하는 판매업종이 밀집해 있다.

2) B급지

사진관, 꽃가게, 문구점, 완구점, 책방, 속옷가게, 신발가게, 슈퍼마켓, 유아복 및 유아용품점 같은 생필품을 취급하는 업종이 주류를 이루며 각종 음식점이 밀집해 있다.

3) C급지

카 센터, 우유 대리점, 표구점, 수석 가게, 이발소, 철물점, 자전거나 오토바이 가게, 지물포, 부동산 중개업소(최근에는 부동산 중개업소도 A급지에 입지하는 경우가 드물지 않다),

낚시용품점, 신문 보급소, 중화요리점 등 판매업종이나 음식점보다는 기술 위주의 업종이 주류를 이룬다.

(1) 음식업이나 판매업은 그 상권에 같은 업종이 50~60% 정도 분포되어 있을 때 영업이 오히려 잘 된다. 30% 안팎에 불과하면 음식업이나 판매업이 안 되는 상권이므로 피하는 것이 좋다. 반면, 서비스업은 같은 업종이 적을수록 좋다.

(2) 역세권 유명상권은 점포 수가 대부분 200개 이상으로서 상권마다 독특한 특징이 있어 업종 분포를 보면 호황, 불황인 업종을 알 수 있다. 그러나 주택지에서는 그 상권만의 독특한 특징이 없고 모든 업종이 골고루 분포되어 있어 업종 분포에 큰 의미는 없다.

5. 상가는 오른쪽보다는 왼쪽이 잘 된다

대개 먹자골목을 보면 양쪽으로 상가들이 형성되어 있다. 그런데 대부분 사람이 들어가는 방향(반대 방향에서는 많이 들어오지 않는다) 즉 주 동선에서 보았을 때 오른쪽보다는 왼쪽에 있는 상가가 더 잘 된다. 우리는 어렸을 때부터 좌측통행에 길들어 왔고 건널목을 건널 때도 먼저 왼쪽부터 살핀다. 이러한 것이 습관이 되어 골목을 걸으면서도 시선은 왼쪽을 살피게 되는 것이다. 단 사통팔달인 곳에서는 상관이 없고 주로 주택지 상권 등과 먹자골목 일부에서 통용되는 법칙이다.

6. 점포는 낮은 데로 임하여라

어느 지역이든 전체가 논바닥처럼 평평한 곳은 한 군데도 없다. 모두가 약간은 높고 낮게 연속적으로 이어져 있다. 그렇다면 어떤 곳이 좋은 상권인지 살펴보면 말할 필요 없이 낮은 곳이 좋다. 교통망도 대부분 낮은 곳을 중심으로 형성되어 있다. 특히 학원 등은 그야말로 "땅 짚고 헤엄치기"이다. "언덕길에 있는 상가는 피하라"는 말도 같은 원리이다. 보통 상권은 도로(차도가 아닌 6~8m 정도의 인도) 양쪽에 형성되어 있는데 도로도 역시 높고 낮은 데가 있게 마련이다. 이때 역시 조금이라도 낮은 쪽에 있는 점포가 유리하다.

7. 상가 연속성을 끊는 시설들

상가의 연속성을 끊는 것으로는 창고시설 같은 것이 있다. 이삿짐센터, 카 센터, 우유 대리점, 표구점 등이 대표적이다. 이와 같은 시설들은 상가의 흐름을 끊는데 특히 밤에 보면 그것이 극명하게 드러난다. 각종 상점은 조명과 간판, 불빛으로 손님을 유인하고 있는데 위와 같은 시설이 있으면 그 주위가 어둡고 음습해지는 것이다. 당연히 손님들은 그 앞쪽에서 상품을 구매하거나 이용하고 만다. 어둡고 음습한 곳 너머까지는 안 간다는 말이다. 따라서 그 뒤쪽에 있는 상가는 유동인구가 감소하여 앞쪽보다 상권이 죽는다.

8. 좋은 입지 나쁜 입지 일반적 유형

1) 좋은 점포 입지

(1) 유동인구가 많은 곳
(2) 접근하기 편한 곳
(3) 대형 사무실보다는 5층 이하 사무실이 많은 곳
(4) 편의시설 등이 있는 곳
(5) 출근길보다 퇴근길 방향에 있는 곳
(6) 주차장이 있는 곳
(7) 버스정류장이나 지하철역을 끼고 있는 대로변
(8) 코너 상가
(9) 대규모 아파트단지의 중심상권
(10) 중소형 아파트단지 상가
(11) 낮은 지대의 중심지
(12) 권리금이 있는 곳
(13) 주변에 노점상이 많은 곳
(14) 비어 있는 가게가 없는 곳

2) 나쁜 점포 입지

(1) 상권이 필요 이상 확대되는 곳
(2) 4차선 이상 도로가 상권을 양분하는 곳
(3) 유동인구가 그냥 지나가는 곳(소위 "흐르는 자리")
(4) 주변 가게가 기술 또는 저가 상품 위주인 곳
(5) 업종이나 주인이 자주 바뀌는 곳
(6) 주변 가게의 간판이 낡거나 변색한 점포가 있는 곳
(7) 점포 전면이 좁거나 간판 설치가 어려운 곳
(8) 주변 도로가 지저분한 곳
(9) 편도인 도로변이나 맞은 편에 점포가 없는 곳

(10) 빈 가게가 많은 곳
(11) 언덕 위나 상가 연속성이 끊긴 곳
(12) 주변에 공터가 있는 곳
(13) 막다른 골목 끝인 곳
(14) 300~500m에 대형유통시설이 있는 곳
(15) 권리금이 없는 곳
(16) 주변에 큰 규모 동일 업종이 있는 곳
(17) 건물주가 장사하는 곳
(18) 보도폭이 좁은 곳

제 3 절 | A급 점포판별법

지금까지 우리가 배웠던 상권분석, 입지조건 분석도 결국 이 A급 점포를 찾기 위한 목적 때문이었다. 우선 상권 및 입지조건 분석에서 언급했던 A급지와 지금 설명할 A급 점포와의 차이점을 살펴보고자 한다. A급지란 입지조건만을 분석한 것이다. 그런데 A급 점포란 점포의 입지조건뿐만 아니라 권리금까지 분석한 것이다. 즉 A급 점포가 되기 위해서는 어떤 조건보다도 반드시 권리금이 낮아야 한다. 아무리 점포 위치가 좋아도 권리금이 비싸면 좋은 게 아니기 때문이다. 즉 다음과 같은 경우를 A급 점포라고 한다.

- 입지조건이 좋고(↑) 권리금이 낮은(↓) 점포
- 투자대비수익률이 높고(↑) 권리금이 낮은(↓) 점포

권리금이 싸면 그만큼 총투자비용이 내려간다. 투자대비수익률은 당연히 투자비용이 내려간 만큼 올라간다. 결국, 이 둘은 서로 유기적인 관계에 있다. 한편 영업이 잘 되어 투자대비수익률이 높은 C급지의 점포도 A급 점포라고 할 수 있을지는 지금까지 상권분석과 권리금 분석에서는 C급지에 있는 이런 점포는 좋지 않고 권리금도 제대로 평가해서는 안 된다고 했다. 당연히 절대기준으로 보면 A급 점포가 아니다. 하지만 무엇보다도 자기 자금에 맞추어서 점포를 구하는 것이 최우선이다. 절대적으로 좋은 A급 점포도 있지만, 자기 자금에 맞는 곳 중에서 가장 나은 점포를 찾아내는 일이 더욱 중요하다. 한마디로 말하면 같은 조건에서 상대적으로 좋은 점포도 A급 점포라고 할 수 있다.

1. A급지에 있고 권리금이 낮으면 A급 점포

어느 상권이든 A급지에서는 영업이 잘 된다. 그리고 영업이 잘 되는 곳은 권리금이 많다. 하지만 일반적으로 그렇다는 것이지 상황에 따라서 권리금이 싼 점포도 있다. 점포 주인이 욕심이 없어서 그럴 수도 있고 불가피한 사정이 있어서일 수도 있다. 어쨌든 A급지에서 권리금이 시세보다 약간 낮게 매물이 나왔을 경우 자금만 댈 수 있다면 무조건 잡는 것이 좋다. 세세한 업종은 그런 다음에 생각해도 늦지 않다. 좋은 자리는 매물로 잘 나오지도 않지만 나오더라도 권리금이 비싸다.

2. 같은 입지조건에서 권리금이 낮으면 A급 점포

A급지가 아닌 B, C급지의 경우는 당연히 입지조건에서만 보면 A급 점포라고 할 수 없다. 하지만 이런 곳에 있는 점포라도 주변의 시세에 비해 권리금이 싸면 그것도 A급 점포이다.

3. A급지와 B, C급지 간 경합은 투자수익률 평가

A급지 점포와 B, C급지 점포는 입지조건에서 애당초 비교가 되지 않는다. 당연히 A급지 점포가 A급 점포이다. 하지만 실제로는 이론처럼 되지 않는 경우가 많다. 막상 점포를 하려고 보면 갈등이 많다. A급지에 있는 점포는 다 좋은데 권리금이 비싸고, B급지에 있는 점포는 손님이 적지만 권리금 또한 적어서 괜찮은 것 같고 이럴 때는 복합적으로 우열을 가려야 한다.

1) 투자수익률이 비슷하면 A급지 점포가 A급

우선 투자수익률이 비슷하다면 당연히 A급지 점포가 낫다. 왜냐하면, 이런 경우 입지조건이 우선이기 때문이다. 예를 들어 A급지 점포는 10평에 보증금 5,000만 원, 월세 150만 원, 권리금이 1억 원으로 시세도 그렇다. 영업은 A급지로서는 그럭저럭 되는 편으로 월 순이익이 500~600만 원 정도 된다. 그리고 B급지 점포는 10여 평에 보증금 3,000만 원, 월세 80만 원, 권리금은 시세와 같은 5,000만 원이고 영업은 그런대로 되어 월 순이익이 300만 원 정도 된다. 이때 어느 점포를 선택하는 것이 좋을까는 A 점포 투자수익률은 총투자비용 1억 5,000만 원에 월 순이익이 500~600만 원이므로 3.3~4%이다. B 점포의 투자수익률은 총투자비용 8,000만 원에 월 순이익이 300만 원이므로 약 3.7%이다. 이처럼 투자대비수익률이 비슷하고, 점포 크기도 같고 다른 조건도 비슷하면 입지조건이 좋은 A 점포가 낫다.

투자수익률이 B급지 점포가 월등하면 B급지 점포가 A급지와는 반대로 A급이다. 흔한 일은 아니지만, 종종 이런 경우가 있다. 위의 예에서 만약 B급지 점포의 순이익이 500만 원 정도이고 앞으로도 그럴 가능성이 크다든지 순이익은 300만 원이지만 권리금이 5,000만 원에서 3,000만 원으로 낮아진다면 당연히 투자수익률이 월등히 나은 B급지 점포가 낫다.

2) A급지 점포는 작고 B급지 점포는 클 때는 경험 활용

초보자는 A급지의 작은 점포를 경험자는 B급지의 큰 점포를 선택하는 것이 좋다. 한정된 자금에 맞추어 점포를 구하다 보면 다음과 같은 경우가 많이 발생한다. 즉 A급지 점포는 작고 권리금이 시세와 같거나 비싸며, B급지 점포는 크고 시세보다 권리금이 싸서 총소요 자금이 비슷하게 든다. 예를 들어 A급지 점포는 8평에 권리금이 7,000만 원(시세와 같다)이고, B급지 점포는 20평에 권리금이 시세보다 2,000만 원 싼 6,000만 원이다. 이때 총 투자비용과 월 순수익 역시 비슷하다면 어떤 것이 나을지 살펴봐야 한다. 이럴 때도 초보자는 입지조건을 우선해야 한다. 즉 A급지 점포를 잡아야 한다. 8평이면 점포가 너무 작아 매출에 한계가 있는데도 꼭 그래야 하는 이유로 갈등하는 사람이 많다. 20평이면 점포 크기도 알맞아 B급지 점포라도 괜찮은 편이다. 또한, 권리금이 상대적으로 싸다는 이점도 있다. 그러나 초보자에게는 무엇보다 목이 중요하다. 그다음에 다른 부대조건을 고려해야 한다. 예를 들어 업종 자체가 8평 크기로는 도저히 할 수 없는 경우에는 초보자라도 B급지 점포를 선택해야 한다. 물론 경험자라면 B급지가 낫다. 점포 크기도 무시할 수 없는 조건이기 때문이다. 어쨌든 본인의 조건에 맞추되 그래도 입지조건이 최우선임을 명심하여야 한다.

4. 같은 조건·매출이면 손익분기점이 낮은 점포가 A급 점포

만약 입지조건이 다르다면 손익분기점으로 파악할 이유가 없다. 그럴 때는 투자대비수익률로 비교하면 된다. 입지조건이 A급지이면 인건비, 임대료 등 고정비 지출이 커져 당연히 손익분기점도 B, C급지보다 높다. 애초부터 손익분기점은 논의의 대상이 되지 않는다. 입지조건과 점포 크기가 같을 때는 손익분기점도 거의 비슷하다. 그러므로 매출이 같을 때는 당연히 손익분기점이 낮아야 순이익도 많아지므로 좋은 점포이다. 다시 말해 입지조건, 점포 크기, 매출이 같을 때는 손익분기점을 낮출 수 있는 점포가 더 낫다. 손익분기점을 낮출 수 있다는 것은 결국 인건비를 줄여도 되는 업종과 좀 더 궁합이 맞는 점포를 의미한다. 같은 입지조건이라도 약간의 차이가 있다. 즉 음식업 중 분식점이나 소규모 판매업종에 유리한 곳이 이에 해당한다. 불경기일수록 손익분기점이 낮아야 좋으므로 점포를 구할 때는 짚고 넘어가야 한다.

5. 투자수익률이 높고 권리금이 낮으면 A급 점포

투자수익률이란 총투자비용(보증금 + 권리금 + 기타 시설비)에 대한 월 순수익 비율이다. 투자수익률이 높다는 말은 당연히 월 순수익이 좋다는 뜻이다. 앞에서도 말했지만, B, C급지에 있는 점포에서도 영업을 잘 하여 수익률이 높고 권리금이 낮으면 이것 역시 A급 점포이다. 그리고 A급지와 B, C급지 간에 경합할 때는 투자수익률을 기준으로 삼는다. 물론 이때도 입지조건을 우선 고려해야 하며, 권리금이 시세보다 낮아야 하는 것은 당연하다. 예를 들어 역세권 C급지에 있는 A 점포는 10평 크기에 보증금 1,500만 원, 월세 60만 원, 권리금은 시세보다 200~300만 원 싼 2,000만 원, 월 순수익은 200만 원 정도 된다. 그리고 역시 C급지에 있는 B 점포는 보증금 1,500만 원에 월세 65만 원, 권리금 2,000만 원, 월 순이익이 150만 원 정도이다. 이때 A 점포는 B 점포보다 상대적으로 투자대비수익률이 높고(A 점포는 약 6%, B 점포는 약 4%) 권리금도 시세보다 낮으므로 A급 점포이다. 이처럼 같은 입지조건에서 투자수익률이 높고 권리금이 낮으면 A급 점포이다.

Chapter 9

상권입지와 풍수지리

제1절 | 풍수지리 이론

1. 풍수지리설의 유래와 지기(地氣)

풍수지리 이론은 초기에 홍수나 한발 그리고 태풍 등 자연의 재해로부터 안전한 주거지를 선택하는 기술 이론으로 출발하였다. 풍수지리 이론의 철학적인 배경으로는 산신숭배사상(山神崇拜思想), 지모사상(地母思想), 삼신오제사상(三神五帝思想), 신선사상(神仙思想), 천문사상(天文思想), 효도사상(孝道思想), 그리고 음양오행사상(陰陽五行思想) 등이 있다. 근래에도 풍수지리의 이론은 도읍지나 개인의 집터 그리고 묘지 선정의 이론, 건축의 디자인 이론, 부동산 개발 및 투자이론 그리고 실내 장식 등 다방면으로 응용되고 있다.

풍수지리 이론의 핵심은 지기(地氣)의 해석에 있으며, 좋은 지기(地氣)가 많이 모여 있는 땅을 명당(明堂) 또는 혈(穴)이라고 한다. 명당(明堂)이나 혈은 산의 기운과 강물의 기운이 음과 양으로 결합하는 곳에 이루어진다. 동기감응(同氣感應)론이나 친자감응(親子感應) 이론들은 모두 지기(地氣) 이론을 근거하고 있다. 명당은 보통의 땅과는 다른 특별한 조건의 땅을 말하며 명당의 조건은 과학적으로 규명되어가고 있다.

사람은 지면(地面)에서 나오는 기운을 호흡하며 살아간다. 지면을 구성하는 토질은 모래, 자갈, 진흙 등의 광물질과 수분 등 여러 가지 종류로 구분된다. 토질이 다르면 각각의 토질에서 발생하는 기운도 다르다. 지면에서 발생 되는 기운 중에는 사람의 건강에 유익한 기운이 있는가 하면 반면 건강에 불리한 기운도 있다.

땅이 갖는 자력 역시 지기 중의 하나이다. 지구는 커다란 자석과 유사하다. 지자기(地磁氣) 기계로 측정하면 지면이 갖는 자기의 양은 지면에 따라 다양하다. 지자기가 안정된 곳은 사람의 건강에 좋고 반면 지자기의 변화가 불규칙한 곳은 사람의 건강에 좋지 못하다는 사실은 독일 의학계에서 발표되어오고 있다.

지자기 이외에 산수(山水)의 울림, 진동, 소리, 그리고 수맥 등은 땅이 갖는 기운 중의 한 부분이며 이들 기운은 사람의 건강과 깊은 관련을 맺고 있다. 이러한 사실들로부터 지면의 위치에 따라 지기(地氣)가 다르며, 사람의 생리현상은 지면의 기운에 의하여 서로 다른 반응을 일으킨다는 점을 확인하게 된다.

풍수이론에서 명당의 위치를 선정하기 위해서 땅을 앞면과 뒷면으로 구분하여 해석한다. 땅의 기운이 앞면과 뒷면에 따라 다르기 때문이다. 자연지리학으로 보면 땅의 앞면은 완만한 경사면이며 땅의 뒷면은 단층면으로 구성된 급경사면을 말한다. 땅의 앞면과 뒷면에 대한 개념은 사람이나 나뭇잎 등의 생명체에도 비유된다. 사람의 배 즉 앞면에는 젖과 생식기 등 중요한 부분이 자리 잡고 있다. 그러나 뒷면에는 이러한 기능이 없다. 엄마 몸의 앞에는 아기가 먹을 젖이 있으나 등에는 먹을 젖이 없다. 이것은 사람의 신체에 앞과 뒤가 다른 것을 나타내고 있다. 감나무 잎의 앞면은 반짝이지만 뒷면은 꺼칠꺼칠하다. 이것은 나뭇잎의 앞면과 뒷면의 기운이 서로 다른 것을 의미한다.

지면(地面) 중 앞면에는 생기가 많아 이곳에서는 사람들이 마음도 편안하고 행복하게 느껴지나 뒷면에는 좋은 기운이 부족하여 사람은 이곳에서 불안하게 되며 심지어는 건강을 잃게 되기도 한다. 명당은 땅의 앞면에만 자리 잡게 된다. 땅의 기운이 앞과 뒤에 의하여 다른 관계로 지면의 앞과 뒤를 구분하는 기술은 지세의 분석에 가장 중요한 부분이 된다.

땅의 앞면과 뒷면을 구분하기 위해서는 땅의 경사도(傾斜度), 형태, 밝기, 풍속(風速), 암석의 형태, 그리고 온도 등을 분석하게 된다. 땅의 경사가 급한 곳은 강한 바람이 분다. 경사가 완만한 지역에서는 약한 바람이 분다. 땅의 앞면은 경사가 완만하나 뒷면은 경사가 급하다. 땅의 앞면은 지표면이 균일하고 매끄러우나 뒷면은 거칠며 바위가 중간중간에 솟아 있다. 토양의 색으로 구분하면 땅의 앞면은 밝으나 뒷면은 어둡다. 공간의 분위기가 앞면은 평화스러우나 뒷면은 불안하고 공포감을 느끼게 된다. 지자기 기계로 검사하면 땅의 앞면에서는 지자기 값이 균일하며 땅의 뒷면에서는 지자기 값이 불규칙한 것이 확인되었다.

2. 삼신오제(三神五帝) 사상

1) 삼신오제(三神五帝) 사상의 발생과 내용

고조선의 천문사상, 고대에 있어서 지식이나 학문은 주로 천체의 운행에 따르는 계절과 일기의 변화에 대한 체험으로부터 출발하게 된다. 이것은 이들 자연의 변화가 농업 목축업 수렵 항해 등 고대 인간의 생활에 직접 영향을 주고 있기 때문이다. 그리하여 이들 계절적 변화의 원인을 해(日), 달(月) 등 천체의 변화작용에서 찾게 되어 그로부터 역(易)을 만드는 지혜를 발휘하였다. 그리하여 역(易)이 자연의 변화에 대한 물리적 질서로서 인식하게 됨에 따라 발전하여, 자연의 내면적인 성질로서의 변화적 원칙을 역(易)이라고 하여 해석하게 되었다. 한국의 고대에서도 다른 지역의 고대와 마찬가지로 학문은 역으로부터 시작하게 된 것을 알 수 있다.

천체의 운행에 따른 계절과 일기의 변화는 수렵 농업 목축업 항해 등 고대 인간의 생활과 직접 관계되었다. 그러므로 한국의 고대에도 역학이 발달하였던 고조선 시대에 사용되었던 역(易)을 환역(幻易)이라고 하였다. 환역(幻易)은 방위를 맡은 신으로 북, 남, 동, 서, 중앙의 오제(五帝)를 정하고 각각 흑제(黑帝), 적제(赤帝), 청제(青帝), 백제(白帝) 및 황제(黃帝)라 하였다. 이러한 오제(五帝)는 방위의 신에 대한 제사를 지내는 데서 시작하였다. 그러므로 방위의 개념은 천상의 신과 이들의 움직임, 즉 역(易)으로부터 출발하게 된다.

삼신오제(三神五帝)는 곧 한국 고대인 생활의 가장 중요한 부분인 자연의 변화원리, 즉 역(易)의 이론으로부터 발생한 것을 알 수 있다.

2) 삼신오제(三神五帝) 사상과 풍수지리설과의 관계

한국의 삼신오제(三神五帝) 사상은 인간의 존재에 대한 개념을 천(天), 지(地), 그리고 태(太)의 3 원소와 관련하여 해석함으로써 인간을 자연 일부로써 귀결하게 하고 있다. 또한, 자연과 인간과의 관계에 대한 삼신(三神) 사상은 자연 숭배 사상과 산신숭배 사상, 그리고 인간의 내세에 대한 사상 등을 그대로 나타내고 있어서 인간의 자연에 대한 경외심을 더욱 크게 하고 있다. 삼신오제(三神五帝) 사상은 그 후에 발달한 음양오행 사상, 풍수지리 사상과는 그 사상의 유사성으로 매우 밀접하게 융합되어 이론적인 체계를 확립하게 되었다. 한국의 궁궐, 사찰, 서원 등 전통 건축물의 중심사상은 풍수지리와 삼신오제(三神五帝) 사상이 중심적인 철학으로 이용되었다.

3. 기(氣)와 음양오행

1) 음양 오행설

음양오행 사상의 음양설(陰陽說)과 오행설(五行說)은 초기에 각각 따로 발생했다. 그러나 시간이 지남에 따라 두 이론이 서로 이론적으로 결합해서 더욱 완벽한 철학으로 만들어진 것이다. 음양설과 오행설이 서로 결합할 수 있었던 것은 두 철학이 모두 자연에 대한 형이상학적인 이론에서 출발한다는 공통점 때문이다. 이러한 공통점으로 두 이론은 서로 보완하는 관계를 유지하게 되었고, 음양설과 오행설이 같은 이론으로 알려질 정도가 되었다.

음양설이나 오행설의 핵심 개념은 기(氣)다. 기는 자연에 분산된 에너지를 말한다. 분산된 기가 모이면 생명체를 이루고, 생명체가 죽으면 다시 기로 분산된다. 기가 모이는 과정에서 사람 형태로 모이면 사람이 되고, 나무 형태로 모이면 나무가 되며, 짐승 형태로 모이면 짐승이 된다. 기에는 양기와 음기가 있다. 양기는 하늘에서 발생 되는 기를 말하며, 음기는 땅에서 발생 되는 기를 말한다.

이들이 만나는 원리는 바로 남자와 여자가 만나 아기를 출산하는 것과 같은 이치이다. 양은 남자의 기운이며 음은 여자의 기운으로 볼 수 있다. 바탕(음)이 좋아야 외형(양)이 좋듯이 여자의 내조가 있어야 남자가 성공할 수 있다. 또한, 조상의 묘를 잘 써야(음) 나와 가족들이 번창(양)할 수 있다. 이렇듯 음양이론에서 모든 것이 증명되며 풍수 사상의 중요성을 대변해 주고 있다.

또한, 이들은 1 : 1의 비율로 만나기 때문에 그 중 더 우월한 것이 없다. 이들이 만날 때 정확히 1 : 1 비율로 만나지 못하는 경우가 있는 데 이 때문에 각자의 개성이 생기게 되는 것이다. 이 결과 각자 개성이 다른 5가지 기운이 발생하는데 이것이 오행이다.

오행 사상의 근원은 삼신오제 사상과 천문 사상(天文思想)에서 찾을 수 있다. 옛사람들은 사람의 생활이 모두 하늘의 힘으로 좌우된다고 믿었다. 별이 사람의 운명과 일정한 관계가 있는 것으로도 생각했다. 점성술이 그중 하나이며, 음양오행 이론도 이러한 천문사상과 관련되어 있다.

2) 오행(五行)의 기운

오행이란 수(水)·화(火)·목(木)·금(金)·토(土)의 다섯 가지 기운으로서, 이 기운은 1+1=5 즉, 음(陰)+양(陽)=오행(五行)에서 나온 것이다. 1+1=5의 의미란 위의 설명처럼 음과 양이 만나서 다섯 가지의 기운이 된다는 것으로서, 음이 나타내는 것은 여성, 땅, -, 수평선을 의미하며, 양은 남성, 하늘, +, 수직선을 의미한다.

즉 음과 양이 결합하면 5가지의 기운이 발생 되는 것을 의미한다. 계절적으로 봄, 여름, 가을, 겨울 그리고 변절기는 음양에 의한 5가지 기운의 현상이다. 5 계절의 5기 관계는 봄 → 木, 여름 → 火, 가을 → 金, 겨울 → 水, 변절기 → 土이며, 각각은 다음과 같은 의미와 기운을 나타낸다.

수(水)는 물처럼 아래로 내려가려는 기운이다. 모든 물체는 아래로 떨어지려는 성질을 갖는다. 이것을 물리학에서는 중력이라고 하며, 오행 가운데 물의 성질에 해당한다. 물은 마치 겨울의 기운과 같다. 겨울에는 온도가 아래로 내려가고 생명체는 활동력이 거의 정지된다. 이는 다음 기간까지 생명력이 준비 갖추는 것을 뜻한다.

목(木)은 나무와 같이 수직으로 상승하는 기운을 말한다. 하늘로 올라가려는 성질이다. 목의 기운은 물리학상 원심력에 해당한다. 목은 사계절 가운데 봄에 해당한다. 봄에는 모든 생명체가 희망차게 하늘을 향해 솟아오른다. 솟아오르는 생명력이 바로 목에 해당한다.

화(火)의 기운은 불꽃과 같이 기운이 사방팔방으로 퍼져 폭발하는 힘을 말한다. 불은 힘이 격렬하게 분출되는 것을 뜻하며, 태양열 같은 성질이다. 현대 물리학에서는 열에너지가 이에 해당한다. 불에 해당하는 계절은 여름이다. 여름에 나무가 무성해지고 꽃이 만발하는 것도 그 힘을 확산하려는 현상이다.

수축하려고 하는 힘을 금(金)이라고 한다. 가을이 되면 모든 물체는 쌀쌀한 기운 때문에 움츠러든다. 중심점으로 향해 움츠러드는 현상이 금이다. 현대 물리학에서 구심력이 여기에 해당한다. 금은 가을의 기운에 해당한다.

토(土)는 수·화·목·금의 기운을 골고루 갖는 기운이다. 토는 균형을 유지하는 작용을 한다. 서로 다른 네 기운이 분열되지 않도록 하는 포용력을 지니고 있다. 이는 마치 흙이 모든 생명체를 포용하고 있는 것과 같다. 토는 한 계절에서 다음 계절로 넘어가는 중간쯤을 의미한다.

4. 사신사(四神砂)와 장풍형 명당

산(山)의 좌우, 전후 사면에 있는 산을 사신사(四神砂)라고 한다. 사신사 각각의 명칭은 주산을 등지고 지대가 낮은 곳을 향해 내려다보는 자세에서 왼쪽에 있는 산을 청룡(靑龍), 오른쪽에 있는 산을 백호(白虎), 앞에 있는 산을 주작(朱雀), 그리고 뒤에 있는 산을 현무(玄武)라고 하며, 일반적으로 좌청룡·우백호·전주작·후현무라고 말한다.

사신사의 기능은 주룡에 있는 혈에 생기를 만드는 것이다. 따라서 혈이나 명당은 사신사에 의해 만들어진다. 그러나 사신사가 있는 곳이 모두 혈이나 명당이 되는 것은 아니다. 혈이나 명당에 생기를 만들기 위해서는 사신사가 바람막이 기능을 해야 하며, 곡면 반사경 기능, 볼록 렌즈 기능 등 세 가지 기능을 갖추고 있어야 한다.

1) 청 룡

청룡(靑龍)에서 발생 되는 생기는 대표적으로 자손 번창의 기운, 권력과 지도자의 기운, 재산의 기운을 갖고 있다. 청룡이 이 세 기능을 다 하는 지세에서는 사람들이 건강 상태가 좋고, 후손(특히 남자)들이 고급 공무원이 되거나 재물을 모은다. 또한, 자손도 번성한다. 이와는 반대로 청룡이 나쁜 지세에서는 건강을 잃고 자손이 줄어드는데, 심한 경우 대가 끊기기도 한다.

청룡의 형태는 남자들 성격에 그대로 반영되어, 청룡의 산세가 강건하면 힘차고 용감한 남자들이 많이 배출되고 청룡의 지세가 약하면 병으로 고생하는 남자들이 많아진다. 청룡의 산세가 유순한 지세에서는 사람들이 부모에게 효도하며 국가에 충성하는 반면, 청룡의 산세가 상부보다 하부에 높이 뭉쳐 있으면 하극상의 비극을 만드는 사람이 나오고, 등을 돌리고 있는 지세에서는 부모에게 불효하고 사회를 등지는 후손들이 나온다. 또 이런 지세에 거주하는 사람은 주변 사람들에게 배반당하거나 부도 같은 일을 겪게 된다.

청룡의 끝부분이 집터를 등지고 멀리 뻗어 나간 지세라면 형제 관계를 끊고 멀리 떠나는 사람이 생긴다. 부모를 떠나 멀리 외국으로 이민을 떠나는 경우가 이런 지세의 영향이다. 형제가 여러 명이 있으면, 청룡의 부분적인 형태에 따라 자식들의 형편이 달라진다. 청룡을 시작점에서 끝부분까지를 삼등분했을 때 맨 윗부분은 형제 중에서 장남에게, 가운데 부분은 차남에게, 마지막 부분은 막내아들에게 영향을 미친다.

2) 백 호

백호(白虎)에서 발생 되는 기운은 재산과 여성의 생명력을 갖고 있다. 그래서 백호가 기능을 다 하는 지역에서는 부자가 나오고 훌륭한 여성이 많이 배출되는데, 딸은 물론 며느리에게 그 영향이 미친다. 여성의 체질이나 성격에도 반영되어 백호의 산세가 유순한 지세에서는 부모에게 효도하며 가문을 위해 정절을 바치는 여성이 나오는 반면, 등을 돌리고 있는 산세에서는 딸이나 며느리들이 가출하는 경우가 발생한다. 뒷면을 보이는 배반 격이면 재물을 잃고 어려운 생활을 하게 된다.

3) 주 작

주작(朱雀)은 혈판 하부, 곧 전순부터 멀리 있는 조산 사이에 있는 산을 모두 말한다. 주작 중에서 집터 가까이에 있는 안산은 재산·지위·평판 같은 기운과 연관된다. 그래서 주작이 좋은 집터에서는 많은 재산을 모으고 사회에서 높은 지위에 오르며, 많은 사람에게 존경을 받게 된다. 주작이 나쁜 집터에서는 재산을 잃고, 직장에서 누명을 쓰고 물러나는 등 명예를 더럽히게 된다.

주작은 현무와 대칭되는 관계에 있다. 현무가 주인이라면 주작은 손님 또는 보조자로서 현무보다 한 계급 낮은 것이 이상적이다. 안산과 조산에서 생기를 보내는 지세에서는 매우 높은 신분으로 상승하며, 명예와 재물까지 동시에 얻게 된다. 거리 면에서 보면 안산은 집터에서 가깝고 조산은 집터에서 멀리 떨어져 있으므로 안산에서 발생한 기운이 먼저 작용하고, 조산에서 발생한 기운은 어느 정도 시간이 지나간 뒤에 전달된다. 따라서 생기를 만들어 주는 기능에서는 가까이 있는 안산이 멀리 있는 조산보다 훨씬 더 중요한 역할을 한다.

안산의 형태는 주택의 길흉에 상당히 큰 영향력을 행사한다. 안산의 형태가 안정되고 힘이 있어서 바가지를 엎어 놓은 것 같으면 부자가 배출되고, 문필봉 형태를 이루고 있으면 관직으로 출세하는 인물이 나온다. 반면 안산의 형태가 불안하거나 흉하면 흉사가 발생한다. 안산이 집터를 향해 등을 돌리고 있는 지세라면 많은 사람에게 배반당하거나 부도가 나는 등 좋지 않은 일이 발생한다.

4) 현 무

현무(玄武)는 혈에 지기를 직접 전달하고 있어서 사신사 중에서 가장 큰 영향력을 갖는다. 현무가 사신사 가운데 주인 역할을 할 경우, 가장 이상적인 지세가 된다. 따라서 산세 규모나 기상이 청룡·백호·주작보다 크고 힘차야 하며, 현무는 한 집안이나 개인에게 특별한 능력을 만들어 주는 생기를 갖고 있어, 현무의 지세가 좋은 지역에서는 능력이 출중한 인물이 배출된다. 현무의 기운은 주작의 기운과 대칭되는데, 주작이 사회적인 평판이나 여론 등 외부적인 기운을 주는 데 반해 현무는 내부적인 힘을 만들어 준다. 예를 들면, 한 지세에서 현무는 생기를 만들어 주고 주작은 그렇지 못할 경우, 능력은 우수하나 사회적으로 인정받지 못하는 인물이 배출된다. 반대의 경우에는 개인적인 능력이 부족해도 사회적으로는 인기를 얻는 사람이 배출된다.

제 2 절 | 건물 배치와 형태 길흉

1. 건물의 배치방법과 배산임수

풍수지리로 볼 때 남향 배치보다 더 좋은 배치가 있다. 바로 배산임수(背山臨水) 배치다. 배산임수 배치란 문자 그대로 산을 등지고 물이 있는 쪽을 향해 건물을 배치하는 방법을 말한다. 지면에서 조금이라도 높은 부분에 건물을 짓고, 지대가 낮은 쪽에 마당을 둬 내려다보게 하는 배치다. 지면의 높낮이가 확실하게 구분되지 않거나 강이나 바다가 직접 보이지 않는 지세에서는 빗물이 흘러가는 방향을 낮은 쪽으로 해서 마당을 만들어, 건물에서 빗물이 내려가는 쪽을 바라보게 설치한다.

이 배치는 또한 집의 전망을 넓어 보이게 한다. 일반적으로 물이 있는 쪽은 전망이 트여 있는 곳을 말한다. 물을 등지고 산이 있는 쪽을 바라본다면, 산이 앞을 가로막는 형상이 되어 전망이 넓어질 수가 없다. 배산임수 배치는 물가에서 불어오는 바람으로 실내 공기 압력을 높이는 방법이다. 바람이 집 안에 불어오는 쪽으로 건물을 배치하면, 집 안 기압이 바람으로 인해 조금씩 높아진다. 기압이 높아지면 그 안에 사는 사람도 기운을 받아 건강해진다. 바람을 등지고 건물을 배치하면, 뒤에서 불어오는 바람이 집 앞부분에서 회오리바람이 되어 집 안 기운을 훑어 나간다. 그러므로 집 안 압력은 오히려 떨어지고, 여기 사는 사람은 떨어진 압력으로 인해 기운을 잃기 마련이다. 기운을 잃게 되면, 제일 먼저 건강을 잃게 될 것은 당연한 결론이다. 건강을 잃으면 다른 일들도 잘 풀리지 않을 것 역시 당연하다.

반대로 남쪽 지면이 높고 북쪽 지면이 낮은 대지에 집을 배치할 때는 지면이 높은 남쪽이 건물 뒷면이 되고, 지면이 낮은 북쪽이 건물 앞면이 되는, 북향 배치가 배산임수에 따른 배치방법이다. 그래야 북쪽에서 불어오는 생기를 받아들일 수 있기 때문이다. 이런 지세에 남향집을 지으면 햇빛을 많이 받아들이는 장점은 있지만, 지대가 낮은 건물 뒷면을 돌이나 콘크리트로 받치고 집을 짓기 때문에 집이 뒤로 자빠지는 모습을 하게 된다. 더구나 건물 정면을 높은 산이 가로막고 있어 중압감을 느끼게 되고, 산이 하늘을 가로막아 넓은 하늘을 바라볼 수 없다. 하늘에서 마당을 통해 들어오는 생기의 양도 부족해 집 안에 불행한 기운이 가득 찬다. 또 북쪽에서 불어오는 생기를 막고 반대쪽을 바라보고 있는 형상이기 때문에 오히려 생기를 빼앗길 뿐만 아니라, 산으로 올라가는 바람이 집터에 회오리바람을 일으켜 집 안의 기운을 빼앗아 간다. 이런 집에서 살면 우선 건강을 잃고, 직업을 잃거나 손해를 보는 등 여러 불행을 겪는다.

배산임수 배치방법은 가장 대표적인 한국 전통 건축법이다. 궁궐과 사찰은 물론 개인 주택에 이르기까지 대부분 이 방법을 적용했으며, 오늘날까지도 가장 이상적인 배치방법으로 이용되고 있다. 주거용 건물일 경우 햇빛보다 기압이 더 중요하다는 것이 풍수지리 이론이다. 북향집이라도 햇빛은 반사되어 들어온다. 그러나 인체에 직접 영향을 주는 기압은 다른 방법으로 대치할 수 없다. 그러므로 바람이 잘 통하는 배산임수 배치가 남향 배치보다 더 좋은 방법이다.

가장 이상적인 건물 배치방법은 배산임수와 남향을 동시에 이루는 방법이다. 남쪽에서 불어오는 바람과 햇빛을 모두 많이 받을 수 있는 지세, 곧 남쪽으로 경사진 땅이 가장 이상적인 땅이다. 배산임수 배치와 반대되는 개념은 배수임산(背水臨山) 배치, 곧 물을 등지고 산을 바라보는 배치로 흉한 배치방법이다.

2. 건물형태 길흉

1) 평면 형태 길흉

명당 태의 건물은 평면에서부터 이루어져야 한다. 평면 형태는 ㄱ자나 ㄷ자, 一자, ㅁ자 등 여러 가지가 있을 수 있으나 이 중에서 정사각형을 이상적인 형태라고 본다. 정사각형이 알의 형태에 가장 가깝기 때문이다. 알의 형태에서는 기운의 회전이 가장 쉽다. 기운은 회전함으로써 생기가 되는 만큼 회전이 쉬운 원형은 가장 이상적인 형태이다. 이러한 기운의 회전 원리에 의하여 건물의 평면 역시 기운의 회전이라는 측면에서 정사각형이 가장 이상적인 형태가 된다.

건물의 평면 형태를 원형으로 하면 기운의 회전은 물론 가장 쉽다. 그러나 원형의 평면 내부에 칸막이를 설치하게 되면 각 방의 형태는 원형을 이루기보다는 불균형한 상태를 이루게 된다. 각각의 방이 불균형 상태를 이루면 사용상 불편할 뿐만 아니라 형태가 아름답지도 못하다. 원형의 방은 내부칸막이 없이 사용할 때에는 가장 이상적인 평면의 형태가 되지만 내부에 칸막이가 설치될 경우 불리하다. 칸막이가 설치되는 건물이 되기 위해서는 사각형의 평면 형태가 오히려 더 바람직하다.

ㄱ자의 평면이나 장방형의 평면은 내부에서 기운의 회전이 원활하지 못하여 생기가 이루어지기 힘들다. 또한, 이러한 형태에서는 기운이 내부에서 좌우로 분산되는 만큼 분열과 불화가 발생하게 된다. 평면의 형태가 정사각형에 가까울수록 생기는 많으나 대지의 조건이라든가 기능상 정사각형의 평면을 만들지 못하면 장변대 단변의 비율을 1 : 2 미만으로 하여야 한다. 만약 길이의 비율이 1 : 2가 넘으면 기운이 좌우로 분산되기 때문이다. 1 : 3, 1 : 4 등 비율이 커질수록 그 분산하는 힘이 세지고 내부에 생성되는 기운은 상대적으로 약해진다.

실례로서 백화점의 형태를 살펴보자. 백화점은 고급 물품들이 가장 많이 거래되는 공간으로, 사업이 가장 잘 되는 공간 중의 하나이다. 우리 주변에서 흔히 알고 있는 백화점들의 평면의 형태는 대부분이 정사각형을 이루고 있다. 화신백화점, 신신 백화점, 미도파 등 오래된 백화점은 물론 최근에 세워진 백화점들도 그 평면의 형태가 정사각형이다. 백화점들이 이같이 정사각형으로 이루었기 때문에 성공적인 사업을 이루고 있는 것으로 해석된다. 그러나 백화점 중에서 가장 불행한 예가 삼풍백화점의 경우이다. 삼풍백화점의 평면 형태는 호리병처럼 중심 부분이 잘록하고 양쪽 끝이 뭉툭하여 기운이 좌우로 분산되는 형태이다. 삼풍백화점은 붕괴사건으로 인하여 500여 명의 인명이 목숨을 잃은 것으로 잘 알려져 있다.

2) 지붕 모양 길흉

건물에 있어서 지붕의 형태는 특별히 중요한 의미가 있다. 지붕은 가장 높은 곳에 있어서 사람의 형태에 비유하면 마치 얼굴과 같은 의미가 있다. 또한, 지붕의 형태에 의하여 그 건물의 특징이 단적으로 나타나게 된다. 예컨대 한옥의 기와지붕은 용마루의 중심이 쳐져 있고 양쪽이 치켜져 있는 특징을 이루고 있고, 기독교 건물은 지붕이 뾰족하게 하늘을 찌를 듯한 형태를 이루고 있으며, 이슬람 건물은 둥근 돔형의 지붕을 이루고 있어서 지붕의 형태만으로도 각 건물의 특징이 단숨에 나타나는 것을 알 수 있다.

풍수에서 말하는 좋은 형태의 지붕이란 바로 기운이 모이는 형태이며 좋은 울림이 있는 형태이다. 공간은 하나의 울림을 이루는 것이다. 따라서 좋은 울림이 오도록 형태를 이루고 또한 건물 내부의 중심에 기운이 모이도록 하는 것이 가장 이상적인 지붕의 형태이다. 이러한 요건을 갖춘 형태는 예를 들자면 돔형 지붕이나 전체적으로 둥근 지붕, 혹은 피라미드 지붕 형태, 그리고 돔과 피라미드의 중간형인 멘사드 지붕을 들 수 있다. 한옥의 초가지붕도 돔형 지붕의 하나로 분류된다. 종로구 익선동 덕성여자대학교 내에 있는 운현궁의 지붕 역시 기운이 모이는 형태의 지붕이다.

지붕의 형태가 중심 부분이 높고 좌우가 낮은 형태가 가장 이상적임과 비교하면 한옥의 기와지붕과 같이 용마루가 쳐지고 좌우 끝부분이 올라가는 형태는 기운이 분산되는 형태를 이루어서 좋지 못하다. 중심 부분이 낮고 좌우가 높은 형태의 건물 예컨대 버터플라이의 구조는 불길하다.

제 3 절 | 직종 상점별 유리한 방위

1. 직종별 유리한 방위

팔괘의 속성이나 오행의 상생상극에 의한 상가(점포)나 사무실의 위치를 결정할 수도 있고 자신의 직업에 따라 이로운 방위를 추정할 수도 있다.

1) 직종별 유리한 방위

① 북쪽 : 주류 생산, 판매업, 수산업 계통, 상하도 관계 사업, 향락산업

② 북동쪽 : 건축업, 요식업, 부동산 중개업, 보험설계사, 등산가

③ 동쪽 : 전기기술자, 전기 전자제조 판매상, 과일 판매상, 성악가, 음향기기

④ 동남쪽 : 목재 제지상, 항공우체국, 우편취급소, 운수업자(비행기 버스 택시), 중개업자, 가구점, 오퍼상, 무역상, 택배 물류 유통 관계업

⑤ 남쪽 : 출판인쇄업, 소설가, 판·검사, 배우 탤런트 등의 연예인, 매니저 흥행업자, 과학자, 발명가, 신문 잡지 기자, 연구소 직원, 교육계통 종사자

⑥ 남서쪽 : 산부인과 의사, 보육원, 유아원 놀이방, 부동산 거래업자, 농업, 심리 상담가, 곡물 가공 생산업

⑦ 서쪽 : 철물 귀금속, 배우 가수 탤런트, 디스코텍이나 카바레 등의 성인 음식점이나 유흥주점 종사자, 음료 다방 음식점 영업자, 변호사, 금융 관계업, 치과의사, 증권업자, 목욕탕업자

⑧ 북서쪽 : 단체장, 기관장, 사장 대표이사, 최고 경영자, 지배인, 제철업, 정치가, 군인, 종교가, 교육가, 기계 제조업

2. 상점별 유리한 방위

1) 상점별 유리한 방위

① 북쪽 : 병원, 주점, 주류도매업, 음료상, 생수 판매점

② 북동쪽 : 숙박업, 버스터미널(일반 고속), 보험사, 하치장, 분양사무소, 주차장, 등산용품 판매점

③ 동쪽 : 전기재료상, 음향기기상, 과일가게, 수목원, 화원

④ 동남쪽 : 화장품, 예식장, 수출입, 운송회사, 가구점, 무역회사, 택배사무실, 물류 유통점, 가스판매 대리점

⑤ 남쪽 : 카메라 안경점, 안과, 출판 인쇄, 연구소, 신문 잡지사, 화장품, 미장원 이발소, 극장, 박람회장

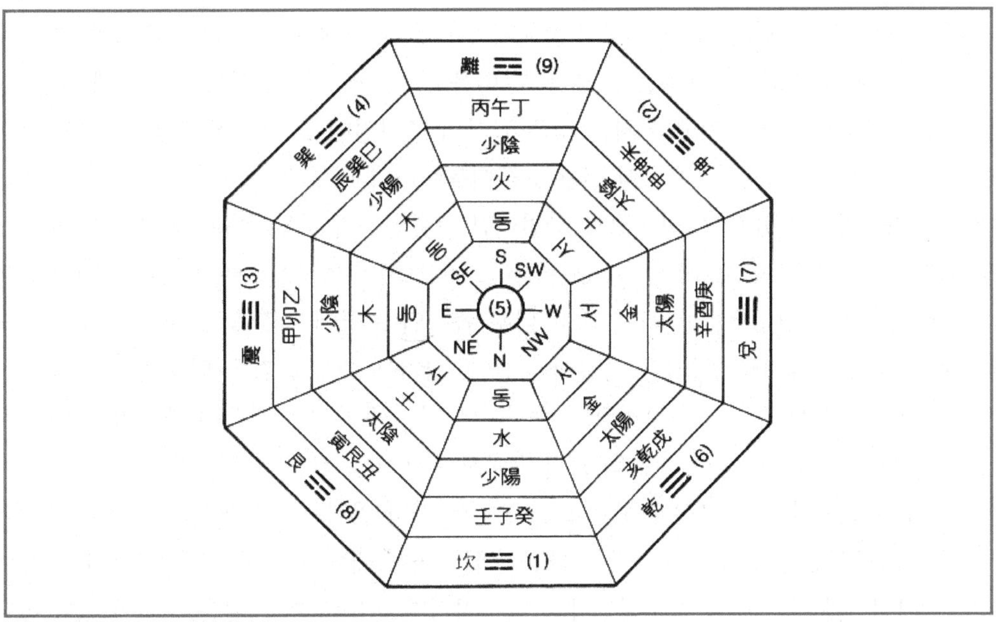

〈그림 9-1〉 팔괘 방위

⑥ 남서쪽 : 택지분양사무소, 곡물점, 보육원, 산부인과, 유아원 놀이방, 부동산거래 사무실
⑦ 서쪽 : 다방 음식점, 오락실, 철물점, 목욕탕, 치과, 은행, 전당포, 극장, 증권사, 디스코텍
⑧ 서북쪽 : 각종 기관의 사무실, 교회, 사찰, 귀금속, 광공업, 제철 관련업

도시의 상점들은 대개 도로변에 모두 길을 가운데로 하고 각 판매점이 줄지어 펼쳐진 형태를 띠고 있다. 이러한 점포들은 크고 작건 간에 도로와 맞닿아 있는 상점은 같은 평수일지라도 도로와 평행으로 길어 보이는 직사각형상일 경우에는 좋지 않은 흉상(凶相)으로 판단된다. 다시 말해 도로를 따라서 옆으로 펼쳐진 것처럼 설계된 상점은 불리하다는 것이다. (단 업종에 따라 달라질 수도 있다.)

도로에 접해진 상점의 경우 앞으로 펼쳐 보이는 직사각형보다는 안으로 깊숙하게 들어가 보이는 직사각형의 상점(매장)이 수입 면에서 훨씬 더 유리하다. 흔히 옆으로 넓은 상점이 더 많은 진열장을 확보하기 때문에 장사가 잘 될 것으로 생각한다.

그러나 지나가던 행인이 도로변에 있는 상점의 진열된 상품을 보고 상점 안으로 들어가자마자 안쪽의 벽에 가로막히는 느낌이 들게 된다. 안쪽의 공간이 깊지 못하기 때문에 무엇인가 물건을 구경하면서 사려고 하지만 상점의 문으로 금방 내다보이는 밖에서는 사람들이 끊임없이 바쁘게 지나가는 것을 보면 왠지 자신도 바빠지는 기분이 되며 초조한 느낌이 들게 된다. 결국, 진열된 상품을 차분하게 구경하지 못하고 상점을 나오고 만다. 그 반면에 안으로 깊숙하게 들어가 있는 상점은 비록 상점의 전면 즉 출입 면은 좁지만 들어가 보니 그 안은 생각보다 많은 물건이 진열되어 있음을 느끼게 된다. 더구나 깊숙하므로 행인들의 분주한 모습도 보이지 않아서 차분한 마음으로 상품을 구경하고 구매하게 된다. 상업입지에 있어서 우리가 최고로 치는 것은 길가의 조건인데 도로의 폭과 종류, 구조 등이 고려된 후 도로가의 종류에 따라서 인구를 끌어들이거나 내보내는 기여도에 따라 상권 가치에 영향을 미치고 있다. 일반적으로 상업지란 교통인구가 하루에 5-6000명 정도의 보행인구(步行人口)가 되면 상업화할 수 있는 지역으로 보게 되며, 가로 폭이 너무 크면 건너편의 보행인구(步行人口)를 차단하게 되고 너무 좁으면 보행에 지장을 주게 되므로 상업의 종류와 점포 규모에 따라 입지를 결정해야 한다. 상가는 대부분 같은 업종끼리 모여서 상권을 이루는 집재성 점포나 국부적으로 중심지에 입지하고 있는 집중성 점포가 있는가 하면 여러 종류가 서로 하나의 상권을 중심지에 모여 이루는 집심성 점포 또는 서로 일정한 거리를 두고 있어야 유리한 산재성 점포 등 업종에 따라 입지하는 유형이 다르게 된다.

이들 모두 각 업종에 따라 취급하는 물건의 특성이나 대상 고객의 나이, 생활 수준 등이 모두 고려되어야 하는 복합적인 차원에서 다루어지게 되는데 이는 같은 상권이 있다 하더라도 주택지가 바로 인접해 있다면 주택이 밀집된 방향 쪽의 상가가 더욱 유리해질 것이며

언덕으로 된 길가에서는 비탈이 시작되기 직전에서 대개 경우 구매 결정하기 때문에 이러한 심리적 배려도 필요하지만, 하나의 건물에서 볼 때는 상점의 위치가 어느 방향에 있느냐에 따라 잘되는 집이 있고 잘되지 않는 집이 있게 되는 원리를 오행 팔괘(五行 八卦)의 상의(象意)에 따라서 연관해 보면 재미있는 결과가 나오게 된다. 참고로 십이간지의 방위 음양오행 계절은 다음과 같다.

십이간지	방위		음양	오행	계절
자	0도	북	양	수	겨울
축	30도	북동북	음	토	겨울
인	60도	동북동	양	목	봄
묘	90도	동	음	목	봄
진	120도	동남동	양	토	봄
사	150도	남남동	음	화	여름
오	180도	남	양	화	여름
미	210도	남남서	음	토	여름
신	240도	서남서	양	금	가을
유	270도	서	음	금	가을
술	300도	서북서	양	토	가을
해	330도	북북서	음	수	겨울

예를 들면 목욕탕을 경영하고자 하는 사람이 목욕탕을 지을 장소와 출입문을 내고자 할 때는 목욕탕은 항상 많은 물을 사용하고 담아두는 곳이기 때문에 수(水)의 기운이 왕성한 곳이 된다. 이러한 수(水)의 기운을 더욱 좋게 해주려면 비화 되는 북쪽이나 상생시켜주는 금(金)의 방위가 가장 좋게 되므로 서쪽에 위치하면 계속 번영을 하게 되며 반대로 남쪽인 경우에 수(水)가 계속 남쪽의 화(火)를 극하게 됨으로써 소모가 생겨 수입은 비록 있으나 지출이 많아서 사업은 하나 마나 한 결과가 나오게 된다. 토(土)가 되는 단지의 중심부나 진 술 축 미(辰 戌 丑 未)의 방위에 있게 되면 주변으로부터 잦은 마찰을 불러일으켜 결국 골치가 아파 손을 들게 된다는 이론인데, 이 이론은 형이상학적 의미만을 가진 게 아니고 실제 주변의 여러 사례에서 맞아 떨어지고 있다. 같은 업종끼리 모인 집중성 점포의 경우에서도 비슷한 규모로 시작했던 점포가 해가 지나면서 돈을 많이 번 점포가 있는가 하면 별로 신통치 않은 상점도 나오게 되는데, 안경점과 보석상이 비교적 많은 거리에서도 귀금속의 경우는 서북쪽 코너에 위치한 점포가 훨씬 손님이 많고 안경점은 남쪽을 향한 가게가

많고 손님도 많다. 공구상가 은행 밀집 지역 등 어디에서나 특정적으로 손님이 더 붐비는 집을 발견할 수 있는데 이처럼 어느 특정한 방위가 어느 업종에 훨씬 더 유리한 작용을 하게 됨을 실제 상가의 번영도에서 확인할 수 있게 된다. 다만 여기에서 첨언 하고자 하는 것은 어느 방위가 좋다고 그냥 다 좋고 어디가 나쁘다고 다 나빠진다는 생각은 가지지 말아야 한다. 방위의 선택은 환경상 유리한 것뿐이지 그 업을 꾸려나갈 사업가의 전략에서 상품의 선택, 진열방법, 고객에 대한 서비스의 자세, 숙련도, 직업관, 추진력 등 실제 운영자의 자질에 따라 성패의 결과가 나오는 것이므로 방위 선택이 잘 되었다고 그냥 저절로 번영하지 않는다는 점을 명심해야 한다.

호텔, 양식집, 카페 등을 개업할 때는 북쪽을 밖으로 돌출시키는 것이 장사가 잘되게 하는 비결이며, 상점의 북쪽이 대로에 접해 있으면 쉽게 상하는 물품을 판매하는 것이 적합하다. 생선가게, 정육점, 과일가게 주류 등은 상품을 북쪽에 진열하는 것이 아주 좋다. 단지 주의해야 할 것은 입구가 북(北)의 정중앙 선상에 있어서는 안 되며, 만약 그렇게 되면 손님이 있을 수 없으니 부득이 한 경우에는 유리를 이용해 쇼 윈도나 진열대를 만들어서 보완해야 한다. 북쪽은 주류판매 및 주류 도매점, 상하수도, 횟집, 생수 대리점, 수산물 계통, 찻집, 술집, 비뇨기과 등이 좋다.

도로를 사이에 두고 마주한 앞 상점은 잘 되는데 같은 업종임에도 불구하고 상점에 가장 좋은 물건을 진열해 놓아도 손님이 드물다면 반드시 한 번쯤 점검해 볼 필요가 있다. 동북방에 오수(汚水) 혹은 화기(火氣)가 있게 되면 종업원들은 열심히 일하지 않을 뿐 아니라 손님에 대한 태도도 불손하여 상점의 이미지도 흐리게 된다.

동북방은 일반적으로 길운을 부르는 돌출 부분도 상점이 그 돌출 부분에 위치하게 되면 길상이 되지 못하고 오히려 흉상이 되어 경영상 순조롭게 돈을 벌 수가 없게 된다. 동북방 돌출 부분이 가게 안에서나 상가의 위치에서 이상적인 곳에 자리 잡고 있어서 손님들의 눈에 쉽게 띄지만 역시 장사는 잘되지 않는다. 건축, 등산용품점, 창고 임대업, 숙박업, 부동산 중개업, 보험 영업소, 정형외과 등이 좋다.

동쪽 방위의 입구는 동남쪽 남쪽에 버금가는 길상으로 특히 물건을 다루지 않고도 머리만을 쓰는 일에 적합하다. 그래서 일반적인 작은 상점보다는 광고기획 영화기획사 설계사무소 등 기획력으로 승부를 거는 회사가 더 유리하다. 상가 내에서도 작은 점포가 아닌 사무소가 한순간에 발전하는 경우가 바로 그 예인 것이다. 밖으로 돌출되도록 증축하는 것은 판매액을 높이는 하나의 요점인데 동쪽 방위의 돌출은 특히 병·의원, 음악, 미술과 유관한 자유업, 건축업, 어업과 관련된 사업에 가장 적합하다. 일반적인 상점의 경우 북방은 그냥 내버려 두거나 음식점에서 사용하는 커다란 물통을 놓기에 이상적인 위치이다. 불을 사용하는 점포인 경우는 화기를 동쪽이나 동남쪽, 남쪽에 두는 것이 이상적이다. 특히 손님 앞에서 직접 고기를 구워주는 불고깃집 등은 화기가 점포의 중앙에 위치하면 손님의 발길을 끊는 결과를 낳게 되며 또한 화재로부터도 자유롭지 못하니 절대로 피해야 한다. 전기, 과일가게, 꽃집, 목재상, 조경업, 전산 계통, 엔진, 수목원, 신경외과, 이비인후과 등이 좋다.

장사를 하는 데 있어서 입구는 상당히 중요한 지점인 것은 손님 혹은 모든 장사의 접촉은 입구를 통해 진입되기 때문이며 좋은 방위에 있는 입구에서 들어오는 사람이니 좋은 손님이자 유력한 支持者이며 또한 이상적인 접촉이다. 반대로 나쁜 방위에 있는 입구에서 들어오는 사람은 나쁜 손님이 많으며 그러므로 돈을 벌지 못하는 손님들이 많다.

동남방의 입구는 그것이 상점이든 사무실이든 매우 이상적인 입구이다. 백화점처럼 비교적 많은 사원을 고용하고 있는 상점에서는 더더욱 출입문을 동남쪽에 설치해야 한다. 만일 큰길에 접하도록 할 수 있으면 더는 좋을 수 없지만, 설령 작은 뒷골목이라도 입구는 동남방에 두는 것이 타당하다.

더욱더 완벽히 하려 한다면 동남방의 위험 선상(동남방 정중앙 선상)에 나무나 화초를 심으면 장사는 분명히 잘 할 수 있다. 또한, 동남방의 凸 부분 역시 대길 상이다. 동남방에 '신용 또는 교제 시의 신뢰'라는 의미도 포함되어 있다. 이곳에 凸 부분을 증축한다면 장사 혹은 사업은 신임을 얻게 될 것이고 사람들과의 관계 역시 상당히 충실해질 것이다. 여행사, 해외 무역상, 목재상, 지업사, 제지 공장, 유통 관련업, 운수업, 예식장 지물포 등이 좋다.

동남 방위와 마찬가지로 남쪽의 입구도 어떤 장사를 하든 행운을 가져온다. 남쪽에는 '명성 명예획득'의 의미를 암시하고 있으므로 새로 개업하는 상점, 혹은 개인의 이름으로 대중을 끌어들이는 정치가의 사무실 등에 더욱 효과적이다. 설사 남쪽이 대로에서 조금 벗어난 거리라도 입구는 그곳에 만드는 것이 타당하다. 입구를 설치하는 데 있어서 단지 사람이 많이 다니는 눈에 뜨이는 곳만을 고집하여 좋지 않은 방위에 설치하게 되면 그동안의 피와 땀도 헛수고가 된다. 남쪽의 입구는 물론 장사에는 적합하지만, 풍속 관계의 영업 오락방면 귀금속 등은 예외로 한다. 식당 여관 술집 음식점 등불을 사용하는 장사는 화기를 남쪽에 놓아두면 불의의 사고 같은 것은 없을뿐더러 오히려 이익을 많이 남길 수 있다. 그러나 정남 방위를 통과하는 위험선 상에 놓으면 길상은 흉상으로 변화므로 반드시 주의해야 한다. 위험선이나 사선은 담장을 이용해 막는 것이 이상적이다. 안과, 조명 기구점, 출판인쇄업, 화장품점, 양복점, 양장점, 언론 교육 분야, 연예 관련 매니저 사무실 등이 좋다. 서남방에 입구가 있으면 일은 일대로 하고도 돈은 벌리지 않고 종업원들은 의욕이 없으며 그야말로 '바쁘면 바쁠수록 궁한' 상황이 되기 쉽다.

보통의 경우라면 길상인 '돌출'도 동북방처럼 이곳 서남방에 위치하면 곧 큰 흉상으로 변한다. 사업상의 발전은 논외로 하더라도 경영조차 부실하고 부채가 누적되어 결국은 손을 들고 만다.

서남방에 오수(汚水)나 화기가 있으면 종업원들은 아주 게으르게 되고 서남방에 진열된 상품은 비록 다른 상점에서는 잘 팔리는 물건이라 하더라도 여기서는 하나도 팔리지 않는다. 매일 서남 방위에 있는 엘리베이터나 계단을 이용하는 종업원이나 경영자는 능력이 저하하게 되며 서로 간에 합심하기 어려우니 불의의 사고를 당하기 쉽다. 그래서 서남방에 사람들의 출입이 잦은 입구를 만든다든가 많이 쓰는 방을 만드는 것은 절대로 금해야 한다. 일반적으로 가장 좋은 용도는 잘 쓰지 않는 창고 자료실 등을 배치하는 것이다.

그러나 서남방으로 대로를 끼고 있어 어떻게든 서남방에 출입문을 내야 할 때는 문짝을 45°로 틀어서 달아 좋은 방향으로 열리도록 하면 된다.

유아 놀이방, 유치원, 산부인과, 곡물점, 분양사무소 등이 좋다.

서방의 입구는 일반적으로 경영자에게는 의욕이 저하하고 일의 효율도 떨어지나, 남방에서 거론한 풍속영업, 오락방면, 보석상의 경우에는 아주 큰 길상이다. 만약 네거리에서 어느 위치에 점포를 열 것인가를 결정하는 처지라면 바로 이 방향을 선택하면(오락방면, 보석상) 된다. 그때의 입구는 약간 밖으로 돌출시키는 것이 좋다. 더구나 서쪽 방위에는 물에 관련된 화근을 놓아두어서는 안 된다. 그렇지 않으면 상점 내에서 만사가 순탄하지 않으며, 종업원들도 안정하기 어렵다. 만일 화근이 위험 선상(서쪽 正 中央 線上)에 있으면 대우가 아무리 좋고, 월급을 월등히 많이 주어도 오래 견디는 종업원이 없으니 주의해야 한다. 서쪽 방위나 동북, 서남, 중심 선상에는 물과 관련된 것을 엄금해야만 장사가 순탄하게 발전할 수 있다.

금속 세공업, 보석상, 유흥업, 오락실, 노래방, 목욕탕, 편의점, 치과, 전당포, 금융 관련업, 증권사 등이 좋다.

서북 방위의 입구는 일반주택으로 보자면 길상이다. 그러나 정중앙 선상에 설계된 입구는 점포나 영업장소로써는 부적합하여 고객도 드물고 영업실적도 부진하게 된다. 부지 관계나 혹은 입구가 상가의 행인이 많은 곳에 두기 위하여 부득이 서북방에 배치해야만 할 때 출입구 주위 또는 진입로에 화초를 놓아두는 것이 좋다. 서북방에 있는 돌출 역시 길상이어서 뻗어 나가는 종류의 장사를 하면 뜻대로 잘 된다.

서북방에는 금전의 유통, 저축의 의미도 있으므로 이 방위에서 밖으로 돌출된 부분은 자금회전을 좋게 하고 저축도 늘게 된다. 일단 들어온 돈은 쓸데없이 낭비하지 않게 되며 유효적절하게 쓰게 된다. 돌출 부분은 서북 방위에 있어야만 장사가 순탄한 것이지 동남방이 돌출되었을 때 잘 되기를 바라는 것은 무리이다. 반대로 이 방위에 凹부 분이 있을 때는 믿을 만한 자본을 빌리기 어렵게 되며, 보증인도 찾을 수 없고, 자금회전이 여의치 않아 골머리를 앓게 된다.

Chapter 10

글로벌 출점전략

제 1 절 | 글로벌 소매기업 해외출점

전후 15년간의 1960년대까지는 국제생산=대외직접투자의 형태로 미국계 다국적기업[1)] 들의 독점시대였다. 미국계 다국적기업에 의한 세계지배를 가능하게 한 전제조건은 전쟁기간(1935~1945)에 축적된 기술력, 경쟁력 우위성과 국제운송, 국제수송, 통신수단의 발달이었다. 이 결과로 제조업에 있어서 기술집약, 제품 차별적 고 소득성 소비재산업에 집중하고 자원산업은 자본. 기술집약적 부문에 집중되었으며, 무역·투자 면에서도 이들 두 부문에 집중되고 있다. 투자 수용국 내에서도 당해 산업이 경제발전에 필요하였으므로 미국계 다국적기업에 의한 지배가 성립될 수 있었다. 따라서 재외 관련 회사의 100% 완전소유형태가 선호되어 100% 소유가 직접투자의 주된 형태가 되었다. 1960년대 초부터 1970년대 후반까지 발생한 최대의 변화는 투자국(다국적기업의 모국)의 다양화인데, 이것은 미국에 이어 서구제국과 일본의 기업이 다국적기업으로 등장하게 되고, 대외직접투자가 산업별 지역별 분포로 변화하고, 아시아의 신흥공업국(NICs)들에 대한 투자가 현저하게 증가, 다국적화의 진척도가 높고 미국의 생산도 질적 변화를 가져오게 되어 소비지 생산, 수평·수직통합형 투자 등에 의하여 다국적기업은 다양성을 내포하게 되었으며 100% 투자에 의한 완전소유가 후퇴한 점이다. 제조업체들은 소매업체의 국제화에 큰 관심이 있다. 그들은 자신들의 제품을 국가별로 구매해주는 것이 아니라 아시아, 유럽 등 지역별로 또는 전 세계적으로 구매하는 이들 글로벌 소매업체들에 어떻게 대응해야 할지 궁금해 하기 때문이다. 글로벌/다국적 소매업체들은 큰 지역 또는 전 세계적으로 가격을 수렴하게 만들 힘을 가지고 있다. 글로벌/다국적 소매업체는 미국의 유통시스템을 근본적으로 바꾸는 힘을 가지고

1) 多國籍企業(Multinational Enterprise)이란 둘 이상의 국가에 현지법인을 가진 기업으로 정의한다.

있다. 미국 내 외국기업(Tengelmann, Delhaize, Ahold, Sainsbury)은 비록 미국 동부 쪽에 주로 집중되어 있기는 하지만 미국 소매업 약 20%의 시장을 점유하고 있다. 자기들의 주무대인 동부 일부 지역에서는 시장 지배적 기업들이기도 하다. Ahold는 미국 내 식품유통 2위 업체인 US Food Service사를 매수하여 Ahold 사를 미국 전국적 기업으로 바꾸었다. 유럽 소매업체들은 이처럼 미국 식품 분야에 큰 영향력을 가지고 있다. 유럽기업들은 유통업체 브랜드(PB) 개발에 엄청난 경험과 비결을 축적하고 있다. 예를 들어 Delhaize의 경우 PB가 매출의 약 40%를 차지할 정도이다. 처음으로 해외로 진출한 다국적 유통업체들은 매우 천천히 출점 수를 늘려 나갔다. 까르푸도 초기에는 1년에 1~2개 점포를 오픈 하는 식이었다. 그러나 근래 들어 해외시장 출점에 엄청난 가속도가 부쳐지고 있다. 특히 투자자들이 이들 기업의 해외시장 확대를 강하게 밀고 있다. 어설픈 해외 진출보다는 국내에서 착실하게 사업하는 것이 장기적으로 더 안정된 투자가치를 보장해주는 것이 사실이지만 해외 출점을 많이 하고 있는 기업들 주가가 급상승하고 있다.

제 2 절 | 해외시장진출 이론적 접근

1. 다국적기업 진화과정

점진적 과정모형으로 설명을 하면 시간 흐름에 따른 통제(control)와 위험(risk) 부담에 대한 기업의 태도, 변화에 초점을 맞추어 점진적으로 변화해 가는 과정으로서 진입방법 결정을 설명할 수 있다. 진입방법을 선택하는 의사결정 모델로는 볼 수는 없으나 시간 경과에 따라 어떻게 진입방법이 진화되는지를 보여준다. 국제경영 활동을 시작한 기업이 비교적 예측 가능한 과정에 따라 진입방법을 점진적으로 변경해 나간다는 것이다. 기업은 해외활동에 대한 통제의 범위를 점차 늘려나가기를 원한다. 그러나 통제범위를 늘리기 위해서는 더욱 많은 자원을 현지 시장에 투입해야 하며 이는 곧 시장위험 및 정치적 위험을 더 부담해야 하는 것을 의미한다. 기업은 해외시장에서 경쟁할 수 있다는 자신감이 축적되면서 통제와 위험회피 간의 상반 관계(trade-off)속에서 통제 쪽을 점차 선호하는 방향으로 이동하게 된다. 따라서 통제의 범위는 작지만 위험 부담이 별로 없는 간접수출로부터 시작하여 위험 수준이 가장 높지만, 통제범위 역시 가장 큰 단독투자 형태의 해외직접투자(FDI)로 진입방법을 점차 변경해 나간다. 경험을 축적함에 따라 해외시장에서의 자원투입과 개입수준(commitment)을 점진적으로 높여 나가는 것이다.

2. 다국적기업 유형

펄머터(Howard Perlmutter)는 다국적기업 본사와 자회사 간의 관계, 더 나아가 다국적기업 구성원의 마음가짐에 따라 다국적기업 유형을 다음의 세 가지로 구분하였다. 첫째, 본국중심주의(本國中心主義, Ethnocentrism)이다. 이는 다국적기업의 출신 국가에 있는 본사가 주요 의사결정권을 장악하고, 본국의 가치관과 경영시스템을 해외 자회사에 강요하는 체제를 말한다. 둘째, 현지중심주의(現地中心主義, Polycentrism)이다. 이는 세계 각국의 문화와 경제 환경이 서로 다르므로 현지를 가장 잘 아는 현지인이 현지에서 맞는 방법으로 자회사를 운영해야 한다는 가정에서 비롯된다. 셋째, 세계중심주의(世界中心主義, Geocentrism)로 본국중심주의도 현지중심주의도 아닌 세계중심주의에 따라 운영되는 기업이 진정한 의미의 다국적기업이라고 정의한다. 즉 본사와 자회사 간의 쌍방 정보교환과 협력적 의사결정이 빈번하고, 상호의존적인 구조로 되어있으며 본사와 자회사라는 개념이 없다. 해외의 자회사가 특정 사업 분야에서 주도적 입장을 행하며 특정 업무를 가장 잘 수행할 수 있는 사람은 국적을 불문하고 채용한다. 이러한 다국적기업은 세계를 하나의 단위로 파악하여 수립된 전략을 각 국가에서 수행하기 위하여 각 국가의 환경에 맞는 현지화 전략을 수립한다.

〈표 10-1〉 Perlmutter의 다국적기업 유형

	본국중심주의	현지중심주의	세계중심주의
조직구조	본국의 조직은 복잡하게 분화되어 있으나, 자회사는 단순한 구조	다양하고 서로 독립적인 조직	상호연관성이 높고 복잡하게 연결되어 있음
의사결정권	본국 본사로 집중	본사의 권한이 적음	본사와 자회사 간의 긴밀한 협조체제
경영성과 평가통제	본국의 평가 기준이 외국인과 자회사에 적용됨	현지의 기준이 적용됨	전 세계적으로 적용할 수 있고 현지사정에도 맞는 기준을 선택
인센티브제도	본사에 집중되며 자회사에는 없다.	자회사에 따라 다름	다국적기업 전체의 성과와 개별 자회사의 목표에 맞는 인센티브를 개발하고 적용
정보전달 의사소통	본사에서 자회사로의 일방적인 명령과 지시	본사와 자회사 간 또한 자회사끼리의 정보전달이 적음	쌍방향으로 활발한 정보전달이 이루어짐
국가개념	본국과 동일시	개발 자회사는 현지국과 동일시	국경을 초월
인사관리	본국 출신의 직원을 주로 승진	현지인이 각 자회사를 운영	국적을 초월하여 개별업무의 최적임자를 선발하여 임무를 부여하고 승진

자료 : 장세진(2003), 「글로벌 경쟁시대의 경영전략」, 제3판, 서울; 박영사, p.506.

3. 다국적기업 직접투자 및 존재 이유

경제적 접근법은 어떤 의사결정이 최적 의사결정, 또는 합리적 의사결정인가를 하는 관점에서 진입방식의 선택 문제를 설명한다. 즉 기업의 목표를 이익의 극대화 또는 효율성의 극대화로 전제하고, 어떤 상황에서 해외직접투자가 기업의 목표달성에 가장 유리한 진입방식이 되는가를 설명한다.

1) Rugman의 내부화 이론

러그만(A. M. Rugman)의 내부화 이론(Theory of Internalization)을 보면, 내부화란 다국적기업 내부에 시장을 만들어내는 과정이지만 다국적기업이 불완전한 시장에 대체하는 내부시장을 창설하고 자원 배분과 유통상의 문제를 경영관리 명령(administrative fiat)을 통해서 연결하려고 한다. 이 경우 기업 내부가격[2](또는 이전가격 : transfer price)은 기업의 조직 활동을 원활하게 하고 내부시장은 잠재적 가능성이 있는 시장과 똑같이 효율적으로 관리된다는 것이다. 이와 같은 다국적기업에 의한 내부화의 행동을 국제적 차원까지 확장해서 다국적기업이 무역거래를 대체하게 되는 외국시장의 참가방식으로 라이선싱보다 직접투자를 선호하는가를 설명한다. 즉 다국적기업이 자회사를 설립하게 되면 자산의 시장우위를 방위하기 위하여 내부조직화를 이용하게 되는데, 이것은 다국적기업이 기업 특수적 우위를 내포하는 최종생산물의 생산판매에 대한 통제를 유지함으로써 지식 및 기타 우위가 확산하는 것을 방위하게 된다. 따라서 라이선싱은 지식의 우위를 확산시키는 위험을 내포하기 때문에 직접투자의 방법을 선호하게 된다. 이 이론은 다국적기업이 국제경영학의 측면에서 불완전시장을 이용한 투자단계에서 수출·라이선싱보다 직접투자를 선호하게 되는 동기를 규명하고 있으나 오늘날의 다국적기업은 수출, 직접투자 라이선싱 등이 각각 다른 형태로 이루어지고 있으며 일정한 단계를 갖는 것은 아니다. 그러나 다국적기업의 거래비용(transaction cost), 정보와 지식 등에 대한 우위가 확산하는 것을 방지하기 위한

---

2) 이전가격이란 본 지사 또는 자회사 간에 발생하는 거래에 적용하는 가격이다. 즉 이전가격은 특정 기업그룹에 소속된 기업체 간, 특정 기업체와 그 해외 자사 간에 국경선을 넘어서 내부거래되는 제품과 서비스에 부과하는 가격을 말한다. 이전가격을 시장가격보다 높게 또는 낮게 책정함으로써 본 지사 간 채권·채무를 조정하는 동시에 외환 위험을 감축할 수 있다. 이전가격 결정방법에는 다음의 세 가지가 있다.

① 이전가격을 시장가격에 맞게 조정함으로써 생산자와 해외 현지 마케팅 부문 간에 환율 영향을 적절히 배분한다.

② 해외 마케팅부문의 적정 중간이윤을 보장하는 수준으로 위험이 적어야 한다.

③ 본사 통화 표시로 측정된 표준 비용 기준으로 이전가격을 책정함으로써 본사 중심으로 기업 전체를 통합할 수 있는 동시에 외환 위험을 감축할 수 있다.

소유(proprietary)정책이나 위험분산을 위해서 더욱 이론의 적용이 유효할 것이다.

2) Buckley와 Casson의 내부화 이론(1976, 1985)

기업의 다국적화(multinationalization) 현상을 설명하기 위해 제시된 이론으로 중간재 시장, 특히 지식시장의 불안전성을 회피하기 위해 기업은 거래를 내부화하게 되고 이런 거래의 내부화가 국경을 넘어 이루어질 때, FDI라는 진입방식이 선택된다는 것을 설명한다. 경제적 접근법의 초기이론이라고 할 수 있는 내부화 이론은 시장거래의 불리성(시장 실패로 인한 시장 거래비용의 증가)에 초점을 맞추어, FDI가 발생하는 이유를 설명하는 데 중점을 두고 있다.

3) 거래비용설

내부화 이론과 같은 이론적 맥락을 유지하면서도 관심을 보다 확대하여 진입방식의 일반적 선택 문제를 설명하고자 한다. 즉 기업이 어떤 거래를 수행하는 데 있어서 각 진입방식 또는 관리구조(governance structure)의 비용(cost)과 수행능력(competence)을 상호 비교함으로써 거래비용을 최소화하는(transaction cost economizing) 진입방식을 선택한다는 것이다. 따라서 기업은 개별 진입방식에 수반되는 거래비용을 분석하기 위해 거래를 완결시키는데 소요되는 각 진입방식의 계획, 적응, 감시에 드는 상대적 비용을 비교하게 될 것이다. 이러한 설명방법의 대표적 모형이 앤더슨과 개티그논(Anderson and Gatignon, 1986)의 연구이다. 앤더슨과 개티그논(1986)은 진입방식의 선택에 있어서 가장 중요한 요인은 통제권(control)의 확보에 있으며 통제권은 소유구조(ownership structure)와 비례한다고 본다. 따라서 각 진입방식은 소유구조에 있어서 차이를 보이므로, 높은 거래비용을 발생시키는 변수(자산 특유성, 외부불확실성, 내부불확실성, 무임승차 가능성)와 각 진입방식이 허용하는 통제권 확보수준 간의 관계를 가설화함으로써 진입방식의 선택 문제를 설명하고 있다.

4) 적응, 역관계적 방법론(Theory of Accomodation and Power Balance)

페이어웨더(J. Fayerweather)는 국제경영학적 측면에서 국경을 초월한 다국적기업의 경영 활동은 그 활동 주체가 되는 다국적기업과 투자 수용국 사회와의 상호작용이 발생하여 적응과 혁신의 두 가지 상충한 전략적 문제가 대두되게 되는데 이것은 투자 수용국의 내셔널리즘(nationalism)과 국익 간에 대립하게 된다. 이러한 대립을 해결하는 방법으로서 제시된 정책론이 적응, 역관계적 방법론이다. 투자 수용국 및 다국적기업이 그들의 권익을 확산시키려고 노력하게 되고, 이러한 노력으로 다국적기업 및 투자 수용국의 적응범위인 제3의 문화[3](third culture)가 파생된다. 그러나 제3의 문화에는 어느 한정된 명시적 분쟁(valid conflicts)의 범위를 갖게 되는데, 이것은 역관계가 좌우하게 된다. 이 역관계가 붕괴할 때 마찰이 발생하고, 내셔널리즘(nationalism)과 국익의 고양이 나타나게 된다는 것이다. 따라서 다국적기업이 직접투자를 행하는 경우 투자 수용국 측과 역관계적 적응을 중요시 한다는 것이다. 이 이론은 다국적기업이 직접투자를 행할 때 투자 수용국의 내셔널리즘(nationalism)과 국익, 투자 수용국의 직접투자에 대한 내셔널리즘(nationalism)과 국익 간의 역관계적 적응이 상호이익을 초래한다고 주장하여 순수 국제경영학의 경영 활동의 본질과 그 동태를 다국적기업을 중심으로 체계적으로 전개하고 있다. 그러나 직접투자에 의한 제3의 문화의 파생에 있어서 기술 및 소득, 문화 수준 등이 대등한 선진국 간에 성립될 수 있으나, 선진국 간의 상호 직접투자와 선진국과 후진국 간에는 그 성립이 불명확하고 또한 내셔널리즘(nationalism)과 국익에서도 다국적기업이 독점적인 직접투자를 행하는 경우는 투자 수용국의 내셔널리즘(nationalism)과 국익은 무시하게 되는 현실 세계에서 이 이론은 그 설득력이 부족하고 추상적이라 볼 수 있다.

5) 과점이론(Theory of International Oligopoly)

하이머(S. H. Hymer)는 동일계열의 제품을 해외에서 생산하기 위한 투자는 투자진출국 및 투자 수용국의 시장구조가 과점적 성격을 갖는 산업 분야에서 중점적으로 이루어진다는 이론이다. 이 이론은 다국적기업의 직접투자 활동은 당해 기업이 점유할 수 있는 독점적 우위성에 좌우하게 되는데 이 우위성에는 기술, 자본조달, 광고, 제품차별화, 규모의 경제성 등이고, 이들 제 자원에 대한 우위가 본사와 자회사 간의 원격 상에서 발생하는 문제점과 이질적인 환경에 의한 부적응을 상계시키게 된다. 과점이론의 배경은 상호침투(cross penetration)와 기업관리조직의 전 세계적인 확충이 중심이 된다. 다국적기업의 해외투자는 상호침투를 촉진하게 되고, 상호의존관계로 발전하게 되어 국제적 시장분할을 목표로 하게 된다. 이러한 과정은 민족국가의 주권을 무시하게 된다. 따라서 전 세계적인 다국적기업의 조직, 전략 망(network)의 확충은 생산거점(product center)의 확립, 자회사 군의 결속과 반항세력을 저지하려는 집권적 시스템의 구축에 두고 있다. 이 이론에 대하여 다국적기업의 직접투자가 불완전시장과 결부시켜 전개되고 있는데 실제로 완전시장이란 거의 없어서 너무나 당연하고, 수평적 결합에만 직접투자를 강조하고 있으나 수직적 및 수평적 결합에도 경제적 합리성이 있는 한 직접투자가 이루어지며, 직접투자가 기술독점과 밀접한 관

3) 제3의 문화는 국제협조를 상징하는 노력이며, 투자국과 수용국과의 사이에 파생되는 융합된 새로운 문화를 의미한다.

계가 있다고 하나, 이것이 직접투자를 유발하는 직접적인 동기가 되지는 않는다. 이 이론은 과거의 다국적기업 활동의 주된 유형이 되었으나, 오늘날과 같이 국가 주권을 무시한 수직 투자 및 수평 투자였으면 이 이론의 타당성이 감소하고 있다.

제 3 절 | 소매기업 해외 진출 전략

1. Dunning의 OLI 모델(Ownership Locational and Internalization)

Dunning(1981)은 기업의 국제화는 소유권, 입지, 내부화의 세 가지 요인을 고려하고 이들 간의 중요성을 절충하여 결정된다고 보았다. 국제 활동의 여건변화에 따라서 기존 이론과의 절충이 필요하게 되었다. 다국적기업은 대외직접투자로 국제 활동에 참여하게 되고, 국제시장의 접근을 수출 및 라이선싱 활동에 의한다. 이러한 요소들을 결정하는 조건으로써 Dunning은 다음의 세 가지를 지적했다. 첫째, 당해 기업이 외국기업보다 어느 정도 기업 특유적 우위[4](firm's ownership specific advantage)를 갖고 있는가에 대한 것인데 이는 주로 경영자원에 대한 평가능력(access)이다. 둘째, 기업이 지속적인 우위를 유지하기 위한 기업 특유적 제 자원은 외국기업에 대한 양도 및 대여, 즉 외부화(externalization)하는가 혹은 자사 그룹 내에서 전유(proprietary), 즉 내부화(internalization)할 것인가를 결정하는 것인데, Dunning은 이것을 내부화 인센티브[5](incentive)라고 부르고, 이 내부화 인센티브가 그 대응하는 기업 능력 여하에 따라서 국제사업활동에 대한 최적 참가방법이 결정된다고 주장한다. 셋째, 생산거점을 본국에만 두지 않고 외국에 입지하는 경우에 위에 쓴 제 우위를 유리하게 누릴 수 있는 입지 특유 제 변수[6](location specific variables)를 들고

---

4) 더닝이 제시한 기업 특유의 우위로서는,

① 규모와 확립된 지위, 제품, 또는 과정의 다양화, 분업과 특화의 우위를 이용하는 능력, 독점력, 양질의 자원과 이용, 소유권으로서의 기술, 상표, 생산관리, 조직마케팅 시스템, 연구·개발(R&D)능력, 인적 자본의 축적과 경험, 정부보호, 정보, 투입력, 시장에 관한 보다 우월한 지식 또는 유리한 조건에서의 접근평가력.

② 요소 부존, 시장 및 정부개입의 측면에서 본 국제적 상위를 이용하는 능력, 위험을 분산하는 능력 등을 들고 있다.

5) 내부화 인센티브의 우위 요소로서는 거래 및 교섭비용의 회피, 소유권 행사에 다른 비용의 회피, 정부개입(수량 제한, 관세, 가격 차별, 세율의 국별 차별 등)의 회피, 이용 등이다.

6) 더닝은 입지 특유 제 변수를 투입물 및 시장의 공간적 분포 노동, 에너지, 원료, 부품, 반제품 등의 투입물의 가격, 품질 및 생산성, 수송비, 통신비, 정부개입, 수입통제, 세율, 인센티브, 투자환경, 정치적 안정과 하부구조(상표, 법률, 수송 등), 언어, 문화, 관습 등의 상위, 규모의 경

있다. 기업에 의한 국제생산에 대한 투자는 어떤 국가의 기업에 의해서 기업 특수적 우위가 크면 클수록 내부화 인센티브는 크다. 따라서 대외직접투자도 선호하게 된다는 이론을 절충이론으로써 설명할 수 있다.

- 실제 또는 잠재적 경쟁자에 대한 무형자산 소유 형태에서의 소유권 특유(ownership specific) 장점
- 해외시장에서의 입지상(locational)의 장점
- 시장실패에서 본질적으로 유래하는 내부화(internalization)의 기회

※ 세 가지 요인 중 두 가지만 성립될 경우 : 기업은 외국에 투자하기보다는 수출이나 사전 특허협정(licensing agreements) 수단에 의해 해외시장에 공급

※ 세 가지 모두 성립될 경우 : 해외직접투자 선택

이와 같은 절충이론[일명 OLI(Ownership Locational and Internalization)모델]의 특징은 다국적기업의 국제생산에 관한 이론이지만, 그 외에 국제사업활동이 주요한 투자방식, 즉 대외직접투자와 수출 및 라이선싱 등의 계약에 따른 제 자원의 이전이 모두 포괄적으로 설명되고 있다는 점과 주요투자방식을 다국적기업이 선호할 때 그 기준을 명시하고 있는 점이다. 위의 내용을 다시 정리하면 Dunning은 해외생산을 맡은 기업의 성향은 다음 세 가지 요인의 결합에 달려 있다고 주장하고 있다. 그러나 소매업의 국제화 단계는 제조업체의 그것과 사뭇 다르다. 소매업체는 수출이라는 옵션이 없다. 그러므로 소매업체는 제조업체보다 국제화에 더 많은 "위험"과 "지식"을 필요로 하는 것이다. 소매업체들은 먼저 모국과 문화적으로 유사한 지역으로 진출한다. 그리고 다른 지역에 대한 충분한 지식과 경험을 쌓았다고 판단되면 타 문화권 지역으로도 진출하게 된다. 대부분 연구자는 국제화 비즈니스 모델들을 제조업체 입장에서 발전시켜 왔다. 제조업체의 경우 국제화는 수출 활동으로 시작하여 그 다음 단계로 나간다. 그러나 유통업체의 경우 수출은 옵션이 아니므로 아무래도 지정학적으로 가까운 지역으로 나가게 된다. 국제화를 보는 두 개의 큰 연구 패러다임은 행동과학학파와 수출단계이론이다. 행동과학에서는 "국제화"를 기업이 그들의 시장지식과 자원을 바탕으로 하여 점진적으로 이루어지는 전략적 성장 과정이라고 이해한다. 시장지식이 증가할수록 국제화에 자원을 더 투입한다는 것이다. 이 견해는 기업의 국제화 지식과 경험은 축적되고 이것이 국제화 위험을 통제할 수 있게 한다는 것이다. 행동과학에 기

제성이 생산을 집중시키는 정도 등을 들고 있다.

초한 국제화 패러다임은 소매기업의 국제화 활동을 설명하는 데 사용되었다. 이들은 국제화와 관련된 전략적 의사결정과 소매업태와 로지스틱스와 관련된 기업의 경쟁우위, 그리고 소매기업의 규모가 소매 국제화와 밀접한 관련이 있음을 밝혀냈다. 이러한 모델들은 국제화는 국내 확장보다 더 위험성이 높은 활동이며 국제화 과정은 일련의 과정이며 거시환경변수들보다는 회사 내 요인들이 국제화 과정에 더 깊은 관련이 있다고 주장한다. 그러므로 식품 소매업체들의 해외 진출을 설명하는 이론을 만들기 위해서는 해외시장에 대한 진출뿐 아니라 철수도 고려하고, 진출국의 경제 상황과 경쟁환경도 고려하여야 한다.

1) 소유권 경쟁우위

소유권 우위란 매우 혁신적이거나 또는 차별성이 강한 제품이나 공정기술을 가지고 있다면 이를 시장 파워로 활용할 수 있다는 것이다. 이는 자산에 기초하거나 거래를 기초로 하여 형성된다. 자산을 기초로 하는 경쟁우위란 조직의 혁신성과 차별화된 제품을 가지고 있는 경우이다. 반면 거래를 기초로 하는 경쟁우위란 거래가 이루어지는 방법에 관한 것이다. 고객서비스나 중앙 집중구매와 같은 것들이 거래를 기초로 한 경쟁우위라고 보면 된다. 이 같은 경쟁우위는 눈에 보이지 않은 것으로 다른 기업이 쉽게 베끼기 힘들고 실제 함으로써 학습해야 하는 특성이 있다. 거래에 기초한 경쟁우위는 국제화의 방법론에 대한 지식을 포함한다.

2) 입지적 경쟁우위

입지적 우위는 진출대상국과 진출기업의 전략과의 궁합을 이야기한다. Pelliegrini (1991)는 이와 관련하여 다음과 같은 요소들을 나열하고 있다.

(1) 문화적 친근감

미국 중부사람들은 미국 서부나 동부 사람들보다 캐나다 중부사람들과 문화적으로 더 친근감을 느낀다. 유럽의 경우는 국가별 그룹보다는 북부, 중부, 남부로 그룹을 구분하여 문화적 친근감을 분석하는 것이 타당하다. 프랑스 하이퍼마켓이 스페인 유통시장을 주도하고 있고 Delhaize de Lion은 체코에서 1등 슈퍼마켓을 소유하고 있다. 독일 백화점들은 구동독으로 급속히 팽창하였다. 이러한 사례들이 문화적 친근감을 보여주는 사례들이다. 문화적 친근감은 종합 유통업체에는 매우 중요한 고려요소이지만 소매 콘셉트가 특정 세분 시장에 맞추어져 있으면 그 중요성이 점점 약해진다고 볼 수 있다.

(2) 시장 규모

자국 내 시장의 포화는 소매기업의 해외직접투자에 좋은 자극제가 된다. 어떤 기업이 규모의 경제를 실현하기 위해서 규모를 키우는 데 있어 시장의 규모는 필수적이다. 그러나 자국 내 시장이 이미 포화거나 규제로 인하여 성장성이 없으면 해외로 진출하여야 한다. 프랑스, 벨기에, 독일, 스페인 등이 대형점 출점에 강한 규제를 하고 있다. 특히 프랑스 정부는 1996년 신규 점포출점에 관한 규제법을 통과시켰다. 이 법으로 인하여 프랑스에서는 하이퍼마켓의 신규출점이 사실상 불가능해졌다. 하이퍼마켓의 소형 버전이라고 할 수 있는 하드 디스카운트 스토어업체(점포 크기 900제곱미터 이하)들도 이 법으로 크게 위축되고 있다. 새 법이 허가를 필요로 하는 점포규모를 300제곱미터로 낮추어 버렸기 때문이다.

(3) 경쟁자 움직임

선두주자 이익은 경쟁자들이 시장에 진입할수록 사라지게 된다. 항상 대도시에 중요 입지는 이미 일부 소매업체에 의해 선점되게 마련이다. 따라서 소매업체가 해외 진출을 고려할수록 선두주자(조기 진출)가 되는 것은 중요해진다. 체스나 장기 게임처럼 미리 좋은 입지를 선점하는 것은 장기적으로 엄청난 결과를 가져오게 하기 때문이다.

(4) 지리적 친근감

모국에 가까운 곳에 진출할수록 교통과 통신비가 감소한다. 그리고 중앙집중시스템으로 PB를 개발 판매하는 소매업체일수록, 매장이 지리적으로 모여 있을수록 유리하다. 그러므로 현지 소싱을 많이 하고 분권화가 많이 되어있는 회사일수록 지리적 친근감의 중요성은 감소한다고 할 수 있다. 과거에 멕시코 페소가 평가절하되기 이전에도 미국의 월 마트는 제품의 80~90%를 멕시코에서 소싱하고 있었다.

(5) 저렴한 토지가격과 저임금 노동력

까르푸는 100% 직접투자를 원칙으로 하고 있다. 까르푸가 해외 현지에 진출하면 하이퍼마켓 빌딩에 현지 최고의 임차인들을 유치한다. 이것이 그들이 자기 소유의 건물 또는 전체 쇼핑센터를 소유하는지에 대한 이유이다. 그러나 현지의 상업용지가 너무 비싸거나 규제가 강한 경우에는 자신들이 임차인이 되어 입점하는 때도 있다. 1996년 이전의 대만의 경우가 이러한 상자다. 외국인 토지 소유가 불허되고 장기리스에 의해서만 가능한 중국의 경우에는 저가 토지와 저임금 노동력이라는 매력으로 월 마트는 자기 소유 매장을 직접 짓는다.

3) 내부화

기업의 소유자산이 많을수록 이들 자산과 기업 비밀을 유지하는 일이 중요해진다. 내부화란 이런 정보를 회사 내에 유지하는 것을 말한다.

(1) 소매 프랜차이징의 경우 기업들은 이들 소유자산을 다른 기업에 팔거나 리스해주고 있다. 그러므로 특정 소매기업이 아주 강력한 자산 중심 또는 거래중심의 소유권 우위를 가진 기업이라면 프랜차이징은 매우 위험한 성장 옵션이라고 할 수 있다. 소매 혁신은 모방자에게 쉽게 베껴지기 때문이다. 소매업 비결은 특허나 판권을 주장할 수 없는 것이 현실이다. 그러므로 영업비밀을 소매기업이 회사 내 유보하기 위한 유일한 방법은 해외 현지에도 자사가 직접 진출하는 것이다. 그러나 이 옵션은 너무 비용이 많이 드는 단점이 있다. 일부 기업은 실제로 프랜차이징을 선택했다가 나중에 그 지역에서의 성장기회를 잃어버리고 후회하는 때도 있다.

(2) 국제적 오퍼레이션의 경영권에 초점을 맞추고 있다. 경영통제권의 한 유형이 매수투자이다. 투자 결정은 현지에서 잘 운영되고 있는 회사 지분을 매수하는 옵션을 고려하게 된다. 이 전략은 Delhaize, Ahold, Sainsbury가 미국에 처음 진출했을 때 사용한 방법이다. 또 미국의 월 마트가 ASDA를 매수하여 영국에 진출하였다. 유럽 월마트 CEO인 Dave Ferguson은 "우리는 특별히 변화가 필요하지 않을 정도로 우수한 기업을 매수했다"라고 말할 정도이다. 해외기업을 매수하려는 기업들은 ① 모기업보다도 투자수익률이 더 높은지, ② 외국인 투자가 안전한지, ③ 소매 비결 접근이 가능한지를 고려하게 된다.

2. 성공적인 해외 진출 방안

지분투자 이외에도 소매업의 해외 진출에 두 가지 전략적 대안이 있다. 그것은 글로벌 성장전략과 다국적 성장전략이다. 이 두 가지 대안은 집중화인가 분권화인가로 결정된다. 글로벌 소매업체는 중앙집권적 조직인 본부에서 통제를 강하게 받는다. 한편 다국적 소매기업은 나라마다 반 자치적으로 운영됨을 볼 수 있다. 글로벌 소매기업은 집중화, 표준화된 소규모매장을 운영하는 업체들이다. 일반적으로 이들은 수직적으로 잘 통합되어 있고 PB에 초점을 맞추어 배타적 머천다이징을 운영하고 있다. 해외시장 모든 곳에서 표준화된 머천다이징을 하면서 자신의 제품을 선호하는 틈새 소비층을 찾는다. Aldi같은 Deep discounting 업체나 편의점, McDonald와 같은 패스트푸드점, Gap, Zara, IKEA 같은 전문점과 카테고리 킬러 업체들이 글로벌 소매기업을 성장전략으로 삼고 있다. 한편 다국적 소매기업은 분권화되어 있고 각 문화권에 맞추어 제품과 서비스를 변형한다. 이들은 Wal-Mart같은 슈퍼센터, Price Club 같은 창고형 할인매장, Tesco 같은 슈퍼마켓 등의 대형종합소매업체들이다. 이들은 일반적으로 현지 소싱을 주로 하며 현지인들을 매니저로 훈련해 쓰고 있다. 소매업체가 해외확장을 외부화할 것인지, 내부화할 것인지를 결정하게 만드는 조직특성으로 회사 규모와 경험, 최고경영층의 국제적 마인드와 위험 감수성, 그리고 최고경영층 자신 회사의 경쟁우위에 대한 자기인식 등을 들 수 있다. 소매업체의 국제활동을 추적하고 일반화하는 일은 어려운 과제이다. 소매업체는 매우 빠른 속도로 해외시장에 진입하고 철수하면서 어떤 방법이 자기에게 맞는지를 연구한다. 전 세계 두루 나가 있는 Royal Ahold의 경우 전체 매출의 약 85%가 해외 매출이다. 이 수치가 전 세계 식품 소매업체 중 가장 높다. 북유럽 3~4개국에서 영업 중인 상장 소매업체는 Makro가 유일하다. 프랑스 빅3 하이퍼마켓업체(까르푸, 프로모데스, 오샹)들은 남유럽 3개국에 진출해 있다. 이들 남부 유럽은 프랑스에 지정학적, 문화적 친밀감을 주는 데다 1996년 이전에는 규제도 거의 없었다. 1996년 스페인과 포르투갈이 대형점 규제를 강화했다. 프랑스 업체들이 남유럽에 진출하는 것처럼 독일과 네덜란드 업체들은 동유럽에 활발히 진출하고 있다. 이것도 입지적 장점을 자본화하는 경우이다.

Delhaize, Ahold, Promodes, Auchan, Sainsbury와 같이 북미 지역으로 진출하는 경우는 지분참여에 의한 투자방법을 사용했다. 이들은 피 인수회사를 조직문화가 유사하고 잘 운영되는 회사 중에서 선택했다. Carrefour, Makro, Wal-Mart는 남미에서 강한 식품소매업체들이다. 남미지역이 이들에게 입지적 장점을 활용할 기회를 주기 때문으로 보인다. 2001년 일부 남미국가에서 대형점 규제법안을 만들었는데 이들 조치는 이미 그곳 시장에 자리잡은 위 기업들에는 오히려 득이 크다. Makro, Ahold, Carrefour 는 주요 아시아 시장에 진출해 있다. 1998년 아시아 경제위기가 소매업을 잠시 위축시켰으나 할인점 업태가 이들 지역에서는 완전히 신 업태였기 때문에 이들 회사는 잘 나갈 수 있었다. 소매기업이 "어디로" 진출하느냐 중요하지만 "어떻게" 진출하느냐 하는 문제도 중요하다. 까르푸와 월 마트는 단독진출/파트너십을 추구했다. 까르푸는 단독투자를 원칙으로 현지 정부의 강력한 외국인 투자 규제가 있을 때만 합작투자나 지분참여를 하고 있다. 그리고 이들 업체는 같은 소매업태 내에서만 해외 진출을 하여 소비자 마음에 자신들의 스토어 콘셉트를 강력히 심어놓고 있다. 월 마트는 다 업태에 걸쳐있지만 해외 진출의 경우에는 창고형 매장이거나 하이퍼마켓의 형태로만 진출하고 있다. 프랜차이징을 해외 진출의 방법론으로 채택한 글로벌 유통기업이 매우 성공적이라고 생각한 적도 있었지만, 장기적으로 볼 때 이러한 방법론은 재고되어야 한다. 프랜차이징은 대단위 자본투자 없이 단기간 급속한 해외출점을 가능케 하지만 단기 솔루션이지 장기적인 해결책은 될 수 없다. 일본기업들은 자기네 회사 노하우나 기법을 프랜차이징이나 라이선싱을 통하여 거의 제공하지 않는다. 일본회사들은 장기 지향적이며 투자자들도 회사의 장기 이익을 위해서는 단기 이익을 희생할 용의가 있다. 결국, 프랜차이징은 시장성장 전략 중에서 열등한 방법론이라고 결론지을 수 있다. 결론적으로 이상 논의한 모델에서 성공적인 해외 진출을 위한 방안을 도출하면 다음과 같다.

(방안 1)

글로벌 전략을 해외 성장전략으로 사용하며 국제 확장을 내부화하는 기업은 전 세계에 자기 매장으로 급속히 출점하여야 한다.

(방안 2)

글로벌 전략을 해외 성장전략으로 사용하며 국제 확장을 외부화하는 기업은 전 세계에 프랜차이징을 통하여 급속히 성장하여야 한다.

(방안 3)

다국적 전략을 해외 성장전략으로 사용하며 국제 확장을 내부화하는 기업은 전 세계에 입지적 경쟁우위를 활용할 수 있는 지역부터 단계적으로 자기 매장으로 출점하여야 한다.

(방안 4)

다국적 전략을 해외 성장전략으로 사용하며 국제 확장을 외부화하는 기업은 오퍼레이션을 라이선스하며, 전 세계에 입지적 경쟁우위를 활용할 수 있는 지역부터 단계적으로 자기 매장을 출점하여야 한다.

(방안 5)

무간섭 투자전략을 해외 성장전략으로 사용하는 기업은 정치/경제적으로 안정된 국가의 기업부터 매수를 고려할 것이다. 이들은 식품산업이 세분화되어 있는 지역의 안정적인 경영층을 가진 회사를 최우선으로 고려하여야 한다.

PART Ⅲ

상권 경쟁 성과평가 (CHECK)

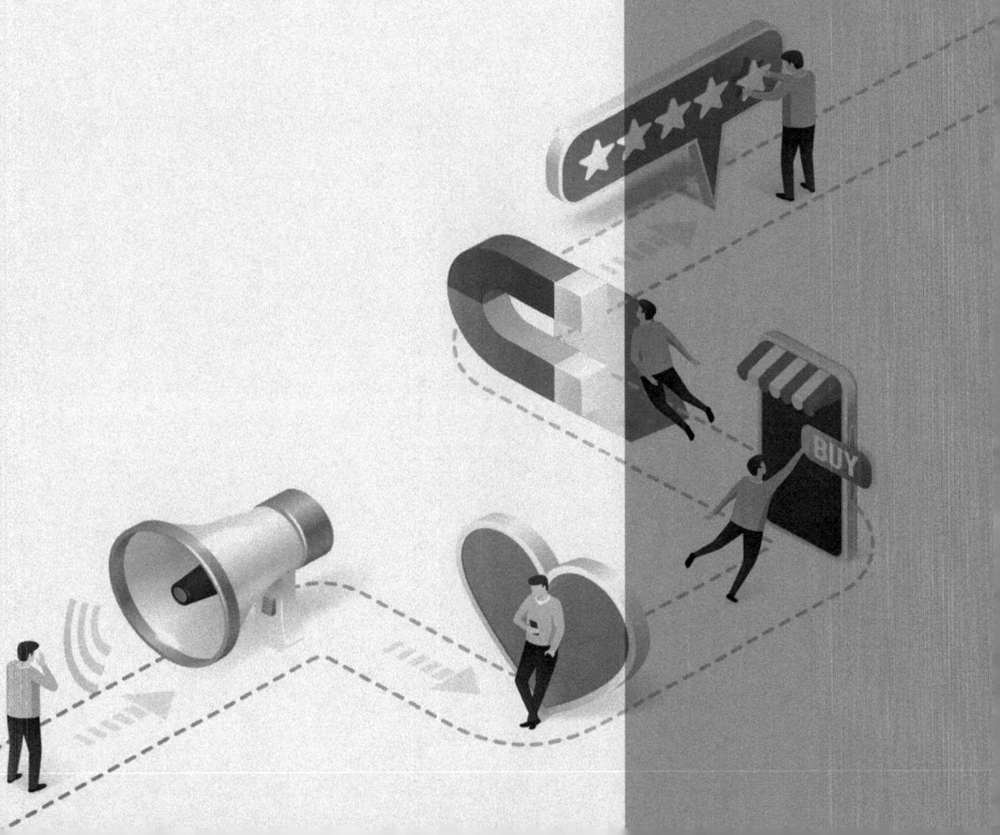

Chapter 11

경쟁점 조사와 상권입지진단

먼저 자점을 기준으로 경쟁점 위치를 파악하여 그 위치를 준비한 지도에 표시한다. 그리고 난 후에 세부적으로 경쟁점 조사에 나선다. 경쟁점을 조사하는 이유는 '왜 고객들은 경쟁점을 이용하는가?' 하는 이유를 알아내기 위함이다. 고객들이 경쟁점을 이용하는 경우를 살펴보면 상품의 구색 갖춤이 남다르거나, 상품의 품질이 우수하거나, 가격이 저렴하거나 아니면 서비스가 뛰어나거나 점포디자인이 매력적이며 점포가 청결한 경우 등 여러 가지 이유가 있을 것이다. 그러므로 이러한 이유를 파악한다면 경쟁점의 강점과 자점을 비교·분석해서 자점의 문제점을 개선하여 차별화하는 것이다. 그러나 단순히 문제점만 개선해서는 안 되며 '경쟁점과는 다르고, 자점을 나타내는 차별화, 즉 경쟁점과의 경쟁에서 우위를 점하기 위하여 어떠한 차별화가 필요한가?'에 대한 내용을 조사하여 점포경영에 반영해야 한다.

제 1 절 | 경쟁점 조사

1. 스토어 컴패리즌

1) 사실을 정확하게 포착해 점포의 사고방식을 배운다.

점포를 보는 법, 조사하는 법을 모르는 사람에게는 자기점포의 문제점을 해결할 자격이 없다. 사실을 솔직하게 파악하고 사실을 가로, 세로, 대각선으로 분석해 점포 연구와 개선 방법을 파악하는 것이 스토어 컴패리즌(경쟁점 조사)의 의미이다.

2) 사실을 솔직하게 보고 정기적 관찰을 빠뜨리지 않는다.

가격이나 매장면적 등을 조사하는 것만이 스토어 컴패리즌의 목적은 아니다.

지금 중요한 것은 자기점포가 안고 있는 고민(고객의 불만이기도 하다)을 해결하는 실마리를 발견하는 것이다. 그러기 위해서는 매장의 현실을 관찰하고 점포의 사고(스토어 콘셉트)를 유추할 필요가 있다. 스토어 컴패리즌은 눈에 보이는 것을 분석하고, 눈에 띄지 않는 것을 아는 수단이기 때문이다. 그것이야말로 점포의 진짜 노하우이며 점포 수준의 향상에 연결된다. 말하자면 어떠한 사고에 근거해서 상품구성이나 진열, 레이아웃, 건물 설비가 정해졌느냐는 것을 아는 것이 중요하다. 사고방식을 알면 업태나 점포 규모가 다른 점포를 봐도 도움이 된다. 입지나 고객, 경합점이 다른데도 단순히 가격이 비싸다, 싸다, 매장면적이 넓다, 좁다, 점포 느낌이 좋다, 나쁘다고 평가해 봤자 자기점포에는 아무런 도움이 되지 않는다. 형태 등 현상만을 보고 감개해도 곧바로 모방해서는 안 된다. 점포의 사고방식이 다르면 고객에게 이바지하는 자기점포의 포지셔닝(역할)은 변하기 때문이다. 자기점포의 역할이나 업태(판매방법)가 다르면 활용방법도 다르다. 점포는 문제의식을 느끼고 보지 않으면 주마간산이 돼 시간과 비용의 낭비를 가져와 나아가서는 자기 스스로 성장을 저해하는 것이 된다. 어떤 대형 슈퍼마켓 체인에서는 '경합점에서 판매된다는 것은 자기점포에서 취급해도 확실히 판매된다는 그 무엇보다도 확증이 된다'고 생각해 정기적인 스토어 컴패리즌을 빠뜨리지 않고 실시한다고 한다. 겉핥기로 스토어 컴패리즌을 해서는 단지 '해 본 적이 있다'라는 것밖에는 아무런 의미가 없다. 거기에 든 비용, 시간만큼 '반드시 선물을 가지고 돌아온다'라는 의식을 가져야 할 것이다.

3) 가로, 세로, 대각선으로 사실을 분석한다.

점포는 많은 사람의 지혜로 결집한 곳이다. 우리가 점포를 보러 가고, 조사하러 가는 것은 지혜를 접할 수 있기 때문이며, 자신의 지혜 부족을 보충하기 위해서이다. 이것은 '지혜의 창조는 누구라도 기회가 주어져 있다'라는 것이다. 다만 스토어 컴패리즌은 점포를 보기 전의 준비(마음가짐)단계에서 이미 시작된 것으로서 바른 관찰방법, 바른 활용방법을 거쳐 지혜를 만들어내는 힌트가 된다.

(1) 준비(점포에 가기 전 마음가짐)

목적은 무엇인가? 도구는 있는가? 기준은 어떤가? 라는 것 따위이다. 업태가 다른가 하면 업종도 다르고, 보는 처지도 다른 것임으로 이 3가지가 없으면 쉽게 점포에 가지 말아야 할 것이며(구매하러 가는 것은 무방하다), 점포가 좋고 나쁘다를 쉽게 논하지 않는다고 깊이 새겨 둬야 할 것이다.

① 목적이 없으면 점포 비교를 위해 가지 않는다.

㉠ 자신은 담당자로서 무엇에 고민하는 것일까? 무엇을 알고 싶은 것인가.

㉡ 기업(점포)이 현실적인 상황, 해결하지 않으면 안 되는 것은 무엇인가.

㉢ 주차장의 적정 대수를 알고 싶은가, 슈퍼 슈퍼마켓의 비식품 취급 내용을 알고 싶은가, 디스카운트 스토어의 중심가격과 그것을 가능하게 하기 위한 로 코스트 및 로 코스트 오퍼레이션 또는 경합점 대책의 구체적인 방법 따위 목적을 확실하게 하는 것이 필요하다.

② 도구가 없으면 점포조사를 하지 않는다.

㉠ 어떤 방법으로 조사해서 점포를 낱낱이 알아내며 점포의 현실을 포착할 것인가.

㉡ 상품구성 그래프나 머천다이징 차별화 조사표, 레이아웃 기입 양식, 조명도 측정기(점내의 조명도를 조사하는 기기), 미니 스케일 등 도구는 평소부터 공통적인 것이 준비돼 있는가. 예를 들면 〈표 10-1〉과 같은 매장 체크리스트를 사용해 경합점과 자기 점포를 비교하면 차이점을 잘 알 수 있다. 복잡한 도구가 좋은 것은 아니다.

〈표 11-1〉 매장 체크리스트

점 명		매장명		연월일	
담당자명					
체크 항목	5점 평가				
1. 매장을 보고 어디에 어떤 상품이 있으며 무엇을 제안하고 있는지를 안다.					
2. 매장 내 통로는 들어가기 쉽고 거닐기 쉽다(고객 동선).					
3. 가격 카드는 상품에 맞는 크기, 읽기 쉬운 글씨, 정해진 위치에 붙여져 있다.					
4. 첫째로 접근하기 쉬운 위치에 중점상품이 설정되어 있다.					
5. 프레젠테이션을 보고 무엇을 보여주며 무엇을 판매하고 싶은지를 안다.					
6. 관련 상품이 연결 진열되어 있다.					
7. 중점상품은 진열량 재고가 풍부하다.					
8. 상품은 그 용도, 특징에 맞추어 보기 쉽고, 고르기 쉬우며 비교하기 쉽게 구분하고 있다.					
9. 상품이 정리 정돈되어 진열되고 있다.					
10. 계절성이나 화제성을 고려한 매장이 돼 있다.					
11. 후방작업장(백 야드)은 매장과 부문별로 연관성 있게 되어있다.					
12. 종업원 동선(작업 동선)은 짧게 설계되어 있다.					
합계 점수 60점 만점 (42점 이상 합격)					

③ 기준이 없으면 점포를 논하지 않는다.

㉠ 무엇을 가지고 좋다, 나쁘다고 판단하는 것인가.

㉡ 자기점포가 겨냥하는 목표 고객의 복장은 어떠한가.

㉢ 자기점포보다 중점상품(현재 가장 많이 판매하지 않으면 안 되는 상품)은 어떠한가.

㉣ 단순히 로 코스트만으로 좋은가, 세련된 점포 만들기를 우선 할 것인가.

㉤ 당도가 같은 과일의 맛과 가격은 어떻게 다른가. 기준이 다른 데 가볍게 평가는 안 된다.

(2) 관찰방법, 조사방법(관찰할 때 마음가짐)

고객의 눈과 견학자의 눈은 다르다. 견학자가 좋다고 생각해도 고객이 좋다고 생각하지 않으면 불량한 점포이다. 그러므로 구매 고객 입장이 돼서 구매하면서 관찰할 것이다.(표 10-2 참조)

〈표 11-2〉 스토어 컴패리즌 3가지 관점

고객 관점	조사자 및 견학자의 눈과 구매고객의 관점은 같은 것을 봐도 전혀 느낌이 다르다. 그러기 때문에 쇼핑 바구니나 쇼핑 카트를 사용해서 상품을 산다. 또는 중점상품을 정해 구매할 생각으로 본다. (결국, 구매하지 않아도 좋다)
사회인 관점	예의를 지킨다. 다른 사람 집에 들어가는 것과 같은 것임으로 자기 집(점포)에 누가 들어오면 어떨까 생각한다. 점 내에서는 노트를 내놓고 기록, 그림 등으로 모사하거나 촬영은 엄금이다. 구매고객에게 방해가 되지 않도록 한다.
정책적 관점	평상시의 오퍼레이션(매장관리) 상황을 냉철하게 본다. 개점 시의 분주한 때는 정상적인 것이 아니며, 점포력은 평상시에 안다.

① 규모가 큰 것, 진귀한 것에 과도한 감동을 하지 않는다.

대중매체나 평론가들의 평판 있는 점포는 실험 점포라는 이름의 점포가 많다. 이런 것은 사업으로서 채산에 대한 사고방식은 희박하다. 아이디어는 좋으나 일시적인 겉보기로 끝나기 일쑤이다.

② 부분만을 보지 않는다.

개발담당자라 하더라도 상품이나 서비스, 구매고객의 동태는 반드시 살펴보아야 한다. 고객은 점포의 최종평가를 부분이 아니고 레지스터의 응대를 포함한 점포 전체의 인상으로 결정하기 때문이다.

③ 배경에 있는 골격도 생각한다.

저가격을 안정되게 유지할 수 있는 구조는 무엇인가. 기본구조를 수반하지 않는 일과성이나 잔재주로 대응해서는 오래 존속되지 못한다. 상품구성을 압축하는 것은 좋고, 압축하지 않는 것이 나쁘다는 것은 어리석다. 이는 상품지식을 유지하는 기본구조가 있는가 없느냐는 것이다.

(3) 활용방법(관찰한 뒤 마음가짐)

모방한 것은 배우는 것으로 통하지만 형태를 그대로 모방하는 것이 아니라 사고방식을 모방해야 할 것이다. 업태나 지향해야 할 방향도 다른데 형태를 모방해도 의미는 없다.

① 자기 점포고객은 누구인가?

목표 고객이 다른데 아무리 조사점포의 상품구성이 좋아도 자기점포에는 활용할 수가 없다. 나이, 소득, 지역 특성, 점포에 대한 기대(요망사항 포함)가 다르면 상품이나 판매방법, 진열방법이 변하지 않으면 안 되기 때문이다.

② 자기 점포(또는 매장)는 무엇을 지향하고 있는가?

저가격을 철저하게 추구하는 점포인가 접객이나 서비스를 포함한 고감도를 겨냥하는 점포인가 또한 사이즈나 용도 따위 기능성을 추구하는 점포인가 패션이나 트랜드(신제품으로 판매예측을 할 수 없는 것. 하이패션은 이에 속한다), 정보발신 따위 정서성 상품의 충실을 지향하는 점포인가 자기점포의 콘셉트는 있는가?

③ 자기점포는 무엇이 돼 있는가?

배울 것은 많아도 자기점포 규모로 무리 없이 할 수 있는 경영자원은 갖춰져 있는가? 자기점포(회사)에서 해야 할 일과 하지 않을 일(타점포나 다른 기업에 맡기는 것이 좋은 일)을 정하고 있는가.

2. 경쟁점 조사 – 상품판매력 중심

1) 판매경쟁력 조사 개요

(1) 경쟁력 조사·분석 항목

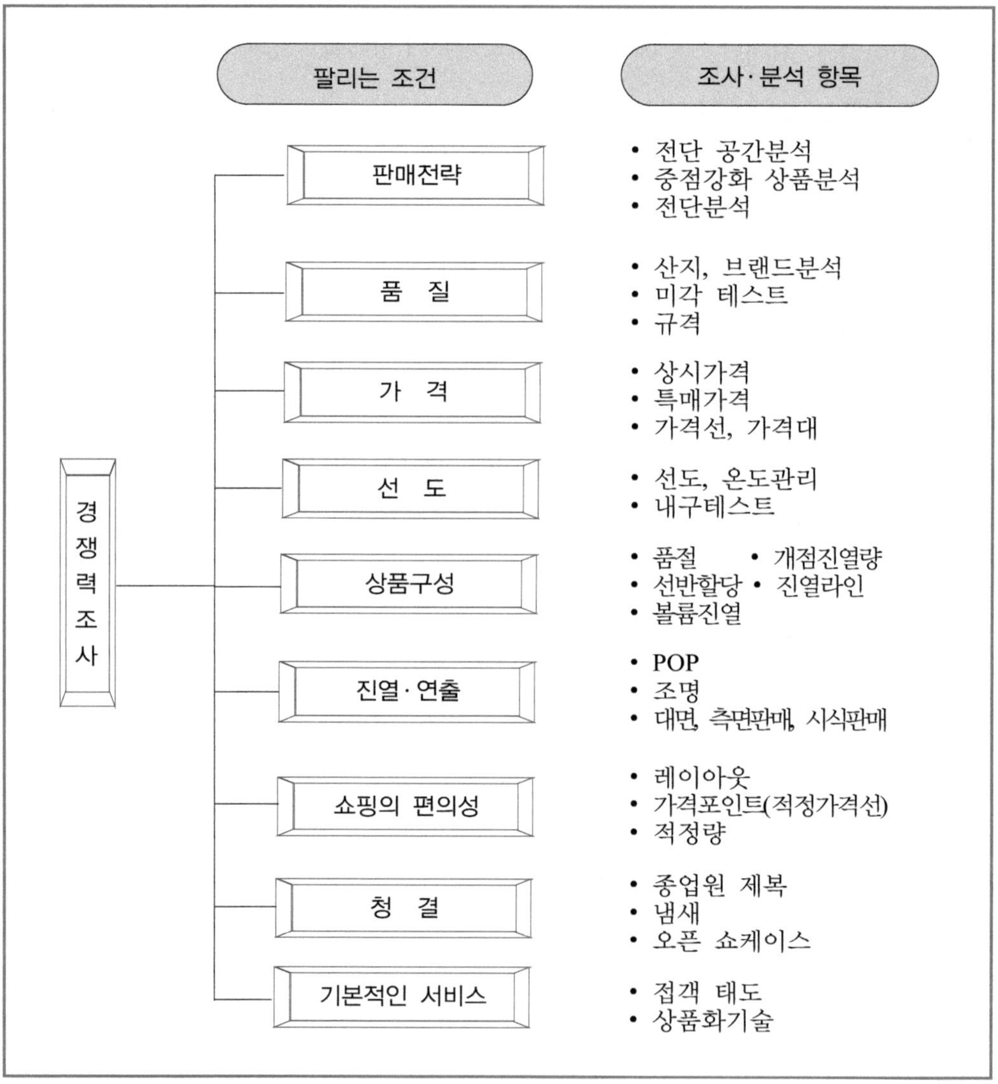

〈그림 11-1〉 경쟁력 조사·분석 구조

(2) 경쟁점과 자점 차이 분석

① 경쟁점에 있고, 자점에 없는 인기상품(NB) 대응
② 경쟁점에 있고, 자점에도 있는 상품(NB) 가격정책
③ 구색을 위해 발주한 상품 미입하에 대한 대응
④ 구색 중의 상품선도 · 품질 · 용량 · 포장 · 가격
⑤ 구색 중의 상품 진열 · 연출 방법
⑥ SB(store brand) 대 SB 상품 내용(상기④) 분석과 대응
⑦ 중점품목 스페이스 구성비, 관련 품 소구, POP
⑧ 중점품목(인기상품 등)의 품목 수와 진열 수량 변화추적 등.

(3) 경쟁점 조사표

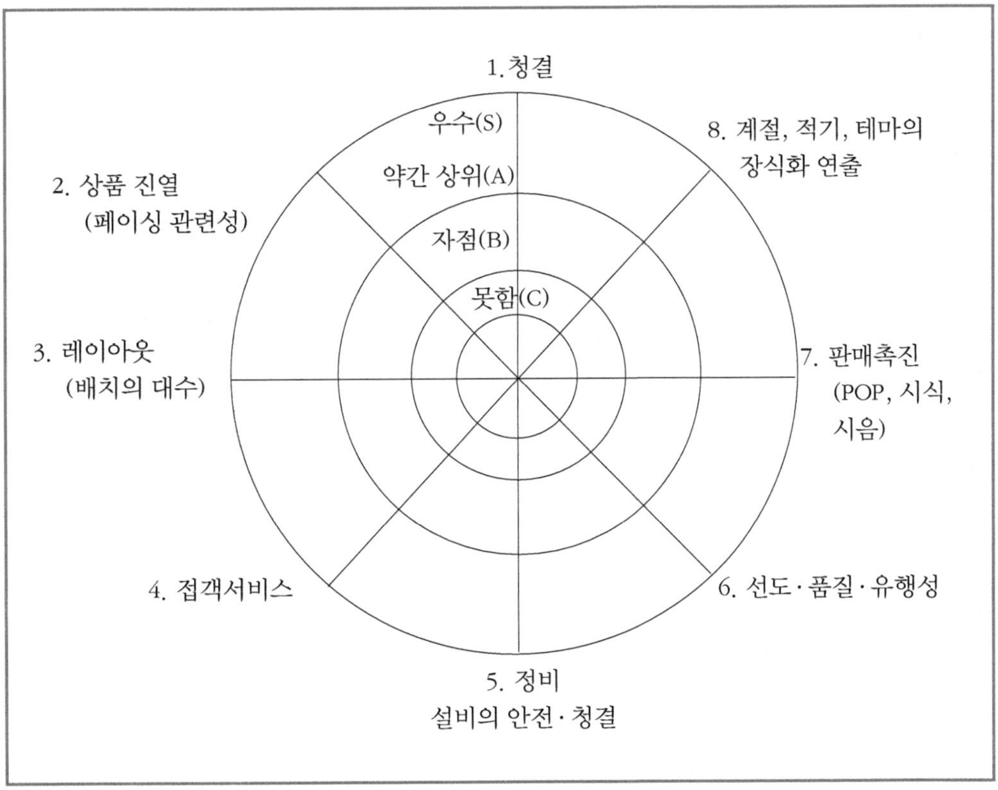

〈그림 11-2〉 경쟁점 조사 평가표

회사명	점포명

조 사 시 간	
월 일( )	시~ 시

조사자	부문	성 명

〈표 11-3〉 매장 개선·향상 실행계획

매장의 개선·향상에 관한 사항					
	개선, 도입하고 싶은 사항			언제까지	어떻게
장점	1. 2. 3. 4. 5.				
	NO	품명	판매가	선도·품질	비고
중점 10 품목	1				
	2				
	3				
	4				
	5				
	6				
	7				
	8				
	9				
	10				

2) MD 차별화 조사

중점상품(군) 냉장고(조사일 ㅇㅇ년 △△월 ㅁㅁ일(목))

내 용 \ 점포명	자 점	경 쟁 점 A
상품구성 - 어떤 상품을 어느 정도 취급하고 있는가	• 150ℓ 이하 4대 • 200ℓ-299ℓ 2대 • 300ℓ-349ℓ 3대 • 350ℓ-399ℓ 5대 • 400ℓ-449ℓ 9대 • 450ℓ 이상 2대 • 프라자 0대 • 품목수 25대 400ℓ 이상의 구성비가 높다.	• 150ℓ 이하 16대 • 200ℓ-299ℓ 6대 • 300ℓ-349ℓ 3대 • 350ℓ-399ℓ 6대 • 400ℓ-449ℓ 7대 • 450ℓ 이상 3대 • 프라자 4대 • 품목수 45대 300ℓ 이하의 소형 구성비가 높다 48.9%
매장만들기 - 어디에 어떻게 진열되어 있는가	• 가전매장 안쪽 눈에 띄지 않음 • 처분품이 전면에 진열되어 있음	• 매장의 안쪽코너인데 입구에 들어서면 볼 수 있음. (그 앞에 상품의 집기가 낮다)
가격 강조점 - 상한, 하한, 중심 가격	• 상한 • 중심 • 하한	• 상한 • 중심 • 하한
판매촉진방법 - 판촉테마, 세일 내용	• 구품 처분 코너의 이유 있는 바겐 실시 • 절전형의 소구(전기료 표시)	• 특별초대세일의 특매품설정 • 「순간의 선택이 십년을 좌우한다」의 표시
진열 · 연출 - POP · 도구 · 시식용 내용	• 가격 POP 표시는 크게 보기쉽게 • 기능 POP 전기료 표시	• 기능POP 사이즈를 그림으로 표시 • 가격POP 표시가 크고 보기 쉬움 • 메이커 판촉물이 많음
접객서비스	• 처분 · 할인료 • A 지구 배달료	• 배달 무료 • 당일 배달

3) 경쟁점 상품가격조사

年　月　日　時 기록자 (　　)

코너	품목	규격	자점 매가	경쟁점 A	경쟁점 B	비 고
(예) 셀러드	오 이	3개	1,000원	950원	1,050원	
	토마토		원	원	원	
	양상치		원	원	원	
			원	원	원	
			원	원	원	
			원	원	원	
			원	원	원	
			원	원	원	
			원	원	원	
			원	원	원	
			원	원	원	
			원	원	원	

4) 상품 진열 유무 조사

年　月　日　時 기록자 (　)

품 목	규 격	구색 유무			비고(매장 레이아웃)
		자점	경쟁 A	경쟁 B	
(예) 수박	1 통	○	○	×	1개 1980원으로 평대에 대량 진열

5) 부문별 경쟁점 상품조사

부문	

( )월 ( )일 조사 시간( ) 조사자 ( )	
A. 매장의 크기 a 점포( )자 × ( )대 × ( )단 b 점포( )자 × ( )대 × ( )단 c 점포( )자 × ( )대 × ( )단 d 점포( )자 × ( )대 × ( )단 e 점포( )자 × ( )대 × ( )단	B. 가장 강한 품목 수는 몇 개인가? a 점포 ( ) 품목 수 b 점포 ( ) 품목 수 c 점포 ( ) 품목 수 d 점포 ( ) 품목 수 e 점포 ( ) 품목 수
C. 가장 강한 코너와 대표적인 코너는 어디인가? a 점포 ( )와 ( ) b 점포 ( )와 ( ) c 점포 ( )와 ( ) d 점포 ( )와 ( ) e 점포 ( )와 ( )	D. 가장 강한 상품군과 그다음 상품군을 열거하라 a 점포 ( )와 ( ) b 점포 ( )와 ( ) c 점포 ( )와 ( ) d 점포 ( )와 ( ) e 점포 ( )와 ( )
E. 가장 강한 품목과 그다음 품목을 열거하라. a 점포 ( )( ) b 점포 ( )( ) c 점포 ( )( ) d 점포 ( )( ) e 점포 ( )( )	

6) 중점상품 비교 조사

조사 항목 / 상 품	비 고					
	자 점			경쟁점( )		
	페이스수	진열위치	진열단수	페이스수	진열위치	진열단수
	수 량	가 격	POP 사이즈	수 량	가 격	POP 사이즈

7) 경쟁점과의 품목 비교 조사

경쟁점명		평

부문		조사월일		조사자	

중분류	소분류	당 사		경쟁점		경쟁점에 있는데 당사에 없는 단품	당사에 있고 경쟁점에 없는 단품
		품목	갯수	품목	갯수		
소 계							
소 계							
합 계							

8) 주력상품 경쟁점과의 비교조사

점	주력상품 경쟁점 비교	조사자
경쟁점 점		조사일 월 일( )

자 점							경 쟁 점						
상품명	외관	볼륨	가격	선도	맛	종합평가	상품명	외관	볼륨	가격	선도	맛	종합평가

주 : ① <상품명> 자점의 주력상품
② <외관> ○, △, X로 평가
③ <볼륨> 가격과 볼륨의 균형 ○, △, X로 평가
④ <가격> 단품별 비교
⑤ <선도> 변색 등 ○, △, X로 평가
⑥ <맛> 복수평가 ○, △, X로 평가
⑦ <종합평가> ○, △, X로 평가

9) 경쟁점에 대한 점장 조사항목

(1) 고객 관련 조사

① 청결유지를 위한 제 방법은 무엇인가?
② 점장은 어떠한 사람이며 어떠한 응대를 하고 있는가?
③ check-out 특별한 응대는 무엇인가?
④ POP 및 BGM(back ground music) 특징은 무엇인가?
⑤ 특별 서비스 장소는 있는가?

(2) 점포운영조사

① 작업할당 방법은 어떻게 하고 있는가?
② 입하, 검품, 보충에 특별한 방법을 사용하고 있는가?
③ 정찰기, 라벨 프린터, 포장설비 등 특색은 어떠한가?
④ 대략의 레이아웃을 기억하여 메모 처리하는가?
⑤ 통로 폭과 개수를 메모 처리하는가?

(3) 상권조사

① 경쟁점 상권과 고객층은 어떠한가?
② 조사대상점 입지여건은 어떠한가?
③ 상권에 대한 판매촉진 특징은 무엇인가?

(4) 정책조사

① 고객에 대한 방침은 어떠한가?
② 종업원에 관한 내용은 어떠한가?
③ 거래처와의 관계는 어떠한가?
④ 가격정책 내용은 어떠한가?
⑤ 부문 구성과 상품정책은 어떠한가?

10) 경쟁점 전문조사자 조사항목

(1) 상권조사

출점 전 상권조사 후 경쟁점 상권조사에 대하여 장래성을 포함하여 전술의 각 기법을 정리하여 정밀한 상권조사 및 분석을 하여 자점 대응책을 마련한다.

(2) 머천다이징 조사

① 부문별 매출액과 담당인원수를 조사하여 매출액 추정
② 점포 전체 매출액 추정(레지스터 대수, 매장면적, 요원 수 등을 조사)
③ 부문별로 주력상품을 선정하여 매가 조사
④ 중점품목 내용과 특징
⑤ 가격대

(3) 레이아웃 조사

① 매장구성 특징, 상품진열기법 특징
② 부문별 구성과 면적
③ 대상부문 통로 폭

(4) 판매촉진 검사

① 인적판매, POP, BGM, VMD(visual merchandising) 등 특징
② 이벤트 특징
③ 광고, 선전의 방법과 특징

제 2 절 | 점포 상권·입지 예비진단

1. 상권·입지 예비진단 조사항목

1) 점포 확인

2) 점포형태를 파악한다.

(1) 점포 전면은 (　)면 (　)m 정도이다.
(2) 평수는 (　)평이다.
(3) 출입구에 계단이 (　)계단이다. (계단이 없다)
(4) 점포건물이 주변 건물 선과 (돌출, 일치, 들어감) 점포건물의 도로와의 거리가 (거리 없음, (　)m)

3) 점포 주변 환경을 파악한다.

(1) 점포 좌·우측 10m 내에 도로가(없다, 있다) 점포 전면에 도로가 (　)차선이다.
(2) 점포 앞 및 주변에 주차가 (　)대 가능하다. (정차, 불가능)
(3) 점포입지가 점포 배후 및 주변 도로의(내리막, 평탄, 완만 오르막, 오르막길) 이다.

4) 점포 주변 상권을 파악한다.

(1) 배후 500m 내와 건너편 100m를 1차 조사하면서 지도에 주요시설을 표시한다.
(2) 버스, 지하철, 건널목, 학교(학원), 편의점, 슈퍼마켓, 소매점을 표시한다.
(3) 음식점(술집), 숙박시설, 극장, 노래방 등
(4) 건물, 금융기관, 병원, 교회(공공기관), 독서실(소규모 학원) 등 기타

5) 점포 입지형태를 파악한다.

(1) 점포는(주거, 사무실, 유흥, 학교) 지역에 위치한다.
(2) 주변 환경을 고려하여 점포의 상권 영향 반경을 선으로 지도에 표시한다.
좌우(　) m, 배후(　) m, 건너편(　) m
(3) 예상되는 객단가는 (　)원 정도이다.

6) 상권 반경 내 세대수를 파악한다.

(1) 상권 내의 세대수는 (　)세대 정도이다.
(2) 주거지의 출입구에 (입구 위치, (　)m 거리)에 입지한다.
(3) 점포입지 도로가 (주통행로, 부통행로, (주, 부)의 (　)m) 입지.

7) 상권 반경 내의 학교를 파악한다.

(1) 대학교, 중·고교, 초등학교, 대형 학원(　)
(2) 학생 수는 (　)명 정도이다.
(3) 점포입지 도로가 (주통행로, 부통행로, (주, 부)의 (　)m) 입지.

8) 시간대별 인원을 파악한다.

9) 점포 위치도

2. 상권 평가요인

1) 인구 규모 특징

① 총규모
② 나이별
③ 평균 교육수준
④ 자가보유 비율
⑤ 총가처분 소득
⑥ 1인당 가처분 소득
⑦ 직업별 분포
⑧ 앞으로 추세(경향)

2) 노동공급 가능성

고·대졸자 수 및 이들 유출비율과 평균임금 분석을 통한 관리자 후보 및 판매 요원 등 충원 가능성

3) 구매처 근접성

① 배송 비용
② 배송 소요시간
③ 제조업자 및 도매점수
④ 구매 가능성과 신뢰성

4) 촉진

① 매체 이용 가능성과 빈도 ② 비용
③ 유효 오디언스

5) 경제적 기반

① 지배적 산업 ② 다각화 정도
③ 성장전망
④ 경제적 또는 계절적 변동으로부터 자유도
⑤ 신용과 금융기관 이용 가능성

6) 경합상황

① 기존 경합점포 수와 규모 ② 전 경합점 강약점 평가
③ 단기적 및 장기적 전망 ④ 포화 수준

7) 점포입지 이용 가능성

① 입지 수와 유형 ② 교통수단 근접성
③ 소유 대 임차 기회 ④ 구획정리(도시 계획) 상 제약
⑤ 비용

8) 규제

① 세금 ② 면허
③ 영업신고, 허가 ④ 최저임금
⑤ 상업지역 조정(zoning)

3. 입지와 부지 평가요인

1) 보행객 통행량

① 통행인 수 ② 통행인 유형

2) 차량 통행량

① 차량 통행 대수 ② 차종

③ 교통 밀집 정도

3) 주차시설

① 주차장 수
② 점포와 거리
③ 종업원 주차 가능성

4) 교통

① 대중교통수단 이용 가능성
② 주요 도로 근접성
③ 배달 용이성

5) 점포 구성

① 점포 수와 규모
② 자점과 유사성
③ 소매 구조상 균형성

6) 특정 부지

① 시각성
② 입지 내에서 위치
③ 대지 크기와 모양
④ 건물 크기와 모양
⑤ 대지와 건물 조건과 사용 연수

7) 점유 조건

① 소유 또는 임대 조건
② 운영 및 유지비
③ 세금
④ 도시 계획과 관련
⑤ 임의 규정

4. 입지조건 평가표 예

(1) 후보물건으로부터 주요 도로를 따라 차로 20분 정도 달려본다. 그 범위 내에 매장 3백 평 이상의 동업점이 있는가?

(2) 같은 20분 권 내 2백 평 이상의 동업점이 앞으로 개점하지 않는다고 확실할 수 있는가?

(3) 같은 20분 권 내 후보 건물보다 나은 유리한 입지조건을 가진 볼링장이나 빈 땅은 없는가? 빈 건물이 아니라 영업을 하고 있다 하더라도 앞으로 점포로 전환될 가능성은 있다.

(4) 건물은 산업용 간선도로가 아니라 지역 내 간선 도로변에 있는가? 즉 모든 차는 시속 50km 이하로 달리고 있는가?

(5) 도로 한쪽에 1.5차선 정도의 폭이 있는가?

(6) 자신이 직접 차를 운전하여 주차장에서 좌회전하여 쉽게 나올 수 있는가? 일요일 및 평일 낮에 실험해 보아 위험을 느끼지는 않았는가?

(7) 차를 타고 그 건물에 들어가려 할 때 후속 차에 의한 추돌의 위험성은 없는가?

(8) 그 건물에 점포 대간판을 달 때 적어도 2백m 거리의 달리는 차에서 잘 보일 것인가?

(9) 그 건물에서 10분 권을 상권으로 본다. 개점 후 실현할 수 있는 최저 연간판매액은 상권인구 × 1인당 구매액이다. 이는 계획 중인 점포 손익분기점을 웃도는가?

(10) 계획 중인 주차장의 수용 대수 × 1차량당 구매액을 최저 연간판매액으로 한다. 이는 손익분기점을 웃도는가?

제 3 절 | 점포 상권·입지 종합평가

1. 점포 전경(사진)

2. 상권 MAP

3. 입지와 상권 종합평가

<table>
<tr><td rowspan="12">입지</td><td>개 요</td><td colspan="2"></td></tr>
<tr><td rowspan="4">지리적 위치</td><td rowspan="2">시 계 성</td><td></td></tr>
<tr><td>① 아주 좋다 ② 우수하다 ③ 그저 그렇다.
④ 좋지 않다 ⑤ 매우 안 좋다.</td></tr>
<tr><td rowspan="2">접 근 성</td><td></td></tr>
<tr><td>① 아주 좋다 ② 큰 불편이 없다.
③ 조금 나쁘다 ④ 매우 나쁘다.</td></tr>
<tr><td rowspan="5">기능적 위치</td><td>귀갓길 여부</td><td>① 귀가로이다 ② 큰 불편이 없다.
③ 조금 나쁘다 ④ 매우 나쁘다.</td></tr>
<tr><td>코너 사이드</td><td>① 1면이다 ② 2면이다 ③ 3면이다
④ 기타( )</td></tr>
<tr><td>담배면허</td><td>① 있다 ② 취득할 수 있다. ③ 매입 가능
④ 매입 추진해 봐야 한다 ⑤ 불가능하다</td></tr>
<tr><td>주 차 장</td><td>① 있다(대 주차 가능) ② 없다</td></tr>
<tr><td>교통시설</td><td></td></tr>
<tr><td>점포 전면길이</td><td colspan="2">M, 2면 점포의 경우 부동선(M)</td></tr>
<tr><td>점포 전용 면적</td><td colspan="2">평</td></tr>
<tr><td rowspan="5">상권</td><td>개 요</td><td colspan="2"></td></tr>
<tr><td>상권 내 세대수</td><td colspan="2">약 세대</td></tr>
<tr><td>상권의 형태</td><td colspan="2">① 주택가 ② 유흥가 ③ 오피스가 ④ 학원가 ⑤ 기타</td></tr>
<tr><td>주택의 형태</td><td colspan="2">① 아파트 ② 단독주택
③ 복합형(상권 내 주택 중 아파트의 비율 : %)</td></tr>
<tr><td>야간상권 규모</td><td colspan="2">일일 통행인 중 대(: - :)
통행인의 비율 : (% 이상)</td></tr>
</table>

4. 경쟁상황과 통행량 조사

	구 분	상 호	거리 (M)	면 적 (실평수)	경 합 력 ① 모든 면에서 우리보다 열등하다 ② 우리와 거의 비슷하나 다소 열등 ③ 여러 면에서 우리와 거의 비슷하다 ④ 우리와 거의 비슷하나 다소 우월 ⑤ 모든 면에서 우리보다 우월하다	비고
경쟁상황	개 요					
	CVS					
	슈퍼마켓					
	미니슈퍼					
	구멍가게					

	구 분	합 계 (%)	어린이 (%)	중고생 (%)	미혼남 (%)	미혼녀 (%)	기혼남 (%)	주 부 (%)
통행량	18:00-19:00							
	19:00-20:00							
	23:00-24:00							
	합 계							
	특기 사항							

5. 점포종합 평가표

1) 종합평가 분석표

요소	평가항목	A급	B급	C급	D급	E급
입지	지리적 위치					
	기능적 위치					
	점포 전면길이 (M)					
		10 이상	8-10	6-8	4-6	4 이하
	점포전용면적 (평)	30 이상	26-30	22-26	18-22	18 이하
	입지 평가					
상권	1차 상권 규모 (세대수)	800 이상	600-800	400-600	200-400	200 이하
	유동 상권 규모					
	야간상권					
	상권 질					
	상권평가					
경합	주간 경합성					
	야간 경합성					
	경합 평가					
통행량	시간당					
	평균 통행량	1,000 이상	800-1,000	600-800	400-600	400 이하
	중고생					
	미혼남녀 비율	70% 이상	50-60%	40-50%	20-40%	20% 이하
	통행 질(수준)					
	통행량 평가					
종합평가						
일 매출액 예상액						

2) 종합평가 그래프

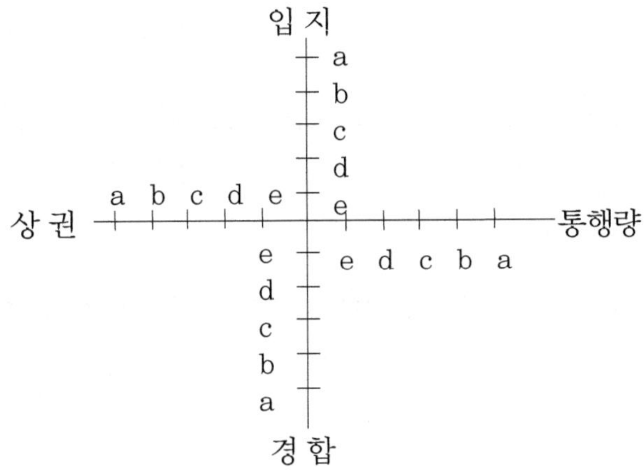

3) 기타 의견

A. 장기전망

B. 이미지 효과

C. 장애 요인

6. 점포입지 유형별 평가

1) 도로 옆 유형

(1) 통행량(조사 1시간 평균)

차 량	300-399	400-499	500-599	600-699	700-799	800 이상
	3점	5점	7점	9점	12점	15점

(2) 시계성

50m 앞에서 확인	100m 앞에서 확인	150m 앞에서 확인
1점	3점	5점

(3) 접근성

차 량	접근율	접근율	접근율	접근율	접근율
	19% 이하	20%-39%	40%-59%	60%-79%	80% 이상
	2점	4점	6점	8점	10점

다음에 전항의 접근율의 몇 %을 구매층과 결부되는가를 판단하기 위해 차량의 예상구매율을 아래와 같이 포인트를 평가한다.

차 량	예상구매율	예상구매율	예상구매율	예상구매율
	24% 이하	25%-49%	50%-74%	75% 이상
	1점	2점	3점	4점

접근성 = 접근율 × 예상구매율

(4) 주차 편리성

주 차 대 수	3 - 4 대	5 - 6 대	7 - 8 대	9 - 10대	11대 이상
	3점	6점	9점	12점	15점

(5) 경합도

구 분	500m 이내에 없을 때	25점(만점)
경쟁점	401-500m 내에 있을 때 301-400m 내에 있을 때 201-300m 내에 있을 때 101-200m 내에 있을 때 100m 내에 있을 때	20점 15점 10점 5점 0점

(6) 평가점수

항 목	계 산 내 용	결과
(1) 통 행 성	만점 15점 평가	점
(2) 시 계 성	만점 5점 평가	점
(3) 접 근 성	만점 40점 평가	점
(4) 주차 편리성	만점 15점 평가	점
(5) 경 합 도	만점 25점 평가	점
(6) 입지평가점수	합계 점수(만점 100점)	점

2) 주택가 유형

(1) 통행량(조사 1시간 평균)

인 구	200-299	300-399	400-499	500-599	600 이상
	2점	4점	6점	8점	10점

차 량 대 수	50-99	100-149	150-199	200-299	300 이상
	1점	2점	3점	4점	5점

(통행량 = 인구 + 차량)

(2) 시계성

50m 앞에서 확인	100m 앞에서 확인	150m 앞에서 확인
1점	3점	5점

(3) 접근성

	접근율	접근율	접근율	접근율	접근율
人	19% 이하	20%-39%	40%-59%	60%-79%	80% 이상
車	19% 이하	20%-39%	40%-59%	60%-79%	80% 이상
	1점	2점	3점	4점	5점

	예상구매율	예상구매율	예상구매율	예상구매율
人	24% 이하	25%-49%	50%-74%	75% 이상
車	24% 이하	25%-49%	50%-74%	75% 이상
	0.5점	1점	1.5점	2점

접근성 = 접근율(人 + 車) × 예상구매율(人 + 車)

(4) 주차 편리성

주 차 대 수	3-4대	5-6대	7-8대	9-10대	11대 이상
	3점	6점	9점	12점	15점

(5) 경합도

구 분	500m 이내에 없을 때	25점(만점)
경쟁점	401-500m 내에 있을 때 301-400m 내에 있을 때 201-300m 내에 있을 때 101-200m 내에 있을 때 100m 내에 있을 때	20점 15점 10점 5점 0점

(6) 평가점수

항 목	계 산 내 용	결과
(1) 통 행 성	만점 15점 평가	점
(2) 시 계 성	만점 5점 평가	점
(3) 접 근 성	만점 40점 평가	점
(4) 주차 편리성	만점 15점 평가	점
(5) 경 합 도	만점 25점 평가	점
(6) 입지평가점수	합계 점수(만점 100점)	점

3) 번화가 유형

(1) 통행량(조사 1시간 평균)

통행인 수	300-399	400-499	500-599	600-699	700-799	800 이상
	3점	5점	7점	9점	12점	15점

(2) 시계성

50m 앞에서 확인	100m 앞에서 확인	150m 앞에서 확인
1점	3점	5점

(3) 접근성

사람	접근	접근율	접근율	접근율	접근율
	19% 이하	20%-39%	40%-59%	60%-79%	80% 이상
	2점	4점	6점	8점	10점

사람	예상구매율	예상구매율	예상구매율	예상구매율
	24% 이하	25%-49%	50%-74%	75% 이상
	1점	2점	3점	4점

접근성 = 접근율 × 예상구매율

(4) 주차 편리성

주 차 대 수	3-4대	5-6대	7-8대	9-10대	11대 이상
	3점	6점	9점	12점	15점

(5) 경합도 점수

구 분	500m 이내에 없을 때	25점(만점)
경쟁점	401-500m 내에 있을 때 301-400m 내에 있을 때 201-300m 내에 있을 때 101-200m 내에 있을 때 100m 이내에 있을 때	25점 15점 10점 5점 0점

(6) 평가 점수

항 목	계 산 내 용	결 과
(1) 통행량	만점 15점의 평가	점
(2) 시계성	만점 5점의 평가	점
(3) 접근성	만점 40점의 평가	점
(4) 주차 편리성	만점 15점의 평가	점
(5) 경합성	만점 25점의 평가	점
(6) 입지평가점수	합계 점수(만점 100점)	점

Chapter 12

상권 경쟁 점포운영진단

1. 점포 운영진단 체크리스트 평가법

- 평가부문별 총 10개 항목씩 평점 부여

  5 = 아주 좋음 (아주 잘하고 있음)

  4 = 좋음 (잘하고 있음)

  3 = 보통 (조금은 잘하고 있음)

  2 = 나쁨 (잘하고 있지 않음)

  1 = 아주 나쁨 (아주 무관심함)

2. 점포 운영부문 「자가진단 차트」 평가법

- 진단 체크리스트별 평가 후 매번 첨부 요망

  A = 극히 건전 (50~38점)

  B = 보통 (37~25점)

  C = 요주의 (24~13점)

  D = 요정밀 진단 (12~0점)

3. 점포 운영진단 차트 작성

항 목	작성자	· 진단 = ( ) 점

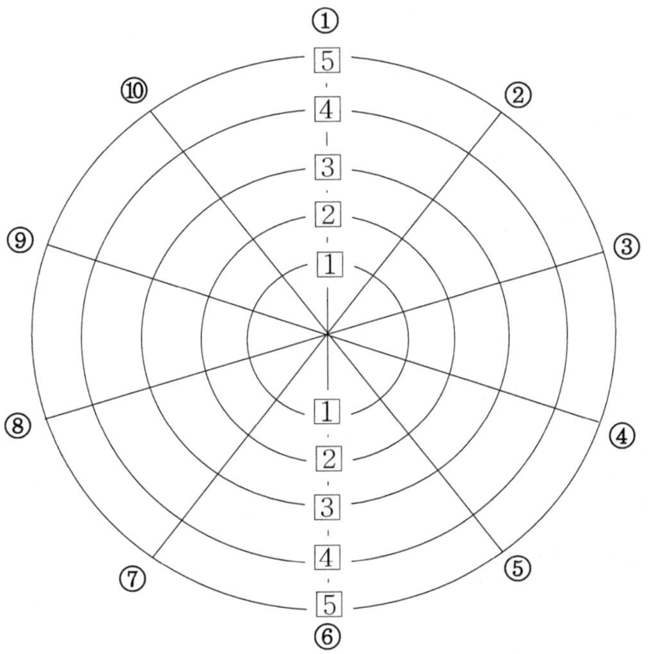

평 점	
양호	5
다소 양호	4
보통	3
다소 취약	2
꽤 취약	1

평 가

제 1 절 | 점포 활성화 진단

1. 점포 접근성 체크리스트

①	주차면적은 「점포의 전면이나 측면」에 확보한다.	
②	반대차선의 차량이 접근하기 쉽고 들어오기 쉽다.	
③	교차로 사이의 점포는 신호등 전에 있다.	
④	도로에 가드레일, 녹지대, 중앙분리대가 없다.	
⑤	육교가 가까이 없다. (시계가 양호)	
⑥	수로, 전화 포스트 등이 없다.	
⑦	점포와 도로의 차이가 없다.	
⑧	점포의 전면은 도로체증이 빈번한 도로가 아니다.	
⑨	도로의 폭이 너무 넓지도, 좁지도 않다. 일방통행이 아니다.	
⑩	150m 전부터 점포가 보여야 한다. (최소 50m)	

◉ **평 가**

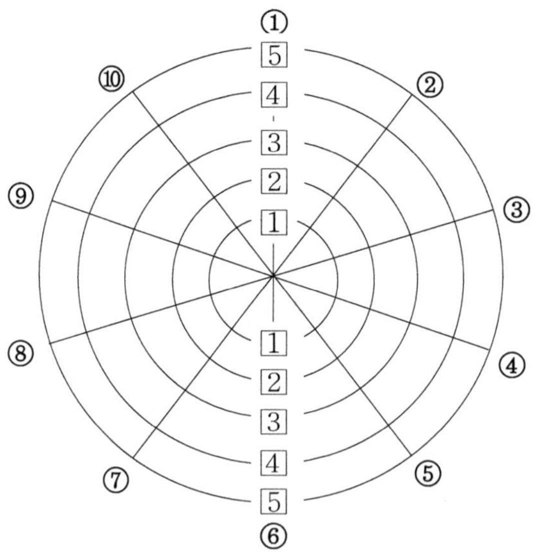

2. 쇼우 윈도 체크리스트

①	시각에 호소하는 주의를 끄는 것이 있다.	
②	흥미를 불러일으켜 매력이 섞인 내용이다.	
③	신선한 아이템으로 언제나 화제가 된다.	
④	계절감이 있고 10일마다 조금씩 변화감을 준다.	
⑤	친밀감과 즐거움으로 보여주는 효과가 있다.	
⑥	계절, 유행의 칼라 코디네이트가 있다.	
⑦	고객층의 겨냥을 정확하게 하고 있다.	
⑧	점 내에 있는 상품의 매력을 충분히 연출하고 있다.	
⑨	점포의 이미지 향상이 되는 진열이다.	
⑩	테마가 있는 점포의 콘셉트가 표현돼 있다.	

◉ **평 가**

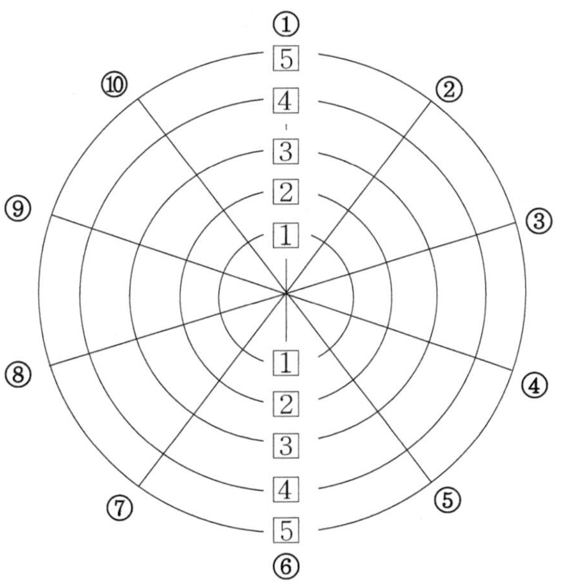

3. 점두 활성화 체크리스트

①	외관은 인접한 점포(매장)과 비교하여 두드러지다.	
②	외관, 점포는 근대적인 이미지가 있다.	
③	점두에 두드러지게 눈을 끄는 것이 있다.	
④	점두 간판, 점포명, POP는 인상이 남는 디자인이다.	
⑤	점두에 「계절감」이 연출돼 있다.	
⑥	점두 주변은 청결감이 넘쳐 있다.	
⑦	점두부터 점포 내로의 전망이 좋다.	
⑧	점두 입구은 들어오기 쉽고 나가기 쉽다.	
⑨	점두에서 점 내의 이미지가 있다.	
⑩	입구에서부터 상품전개가 좋다. (점포에 어울린다)	

◉ **평 가**

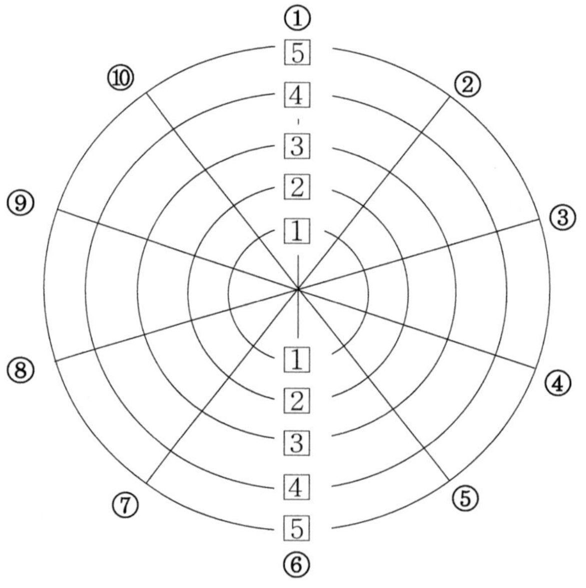

4. 점 내 활성화 체크리스트

①	점 내에서는 청결감이 넘치고 있다.	
②	점 내의 전망이 좋다. (통로 폭은 충분하다)	
③	조명의 확보는 영업내용에 대응하고 있다.	
④	상품분류는 명확하게 시키고 있다.	
⑤	계절상품은 점두에 가깝게 배치되어 있다.	
⑥	주력상품은 주 통로의 주변에 배치되어 있다.	
⑦	매력이 풍부한 코너가 구축되어 있다.	
⑧	연관상품으로 점 내 배치가 되어있다.	
⑨	상품의 분위기에 부합된 점내 연출이 되어있다.	
⑩	사각지대가 최소화되어 있다.	

◉ **평 가**

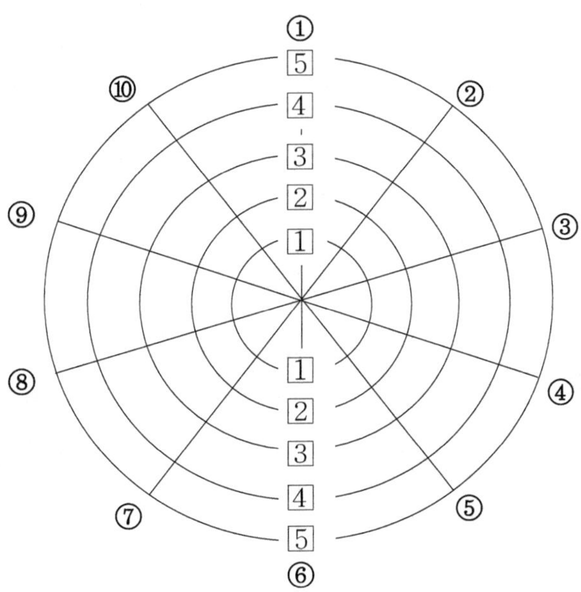

5. 매장 레이아웃 체크리스트

①	점포 정면은 6m 이상, 입구 근처는 넓게 되어있다.	
②	매장면적을 최대한 효율화한다.	
③	판매 집기와 통로 폭의 비율은 50~60%로 한다.	
④	통로 폭은 최저 60㎝ 이상을 확보한다.	
⑤	곤돌라의 높이는 165㎝(5단 표준) 정도로 한다.	
⑥	조도는 700~900ℓx 이상이 바람직하다.	
⑦	천장의 조명은 곤돌라와 직각이 된다.	
⑧	계산대의 길이는 되도록 넓게 확보한다.	
⑨	고객이 물건을 손쉽게 사도록 상품이 배치되어 있다.	
⑩	점 내의 통로는 고객의 동선을 길게 한다. (종업원 통로는 짧게 한다)	

◉ **평 가**

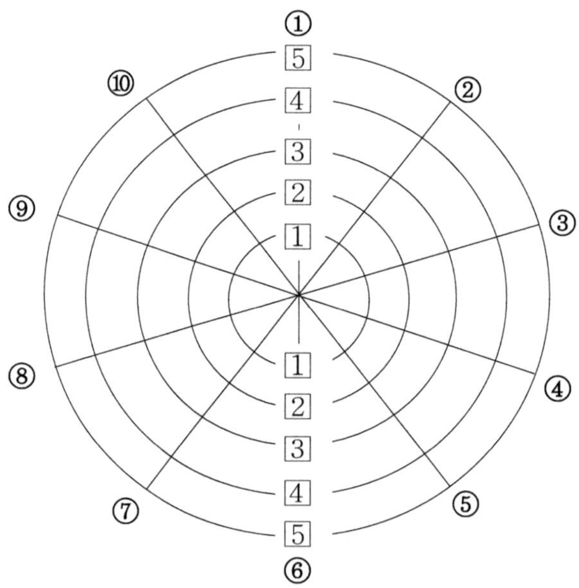

6. 매장관리 체크리스트

①	바닥이 흙으로 더러워지거나 먼지가 떨어져 있지 않다.	
②	벽, 천장과 기둥이 더럽지 않다.	
③	스크린과 케이스 등의 유리가 더럽지 않다.	
④	형광등은 전부 켜져 있다. (깜박이지 않는다)	
⑤	진열 케이스는 바른 위치에 있다.	
⑥	진열 케이스에 깨진 부문이 없다.	
⑦	POP 광고는 바른 위치에 붙여져 있다.	
⑧	레지스터 주변은 정리, 정돈되어 있다.	
⑨	전표 등의 사무용품은 갖추어져 있다.	
⑩	포장 용품은 갖추어져 있다.	

평 가

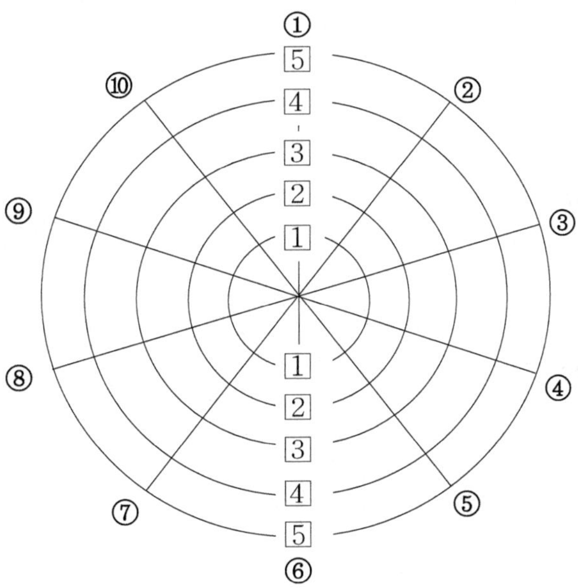

7. 진열 · 장식 체크리스트

①	상품은 보기 쉽고, 눈에 잘 띈다.	
②	점포, 상품에 맞는 진열과 연출을 한다.	
③	상품의 판매 포인트를 강조하는 진열이다.	
④	계절 감각이 있는 진열이며 연출이다.	
⑤	입체감(풍부한 느낌)의 연출은 충분하다.	
⑥	치수, 용도, 가격, 디자인, 색상 등의 분류는 명확하다.	
⑦	구색을 갖춤, 코디네이트 진열이 되어있다.	
⑧	POP 광도는 생동감이 있다.	
⑨	정리, 정돈, 청결이 실행되어 있다.	
⑩	진열에 변화와 아이디어가 있다.	

◉ **평 가**

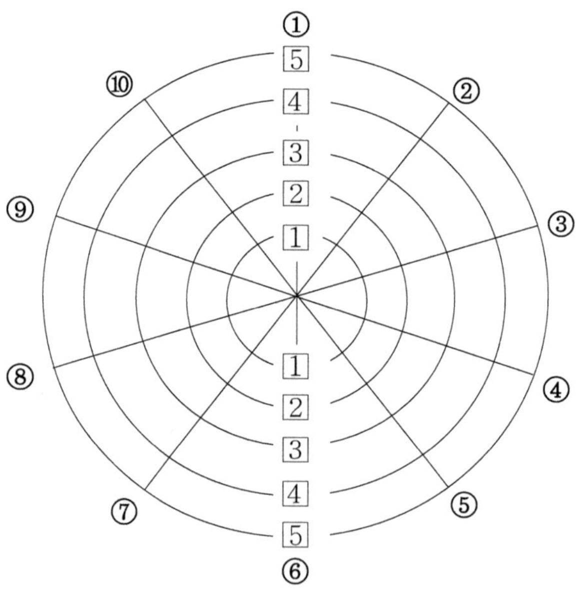

8. 선반 할당 체크리스트

①	선반 할당 앞에 진열의 체크를 한다.	
②	목적구매와 충동구매의 상품을 나누어 배치한다.	
③	상단, 중단, 하단으로 최대로 팔리게 위치를 확보한다.	
④	연관구매상품은 가까이 위치한다.	
⑤	상품회전율이 높은 상품은 면적을 넓힌다.	
⑥	매일의 단품 판매실적으로 타이밍 한 상품 구색을 한다.	
⑦	결품인 상품은 다른 상품으로 메꾸지 않는다.	
⑧	여성은 낮은 위치, 남성은 높은 위치의 상품을 구매한다.	
⑨	곤돌라의 경우는 밝은 색상의 상품을 배치한다.	
⑩	진열의 위치는 일정 기간 변경하지 않는다.	

평 가

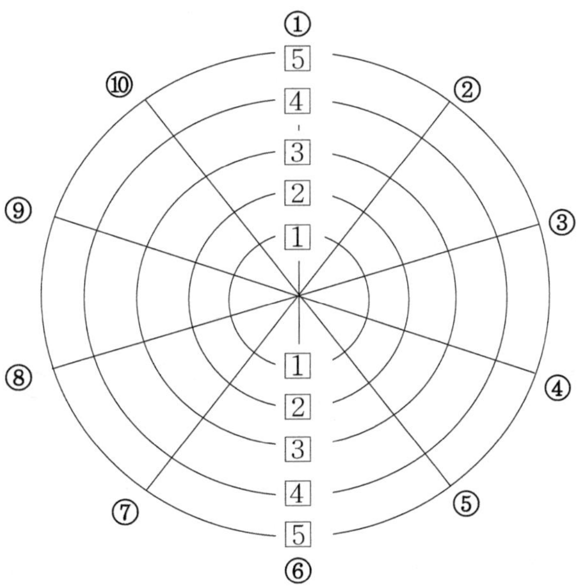

9. 상품관리 체크리스트

①	상품에 먼지, 파손과 오염된 패키지가 없다.	
②	오손상품은 취급하지 않는다.	
③	들쑥날쑥하거나 매대를 채우지 못한 상품은 없다.	
④	규정량의 상품이 매장에 갖추어져 있다.	
⑤	불안정한 진열방식을 하지 않는다.	
⑥	마네킹과 진열상품은 보기 쉬운 방향으로 놓여 있다.	
⑦	색상, 모양, 치수는 갖추어져 있다.	
⑧	치수 분류, 가격분류는 정확하게 되어있다.	
⑨	가격표시, 상품표시 등이 정확하게 붙어 있다.	
⑩	팔리는 핵심상품은 충분히 갖추어져 있다.	

평 가

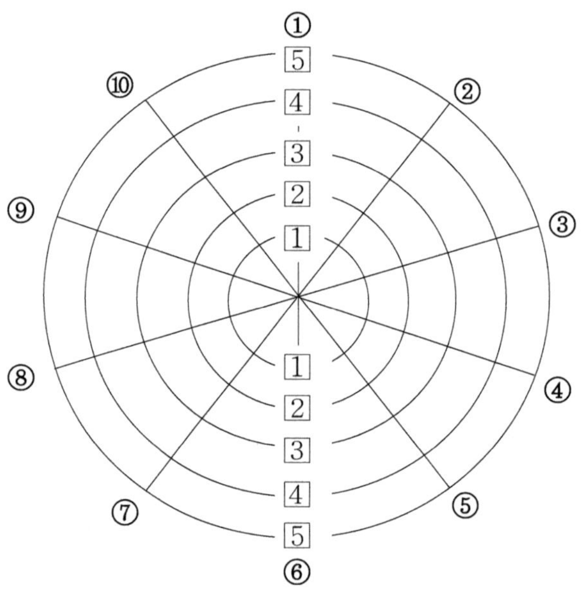

10. 상품 구색 체크리스트

①	점포의 방침을 나타내는 상품전개이다.	
②	상품에 「정성을 다했다」는 생각이 들도록 표현되어 있다.	
③	다른 상점에 없는 상품과 상품 구색을 명심한다.	
④	주력상품에 다양성과 볼륨감이 있다.	
⑤	연관상품, 보완상품이 매장에 어우러져 있다.	
⑥	계절상품이 코너에 있다.	
⑦	로스 리더상품, 특매상품에 매력이 있다.	
⑧	유력한 다른 점포에 비해 가격경쟁력이 있다.	
⑨	상품회전율이 나쁜(선도가 떨어진) 상품이 띄엄띄엄 있지 않다.	
⑩	상품에 대해서 알기 쉬운 품질표시가 되어있다.	

평 가

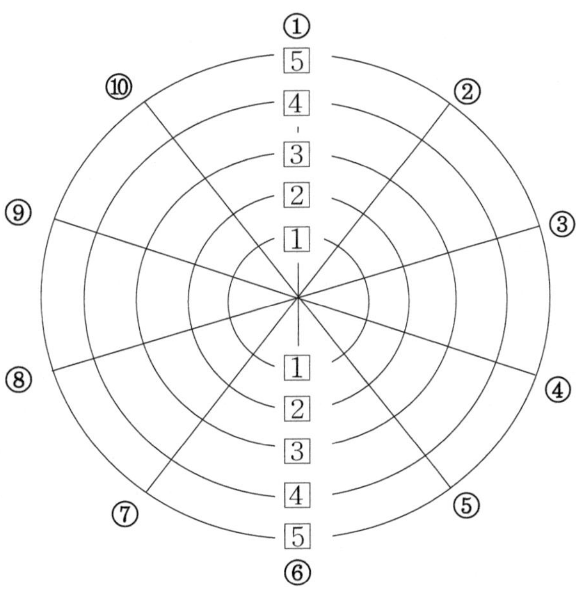

11. 환경정비 체크리스트

①	점두 및 점포 주변의 광범위한 지역을 청소한다.	
②	점두에 불필요한 물건을 놓지 않는다.	
③	떨어져 있는 쓰레기는 즉시 줍는다. 먼지와 티끌도 치운다.	
④	더러워지면 즉시 청소한다.	
⑤	점포를 번쩍이게 닦는다.	
⑥	불필요한 물건은 즉시 버린다.	
⑦	1개월 이상 사용하지 않는 물건은 별도로 보관한다.	
⑧	물건을 위치시키는 방향은 수평, 수직, 윗부분이다.	
⑨	비품, 집기 등 항목마다 청소리스트를 만든다.	
⑩	1개월에 1회, 리스트화해서 집중적으로 청소한다.	

◉ **평 가**

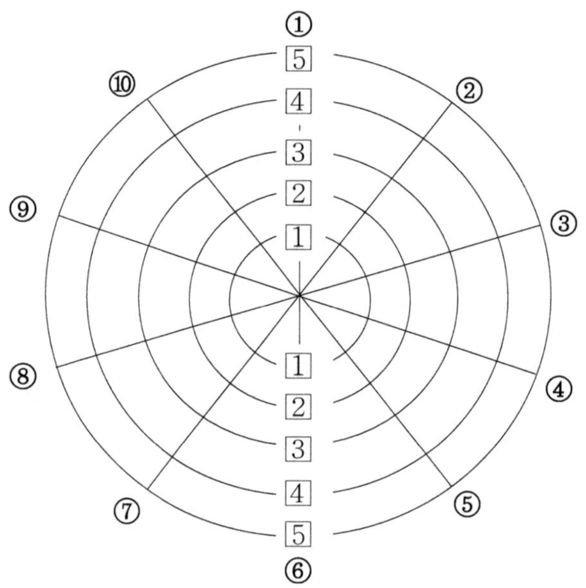

제 2 절 | 점포 운영관리 진단

1. 점장 매장지휘 체크리스트

①	금일의 과제(목표 · 전일의 실적)를 전원에게 발표한다.	
②	판매원에게 「작업과 지시」를 명확히 한다.	
③	점두 점 내의 청소 · 정리 상황의 점검을 한다.	
④	고객의 관찰(객층 · 도전 · 쇼핑체크)을 한다.	
⑤	영업 중, 매장환경의 정비(정리 · 정돈)을 지시한다.	
⑥	판매원에게 말을 걸어 「사기」를 높인다.	
⑦	고객의 흐름을 잘 되게 한다. (특매 중, 혼잡 시)	
⑧	매출상황의 확인과 파악을 한다.	
⑨	잘 팔리는 상품과 부동상품의 체크를 한다.	
⑩	업무(일보)보고서의 작성 내일의 준비를 한다.	

◉ 평 가

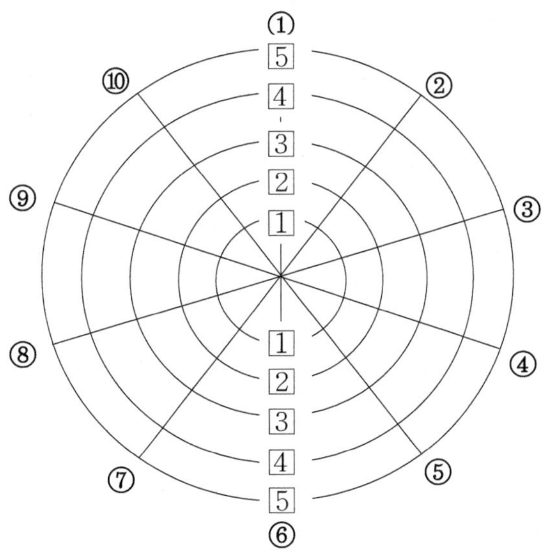

2. 종업원 체크리스트

①	매일의 명확한 목표를 설정하여 추진시킨다.	
②	득점 주의로 평가한다. (성적평가 기준을 만든다)	
③	주간 행동예정을 낸다. (제출한다)	
④	매주 1회는 「실적 · 목표」의 보고회를 한다.	
⑤	인재교육에 적극적으로 임한다. (레벨 업 교육)	
⑥	접객 롤 프레잉을 정기적으로 행한다.	
⑦	업무상의 나태를 느끼지 않도록 도전의욕을 고취한다.	
⑧	신상품마다 상품지식(판매방법) 학습회를 한다.	
⑨	사외 세미나 등에 적극적으로 참가시킨다.	
⑩	아이디어 제안을 추진하여 실행시킨다.	

◉ **평 가**

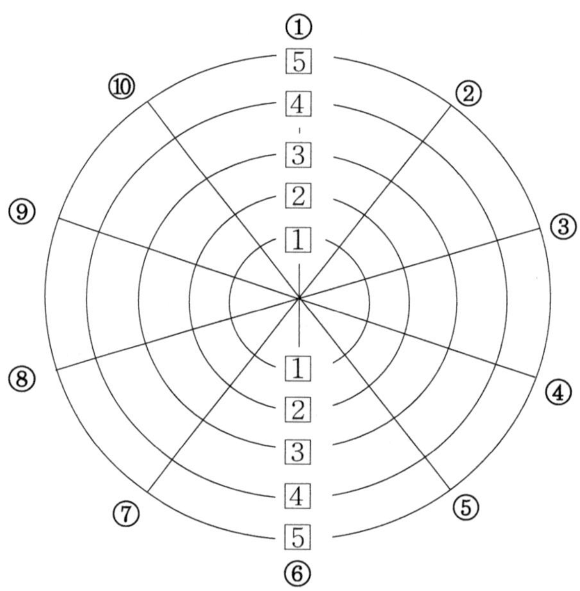

3. 파트타이머 · 아르바이트 체크리스트

①	업무의 목적이나 내용을 이해하여 실수가 적다.	
②	업무의 능률적인 처리를 위한 개선 연구를 한다.	
③	어떤 업무에도 적극적으로 임한다.	
④	직장의 규율을 지키며 협력, 지도한다.	
⑤	적극적인 복무 태도는 모범이 된다.	
⑥	이직의 사유는 명백하며 특별한 문제는 없다.	
⑦	지시에 대하여는 유순성이 있어, 바로 행동에 옮긴다.	
⑧	지각 · 조퇴 · 결근의 이유는 명확하다.	
⑨	1년 내내 지각 · 조퇴 · 결근이 적다.	
⑩	접객용어의 기본을 지키며 「밝고 · 활기」가 있다.	

◉ **평 가**

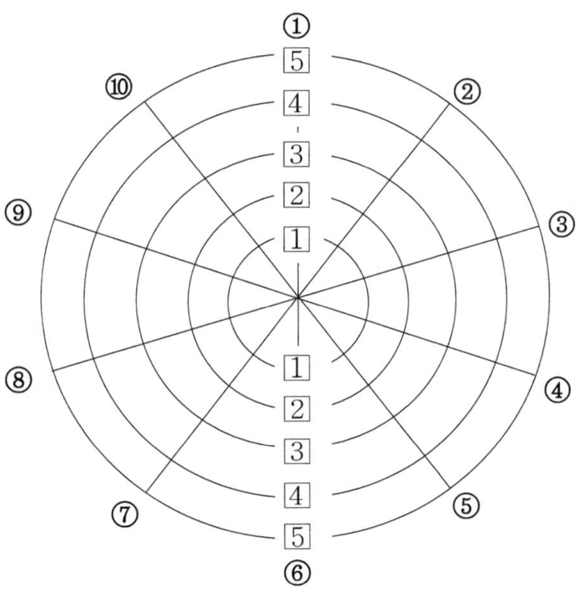

4. 인재확보·구인 체크리스트

①	매력 있는 점포 만들기를 하고 있다.	
②	점포의 장기비전이 있으며, 노력하고 있다.	
③	업계에서도 주목받는 점포 만들기를 하고 있다.	
④	현지에서의 평판(신뢰)을 높이는 활동을 하고 있다.	
⑤	점포의 오리지널성·성장성·문화성을 표현하고 있다.	
⑥	개인의 개성을 살릴 수 있는 직장(점포) 만들기를 하고 있다.	
⑦	자점의 구인목표에 알맞은 접근을 하고 있다.	
⑧	업무의 범위를 명확히 하여 일하기 쉽게 되어있다.	
⑨	주휴 1일 이상을 추진하여, 업무에 집중시키고 있다.	
⑩	매년, 학교 방문을 하고 있다. (업적 등의 보고)	

평 가

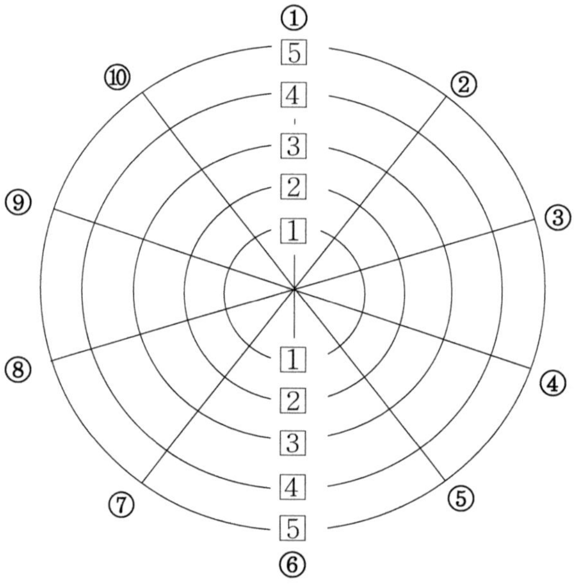

5. 접객대응 체크리스트

①	미소(친근감)와 에티켓(예의) 있는 응대에 힘쓰고 있다.	
②	복장은 판매상품에 알맞은 감각과 이미지가 있다.	
③	고객의 관점에서 서서 정보제공(메리트)을 힘쓰고 있다.	
④	말씨나 동작에 「고객 제일주의」의 마음이 나타나 있다.	
⑤	고객의 「심리」를 이해하고 적절한 응대를 할 수 있다.	
⑥	고객과의 커뮤니케이션은 끊임없이 이루어지고 있다.	
⑦	점포의 일관된 방침을 이해하게 하는 접객이다.	
⑧	고객의 「정보수집」은 은밀하게 하고 있다.	
⑨	상품지식을 부단히 공부하여 접객에 살리고 있다.	
⑩	판매 5대 용어의 기본과 응용을 잘 섞고 있다. (A) 어서 오십시오.　　(B) 잠깐 기다려 주십시오. (C) 잘 알겠습니다.　　(D) 오래 기다리셨습니다. (E) 감사합니다.	

◉ **평 가**

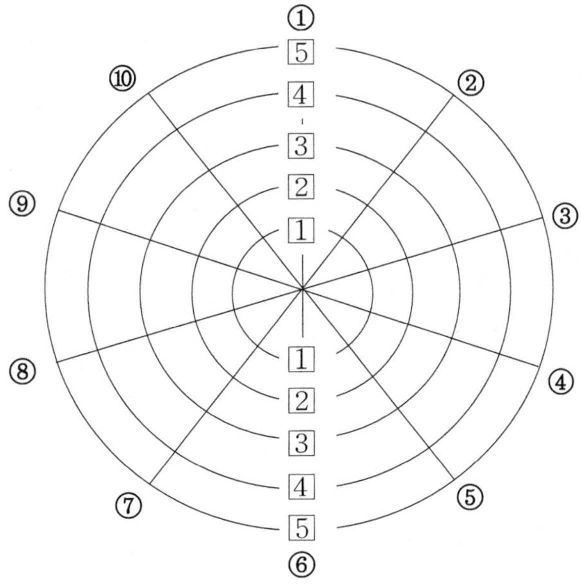

6. 클레임 처리 체크리스트

①	「경영의 톱」이 클레임 발생과 동시에 대처한다.	
②	변명하지 않고, 먼저 「사과」를 한다.	
③	성심성의껏 고객을 응대한다.	
④	후일, 다시 반드시 방문한다. (대응을 나타냄)	
⑤	같은 클레임이 딴 곳엔 없는가 점검한다.	
⑥	상품에 문제가 있으면, 동등 이상의 서비스를 한다.	
⑦	구매금액을 전액 환급한다. (사고하는 뜻의 상품을 드림)	
⑧	클레임을 제기해 주신 고객에게 「사례」를 한다.	
⑨	후일, 「사과와 사례」의 편지를 보낸다.	
⑩	클레임을 기록하여, 같은 클레임을 근절한다.	

◉ **평 가**

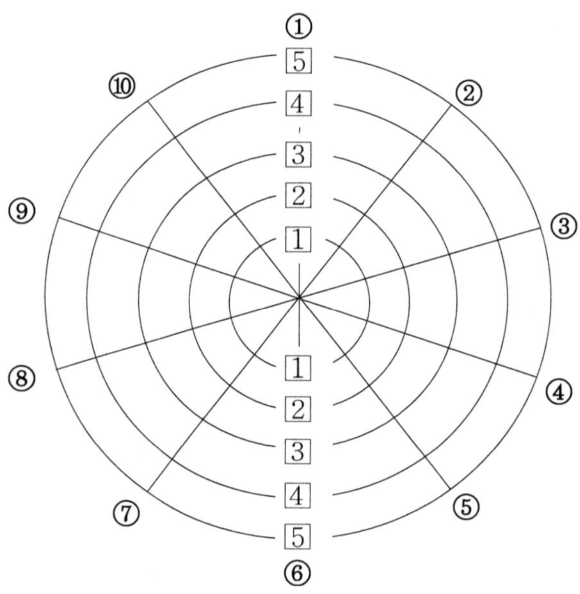

7. 고객에 대한 봉사도 체크리스트

①	매년, 생일선물을 보낸다.	
②	결혼기념일의 선물을 보낸다.	
③	가족의 특별한 기념일에는 선물을 보낸다.	
④	개인의 취미 등에 유용한 정보를 부단히 제공한다.	
⑤	점포의 기념일에는 감사의 인사와 선물을 드린다.	
⑥	고객의 생활을 파악하여, 개별적 생활제안을 한다.	
⑦	점포를 고객의 「놀이 공간」으로 제공하고 있다.	
⑧	고객에게 우월감을 느끼게 하는 내용의 서비스를 한다.	
⑨	눈앞의 일보다 장기적인 서비스를 한다. (프리미엄)	
⑩	상품 플러스 부가가치의 서비스를 한다.	

평 가

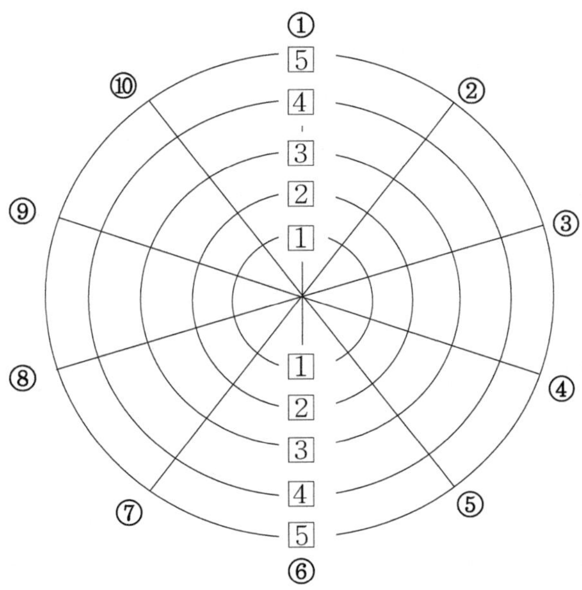

8. 사회 공헌도 체크리스트

①	에콜로지 상품(에코 마크)의 상품구성을 한다.	
②	점포 주변의 환경정비를 적극적으로 실시한다.	
③	구체적인 리사이클 운동을 전개한다.	
④	자선바자를 정기적으로 실시한다.	
⑤	우유 팩·알미늄 통의 회수를 추진한다.	
⑥	선물 포장은 간이 포장으로 한다.	
⑦	쇼핑백의 회수(리사이클), 무공해 소재의 사용.	
⑧	종이제품(사무용·포장용)은 재생지를 이용한다.	
⑨	무리·낭비·불균형을 없앤다. 「3불 운동」을 추진한다.	
⑩	환경경영의 콘셉트를 도입하여 계속 시행한다.	

◉ **평 가**

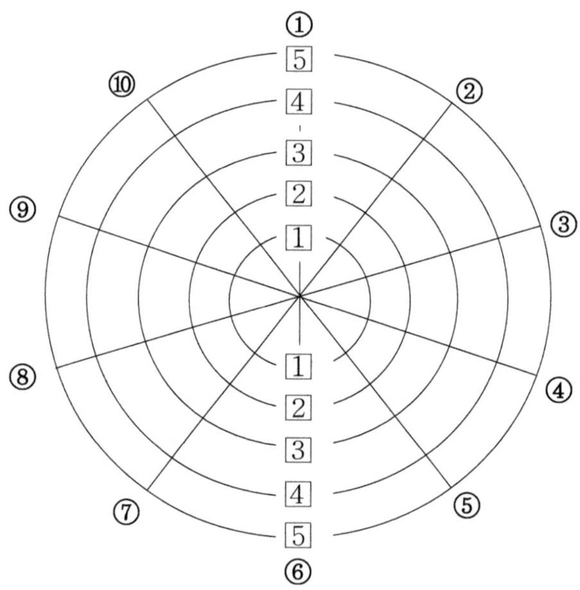

9. 객수를 늘리는 체크리스트

①	지금까지 없던, 신상품의 매입으로 내점 촉진을 한다.	
②	객층에 맞는 판촉을 반복한다. (객층 특집의 제안)	
③	상품 아이템보다 세밀한 점으로부터의 제안을 한다.	
④	계속성이 있는 이벤트를 정기적으로 실시한다.	
⑤	전단 광고를 집객 목적으로 전략적으로 배포한다.	
⑥	점 내에서 다른 업종의 판촉을 한다. (관련성이 있는 업종)	
⑦	상품매입 전에 「개별예약」 등을 한다.	
⑧	회원제의 시스템 만들기로 매번의 내점 촉진을 한다.	
⑨	사후관리 서비스로 재 내점을 촉진한다.	
⑩	DM은 수기로, 4계절의 인사와 개인별 상품제안을 한다.	

◉ **평 가**

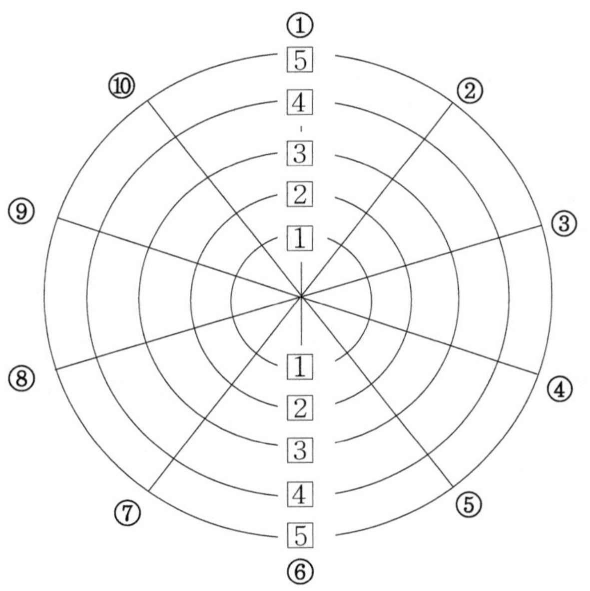

10. 객단가를 올리는 체크리스트

①	TPO에 의하여 상품제안을 각각 한다.	
②	가족 정보를 토대로 선물제안·상품제안을 한다.	
③	관련 상품의 상품구성으로 코디네이트(접객)한다.	
④	상품과 품질의 레벨 업과 신생활제안을 한다.	
⑤	신상품이나 화제상품을 고객에게 적합하게 제안한다.	
⑥	고객의 「상품충실도」를 파악하여 신상품을 제안한다.	
⑦	상품의 좋은 점(특이성)을 최대한으로 연출한다.	
⑧	상품분류마다 「특집」으로 세밀한 판촉을 한다.	
⑨	객층을 파악하여 한 단계 수준 높이는 상품제안을 한다.	
⑩	개인정보를 토대로 센스·기호에 맞는 상품구성을 한다.	

◉ **평 가**

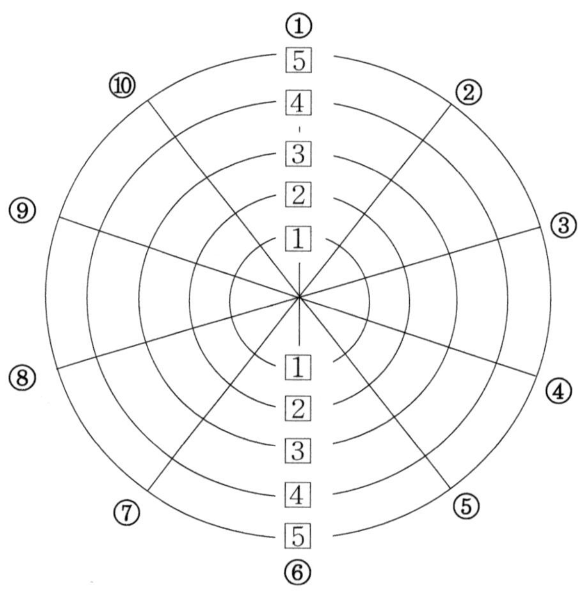

11. 신규고객 만들기 체크리스트

①	이 업종과 「공동판촉」을 한다.	
②	점두의 활성화로 「통행객」에 어필하여 잡는다.	
③	친구 소개를 추진한다. (횡적 연결을 강화한다)	
④	매스컴 등지에 화제 만들기를 한다.	
⑤	전단 광고로 점포를 적극적으로 PR한다.	
⑥	객층 마다 판촉을 한다. (여성만, 노인만 등)	
⑦	전단 광고의 배포지역을 계획적으로 한다.	
⑧	가족, 동아리, 친목회 등에 접촉한다.	
⑨	특정 회장에서 문화행사·세미나를 개최한다.	
⑩	소개 DM(점의 인사, 상품소개)을 가망고객에게 보낸다.	

평 가

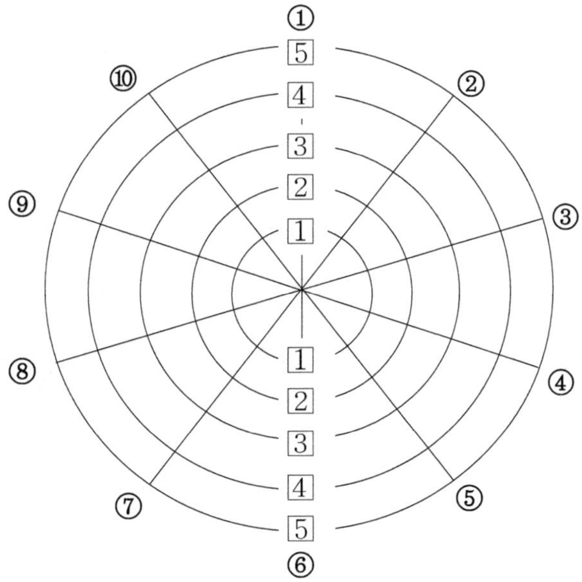

12. 고정고객 만들기 체크리스트

①	일반적으로부터 객층(속성)을 파악하여 집단화한다.	
②	성명·얼굴의 「개성」을 파악한다. (고객층별 발상에서 개인고객별 발상으로)	
③	개인정보의 수집(접객 시에 듣다)을 종합한다.	
④	개인접촉(개인 발상)으로 접객한다.	
⑤	기호의 발견으로 「공감 커뮤니케이션」을 한다.	
⑥	최신의 정보를 조기에 제공한다. (바라는 정보)	
⑦	MGM(member good member) 친한 친구의 소개를 의뢰한다.	
⑧	고객카드(클레임을 들어 적은 사항)를 정기적으로 실시한다.	
⑨	개개인의 요망사항을 파악하여 대응한다.	
⑩	상품 구입의 사이클을 파악하여 관리한다.	

◉ **평 가**

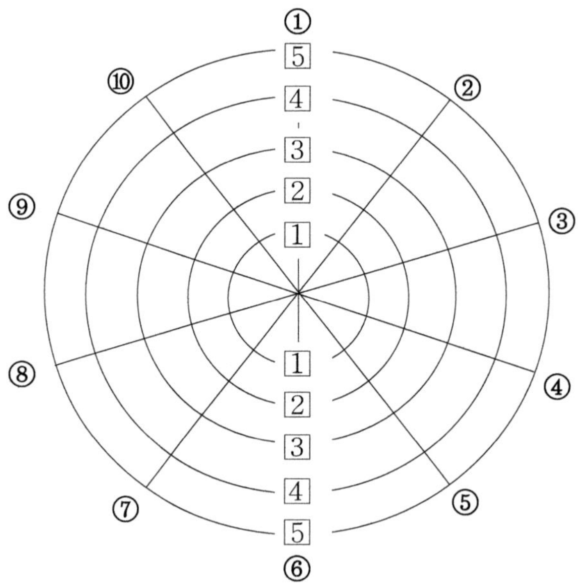

13. 우량고객 체크리스트

①	고객의 니즈에 맞는 상품매입을 한다.	
②	최신의 「상품정보 · 취미의 정보」는 가장 먼저 알린다.	
③	「예약제 시스템」에서 새로운 상품제안을 한다.	
④	취급상품 이외에 부가가치를 서비스로 제공한다.	
⑤	특정 소수 고객이 참가하는 이벤트를 실시한다. (객층 한정)	
⑥	문화, 교양, 지적(취미에 맞추는) 이벤트를 실시한다.	
⑦	DM은 손수 쓰는 것을 기본으로 한다. (인쇄물에는 친필문을 첨가)	
⑧	DM은 4계절의 인사 (고객별 대응)을 넣는다.	
⑨	구매 시의 프리미엄은 오리지널 상품이다.	
⑩	상품을 파는 것보다 「서비스 · 정성의 질」을 판다.	

평 가

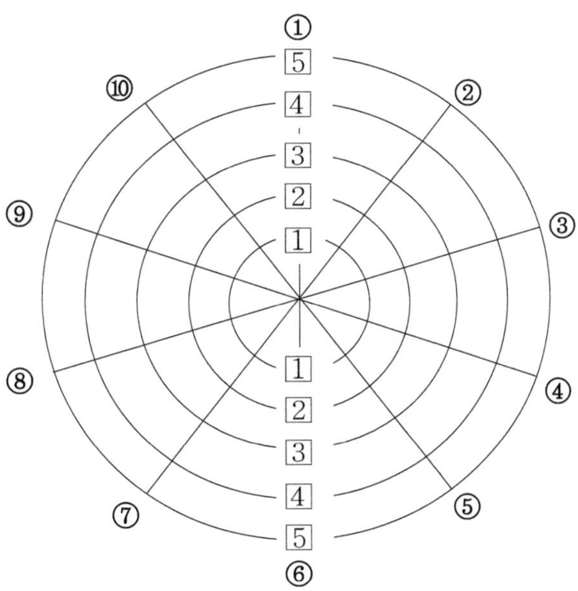

14. 방문 체크리스트

①	정기적으로 방문 캠페인을 벌인다.	
②	재택, 근무상태, 시간대 등의 예비지식을 파악한다.	
③	신제품 등 점포의 제안, 정보지 등을 휴대한다.	
④	구매상품의 사후관리 서비스를 실행한다.	
⑤	내점의 메리트(프레미엄 · 서비스)를 권장한다.	
⑥	고객의 정보를 수집할 생각으로 방문한다.	
⑦	개인정보를 토대로 고객에게 최선의 제안을 한다.	
⑧	객층을 구별하여, 객층에 맞는 방문내용으로 한다.	
⑨	선물을 지참하고 (우량고객 이상) 예방한다.	
⑩	부재 시에 반드시 메모를 첨부하여, 점포가 인사를 하도록 한다.	

◉ **평 가**

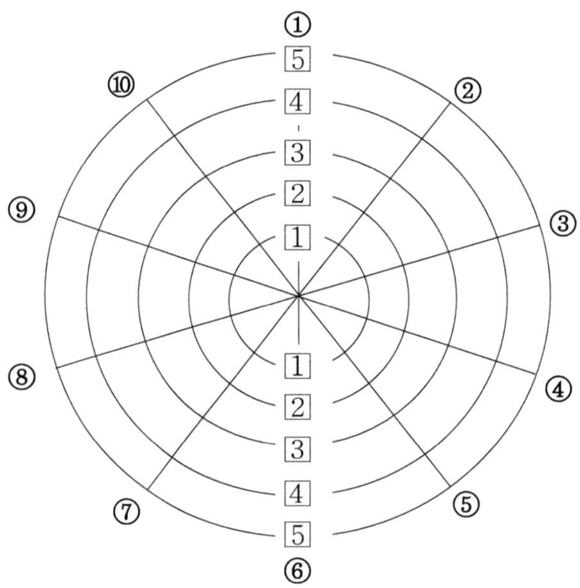

15. 매입상품 체크리스트

①	잘 팔리는 상품·이익이 남는 상품의 정보를 입수한다.	
②	장기비전의 계획으로 상품 트렌드를 구축해 나간다.	
③	오리지널 상품을 매입한다.	
④	판매촉진을 매입에 활용한다.	
⑤	고정고객(우량고객)의 구매 예상매입을 한다.	
⑥	반품하지 않는 매입을 한다.	
⑦	양보다도 질(내용)의 거래를 한다.	
⑧	상품정보를 정기적으로 제공하는 도매상과 거래한다.	
⑨	거래계약서를 교환하고 매입을 한다.	
⑩	매입을 시스템화한다.	

◉ **평 가**

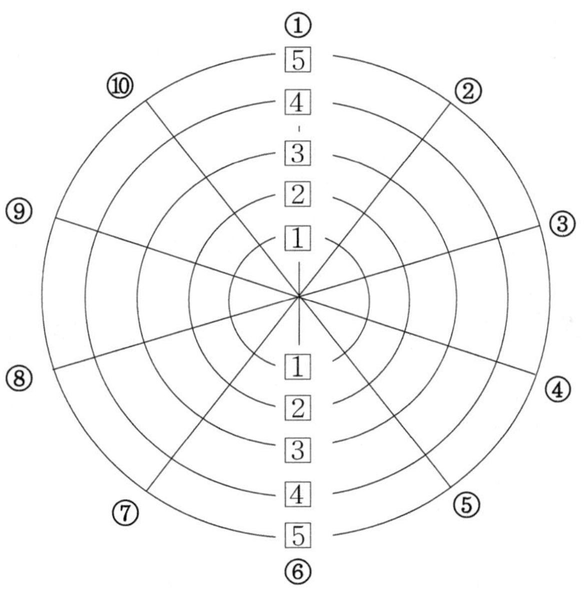

제 3 절 | 점포 이미지관리 진단

1. 판촉 달력 체크리스트

①	연간 지역 행사 · 생활행사를 달력에 넣는다.	
②	월간의 판매촉진을 계획한다. (주제를 설정)	
③	주간마다 점검한다. (주간 타이틀 · 캠페인)	
④	전년 동월의 체크를 한다. (매출액 · 내용 등)	
⑤	경쟁점의 정보를 파악하여 고려한다. (전년 동월)	
⑥	중점상품 · 보완상품을 리스트 화한다.	
⑦	판매량의 결정 · 발주를(예상 매출계획 수립) 한다.	
⑧	특매 캠페인의 매장코너 만들기를 한다.	
⑨	진열 · 연출 · 판촉물의 작업계획을 세운다.	
⑩	매출목표와 실적(반성)을 기재한다.	

◉ **평 가**

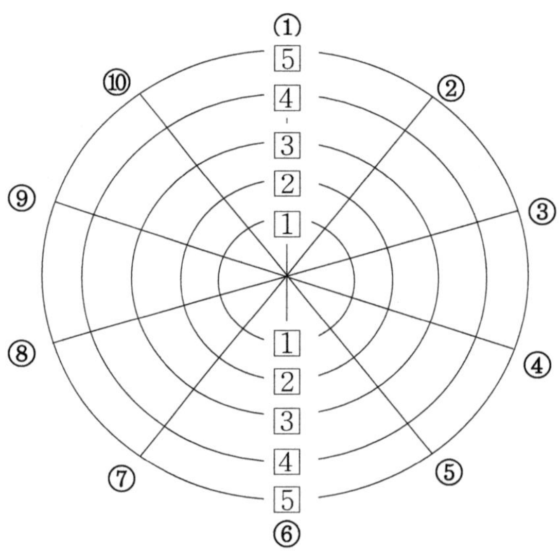

2. DM 체크리스트

①	개인적(개인 앞 편지)인 측면에서 호소한다.	
②	목적은 무엇인가를 명확히 하고 있다.	
③	대상을 압축하였다. (객층별 또는 개인별로 발송)	
④	타이밍이 좋은 시기에 발송하고 있다.	
⑤	명부(리스트) 관리를 세밀히 시행하고 있다.	
⑥	명부(리스트)의 수집을 꾸준히 한다.	
⑦	표현내용은 점의 이미지 향상을 도모하고 있다.	
⑧	기대감이 있는 내용·디자인이다.	
⑨	매회, 손익분기점(BEP)을 계산한다.	
⑩	반응에 대한 개선을 도모하고 있다.	

◉ **평 가**

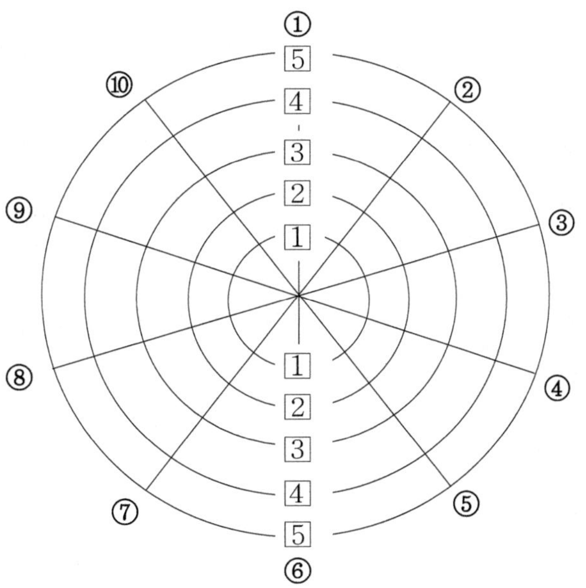

3. 전단 광고 체크리스트

①	점포의 콘셉트가 표현되어 있다.	
②	목표, 대상이 분명하다.	
③	광고 판매의 결합을 고려하고 있다.	
④	주의·흥미를 끄는 아이디어가 있다. (참신성)	
⑤	계절감과 뉴스성이 있다.	
⑥	표현에 개성·특색이 있다.	
⑦	지역성, 친밀감을 느낄 수 있다.	
⑧	관련지어서, 누적된 효과를 내고 있다. (계속성)	
⑨	배부처의 상권을 파악하고 있다.	
⑩	신규고객을 확보할 수 있는 내용이다.	

◉ **평 가**

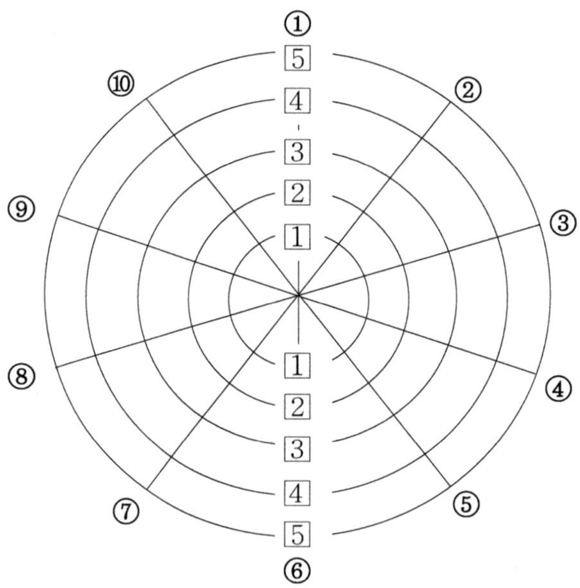

4. POP 광고 체크리스트

①	새로운 정보, 선도가 있는 내용이다.	
②	계절감을 충분히 배려하고 있다.	
③	시선을 끄는 광고 문구다.	
④	흥미를 일으키는 카피 표현이다.	
⑤	읽게 하는 문장·내용이다.	
⑥	고객에게 유용한 정보이다.	
⑦	구매의욕을 높이는 내용이다.	
⑧	매장에 활기와 분위기를 넘치게 한다.	
⑨	상품 서비스에 대하여 알고 싶은 것에 대응한다.	
⑩	점포의 이미지에 맞는 표현이다.	

평 가

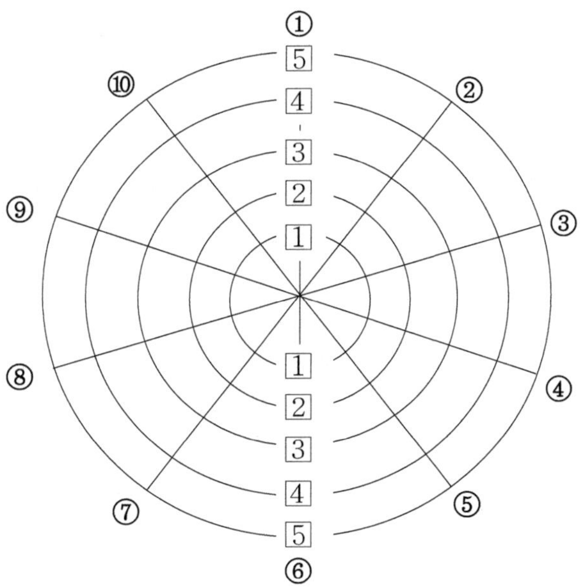

5. 이벤트 체크리스트

①	점포의 콘셉트, 비전이 표현되어 있다.	
②	목표를 명확히 하고 있다. (목적과 대상)	
③	뉴스에서 화제성이 있는 내용이다.	
④	지역밀착형이며 참가성이 있는 내용이다.	
⑤	일과성이 아니라 계속해서 실시하고 있다.	
⑥	아이디어와 개성이 있는 내용이다.	
⑦	감동적인 드라마성(스토리성)이 있다.	
⑧	모두가 편하게 즐길 수 있는 내용이다.	
⑨	기획에 「수고 · 시간」을 아끼지 않는다.	
⑩	PR 수단은 복합적 · 입체적으로 행한다.	

◉ **평 가**

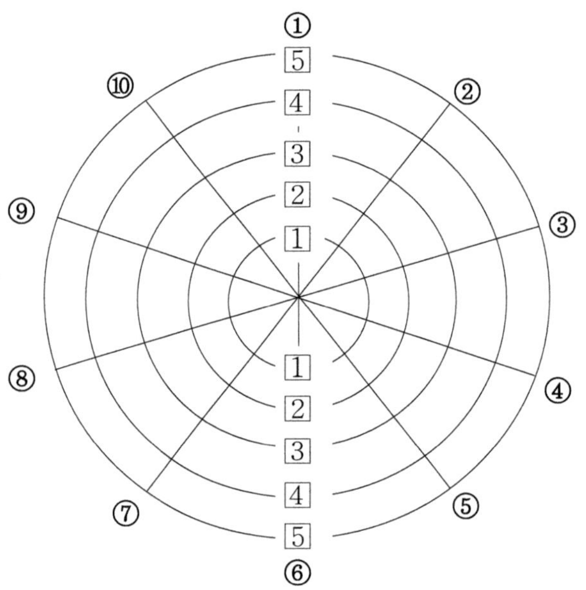

6. 프리미엄 체크리스트

①	점포의 이미지 향상이 되는 프리미엄이다.	
②	고객이 진심으로 즐거워하는 것이다.	
③	가격할인보다 프리미엄에 부가가치를 더한다.	
④	되도록 판매상품에 관련되는 것으로 한다.	
⑤	신상품 등 프리미엄이 될 상품정보를 끊임없이 입수한다.	
⑥	4계절을 느끼는 프리미엄(새로운 차, 신년 떡 등)이다.	
⑦	평소에는 구매하지 않지만 받고 싶어하는 것을 한다.	
⑧	오리지널티(originalty)가 있으며 진기한 것이다.	
⑨	등급별로 프리미엄을 고려한다.	
⑩	장기적 전망으로 프리미엄을 제공한다. (고정객 서비스)	

◉ **평 가**

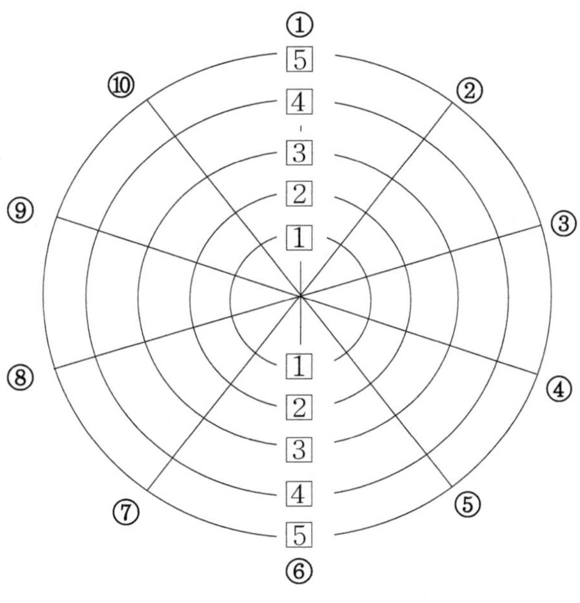

7. 명부 만들기 체크리스트

①	명부는 고객의 개인정보이다.	
②	메모를 중심으로 수집한다. (클레임 · 의견 · 타점의 정보)	
③	환경 정보(입지, 교우관계, 출신교, 써클 등)를 파악한다.	
④	가족 구성으로 판촉의 넓이를 고려한다. (어버이날 등)	
⑤	친구의 소개 시스템 만들기를 한다.	
⑥	고객의 속성항목 관리를 한다. (직업 · 연대 · 성별 등)	
⑦	고객층 구별과 개별 고객 구별을 명확히 한다. (그룹과 개인)	
⑧	등급별 관리(매출액 · 구매 횟수 · 점포에의 공헌도별)를 한다.	
⑨	DM(목적 · 테마)에 의한 내점 · 구매 · 반응을 파악한다.	
⑩	매일 명부를 열람한다.	

◉ **평 가**

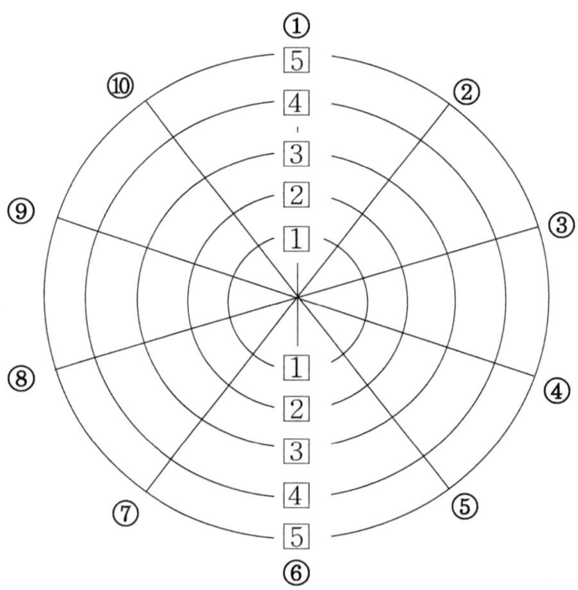

8. 정보수집 체크리스트

①	동업종뿐 아니라 다른 업종의 정보를 수집한다.	
②	최신의 정보를 수집한다. (낡은 정보 폐기)	
③	현장의 정보를 수집한다.	
④	불필요한 정보는 모두 버린다.	
⑤	정보의 확인과 분석을 한다.	
⑥	정보는 항목마다 분류하여 보관한다.	
⑦	정보는 리얼 타임으로 전한다.	
⑧	정보의 중점도를 정하여 차례로 활용한다.	
⑨	고객으로부터의 정보제공을 활용한다.	
⑩	1개월에 한 번은 「타운 워칭(town watching, 시내 순시)」하여 정보를 수집한다.	

◉ **평 가**

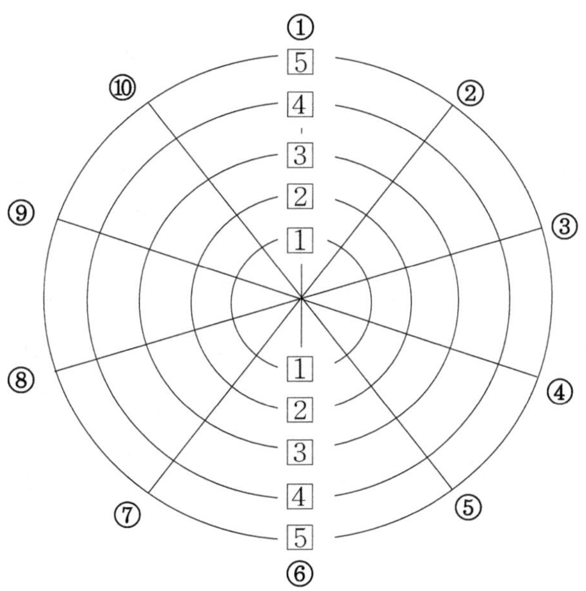

9. 아이디어 발상 체크리스트

①	매일 아침 신문에서 「힌트」를 반드시 발견한다.	
②	한 가지 항목을 철저히 파헤친다.	
③	발상훈련(연상 네트법 등)으로 아이디어를 낸다.	
④	전화번호부나 백과사전에서 무작위로 추출하여 힌트를 얻는다.	
⑤	시내 순시를 매월 실시하여 아이디어를 얻는다.	
⑥	다른 업종의 방법, 사고방식을 연구한다.	
⑦	성공하고 있는 여러 업계 (업종)을 활용한다.	
⑧	「놀이 같은 마음」으로 발상하여 실행에 옮긴다.	
⑨	고객의 득이 되는 일 (메리트)만을 생각해 본다.	
⑩	정반대·반습관적인 것을 발상한다.	

◉ **평 가**

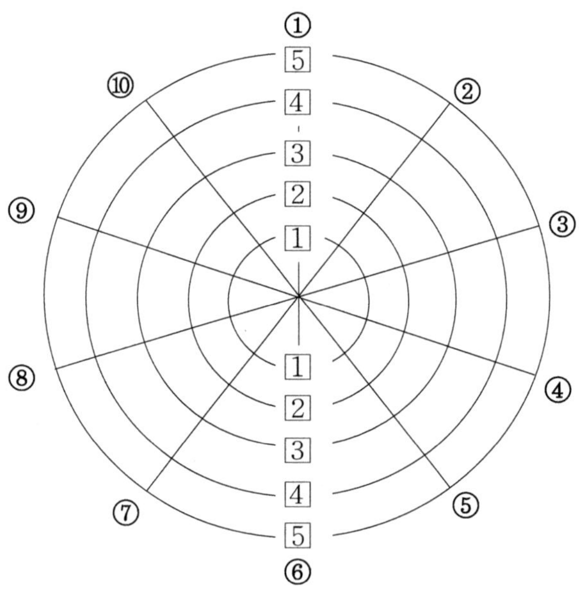

10. 점포 CI(Corporate Identity) 체크리스트

①	점포의 콘셉트, 이미지를 표현한다.	
②	점포의 이미지 만들기의 기본으로 한다.	
③	개성을 가시적으로 전하는 것이 있다.	
④	타점포와의 차별화가 있다.	
⑤	점 내의 상품을 이미지 하는 디자인이다.	
⑥	CI와 동시에 점포의 이미지 업에 힘쓴다.	
⑦	사원(종업원) 전원에게 CI를 이해시킨다.	
⑧	점의 내부와 외부 (밖에서 본) 이미지를 일치시킨다.	
⑨	CI 도입의 메리트를 파악한다.	
⑩	장기 계획으로 CI 전략을 세운다.	

◉ **평 가**

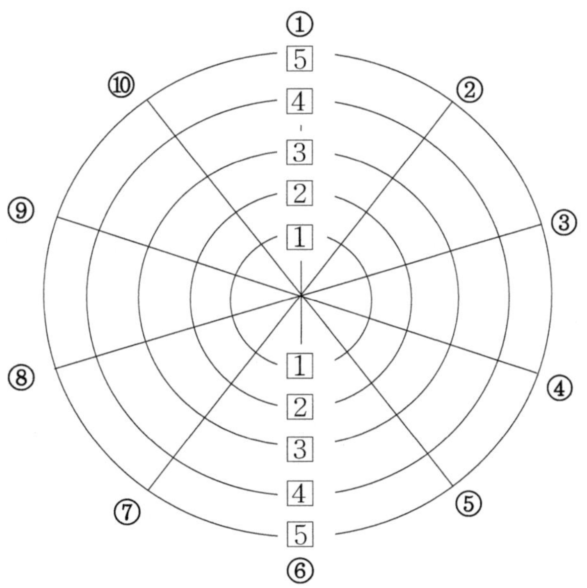

참고문헌

[국내]

- 강병수(1984), "소비자의 공간선호 행태와 구매결정에 관한 연구" 석사학위논문. 서울대학교 환경대학원.
- 권구혁 · 신진교(역)(2000), 「전략경영과 경쟁우위」, 서울 ; 시그마프레스.
- 김상화(2000), "한국형 슈퍼마켓 모형의 제안과 발전전략에 관한 연구", 인천대학교 국제경영 대학원 석사학위논문.
- 김완순 외(2000), 「세계경제와 국제통상」, 서울; 무역경영사.
- 김진서(2001), 「다국적기업요론」, 서울; 법서출판사.
- 반병길 · 이인세 · 김성영(2001), 「다국적기업 전략과 관리」, 서울 ; 박영사.
- 박재홍(2007), "국내할인점 분석을 통한 대형슈퍼마켓의 유통부문 발전전략에 대한 실증연구", 건국대학교 대학원 벤처전문기술학과 석사학위논문.
- 박철주 · 고윤배 · 윤명길 · 김원겸(2006), "대형백화점 신규출점에 따른 예상 매출액 추정", 한국유통과학회 유통과학연구 4권 제2호 12월.
- 설영기(2001), 「다국적기업과 글로벌전략」, 서울사 ; 상조사.
- 신재호(2008), "서울시 대형할인점 입지유형 및 특성에 관한 연구", 석사학위논문. 한양대학교 도시대학원.
- 윤명길 · 박종찬 · 남궁석(2007), "국내 대형점의 매출추정 모델 설정방안 연구", 한국산업경제학회 춘계학술대회 논문지 6월.
- 이광종(1995), "슈퍼마켓 경영기술 Ⅰ" 한국슈퍼체인협회 출판부.
- 이상규(2004), "대형할인점의 매출액 결정에 있어서 입지요인의 영향에 관한 연구", 인하대학교 경제학과 석사과정.
- 이상윤(1998), "한국 편의점 체인본부의 운영시스템에 대한 연구", 한국유통정보학회.
- ——— (1999), "체인스토어의 시스템적 운영향상을 위한 교육점포활용에 관한 연구", 명지대학교.
- ——— (2005), "프랜차이즈본부의 균형성과평가지표개발에 관한 연구", 유통과학연구, 제3권제1호, (사)한국유통과학회.
- ——— (2005), "중국의 유통경로구조와 정책에 관한 연구", 유통과학연구, 제3권 제2호, (사)한국유통과학회.
- ——— (2006), "글로벌 다국적 소매기업의 해외진출전략에 관한 연구" 2006동계정기학술대회, 명지대유통경영대학원창립10주년기념, (사)한국유통과학회.
- ——— (1995), [CVS는 시스템이다], 세시.

- 이상윤(1997), 「점포경영진단지도매뉴얼」, 중소기업청.
- ——— (2000), 「가전제품 머천다이징」, 한국체인스토어협회 출판부.
- ——— (2000), 「고객관리」, 상업계 고등학교 교과서, 서울보건대.
- ——— (2001), 「신 유통경영 전략」, 한국생산성본부.
- ——— (2001), 「무재고 유통관리시스템」, 한국생산성본부.
- ——— (2001), 「CRM과 유통정보」, 한국생산성본부.
- ——— (2001), 「이익지향 계수평가 모델」, 한국생산성본부.
- ——— (2001), 「전략적 마케팅관리」, 한국생산성본부.
- ——— (2001), 「유통관리 실무」, 한국능률협회.
- ——— (2005), 「신 마케팅론」, 서울; 도서출판 두남.
- ——— (2005), 「유통실무사」, 서울; 도서출판 두남.
- ——— (2006), 「유통관리사 2급」, 한국체인스토어협회 출판부.
- 이종원 · 정홍열(역)(1999), 「국제통합의 경제학」, 서울; 도서출판 해남.
- 이영민(2006), "대형할인점 입지 전 · 후 소규모 상점 분포의 공간적 변화에 대한 실증연구", 석사학위논문. 서울대학교.
- 이용익 · 홍성언 · 김정엽 · 박수홍(2006), "공간연관규칙을 이용한 대형할인점의 입지분석", 대한지리학회지 제41권 제3호.
- 장세진(2003), 「글로벌경쟁시대의 경영전략」, 『제3판』, 서울; 박영사.
- 전용욱 외(2003), 「국제경영」, 서울; 문영사.
- 최열 · 석혜주(2004), "대형할인점의 입지적 특성 및 선호요인 분석" 도시계획학회, 학술저널, 국토계획 제39권 제5호 10월.
- 표강근(2004), "구매자 매장선택행위가 대형할인매장 상권에 미치는 영향분석" 연세대학교 대학원 도시공학과 석사학위논문.
- 유통업체연감(2005년호-2008년호), 한국체인스토어 협회.
- 리테일메거진(2005년~2008년 각월호), 한국체인스토어 협회.

[국 외]

- 渡辺高哉(2002), 勝ち組 メーカーに學ぶ サービス 事業戰略, PHP 硏究所.
- 石田勝啓(2002), 小さな會社の 勝ち殘る 事務マニユアル, 實業之日本社.
- 川井十郎(2001), 繁盛する 飮食店は ここが 違う, 經林書房.
- 石田均(2002), 小賣店『好感度&賣上げ アシプ』. 經林書房.
- 渡形克彦, 小林勇治(2000), 小賣業の『情報 システム』活用の 具體策, 經林書房.
- 渡形克彦(2001), 小賣業の『21世紀型』革新戰略, 經林書房.
- 渡形克彦(2001), 都賣業の『21世紀型』革新戰略, 經林書房.
- 會田玲二(平成12년), チェーソストアの 實務原則 · シリース 立地調査, 實務敎育出版.
- 田村正紀(2001), 流通原理, 千倉書房.
- 臼井秀彰, 內田明美子, 內田三知代(1999), 『15の 成功事例に 學ぶ』 一括物流&サプライチェーソ · ロジステイクスの 具體策.
- 吉原英樹, 林吉郎 安室憲一(1998), 日本企業の グローバル 經營, 東洋經濟新聞社.

- 流通科學大學, 長江流域調査隊(2000), 中國流通調査, 流通科學大學 出版.
- 横塚由光(2001), 圖解えでよくわかる 流通の しくみ, 明日香出版社.
- 渥美俊一(1962), チェイソストア 能力開發の 原則, 實務教育出版.
- 內田一廣, 渡辺哲(1993), 流通業 營業 マネジヤイの 實務, 經營實務出版.
- 城戸崎雅崇(1996), 目標營利の ぢり方が 面白いほどわかる 本, 中經出版.
- 簗山明德(昭和58), 賣場づくり, 實務教育出版.
- 渥美俊一(昭和58), 商品構成, 實務教育出版.
- 外益三(昭和59), 流通サバイバル 戰略, マネジメント社.
- 波形克彦(1994),『小型店』こうすれば 勝ち殘れる, 經林書房.
- 鹽澤茂(1991), イトーヨーカ堂 店長會議, 豊國印刷 株式會社.
- 波形克彦(1994), 價格破壞時代の 都賣業 小賣業の 業革, 産能大學出版部.
- 外益三(昭和60), 流通 サバイハル 戰略 ; 成熟社會の イス 取り 合戰, マネジメント社.
- 國友隆一(1994), セブンーイレブンの 高收益 システム, ぱる出版.
- 山田理英(1994), 價格·流通 激變期の ヒツト 商品學, 産能大學出版部.
- 長谷川慶太郎(1994),『超』價格破壞の 時代, 東洋經濟新報社.
- 波形克彦(平成4), 都賣業の ための 多品種少量物流 システム讀本, ビジネス 社.
- 內川清雄(1993), 斜めに 讀むだけで『經營分析』が しつかりわかる本, ぱる出版.
- 波頭亮(平成7), 戰略策定概念 企業戰略立案の 理論と 實際, 産能大學出版部.
- 國友隆一(1993), セブンーイレブン 驚異の 收益システム, ぱる出版.
- 國友隆一(1993), セブンーイレブンの 情報革命, ぱる出版.
- 小林裕(1994),『圖解』リエンジニアリング, 中經 出版.
- 上保陽三(平成8), (完全体系) 商品と 賣場の 計數, 株式會社 商業界.
- 森田松太郎(1994), ビジネス·ゼヨナール 新版 經營分析入門, 日本經濟新聞社.
- 宇角英樹(1992), 高利益戰略 100圖表, 經林書房.
- 田島義博(1991), 變革期の 流通 新時代への 戰略的 課題, 日本經濟新聞社 流通經濟研究所
- 井上崇通(1996), マーケテイング 戰略と 診斷,『現代商業診斷 基礎講座』, 同友館.
- 宮下淳, 江原淳(1994), 販賣·流通情報 システムと 診斷『現代商業診斷 基礎講座』, 同友館.
- 高井一(2000), 米國 E 流通革命, 東洋經濟新報社.
- 月泉博(2001), 流通激震! これからの『勝ち組』戰略, 日本實業出版社.
- 湯淺和夫(平成6), 物流 革命, ビジネス社.
- 風問吉郎(1995), ストアマネジヤーの 仕事と 役割, 經營實務出版.
- 天明茂(1995), 赤子會社を 黑字にする法, 中經 出版.
- 風問吉郎(1996), 賣場主任の 仕事と 役割, 經營實務出版.
- 角田正博(2001), アメリカ 小賣業の すべて, ぱる 出版.
- 森文男, 原健一, 三宅康治, 村田元夫, 年商 10億円を 突破する『直營方式』多店鋪 經營, 經營情報新報社.
- 水尾順一(1996), 流通業·サービス業の 市長豫測·調査, 同友館.
- Alexander, Nicholas(1997), *International retailing*, Blackwell.
- Alexander, N., & Myers, H.(2000), "The retail internationalization process", *International*

Marketing Review, Vol. 17, No. 4/5, pp. 334-353.
- Anderson, E., and Gatignon, H.(1986), "Modes of foreign entry : A transaction cost analysis and propositions," *Journal of international business studies*, vol.17, No.3.
- Barney, J. B.(2002), *Gaining and sustaining competitive advantage*, Second Edition, Prentice Hall.
- Benito, G.R.G., and Gripsrude G.(1992), "The expansion of foreign direct investments : Discrete rational location choices or a cultural learning process?" *Journal of international business studies*, Third quarter.
- Brown, Stephen(1989), "Retail location theory : the legacy of Harold Hotelling," *Journal of retailing*, vol.65, No.4 : 450, p470.
- Bucklin, L. P.(1967), "The concept of mass in intra-urban shopping," *Journal of Marketing*, vol.31.
- Burt, Steve(1993), "The Carrefour group : the First 25 years,"International *journal of retailing*.
- Clarke Ian, Horita Masahide and Mackaness William(2000), "The spatial knowledge of retail decision makers : capturing and interpreting group insight using a composite cognitive map," *Int. Rev. of Retail, Distribution and Consumer Research*, vol.10, No.3, July : 265-285.
- Davies, R.L. and Rogers, D.S.(1984), *Store location and store assessment research*, John Wiley and Sons Ltd.
- Dawson, J. A.(1984), "Structural-spatial relationships in the spread of hypermarket retailing,"Kaynak, E., and Savitt, R. (eds.), *Comparative marketing systems*, pp.156-182, New York : Praeger.
- Dawson, John A.(2001), "Toward a model of impacts of retail internationaliza- tion", Discussion *Paper of Asian Retail and Distribution Workshop at University of Marketing and Distribution Sciences*, pp. 1-19.
- Dunning, J. H.(1998), "The electic paradigm of international production : A restatement and dome possible extensions", *Journal of International Business Studies*, Vol. 19, pp.1-31.
- Evans, J., Treadgold, A., & Mavondo, F. T.(2000), "Psychic distance and the performance of international retailers", *International Marketing Review*, Vol. 17, No. 4/5, pp. 373-381.
- Ghosh, A., and McLafferty, Sara L.(1987), *Location strategies for retail and service firms*, Leyington Books D.C. Heath and Company.
- Hollander S. C.(2000), "Distinguished retrospective viewpoint : Study retailing and see the world", *International Marketing Review*, Vol. 17, No.4/5, PP.327- 333.
- John H. Dunning(1992), *Multinational Enterprises and the Global Economy*, Addison- Wesley Publishing Company, UK.
- Kacker, Madhav(1985), *Transatlantic trends in retailing : Takeovers and flow of know-how*, Quorum books.
- Peter T.L. Popkowski Leszczyc, Ashish Sinha, and Anna Sahgal(2004), "The effect of multipurpose shopping on pricing and location strategy for grocery stores," *Journal of*

retailing, vol.80.
- Porter, M. E.(1994), "The role of location in competition," *Journal of the economics of business*, vol.1, No.1.
- Roger A. Kerin, P. Rajan Varadarajan & Robert A. Peterson(1992), "First- Mover Advantage : A Synthesis, Conceptual Framework, and Research Propositions," *Journal of Marketing*, Vol.56.
- Salmon, W. J., & Tardjaman, A.(1989), "The international of retailing", International *Journal Retailing*, Vol. 4, No. 2, pp. 3-16.
- Sternquist, B.(1997), "International expansion of US Retailers", International *Journal of Retail & Distribution Management*, Vol. 25, No. 8, pp. 262-268.

찾아보기

ㄱ

ㄴ

ㄷ

ㅊ

ㅋ

ㅌ

ㅍ

ㅎ

A

B

C

D

| L |

| M |

| P |

| R |

저자 약력

■ 해항(海沆) **이 상 윤 (李 相 允)**

훈포상 경력 : – 2010년도 서울신문 VISION 2010 경영혁신 대상 수상(유통산업)
– 2011년도 세종사이버대 강의제작부문 최우수상(BTA)–매장관리론
– 2011년도 (사)한국유통과학회 국제학술대회 공로상 최우수논문상 수상
– 2012/3년 (사)한국프랜차이즈경영학회 최우수논문상 수상
– 2014년도 (사)한국유통과학회 하계 동계 국제학술대회 최우수논문상
– 2014년도 스포츠동아 선정 대한민국 대표 아름다운 교육인 대상 수상
– 2016년도 (사)한국유통과학회 중국 국제동계학술대회 최우수논문상
– 2017년도 (사)한국유통과학회 인천대 국제동계학술대회 최우수논문상
– 2018년도 (사)한국유통과학회 서울대 국제하계학술대회 최우수논문상

학 력 : – 연세대학교 졸업(사회복지학 전공, 행정학 부전공)(1986)
– 명지대학교 유통대학원 유통학과 졸업(경영학 석사)(2000)
– 일본유통과학대학원 유통세미나과정, 프랜차이즈세미나과정 수료(2003)
– 명지대학교 일반대학원 무역학 박사과정 졸업(경영학 박사)(2005)
– 미국 훼이스 신학대학원 실천신학 박사과정 졸업(철학 박사)(2008)

자 격 : – 사회복지사 1급 (보건복지부)
– 인적자원관리사 (한국생산성본부)
– 경영진단사 (한국생산성본부)
– 유통지도사 (한국유통과학회)

경 력 : – 태인샤니그룹(SPC) 과장/진로그룹 팀장(1986–1997–12년)
– 한국능률협회그룹(KMA) 수석전문위원 /경영 컨설턴트(1995–2007)
– 한국능률협회컨설팅 프랜차이즈 최고경영자과정 주임교수(2001–2007)
– (사)한국체인스토어협회 한국유통연수원 교수(1995–2008)
– (사)한국유통과학회 명예회장(2011), 회장(2009)
– 중소기업청 시장경영진흥원 자문위원/교수(2009/2011)
– 명지대 유통경영대학원 유통학과 주임교수(2002–2011)
– 세종대 경영대학 경영학과/경영전문대학원 초빙교수–강의전담 전임(2011–2014)
– 세종사이버대 유통물류학과 외래교수(2011–2019)
– (사)한국프랜차이즈경영학회 부회장(2011–2014)
– 중소기업유통센터 전문위원(2014–2017)
– 성남시 상권활성화재단 전문위원(2014–2017)
– 미국 캐롤라인대학교 경영대학장 경영학과 정교수(2016–2019)
– 가천대 경영대학원 경영학과 겸임교수(2014–2020)
– (사)한국마트협회 경영자문위원(2019–2020)
– 한국영업관리학회 부회장(2017–2020)
– 한국인공지능학회 5대 회장(2020–2022)
– 동아시아경상학회 2대 3대 회장/명예회장(2016–2022)

– (사)한국유통과학회 회장(2009)/상임이사/유통과학대상 위원장(2004–2022)
– 한국경제신문사 한경아카데미 전문위원/교수(1997–2022)
– 한국기술교육대학교 국가직무능력표준(NCS) 자문위원(2016–2022)
– 소상공인시장진흥공단 상인대학/소상공인 자문위원 전문교수(2000–2022)

현 재 : RMI컨설팅그룹/대표, 연구소 유통21/소장(1997–)
겸 미국 훼이스 신학대학교 훼이스 로고스아카데미 세미너리 학장(2008–)
겸 한국세일즈협회 회장(2014–)
겸 한국생산성본부 경영지도위원/교수(1995–)
겸 중소벤처기업진흥공단 중소기업연수원 교수(2007–)
겸 상공회의소 CEO 최고경영자과정 교수(2000–)
겸 세종대 산업대학원 유통산업학과 겸임교수(2023–)
겸 삼성생명 법인사업부 기업경영컨설팅 고문, 중소기업유통판로지원센터장(2023–)
겸 헌법기관 대통령 직속 제21기 민주평화통일 자문회의 자문위원, 지도위원(2023–)
겸 국민통합연대 직능본부장 (2019–)

저 서 : – [CVS는 시스템이다–세븐일레븐 유통정보전략] 역서(1995), 도서출판 세시
– [신 마케팅론](2005), 도서출판 두남
– [유통학개론](2009), 도서출판 두남
– [물류관리론](2009), 도서출판 경록
– [유통영업관리론](2010), 도서출판 두남
– [유통시장조사론](2016), 도서출판 두남
– [경영학원론](2017), 도서출판 두남
– [영업관리론](2017), 도서출판 두남
– [종합물류관리론] 개정판(2018), 도서출판 두남
– [마케팅조사론] 정선 문제집(2019), 와이제이학사고시
– [판매관리론] 개정판(2020), 도서출판 두남
– [소매점창업론] 개정판(2020), 도서출판 두남
– [유통정보론] 개정판(2022), 도서출판 두남
– [상권분석론] 개정2판(2024), 도서출판 두남
– [매장관리론] 개정2판(2024), 도서출판 두남
– [최신유통관리론] 개정3판(2024), 도서출판 두남

국가 공공기관 학술 용역 프로젝트 :
– 국립국어원, 유통 분야 전문용어 관리실태 현황조사, 책임연구원(2013.5–12)
– 서울신용보증재단, 서울시 소기업 소상공인 창업 성공실패 요인 조사분석, 책임연구원(총괄), (2014.11–2015.1)
– 서울산업진흥원, 국내 유통마케팅 기반조성 육성 고객 '중소유통(벤더) 사' 현황조사, 책임연구원(총괄) (2015.7–9) 외 다수

발표 논문(125편) 및 기타 저작물 : 한국연구재단, 국립도서관, 국회도서관 홈페이지에서 검색

■ e–mail : rmi21lee@hanmail.net

상권분석론 – 개정2판

초　판 1쇄 발행 —— 2009년 9월 15일
초　판 2쇄 발행 —— 2010년 3월 10일
초　판 3쇄 발행 —— 2010년 9월 17일
초　판 4쇄 발행 —— 2016년 8월 5일
개정판 1쇄 발행 —— 2018년 2월 10일
개정2판 1쇄 발행 —— 2024년 7월 5일
지은이 —— 이 상 윤
펴낸이 —— 전 두 표
펴낸곳 —— 도서출판 두남
서울시 강동구 성내로 6길 34-16 두남빌딩
신 고 : 제25100-1988-9호
TEL : 02) 478-2066, 2067
FAX : 02) 478-2068
E-mail : dnbooks@dunam.co.kr
http://www.dunam.co.kr

정가 27,000원

ISBN 978-89-6414-996-6 93320